끝나지 않은 전쟁 · II
IMMOVABLE OBJECT

끝나지 않은 전쟁 · II

ⓒ 민플러스, 2022

초판 제1쇄 인쇄 2022년 4월 15일
초판 제1쇄 발행 2022년 4월 15일

글쓴이 | A. B. 에이브람스
옮긴이 | 박현주
펴낸곳 | 민플러스
펴낸이 | 김재하
등록 | 2017년 9월 1일 제300-2017-118호
주소 | 44717 서울시 종로구 청계천로 159, 670-2호 (장사동, 세운상가)
전화 | 02-844-0615
팩스 | 02-844-0615
전자우편 | minplus5.1@gmail.com

저자와의 협의에 의해 인지를 생략함.

ISBN 979-11-91593-07-5
      979-11-91593-05-1 (전2권)

끝나지 않은 전쟁 · II
북-미 대결 70년사

저자 _ A. B. 에이브람스
역자 _ 박현주

IMMOVABLE OBJECT

*North Korea's 70 Years at War
With American Power*

"A. B. 에이브람스는 미국과 북한이 맺어 온 다난한 관계의 역사를 주의 깊게 전해준다. 그의 작업은 김일성과 해리 트루먼에서부터 김정은과 도널드 J. 트럼프에 이르기까지 두 나라가 힘들게 공존해 나온 과정을 설명한다. 21세기의 남은 시간에 한반도가 어디로 가게 될지 이해하기 위해서는, 두 나라가 오늘날의 이 지점에 어떻게 이르렀는지 들려주는 에이브람스의 이야기를 반드시 경청해야 한다."

안키트 판다(Ankit Panda) _ <디플로매트The Diplomat> 수석 편집인, '미국과학자연맹 방위태세프로젝트의 부선임 연구원'

"시기적절하고 심오하다… 저자는 냉전기의 대결 및 탈냉전기 핵 위기는 물론이고 한국전쟁 시기 북-미 분쟁의 역사적 기원에 충분한 주의를 기울이면서도, 경제, 이념, 정보 전쟁이라는 새로운 전선들까지 탐사한다. 북한에 대한, 그리고 잘 알려지지 않은 그 나라와 끝도 없는 대결을 벌이고 있는 미국에 대한 탁월하고 정통한 정보에 입각한 소개이다."

찰스 K. 암스트롱 _ <북한의 혁명, 1945-1950> 저자

"만약 북한이 미국과의 관계의 역사를 그들의 관점으로 발표해야 한다면, 그 결과는 이 책과 유사할지도 모른다. 에이브람스는 논란이 많은 주제임에도, 자신의 주장을 주석과 참고문헌으로 뒷받침하고 있어 그의 결론이 구미에 맞지 않는다고 생각한 이들이라도 신중하게 따져볼 수밖에 없을 것이다."

존 에버라드 _ 2006-2008 북한 주재 영국대사 겸 조정관, 유엔안보리 대북제재 전문가 패널

"A. B. 에이브람스는 미국이 한반도에 사는 인민들의 문화와 주권에 터무니없이 개입해 들어간 다양한 방식에 대한 가장 포괄적인 역사를 써냈다. 이 역사적인 논문은 역사가 결코 과거일 수 없는 이유를 독자가 충분히 이해하게 해주면서, 미 제국주의의 이러한 시도에 대해 불편하고 끔찍하면서도 흥미를 돋우는 상세한 사실들을 제시할 것이다."

S. 브라이언 윌슨 _ .D. LL.D., 베트남 참전 용사(1966-1970), 공군 대위(퇴역), <나의 복무에 감사하지 말라: 베트남에서 눈뜬 미국의 오랜 거짓말의 역사> 저자

끝나지 않은 전쟁 · II
북-미 대결 70년사

Part. 3 일극 시대 국가 생존

- 10 — 12장. **1990년대** : 고난의 행군과 새로운 세계질서
- 60 — 13장. **21세기, 새로워진 '최대의 압박'**
- 122 — 14장. **상호취약성의 도입** : 북한의 핵탄두 장착 ICBM 확보의 함의
- 154 — 15장. **2017 도널드 트럼프와 전쟁 위기**
- 189 — 16장. **북한이 승리했다?**
- 238 — 17장. **협상의 기술**

Part. 4 새로운 전선과 분쟁의 성격 변화

- 284 — 18장. **이데올로기 대결** : 북한의 회복탄력성
- 324 — 19장. **정보 전쟁(Information War)** : 마지막 접경
- 385 — 20장. **경제전쟁**

부록 2010년대 주요 사건들

- 428 — 부록 1. **김정남 암살**
- 432 — 부록 2. **한 미국인 학생의 죽음**
- 438 — 부록 3. **스페인 주재 북한 대사관 습격 사건**

끝나지 않은 전쟁 · I
북-미 대결 70년사

Part. 1 한국전쟁

1장. 기원

2장. 한국전쟁 발발의 전략적 함의

3장. 한국전쟁

4장. 북한으로 전장의 이동과 중국

5장. 절대적 파괴 : 북한의 참혹한 피해

6장. 모든 코리안을 적으로 여겼다 :
    남한 민간인들을 향한 미국의 전시 행동

7장. 지울 수 없는 인상 : 북한 민간인과
    전쟁포로를 대하는 서방의 태도

8장. 전쟁 종결 : 최대 압박과
    미국에 준 혹독한 교훈

Part. 2 냉전기

9장. 평시의 전쟁 : 한국전쟁 이후 계속되는 전쟁

10장. 대리전쟁 : 북한과 미국이 삼자를 통해 벌이는 전쟁

11장. 주한 미군

Part. 3
일극 시대 국가 생존

12장. 1990년대 :
고난의 행군과 새로운 세계질서
13장. 21세기, 새로워진 '최대의 압박'
14장. 상호취약성의 도입 :
북한의 핵탄두 장착 ICBM 확보의 함의
15장. 2017 도널드 트럼프와 전쟁 위기
16장. 북한이 승리했다?
17장. 협상의 기술

12장
1990년대 : 고난의 행군과 새로운 세계 질서

제약받지 않는 유일의 초강대국

1970년대 초부터 북한은 소비에트 진영의 일원으로서 갈수록 더 고립되어 가는 현실을 충분히 인식하고 있었다. 대부분의 세계 경제와 상당수 국가들이 서방 진영의 세력권 아래 들어갔기 때문이다. 그러나 소련과 바르샤바조약기구가 무너지고 이를 승계한 국가들이 대부분 서방이 주도하는 질서로 통합된 후로는 이런 고립이 한층 더 심해졌다. 그 결과, 조선민주주의인민공화국은 자국의 영토를 지키고 미군의 잠재적 행동을 막아낼 수 있을지 불안감이 커졌고, 국가 경제도 막심한 피해를 입었다. 소련 붕괴는 평양을 비롯해 소련과 동맹 관계에 있던 대다수 국가 및 비동맹 세계에 큰 충격으로 다가왔다. 그러나 평양이 더 커진 위험에 대해 자각하게 된 것은 1980년대 후반부터 소련이 서방 진영을 저지할 수 있는 초강대국으로서의 역할을 멈추게 되면서였다. 모스크바는 자국의 우주 프로그램,1) 미사일 방어,2) 동유럽에 대한 군대의 파견, 동맹국들의 방어3)를 일방적으로 억제하면서 수많은 사안에서 미국에 폭넓은 양보를 했고, 이는 향후 다가올 일들을 예고하고 있었다.

1990년 냉전 종식과 함께 바르샤바 조약기구가 붕괴되고 모스크바가 새롭게 부상한 서방 주도의 일극 질서를 명백히 묵인하자, 그해 9월 11일 미국의 조지 H.W. 부시 대통령은 "새로운 세계 질서"를 선언했다. 이런 질서 아래서, 미국의 "세계 지도력"4)이 행사되면서 미국이 주도하는 서방 세계의 우월성이 의심 없이 받아들여졌다. 한편에서는 두 초강대국 진영 간 양극 갈등의 종말을 환영했고, 다른 한편에서는 미국을 향한 비판자들이 새로운 질서의 개념을 미국의 "제국적 야망을 위한 합리화"5)라고 불렀다. 미국과 서방 세계가 국제 문제들을 마음대로 결정할 수 없도록 견제할 힘이 제거된 후, 그들을 위한 단극의 시대로서 새로운 세계 질서와 그것이 국제 사회에 갖는 함의는 6개월 후 걸프만 전쟁과 사막의 폭풍 작전의 여파로 더욱 분명해졌다. 미국의 〈포린어페어스 Foreign Affairs〉는 걸프전 직후 이렇게 결론지었다. "과거의 양극 세계가 다극 세계로 이어질 것으로 추정했다… 그러나 당면한 탈냉전 세계는 다극이 아니다. 일극이다. 세계의 권력 중심에는 도전받지 않는 초강대국, 서방 동맹들의 수행을 받는 미국이 있다."6)

걸프전에서 바트당이 이끄는 이라크 공화국을 겨냥한 서방의 무력간섭은 새로운 세계 질서의 본질이 밝혀지는 결정적 순간이었다. 소련의 긴밀한 방위 동반자였던 이라크는 모스크바의 무조건 항복 후 취약한 상황에 직면했다는 사실을 분명히 인식하지 못한 채로 기존 외교 방침을 유지하고 있었다. 한편, 이라크와 이웃한 쿠웨이트는 서방 노선을 따르고 있었다. 그리고 쿠웨이트가 수평 방향으로 석유 시추를 함으로써 이라크 영토 지하에서 추출한 석유로 불법적 이익을 취해 온 사실이 밝혀졌다. 게다가 쿠웨이트는 다른 석유 정책들을 통해서도 이라크에 연간 70억 달러의 비용을 전가하고 있었다.[7] 쿠웨이트는 수개월 동안 바그다드의 외교적 제안들을 누차 거부했다. 그리고 이라크가 그 상황을 자국 자원에 대한 절도로 간주하여 무력 응징에 나서겠다고 거듭 위협했지만 그 또한 묵살했다.[8] 그러자 이라크의 대응은 제한적 군사 행동의 형태가 아닌, 1990년 8월 전면전 규모로 이웃 나라를 합병하고 그들의 전 영토를 흡수하는 것으로 나타났다. 이라크는 1913년 이전에 하나의 단일한 국가로서 두 나라의 역사적 통일성을 언급하면서, 이를 재통일의 정당성으로 삼았다.

이라크는 초강대국의 후원을 실질적으로 상실한 시점에도 자국의 취약성을 충분히 간파하지 못했기에, 그 대가를 톡톡히 치러야 했다. 바그다드는 쿠웨이트로부터 철수는 물론 미사일 프로그램을 중단하고 군사적 연구를 제한하라는 등의 추가 요구에도 따라야 했다. 따르지 않는 경우 서방의 공격이 뒤따를 것이었다. 과거 소련의 외교적 지지를 받을 수 있었고 모스크바가 나섬으로써 서방의 위협을 물리칠 수 있었던 때와는 상황이 달라졌다. 이라크는 철수 조건을 수용할 수밖에 없었다. 다만, 더 포괄적인 요구들에 대해서는 거부했다. 그것은 자위권을 침해하는 것이었고 그 지역 내 힘의 균형을 서방과 그 동맹들에 유리하도록 바꾸려는 시도였기 때문이다.[9] 이라크로서는 국경에서 멀리 떨어진 서방의 표적들을 위협할 능력이 없었다. 이 같은 억지력 부재와 소련의 후원 상실이 겹쳐진 이라크의 현실은 미국이 유리한 입지에서 이라크에 더 포괄적 요구들을 강요하면서 동시에 협박할 수 있게 해주었다.

1990년 8월 2일 미국이 사막의 방패 작전에 착수했다. 전차와 항공모함 전투단에서부터 신형 F-117 스텔스 전투기에 이르기까지 막대한 양의 장비들이 걸프 지역에 배치되고, 파견된 병력만 해도 50만 명을 넘어서는 작전이었다. 11월 29일 워싱턴은 유엔 안전보장이사회의 지지를 확보했다. 안보리 결의안 678호는 이라크군으로부터 쿠웨이트를 탈환하기 위해 가능한 모든 수단을 다 쓴다는 내용이었다. 근래 냉전에서 조건 없이 투항한 소련은 점점 더 서방의 조력에 의존하고[10] 투표에서도 서방 편에 섰다. 당시 불안정성이 높은 상태였던 중국 역시 서방과의 대결을 피하고자 자제하려는 처지였다. 유엔안보리가 제3세계 국가를 겨냥한 서방의 군사 행동을 승인한 것은 1950년 후로는 처음이었다. 소련의 합동 지휘 요구를 미국이 거부하면서, 작전은 압도적으로 서방 군대에 의해 진행되었다. 서방 진영은 바르샤바 조약기구와의 대결을 가장 중요한 목표로 병력 증강에 매진했기에, 냉전이 끝나자 서방 주도 질서에 맞서는 국가들에 이 같은 엄청난 대군을 내보낼 수 있었다. 걸프 지역으로 병력이 재배치된 데 이어 사막의 폭풍 작전이 개시되었다. 1991년 1월 16일 이라크 내 기지들에 대한 미국 주도의 공격이 시작되어, 이라크는 집중적 공습 아래 노출되었다. 미국과 동맹 세력의 전투기들이 10만 회 넘는 출격으로 8만8천5백 톤의 탄약을 쏟아부었다. 이라크는 나라 자체가 완전히 파괴되고 핵심적인 민간 기반시설과 군용 기반시설을 모두 잃었다. 사기가 떨어지고 조직력이 약했던 이라크 군대는 미국의 군사력 앞에서 급속히 무력화되었다.[11] 1991년 워싱턴포스트는 미국이 정유 공장, 발전소, 수송망과 같은 핵심 기반시설들을 정밀유도무기로 파괴했다고 보도했다. 그리고 이라크인의 생활 수준을 공격하겠다는 것이 미국의 폭격 목적이었다고 전했다. 대표적 사례가 이라크 전력 생산 능력 80%를 파괴하고 하수처리 시스템을 마비시킨 것이었다.12) 주민들은 건강한 생활을 하는 데 필요한 최소 기준에 해당하는 1인당 칼로리의 절반밖에 섭취할 수 없어 기아 수준으로 연명해야 했다.13) 영양실조가 나라 전반에 걸쳐 가파르게 상승했다.14) 다수의 서방 국가들을 능가하는 생활 수준으로 중상위 소득국이었던 이라크는 서방 진영의 폭격 작전 후 12년간 이어진 가혹한 경제 제재로 빈곤한 제3세계 국가 수준으로 쇠퇴했다. 생활 수준은 결코 전쟁 이전 수준으로 회복되지 않았고, 1백만 명 이상의 주민들이 전쟁과 뒤따른 제재의 영향으로 사망했다.15) 미국 정보 당국의 통계에 따르면, 1996년까지 이라크 어린이 50만 명이 숨졌다.16) 당시 이라크 외무장관이자 총리였던 타리크 아지즈는 자신의 조국이 폐허로 변해가는 모습을 목격하고 한탄했다. "만약 소련이 아직 우리의 후원자로 남아 있었다면, 이런 일은 절대 벌어지지 않았을 것이다."17)

폐허가 된 이라크의 처참한 모습을 전 세계가 지켜보았다. 특히 북한, 중국, 이란과 같은 잠재적 표적 국가들이 엄중히 지켜보고 있었다. 서방이 지배하는 질서에 의존하지 않는 모든 나라의 장래 생존에 심각한 위기가 닥쳤다. 미국 지도부는 대통령에서부터 지도적인 전략가들에 이르기까지 자신들이 국제 문제들에 일방적 영향력을 행사해야 한다고 목소리를 높였다. 주된 관심사는 미국과 서방의 지배가 유지되는 것으로, 남아 있는 열외자들과 잠재적 도전자들을 모두 진압할 필요가 있었다.18) 이것은 공공연한 군사 공격은 물론이고, 러시아19)와 아시아-태평양 지역의 부상하는 경제20)가 정면으로 타격을 받게 되는 경제 전쟁의 형태로 나타났다. 미국은 1992년부터 2017년까지 25년 동안, 188회의 해외 무력간섭에 착수했다. 반면, 1948년부터 1991년까지 냉전기 전 기간의 무력간섭은 46회에 그쳤다. 연간 개입 횟수로 600% 이상 증가한 것이었다.[21]

서방 진영의 힘을 견제할 수단이 거의 부재했으므로, 세계 곳곳의 중립적이거나 과거 소련과 동맹 관계였던 나라들은 일방적으로 공격 대상이 될 수 있었다. 비록 그 파괴가 가장 극적이기는 했으나, 이라크가 예외적인 경우는 아니었다. 유고슬라비아에 대한 서방의 군사 개입은 – 공격이 느닷없이, 유엔 안전보장이사회의 지시 없이도 벌어지면서 – 중진국도 공격당할 수 있고 가차 없이 일방적으로 폭격당할 수 있다는 것을 보여주었다. 그 작전이 불법적이라는 사실 말고도 유고 전쟁에서 공격자들이 저지른 만행의 수준과 양상을 지켜보면서, 장래의 잠재적 표적 국가들은 자체적으로 방어해야겠다는 확신을 키웠다. 전쟁의 참상으로는, 인구 밀집 지역에 대한 집속탄(cluster bombs)[22]과 열화 우라늄탄[23] 사용으로 민간인들에게 큰 피해와 오래 지속되는 영향을 끼쳤고, 민간 기반시설에 대한 폭격과 함께,[24] 사기를 꺾을 의도로 매스컴을 공격[25]하기도 했다. 뒤이은 점령 기간에도 서방 군대는 만행을 이어갔다. 1990년대 유고슬라비아에서 미군 병사들은 수차례의 강간, 아동 강간[26]과 함께 12살밖에 안 된 어린 소녀들을 성 노예로 삼았던 사실이 드러났다. 북한과 중국은 서방의 공격을 강하게 비난했다. 임박한 위협이라는 개념이 두 동아시아 국가 사이에 다리를 놓아 보다 긴밀한 상호협력으로 이끌었다. 베오그라드와 데이턴 평화협정 조인 후 불과 4년 만에 일어난 코소보 전쟁에서 유고슬라비아를 향해 미국이 주도한 1999년의 공격을 보면서, 평양은 자국의 주권을 심각한 위험에 빠뜨리는 새로운 국제 질서의 본질을 확신하게 되었다.27)

세계 질서에 변화가 일어났고, 서방 진영은 새롭게 갖게 된 작전의 자유를 이용해 해외 군사 개입에 나서는 횟수를 점점 더 늘려갔다. 그러자, 미국이 전쟁을 벌이는 근거에도 변화가 생겼다. 웨스트포인트 육군사관학교 국제관계학과 조교수 스콧 실버스톤에 따르면, 1990년대 초부터 미국 정부는 예방 전쟁(preventative war)을 군사 개입의 명분으로 점차 용인하기 시작했다. 군사 개입에 나설 수 있는 유일한 구실인 예방 전쟁이 냉전기 내내 인정되지 않았다는 점에 주목할 필요가 있다. 특정 국가가 미국이 바람직하지 않다고 보는 군사적 능력을 확보하지 못하게 할 작정으로 분쟁에 착수하는 것이 이런 형태의 전쟁에 들어간다. 선제공격 전쟁(pre-emptive war)이라 할지라도 합법적 근거는 원래 허술한 것이었다. 그런데 예방 전쟁은 국제법상의 정당한 근거가 미약할뿐더러 훨씬 더 공격적이고 도발적이었다. 개념적으로 미국이 전쟁을 벌이는 이유도 완전히 달라졌다. "불량 국가들 rogue states"로 불리는 나라들은 설사 미국이나 동맹국들을 직접 위협하지 않더라도 법에 따른 정당화 절차 없이 공격 대상이 될 수 있었다.28)

미국이 예방 전쟁을 방침으로 채택함으로써 북한은 큰 위협에 직면했다. 서방 진영은 심지어 완전히 합법적인 탄도 미사일 개발에 대해서마저 다른 나라를 무력으로 위협해 무장 해제를 요구할 권한이 있다는 것을 보여주었다. 이미 실전 배치된 화성 5호와 화성 6호가 한반도에서 미국이 자유롭게 작전을 벌일 자유를 심각하게 제약하고 있었기에, 워싱턴은 더 유능한 비대칭 억지력을 발전시키려는 북한의 활동에 주목할 수밖에 없었다. 미 국방성은 자국의 핵 억지 전략에서 (핵무기의) 선제 사용 포기 정책을 거부하겠다며 변화를 선언했다. 이로써, 북한을 비롯한 잠재적 표적 국가들을 겨냥한 위협이 더욱 커졌다. 그러는 사이 미국은 핵확산금지조약(NPT)과 연계된 NSA원칙, 즉 조약의 당사국들인 비핵 국가들을 향해서는 핵무기 사용을 금지하는 '핵 선제 불사용원칙(negative security assurance)'을 거부했다. 이처럼 미국은 핵무기로 비핵 국가들을 공격할 권리를 요구했다.29) 이런 새로운 전략의 초석은 언제, 어떤 구실로 핵무기를 포함한 무력이 사용될 것인지와 관련해, 예측 불가능성(unpredictability)에 의지했다. 미 전략사령부는 핵무기 사용을 포함해 언제라도 자유자재로 자국의 적들을 공격할 수 있는 비합리적인 초강대국으로 여겨지는 상황의 혜택을 역설했다. 미 전략사령부가 펴낸 1990년대의 중요한 보고서에 따르면, 미국의 기획자들은 "우리를 너무 이성적이거나 침착한 모습으로 묘사하는 것"을 광적으로 피하려 했다.30) 평양이 이미 미국의 심각한 핵 위협을 인지하고 있었지만, 1980년대를 거치며 위협은 훨씬 더 커졌다. 냉전 종식의 즉각적 여파로 이 위협이 한층 더 목전에 다가왔다는 사실이 미국인들에 의해 다시 한번 강조되었다.

새로운 세계에 대한 대응

걸프전의 참상은 새로운 세계 질서를 화염과 이라크인들의 피로 물들였다. 이어 10개월 후 소련의 전면적 붕괴가 뒤따랐다. 이는 국가가 생존하기 위해 새 전략을 채택할 수밖에 없었던 DPRK에 새로운 고난의 시대가 도래했음을 알렸다. 군사와 경제의 균형이 이제 압도적으로 적들에게 유리해지고 가장 중요한 방위 동반자가 사라지자, 평양은 한국전쟁 후 전례 없는 수준으로 외세의 압박을 받는 위기에 직면했다. 대다수 주요 무역 동반자를 상실하면서 경제 규모에 엄청난 하향 압박을 받았고, 생활 수준을 과거대로 유지하는 것이 힘든 과제가 되었다. 그와 더불어 국가 방위를 긴급히 강화해야 했다. 소련의 보호나 군사적 지원이 없는 상황에서 미국이 새롭게 더 개입주의적인 정책을 채택함에 따라 국가 안보에 대한 위협이 목전에 다가온 것으로 보였다.

소련의 원조를 상실한 충격을 보완하기 위해, 경제 성장 대비 조선인민군의 예산이 균형에서 완전히 벗어날 만큼 증대되었다. 미국의 위협이 목전에 다가온 현실은 당시의 힘든 경제 상태에도 불구하고 그런 조치를 요구했다. 방위비 지출은 1988년 44억2천 달러[31]에서 1991년 54억5천 달러[32]로 증가했고, 경기 위축으로 어쩔 수 없이 상당한 감축을 하기 직전인 1992년에 55억 달러로 최고 수준이었다.[33] 조선인민군이 투자한 특징으로 볼 때, 걸프전에서 미국의 군사력[34]을 확인하고 이어 유고슬라비아에서 서방의 군사 행동[35]을 목격하면서 크게 영향받은 것으로 보인다. 조선인민군은 한국전쟁 경험에 기반해 지하 방어시설에 상당한 역점을 둬 왔다. 하지만 미국 정밀 무기가 최근 인상적인 성능을 보임으로써 그 중요성이 다시 강조되었고 핵심 시설들을 지하에 요새화하기 위한 조선인민군의 노력이 배가되었다. 비핵 전술 무기를 동원한 공격을 방어하기 위한 투자증대가 여기에 포함되었다. 1960년대 지어진 방어시설들은 핵 공격과 소이탄 공격에 대한 방어를 강조했다는 특징이 있었다. 지하에 요새화된 유형들로 지휘통제센터, 식량과 탄약 저장고, 비무장지대는 물론 군용주택 인근의 포좌 등이 있었다. 조선인민군은 이런 지하 시설들로 폭격 아래서 장비와 인력을 지키고 지하에 무기류를 모을 수 있었다.[36]

훗날 미 육군대학원 전략연구소의 한 연구는 미국이 이라크와 유고슬라비아에서 벌인 군사 행동이 북한군에 영향을 미쳤다는 점을 지적하고, 조선인민군이 왜 미군의 공습에 대한 보호 수단으로서 방어시설을 새롭게 강조하는지 그 이유를 언급했다.

> 북한은 한국전쟁과 전후 이라크 해방(IRAQI FREEDOM) 작전[2003]을 거치는 동안, 그들의 지하 시설이 적의 정보 감시 및 정찰(ISR)에서부터 정밀 무기의 위험까지 대처할 수 있게 해준다는 작전상·전술상의 함의를 간파했다. 1999년 코소보 전쟁은 북한에 한반도와 유사한 지형과 기후를 가진 지역에서 미국이 벌이는 작전을 평가할 수 있는 또 다른 기회를 제공했다. 여기에는 이러한 지형과 기후가 미국의 첨단기술 무기에 끼치는 악영향[37]도 포함되었다.

북한의 방위 계획에서는 장거리 탄도 미사일을 통해 비대칭 억지력을 확보하는 일이 점점 더 중심이 되어가고 있었다. 그러나 여전히 조선인민군의 전술무기 방공시스템 현대화는 우선 과제로 남아 있었다. 북한의 미사일 프로그램은 당시 장족의 진보를 거두어, 최초로 조선인민군의 보복 거리를 한반도 너머로 확대한 대포동 1호와 로동 1호 중거리 플랫폼들을 성공적으로 시험 발사했다. 전자가 기술을 전시하는 용도[38]였다면, 후자는 1990년대 중반 탄도 미사일로 대규모 생산을 시작해 가공할 1,500km를 유지함으로써 일본 전역의 미군 시설들을 사정거리 안에 두게 되었다. 일본은 미국이 한반도에 힘을 뻗치는 데서 핵심적인 지역이다. 그것은 한국전쟁 때도 그러했고, 현재 미국의 전쟁 계획에서도 여전히 마찬가지다. 그 같은 일본의 중요성을 고려할 때, 공격 목표들이 더 이상 조선인민군의 사정거리 밖에 있지 않다는 것은 장래 미국의 모든 공격을 상당히 까다롭게 하는 중대한 성취였다. 로동 1호를 개발하는 비용은 대체로 파키스탄, 이란, 이집트, 리비아에 꽤 큰 규모의 무기 수출에 성공한 결과로 확보한 비용으로 충당했다. 그들 국가 모두가 플랫폼을 구매했고, 리비아를 제외하고는 국내 생산 권리도 획득했다. 최초의 중거리 탄도 미사일 로동 1호는 단지 조선인민군을 위한 용도일 뿐 아니라 모든 수출 고객들을 위한 것이기도 했다.

조선인민군은 미사일 억지력 개발을 보완하는 한편, 공중방어 강화에도 크게 투자했다. 공군력을 현대화하고 세계에서 가장 밀집한 지상 대공 미사일과 대포 망[39]을 형성했다. 서방 진영이 한국전쟁을 비롯한 모든 전쟁에서 압도적으로 공습에 의존하고 있었기 때문에, 영공 통제권에 대한 경쟁력의 중요성이 조선인민군 지도부 뇌리에서 떠나지 않았다. 공중방어 시설의 요새화가 가장 중요한 한 가지 조치였다. 분쟁이 발발하자마자, 영공이 서방이 공격하는 최우선 공격 목표가 된다는 사실[40]을 걸프전을 통해 확인했기 때문이다. 조선인민군은 서방 진영의 시야에 들어와 있는 이라크, 이란, 리비아, 시리아, 유고슬라비아를 비롯한 다른 국가들과 달리, 통제센터, 지대공 미사일, 레이다 시스템

등을 무슨 수를 써서라도 요새화하여, 지하에 숨긴 방공호에서 모든 것을 효율적으로 사용했다. 지상에 숨겨진 문들이 열리면 이 시스템들이 승강기로 올려져 표적을 타격한 다음 다시 안전하게 물러날 수 있어, 적이 그들의 공중방어를 분쇄하기가 매우 까다로워지는 꾀바르고 효율적인 방법이었다.[41]

소련 말년에 북-소 관계가 악화된 것은 사실이다. 그러나 소련 군부 지배층은 어느 정도 독립성을 유지했고 대체로 고르바초프 총서기의 서방친화적 노선에 영향을 받지 않았다. 1991년 12월 소련이 최종적으로 해체될 때까지 그들의 영향력이 조선인민군과 긴밀한 협력을 보장하는 데서 가장 중요한 역할을 했다.[42] 1990년대 단호히 서방과 나란히 가는 모스크바 정부의 입장에도 불구하고, 그 후에도 러시아 군부는 어느 정도의 협력을 유지했다.[43] 그렇게 하여, 조선민주주의인민공화국은 미그-29 펄크럼 전투기를 국내 생산할 수 있는 라이선스와 설비를 획득했을 뿐 아니라, 1990년대 들어서도 계속 러시아산 부품을 제공받아 생산을 이어갈 수 있었다. 1993년 4월 15일 북한에서 최초로 만든 미그-29기가 운항했고, 러시아에서 제조된 비행기들에 필적하는 성능을 보였다. 이라크나 이란 같은 제3세계 고객들에게 팔리는 수출용보다 더 정교함을 보였다. 1997년 북한은 러시아 국영기업 "루쓰부르체녜"와 군사 협력을 위한 협약을 맺었다. 여기에는 북한에 미그-29 제트기 생산을 위한 지속적 지원이 포함됐다. 북한의 펄크럼 비행대는 당시 제트기 총 35~40대로 추정되었고, 자체 생산이 늘어나면서 규모가 훨씬 더 커지고 있다.[44] 이로써 소련군의 원조 상실의 충격을 어느 정도 완화했고, 러시아가 공급한 정교한 레이더와 현대식 탄약으로 전투기들이 완성됨으로써, 조선인민군 비행대는 실행력 있는 무력을 확실하게 유지했다. 북한의 능률적 생산체계 덕분에 조선인민군은 미그-29 비행대를 매년 전투기 2~3대씩 증대할 수 있었다.

조선인민군은 재정난에 시달리고 있던 소련 후계국들로부터 저렴하게 장비를 획득했다. 여기에는 카자흐스탄에서 들여온 미그-21 비스(MiG-21bis) 40대가 있었고, 북한의 토착 전차 설계를 개선하기 위한 역설계 용도로 벨라루스에서 들여온 T-80 전차 견본품45)도 있었다. 미그-21 비스 전투기들은 비교적 현대식 항공전자기기, 센서, 미사일로 구성되었고, 1985년까지도 소련에서 과거 북한 비행대의 대들보였던 구식 미그-21 전투기를 1~2세대 개선한 수준으로46) 여전히 생산되고 있었다. 서방 진영이 북한, 중국47)을 비롯한 다수 국가가 구소련에서 현대식 무기를 구하지 못하게 막으려 했고 실제로 중요한 무기 거래를 종종 저지하기도 했기 때문에,48) 무기 이동은 그들의 탐지를 피해 비밀 경로를 통해 이루어졌다.

러시아 군부 지배층의 입장에서는 북한이 강하고 안정된 상태를 유지하는 것이 끊임없이 중요했다. 비록 상당히 감소했다 할지라도, 그 중요성은 그들의 계속되는 방위 협력을 통해 입증되고 있었다. 러시아는 서방 압력에 따라 이란을 비롯한 다른 잠재적 표적 국가들에 대한 주요 무기 수출을 중단하라는 요구에 묵묵히 따르면서도,49) 북한에 대한 판매는 은밀히 지속시켰다. 이 시기에 조선인민군이 외국으로부터 들여온 가장 중요한 두 가지 장비 유형은 여전히 다소 분명치 않지만, S-300 지대공 미사일 시스템과 경량 탄도 미사일 잠수함이 포함된 것은 사실이다. PMU-1호 혹은 PMU-2의 이형으로 알려진 S-300 미사일 시스템 거래에 관한 이야기가 1990년대 중후반부터 나왔지만, 여전히 확인되지 않고 있다. 러시아 국영 매체는 2017년에 다른 사안을 다루던 중에 북한 무기 목록에 그 시스템이 있다고 언급했다. 인도된 연도와 모델 유형에 대해서는 여전히 분명치 않다.50) 북한은 이런 최신 시스템을 그 외 방공 장비와 전투기의 추가 획득으로 보완함으로써, 매우 높은 수준으로 영공 방어를 유지했다.

두 번째로 매입한 것은 10대의 취역이 해제된 골프 II급 디젤 전기 잠수정이었다. 잠수함들은 사정거리 1,650km의 R-21 탄도 미사일을 배치할 수 있도록 설계되었고, 미사일 기술이 제공되었을 수도 있다고 알려졌다.51) 보리스 옐친 정부가 러시아 무기 제조업체들에 "누구한테든 무엇이든 다 팔라"52)고 지시할 만큼 당시 경제 위기가 극심했고, 한반도에서 힘의 균형이 유지되는 것이 러시아의 안보에 이로웠다. 게다가 평양은 기꺼이 경화를 지불해 소중한 기술들을 확보하겠다는 의지가 높았다. 이 모든 것을 감안할 때, 조선인민군의 억지력을 강화해 줄 그런 구매는 충분히 상상할 수 있다. 당시 소련 해체 후 부패가 너무 심각했다. 실제로, 해당 공무원이 제대로 뇌물을 받았을 경우, 최고 기밀을 요하는 기술로 완성된 소련의 가장 유능한 요격 전투기들이 한 대당 2달러 수준에 팔려나가고 있었다.53) 북한이 얼마나 많은 장비를 입수할 수 있었는지는 알 수 없지만, 소련 붕괴로 인해 과거에 손이 닿지 않았던 기술들에 접근이 가능해졌다는 상당한 지표들이 있다. 일부 보도에 따르면, 러시아 군부는 상당한 서방의 비난에도 불구하고 개량형 잠수함 발사 미사일에 필요한 기술과 모든 구성을 완벽하게 갖춘 미사일을 연구용으로 조선인민군에 이전했다.54) 인도된 잠수함이 어떤 상태였는지, 미사일은 어떤 등급의 몇 대였는지, 그중 어떤 것들이 실전에 투입되었는지, 여전히 모두 분명하지 않다. 하지만 획득한 기술이 북한의 국내 탄도 미사일 잠수정 개발에 유익하게 쓰여 2010년대 중반부터 더 개량된 토착 미사일과 함께 배치되었다는 것은 거의 확실하다.

핵 프로그램 착수

북한이 장거리 타격 능력을 중시하고 나중에는 핵 보복 능력을 중시하게 된 것은 한국전쟁 시기 경험에 기인한다. 서방 진영은 전 세계에 영향을 미치는 공군력과 해군력이 있었고, 중국군과 북한군의 보복 사거리는 극히 제한적이었다. 이처럼 대비되는 격차는 전쟁의 최종 단계에서 전략 수준에 영향을 미치는 가장 지배적인 요소는 아니어도 두드러진 요소였다. 대표적 사례로, 미국 주도 연합군은 그들의 병참 자산은 보복당할 위험 없이 중국군과 조선인민군의 보급선을 공격할 수 있는 능력이 있었다. 서방 군대에 전적으로 유리한 불균형 상태였다. 미국이 가장 두려워한 것은 부산의 공급 중추에 대한 공격과 총력전을 지탱해주는 일본 내 시설들에 대한 공격이었다. 하지만 그런 타격 사거리를 보유한 것은 소련뿐이었고, 모스크바를 도발하지 않는 한 그 표적들은 사실상 안전했다.

미국으로서는 분명히 소련과의 분쟁 돌입에 대한 두려움이 있었다. 핵탄두는 물론이고 소련이 가진 장거리 타격 능력 때문이기도 했다.

Tu-4 폭격기는 전 세계 미군 시설들은 물론이고, 심지어 미국 본토까지 사정거리 안에 두고 있었다.55) 핵탄두는 단 한 대의 폭격기로도 비행대 전체의 화력을 실어날라 도시 전체 혹은 거대한 군사 기지를 절멸시킬 수 있게 해줌으로써, 매우 유능한 전력 증강자(force multiplier)로 기능했다. 그런 자산들이 한반도 작전 지구에 너무 근접해 있었고, 서방 진영이 야심적인 군사 작전을 벌일 수 없도록 제약하는 가장 중요한 요소였다. 특히 소련 폭격기들이 중국 영토에 주둔하고 있는 상황에서 확전을 절대적으로 지지하는 다수의 강경파 관료들마저 그 시도를 단념할 수밖에 없었다.

타격 능력에서 나타나는 불균형은 휴전 협정 중에도 동아시아 동맹군과 미 연합군 간에 명백한 불균형으로 반영되었다. 서방 진영이 자국 도시들이 공격으로부터 안전한 덕분에 사실상 완전히 자유로웠던 반면, 북한은 3년 내내 집중 폭격을 받는 불리한 입지에서 거듭된 양보를 하지 않을 수 없었다. 폭격으로 인한 중국의 보급품과 장비의 엄청난 손실도 전쟁 비용을 증대시켰고, 베이징이 전쟁을 조속히 끝낼 수밖에 없도록 하는 추가 압력이 되었다. 협상에서 그 같은 영향력을 행사할 수 있었던 것은 단지 미국 본토가 폭격에서 완벽하게 안전했기 때문만은 아니다. 일본과 부산 내 기지가 공격받는 상황이 실제로 도저히 있을 법하지 않았던 이유도 있었다. 조선인민군과 중국 동맹군이 뒤질 것 없는 능력을 보유했더라면, 휴전 협상은 훨씬 더 일찍, 그처럼 일방적인 결과로 이어지지 않고 마무리되었을 것이다. 관개용 댐을 폭격하는 것에서부터 소이탄으로 도시들을 불태우는 것에 이르기까지, 서방 세력이 북한 폭격에 훨씬 더 신중함을 보일 수도 있었다는 데는 거의 의심의 여지가 없다. 최소한 너무 취약한 인구 밀집 지역을 공격하지는 않을 수 있었을 것이라는 점에서도 마찬가지다.

평양은 한국전쟁 기간에 그들의 병사들과 중국인민지원군 병사들의 투지와 끈기 말고도 두 가지 중요한 요인이 서방이 자유롭게 작전을 벌일 수 없도록 속박한 사실을 알고 있었다. 그것은 소련의 장거리 타격 역량과 소련 핵무기의 위협이었다. 소련의 핵무기가 없었다면 북한과 중국에 대한 핵 공격이 충분히 시도되었을 수 있다. 소련으로서는 서방의 기획에 더 이상 억제력으로 등장하지 않는 대신, 최소한 이런 능력을 북한이 국내에서 일부분 복제할 수 있도록 하여 자국 안보를 보장받을 필요가 있었다. 한국전쟁 중 세 번째 제약 요인은 엄중하게 요새화된 북한 진지들에 대해 핵 공격이 실행 불가능하다는 점이었다. 이것은 핵 발사 기술이 개량되면서 대체로 효력을 상실했다. 수소폭탄, 중성자탄, 정밀 유도 전술 핵폭탄, 벙커버스터 핵폭탄 들이 이제 모두 미국 무기고에 대거 포진되어 있어, 1950년대 초반의 마크4 "팻맨(Fat Man)"과 같은 초기 폭탄들로는 불가능했던 것들을 해낼 여력이 생겼기 때문이다.

북한이 1991년 이전부터 핵 억지력 개발에 전념해 왔는지는 확실하지 않다. 그러나 설사 그런 프로그램이 이미 존재했다 하더라도, 북한이 핵 억지력 개발과 그에 수반하는 탄도 미사일 억지력의 개발에 속도를 내게 만든 것은 이라크를 상대로 펼친 미국 주도의 공중 작전이었던 것으로 보인다.[56] 1956년 북한은 핵 과학 연구를 위해 1차 팀으로 30명의 학생을 소련에 보냈고, 1964년에는 소련으로부터 약 4MW 용량의 소형 연구용 원자로를 입수했다. 1986년 30MW 급 우라늄 연료 설비인 영변 원자력연구소가 활동을 시작했다. 1989년 인공위성이 보내온 사진을 통해 50~200MW 용량의 대형 원자로가 있다는 증거가 확인되면서 1992년 즈음에는 가동을 시작할 것으로 예견되었다. 이 시설들이 핵무기 개발을 위한 강력한 기반을 제공했을 텐데도, 1985년 12월 북한은 핵확산금지조약을 조인했고 원자력 에너지의 평화적 개발을 통해 상당한 혜택을 누릴 수 있었다. 평양은 주체사상의 자주 정신에 따라 원자력과 함께 수력발전에 병행 투자함으로써, 수입 화석연료에 대한 의존을 크게 줄일 수 있는 잠재력이 생겼다.57)

유수의 미국 소식통들이 서방이 이라크를 상대로 서방의 세력을 과시한 것과 한반도의 분쟁에서 예견되는 변화 사이에 강한 상관관계가 있다고 언급했다. 카네기 재단의 레너드 스펙터와 재클린 스미스는 사막의 폭풍 작전 1개월 후인 1991년 3월에 〈암스컨트롤 투데이(Arms Control Today), 미 군비통제협회에서 발행하는 신문-역자〉에 글을 실어, 북한이 이라크보다 더 위험하지는 않을지라도 마찬가지로 새로운 세계 질서에 위협이 된다고 경고했다. "북한 : 차기 핵 악몽"이라고 적절하게 제목을 붙인 그 글은 이라크를 겨냥했던 것과 유사한 작전이 한반도에서 즉각 펼쳐져야 한다고 암시했다. 정치군사국의 국장이자 국무부 차관보를 지냈고 2년 후 미 외교협회 대표가 되는 레슬리 겔브는 4월 10일, 한 달 전에 이라크를 겨누었던 것과 거의 똑같은 수사법으로 북한을 표적으로 〈뉴욕타임스〉에 글을 실었다. 서방 매체들이 점차로 사용하게 되는 새로운 표현에 따라, 북한은 "차기 이단아 국가(renegade state)"에다, "1백만 명이 전투태세를 갖춘 채" 탄도 미사일과 "몇 년 안에" 핵무기까지 보유할 가능성이 거의 확실한 "포악한 독재자가 통치"하는 곳이었다. 거의 모든 매체가 미국이 북한을 위협하고 있다는 맥락은 누락시킨 채 보도했다. 따라서 조선인민군의 규모와 화력은 자위를 위한 예방조치가 아니라 의도된 공격신호라고 묘사했다. 북한에 대한 서방의 묘사가 특별히 긍정적이었던 적은 없었지만, 전 세계 거의 모든 여론에 결정적으로 큰 영향을 미치게 되는 30년의 프로파간다와 집중적인 악마화 작전이 걸프전 종식과 함께 포문을 열었다.

겔브의 글이 발표되고 일주일 후, 남한 국방부장관 이종구는 영변 시설을 공격하겠다고 위협했다. 그것은 갈수록 더 고립되어 가는 북한과는 달리 한미 동맹이라는 강력해진 지위에서 나온 수십 년간 보인 적 없는 수준의 적대행위였다. 그해 북한을 상대로 수사는 계속해서 강경해졌고, 11월에 합참의장 콜린 파월 장군이 직접, 만약 북한이 "사막의 폭풍을 놓쳤다면, 이번이 재방송을 볼 기회"58)라고 말하면서 북한은 이라크와 같은 운명이라고 위협했다. 당시 발간된 남한 국방백서는 북한의 핵 프로그램이 "어떤 희생을 치르더라도 중단되어야 한다"고 밝혔다. 적대행위의 개시가 고려되고 있으며 한미 동맹이 점차로 예방 전쟁을 지지하는 쪽으로 기울고 있다고 암시했다.59) 미국을 비롯한 서방 세계 매체들은 한층 더 높은 수준의 적대감을 드러내고 있었다. 1992년 4월 〈핵과학자회보(Bulletin of Atomic Scientists)〉에 실린 글은 이렇게 논평했다. "불필요한 우려를 자아내는 언론 보도들에 따르면, 북한은 수중에 이미 필요한 플루토늄을 갖고 있다고 주장하면서, 북한의 핵폭탄 보유에 대한 예상을 그간의 5년에서 1년으로, 그리고 올해로, 다시 '수개월' 이내로 줄여왔다." 그 글은 북한에 대한 묘사에서 나타나는 변화 및 북한이 목전의 위협을 제기하고 있다는 주장과 관련해 이렇게 언급했다. "요컨대, 북한은 또 하나의 이라크였다."60) 〈시카고 트리뷴〉은 1991년에 영변 시설 파괴를 위해 미국이 북한 공격에 나서야 한다고 두 차례나 요구했고, 유사한 요구를 미국의 다수 언론 매체가 내놓았다.61)

북한이 미국의 위협 대상이 되어 있는 것은 사실이었다. 하지만 특히 이라크가 당했던 것처럼 북한이 곧바로 군사력의 표적이 되지 않을 것이라고 보는 데는 다수의 요인이 있었다. 그중에서도 첫 번째 요인은 서방 진영은 1945년 이래 세계무대에서 민족 집단으로서 코리아의 주권과 민족적 존엄이라는 염원을 상징하는 자주적인 세력으로서 북한-과 그 이전에 존재했던 인민공화국 -의 성격을 이해하는 데 실패했다는 점이다. 다수의 미국 관리가 1940년대 남한에서 인민위원회들로 이루어진 인민공화국과 마주했을 때 그런 결론에 도달62)했지만, 그것은 지배적 견해가 아니었다. 따라서 그 같은 운동을 불법화하고 이승만과 미군이 통치해야 한다는 요구에 따라 인민공화국과 그 계승자인 북한을 모스크바가 관리하는 "국제 공산주의 음모"의 대리인으로 묘사해야 했다. 그리하여 미국은 자신들의 프로파간다의 함정에 스스로 빠진 것 같았다. 한 미군 대령이 그런 논리에 기반해 소련 지도자 이오시프 스탈린과 그의 북한 쪽 상대인 김일성을 월트 디즈니와 도널드 덕의 관계로 설명했다. 김일성이 일본 점령에 맞서 싸운 수십 년에 걸친 투쟁도, 대한민국을 비롯해 한반도 곳곳에서 대령 자신이 누린 특권도 다 도외시한 것이었다.63) 38선 이북에 존재하는 국가의 성격에 대한 서방의 묘사들, 그리고 그 결과로서 북한을 바라보는 패러다임에 따르면, 마치 공산주의 몽골과 동유럽의 소련 종속국들과 마찬가지로 북한의 창조주로 상정되는 소련이 무너지자마자 북한의 붕괴는 불가피한 것이었다. 따라서 강제로 북한의 종말을 가져오는 일이 긴급한 사안으로 보이지 않았다. 오히려 경제적 압박을 가해 바르샤바 조약국들처럼 비교적 짧은 시간 내에 북한이라는 나라가 스스로 조용히 사라지기를 기대했다.

두 번째 요인은 이미 막강한 북한의 군사력이었다. 중국과 달리, 북한은 군사력으로 인해 서방 주도 질서 바깥에 있는 국가들 가운데 가장 도전적인 군사적 표적이 되었다. 유고슬라비아, 아이티, 쿠바, 이란, 이라크, 수단, 리비아, 시리아를 비롯한 여타 국가들은 모두 훨씬 더 유약한 표적이었다. 조선인민군은 그 나라들 가운데서 가장 복합적인 방위 산업, 가장 촘촘한 공중방어망, 가장 단련된 병사들, 가장 강화된 방어시설들, 가장 대규모의 잠수함 부대 및 특수 부대를 자랑했다. 미국의 잠재적 공격 대상국 가운데서, 북한의 공군과 포병 부대, 탱크 부대와 탄도 미사일 부대는 중국을 제외하고는 최고였다. 이처럼 북한은 그 나무에서 두 번째로 높이 달린 사과였기에, 이는 미국이 동유럽, 카리브해, 이슬람 세계에서 표적 목록에 오른 다른 나라들을 해치워 나가는 동안 북한에 대해서는 일시적 유예를 하는 원인이 되었다.

이라크에 대응하기 위해 임시로 유럽 작전 지구에서 중동으로 배치된 자산들은 동북아시아 주둔 미군을 강화하는 용도로 전환되었다. 정밀 유도 크루즈 미사일에서부터 레이다를 피할 수 있는 F-117 전투기에 이르기까지, 치명적인 새 무기들 덕분에 미국은 군사적 균형의 측면에서 훨씬 더 유리해졌다. 미국의 의도도, 그 자산들을 그 작전 지구로 배치한 배경도 불명확했기 때문에, 평양은 더 많은 자원을 방위에 전용할 수밖에 없어 경제적 압박이 더 커졌다. 북한의 핵 프로그램에 관해 우려가 만연했고, 이는 예방적 군사 공격을 선택할 가능성을 높였다. 미국과 북한 간 긴장은 1993년 1월 20일 빌 클린턴 행정부가 취임한 직후 상승했다. 클린턴 행정부는 북한이 실행 가능한 핵 억지력을 개발할 것이고, 그리하여 평양이 미국의 군사적 힘을 견제할 실질적인 수단을 확보할 거라는 두려움을 근거로 북한을 향한 상당한 군사적 압박을 수반하는 새로운 강경노선으로 나아갔다. 1993년 2월 9일 국제원자력기구(IAEA)가 북한 핵 시설로부터 떨어져 있고, 북한이 군사 시설이라고 언명한 장소들에 대해 예상 밖의 매우 침입적인 조사를 요청했다. 북한은 조사관들의 접근을 거부했다. IAEA가 과거 어느 나라에도 그 같은 요청을 한 적이 없었기에 상당히 미심쩍은 일이었다. 훗날 밝혀진 대로 미국이 잠재적 공격 대상국들에 관한 정보 수집에 유엔 조사관들을 활용했고, 북한에 대한 공격 계획을 수립하기 위해 이라크 내 유엔특별위원회(UNSCOM) 내 팀들이 수집한 민감한 정보들에 접근했다는 사실들을 고려할 때, 북한이 직면한 국가 안보 위협에 근거해 대응한 방식은 충분히 정당했다.[64] 나중에 드러난 사실이지만, 유엔 조사팀들은 이라크 내 쿠데타 공작과 지도자에 대한 암살을 조직했고, 다른 식으로는 접근 불가능한 고급 정보의 수집을 시도했던 미국과 영국의 정보기관이 조사팀에 꽤 많이 침투해 있었다.[65] 그들이 북한에서 자유롭게 군림하도록 허용했다면, 유사한 위협을 가했을 것이다.

평양은 두 가지 이유를 들어 추가 장소에 대한 IAEA의 접근을 거부했다. 첫째는 IAEA의 불편부당함이 훼손되었다는 이유였다. 이는 - 여전히 진행 중인 한국전쟁에서 적대적 당사국인[66] - 미국의 정보기관이 제공한 자료에 대한 의존과 CIA와 협조 관계 때문이었다. 둘째는 IAEA가 접근권이 허용된 - 플루토늄 샘플을 포함한 - 북한 시설들에 대한 조사 결과를 미국에 넘겼다는 이유였다. 북한이 그런 요구들을 수용했다면, 북한의 안보를 위태롭게 했을 뿐 아니라 IAEA가 유사한 추가 요구를 이어감으로써 북한 방위 시스템 전반을 미 정보기관에 노출시키는 도구 역할을 했을 것이다. 실제로, 다수 미국 관료들이 정확히 그 같은 행동 방침을 주창했다.[67] 부시 행정부 관리들은 1년 전인 1992년 1월 〈뉴욕타임스〉에, 미국이 "북한의 경비가 삼엄한 군사 지역들을 마음대로 돌아다닐 수 있는 권한"[68]을 요청했다고 말했다. 북한은 IAEA가 남한 내 미국의 과거 핵 시설들 - 미국은 1991년에 퇴거했다고 신고했지만, 북한은 여전히 핵무기들을 보관하고 있다고 의심했다 -을 조사하려 했던 적은 한 번도 없었다는 점을 추가로 언급했다. 훗날 미군 정보 기록들은 그 같은 북한의 의혹 제기에 신빙성을 부여한다.[69] IAEA는 자체 행위를 통해 한반도에서 사실상 서방의 정보 수집을 위한 대리자로 행동하고 있었다.

IAEA와 이런 사건을 겪은 직후, 과거 소련을 목표로 했던 미국의 전략 핵무기 일부가 이제 북한을 겨냥하게 되었다[70]는 미 전략사령부 수장 리 버틀러 장군의 발표가 나왔다. 이처럼 북한은 단지 소련의 보호를 상실한 데 그치지 않았다. 오히려 과거 소련을 향해 묶여 있던 미국의 재래식 자산과 핵 자산이 모두 이제 대북 전선에 배치되고 있었다. 서방의 초강대국은 조선인민군과 미군이 처음 충돌한 지 43년이 지나,

동북아시아에 대한 미국의 지배에 맞선 북한의 저항을 마지막으로 한 번 더 궤멸시키기를 바랐던 것일까?

2월 말 CIA 국장 R. 제임스 울리 주니어가 북한이 "우리의 가장 중대한 현재의 관심사"라고 증언했다. 북한이 앞선 이라크처럼 미국의 조준선 안으로 들어오게 될 다음 차례일 것 같다고 언급한 것이다.[71] 바로 뒤이어 1993년 3월, 직전 해에 부시 행정부 체제에서 취소시킨 팀스피리트 군사 훈련이 재개되었다. 소련 해체 이래 그런 훈련으로는 처음 진행되는 것이었고, 약 20만 병력, 신형 M1과 K2 전차, B-52H와 B-1B 중폭격기, 다른 신형 자산 중에서도 수백 대의 정밀 유도 크루즈 미사일을 전개하는 함대가 참여했다. 소련이 사라지면서, 이런 세력 과시는 한층 더 무시무시해 보였다. 한반도는 여전히 취약한 휴전 상태 아래 있었고, 사막의 폭풍 작전 후 미국은 갈수록 더 스스로를 불사신으로 여기고 있었다. 평양의 입장으로는, 북한 공격을 연습한다는 새로운 대규모 훈련이 실제 공격을 위한 눈가림일 수 있다는 현실적 가능성이 있었다. 실제로, 그처럼 엄청난 규모로 참여하는 바람에 훈련 기간 내내 조선인민군은 고도의 전투태세를 유지하기 위해 상당한 자원들을 투여해야 했고, 이미 허덕이는 북한의 재정에 큰 압박이 되었다. 1993년 북한을 방문한 미 하원의원 개리 애커만에 따르면, 미국의 전쟁 훈련을 언급할 때 김일성 주석의 목소리에 "떨림이 있었고 그의 손이 분노로 떨렸다."[72]

팀스피리트 훈련 개시 후 닷새째인 3월 13일, 평양은 핵확산금지조약 10조가 보장하는 권리들을 언급하면서 합의 철회에 필요한 3개월의 사전 통보를 알렸다. 과거 팀스피리트 훈련에서도 북한과 소련 양국과 교전한다는 구실로 핵무기가 동원되기는 했지만, 이제 동아시아의 작은 비핵 국가가 핵무기로 위협을 받고 있다는 것은 명백했다. 이것은 핵확산금지조약에서 가장 중요한 원칙을 위반한 것이고 긴급한 위협- 그 조약의 10조가 규정하는 철회의 정당한 이유73) -에 해당했다. 이 경우 NPT 탈퇴가 미군의 압박을 낮추고자 협상 카드를 제시하려는 의도라고 추정하는 소식통들도 있었다.74) 하지만 이를 통해 북한이 핵무기를 확보하려는 노력에 착수했다고 보는 것도 가능했다. 탈퇴는 완전히 합법적이었다. 그런데도, 미국 내에서는 북한을 상대로 군사 행동에 나서라는 요구가 높아졌다. 이제 서방 세력이 군사 행동에 착수하는 경우에는, 그런 비합법적 공격 행위가 점점 더 정상으로 여겨졌다. 언론매체에서부터 정부와 영향력 있는 정책 싱크탱크에 이르기까지, 폭넓게 공격 요구가 나왔다. 세출분과위원회 의장 존 머사는 북한을 "미국의 가장 큰 안보 위협"이라고 부르며 북한의 시설들을 무력화시키기 위해 "첨단 무기"의 사용을 요구했다.75) 외교협회 의장 레슬리 겔브는 북한을 사담 후세인의 이라크와 또다시 비교하고 미국의 공격 의지를 강하게 시사하면서 유사한 주장을 펼쳤다.76)

새로 채택한 방침에 따라 북한을 비롯한 다른 비핵 국가들을 겨냥한 핵 공격이 점차로 정당화되었다. 1993년에는 워싱턴이 북한, 중국, 이란 같은 제3세계 국가들을 겨냥한 전략핵 원정군을 계획하고 있다는 믿을 만한 출처의 보도가 나왔다.77) 그리하여 북한은 억지력 확보에 박차를 가하는 방향으로 나아갔다. 북한은 억지력과 관련해 상당한 성과를 냈고, 1993년 5월 29일 로동—1호 중거리 탄도 미사일 발사로 가공할 만한 무력시위를 벌였다. 그 시험과 관련해 특별히 주목할 만한 것은 정확성이었다. 미사일은 수백km 떨어진 동해의 작은 부표를 향해 성공적으로 나아갔다. 서방 소식통들은 한편에서 그 시험을 실패로 귀결시켰지만, 다른 한편에서는 북한의 엄청난 기술적 기량에 대한 경고라고 간주했다.[78] 당시 지상 중거리 미사일 능력은 결코 보통의 자산이라 할 수 없었다. 북한은 1996년 운용과 대량 생산에 들어가면서 그 같은 시스템을 배치한 세계 4번째 국가가 되었다.

북한은 로동-1호로 기존 억지력을 증대시킴으로써 더 강화된 입지에서 협상할 수 있게 되어, 미국과 논의할 조건들을 제시할 수 있었다. 6월 2일에서 11일까지 의미 있는 회의가 열렸고, 후속 공동성명에서 양국은 상대를 향해 공격하거나 핵무기 사용도 하지 않을 것이며, 서로의 주권을 존중하고 서로의 내정에 간섭하지 않고 대화를 지속해나갈 것이라고 약속했다.[79] 5개월 후인 11월, 북한 측은 북한을 공격하지 않을 것, 팀스피리트 훈련을 중단할 것, 가장 중요하게는 자국을 겨냥한 핵 위협을 중단하겠다고 확약할 것을 미국에 추가로 요구하는 "일괄 타결(package deal)"을 제안했다. 대신 북한은 NPT에 그대로 남을 것이고, 경수로를 공급받는 대신 흑연 원자로의 모든 시스템 포기를 선언하겠다고 밝혔다. 경수로는 평화적인 용도의 원자력을 제공하면서도 핵무기 개발에는 사용될 수 없었다. 북한의 조건은 핵 시설에 대해 IAEA의 조사가 계속되도록 허용하지만 군사 시설에 대한 조사는 허용하지 않는다는 것이었다. 또한, 양국 간 관계를 개선하고 정상화할 것을 요구했다. 협상에 정통한 다수의 미국 소식통들이 북한의 제안은 사실상 더 나아갔다고 전했다. 즉, 한국전쟁의 휴전을 종식하고 종국적인 평화협정 체결할 것, 완전한 외교 관계를 확립하고 상호 군

축과 무역 제한을 철폐할 것을 요구했다고 보도했다.[80]

평양은 자신들이 NPT 당사국으로 남아 있겠다는 것은 오로지 안전 보장과 관계의 정상화를 위한 것이지 미국의 압력 때문이 아니라는 점을 강조하면서, 11월 말 이렇게 밝혔다. "우리가 NPT에서 탈퇴하겠다는 결정을 공표했을 때 모든 가능한 결과들을 고려했고, 우리는 설사 '경제 제재'나 전쟁과 같은 최악의 상황이 닥치더라도 우리 국가의 주권을 지킬 만반의 태세가 되어 있다."[81] 미국으로서는 한 당사자가 다른 당사자의 결정에 순순히 따를 필요가 없는 상호 호혜적 합의가 아니라 북한이라는 국가를 무너뜨리고 조선노동당을 권좌에서 끌어내림으로써 자신들의 지배력을 행사하려고 했던 것 같다. 실제로, 서방의 학술 간행물과 신문잡지들은 점점 더, 냉전 종식으로 이제 잘못된 기록을 바로잡을 기회라는 인식을 반영하고 있었다. 40년 넘게 서방 진영의 기획을 좌절시키고, "절반의 코리아에 그토록 고통을 가하면서 여전히 강력한 악마 김일성"에게 오래전에 마땅히 했어야 할 복수의 기회가 미국에 주어졌다는 것이 그들의 인식이었다.[82] 그리하여 미국은 그들의 상대가 불평등한 조건에 승복할 수밖에 없도록 최대한의 압박을 가하고자 하고, 북한은 그야말로 형평의 원칙에 의한 상호 양보만을 받아들이겠다고 함으로써, 협상은 교착 상태에 빠졌다.

워싱턴은 세 가지 기본적인 요인 때문에 군사적 선택지에 의존하는 결정을 유보할 의향이 있었다. 먼저, 조선인민군이 미국의 재래식 공격에 맞서 갈수록 더 잘 무장되고 자체적으로 버틸 힘을 갖고 있으므로, 전쟁은 용납할 수 없는 희생을 치르게 한다는 것이었다. 북한에서 전쟁이 벌어진다고 가정한 미국 내 몇몇 기동훈련 결과, 핵무기가 사용되지 않는 한 북한의 승리였다.83) 둘째로는 앞서 언급했듯 서방에서는, 소련의 "괴뢰국가"가 그 주인보다 더 오래 살아남을 수는 없으며, 일방적으로 서방 세계 단독으로든, 가능한 경우 유엔을 통해서든 경제 제재가 가해지면 그 과정이 가속화되어 북한의 내파를 확실하게 보장한다는 인식이 널리 받아들여지고 있었다. 셋째는 미국과 동맹들은 한국전쟁이 다시 벌어지면 1953년 이래 – 그보다는 필시 1945년 이래 – 적어도 그 규모와 파괴의 수준에서 미증유가 될 것이고, 공지전투(Airland Battle) 개념에서 추정할 수 있듯 조선인민군 방어시설들을 무력화하기 위해서는 핵무기 사용이 요구된다는 점을 잘 알고 있었다. 동북아시아에서 핵전쟁이 발생한다면 탈냉전 시대의 세계 질서에 동요가 일어날 것이고, 이는 제3세계 국가들의 극적인 반응을 자극할 수 있었다. 약해졌다고는 해도, 러시아의 군부 지배층 역시 모스크바 자체의 입장과는 전혀 별개로 남아 있었다. 러시아 국경과 매우 근접한 곳에 미국 핵무기를 투하하는 경우에는 극단적인 대응을 자극할 수 있었다. 그것은 러시아 자체 내 정치 변동으로 나타날 수도 있고, 세계적으로 이란, 시리아, 어쩌면 이라크까지도 포함하는 여타 미국의 표적 국가들에 대한 첨단 무기 확산이라는 형태로 구체화될 수도 있었다. 중국의 반응 또한 중요한 요소로, 베이징은 최소한 그들의 조약 동맹국이 공격받는 상황에 대응해 관계를 경색시킬 가능성이 컸고, 이는 미국이 중국에서 얻는 엄청난 경제적 이익을 위태롭게 할 수 있었다. 물론 이런 요소들이 믿을 만한 억지력이 될 수는 없었다. 하지만 미국이 다른 곳에서 벌어지는 전쟁들로 갈수록 더 여력이 없는 상황이었고, 이는 평양에 무조건 항복을 강요하는 전쟁이 아닌 다른 방법에 기대를 걷도록 방향을 돌려놓았다.

북한 외무성이 "북–미 회담을 작금의 교착 상태에서 구해내고 핵 문제에 대한 일괄 타결을 확정 지을 전망이 보이는 이렇게 결정적인 시점에, 미국이 재앙 사태로 번지기 쉬운 중대한 위기를 초래했다."고 밝히면서, 1994년 긴장이 고조되었다. "일괄 타결"은 한국전쟁을 종식하고 핵 문제의 종료와 함께 관계를 정상화한다는 평양의 목표를 일컫는 표현이었다. 워싱턴은 관계를 개선하지 않을 핑계를 찾기 어려웠다. 서방 대중매체에서는 북한 지도부의 "정신병적" 성격과 관련해 과장된 선동성 주장들이 만연해 있었지만, 그것이 당시 미국 정책결정자들의 수사법에까지 스며들지는 않은 상태였다. 북한은 1991년 9월 17일 남한과 함께 유엔에 가입했고, 남한은 냉전 종식과 함께 러시아와 중국, 심지어 베트남의 승인을 받았다. 베트남은 미국에 북한을 인정함으로써 화답하라는 부담을 지웠다. 두 개의 코리아는 당시 그들끼리 급속도로 관계를 개선하면서 상호 인정에 가까이 다가서고 있었다.

1994년 5월 평양은 단일 원자로를 정지하고 8천 개의 플루토늄 연료봉을 회수하면서 미국이 협상 테이블에 앉을 수밖에 없도록 움직여 나갔다. 연료봉들이 향후 냉각 수조에 들어가게 되면 북한 최초의 핵탄두 제조에 필요한 물질을 제공할 수 있었다. 중수로형 플루토늄 원자로가 무기화에 필요한 가장 신속하고 효율적인 방식을 제공할 것이기에, 이는 핵 억지력을 진전시키기 위해 플루토늄을 무기화하겠다는 평양의 의지를 보여주는 분명한 신호로 받아들여졌다. 하지만 이로 인해 워싱턴은 북한의 핵탄두를 제조를 막을 수 있는 유일한 방법으로서 군사 행동이 아닌 협상을 남겨두게 되었다. 클린턴 행정부는 6월 15일이에 대응해 크루즈 미사일과 F-117 스텔스 전투기들이 영변 핵 시설을 공격하는 작전 계획 5027의 개시를 심각하게 고려했다.* 다른 선택지로는 유엔을 통한 추가 경제 제재를 밀어붙이는 것과 한반도에 5만 명 이상의 병력을 포함하는 무력을 더 배치하는 것이 있었다. 그중 어느 것도 미국 관료들이 용납할 수 없다고 여긴 북한의 핵무장을 막을 수는 없었을 것이다.[84] 그처럼 중무장한 나라, 모두가 10년도 안 돼 확실히 무너진다고 예견했던 나라와의 전쟁을 전망한다면, 외교적 해법이 훨씬 더 이로운 선택지였다. 따라서 6월에 전직 대통령 지미 카터가 북한을 방문해 경수로를 인도하는 대신 영변 시설의 가동 중단 및 냉각 수조의 플루토늄 연료봉을 회수하지 말 것을 제안하고 그것을 북한 지도부가 수용했을 때, 클린턴 행정부는 기꺼이 고위급 회담을 재개하고 공격에 대한 선택지를 보류했다.[85]

1994년 말 미국과 북한은 드디어 '제네바 북미 합의(Agreed Framework, 1994년 미국과 북한이 제네바에서 합의한 북한 핵문제 합의의 틀. 북한이 핵을 동결하고 미국과 한국, 일본 등은 북한의 핵발전소 건설을 지원하고 원유도 제공한다는 것이 골자—역자)'로 알려진 합의에 도달해 그해 10월 21일 조인했다. 합의서는 IAEA의 사찰 아래 북한이 흑연감속 원자로를 동결하고 영변에서 나온 플루토늄 연료봉을 냉각 수조에 저장하

---

* DPRK가 국제법을 충실히 따르고 있는 상황에서 유엔 안보리 결의안도 없이 영변을 공격했다면 그것은 전적으로 불법적인 미국의 예방 공격이자 공격 행위에 해당되었을 것이다. 그런 행위는 미국이 예방 전쟁을 적대행위를 개시하기 위해 사용 가능한 수단으로서 채택한 직접적 결과로서 거의 실행되었을 뻔했다. 이는 서방 진영의 군사 작전의 자유에 도전하는 자주적인 국가들의 능력을 부정하는 것이다.

는 대신 미국이 북한에 경수로를 공급한다고 명시했다. 그 사이 북한의 에너지 필요를 충족시킬 만큼의 새 원자로들을 들여올 때까지 미국이 중유를 제공하기로 했다. 그리고 워싱턴은 동시에 완전한 외교 관계를 구축한다는 것, 북한을 세계 경제를 구성하는 대다수와 끊임없이 단절시킨 경제 제재 해제와 관련해 의지를 갖고 평양과 외교적 유대관계의 개선을 시작한다는 것을 추가로 명시했다.[86] 이 합의는 처음으로 미국이 큰 양보를 한 사례로, 거의 전례가 없는 것이었다.

워싱턴이 '제네바 북미 합의'의 조건에 합의한 이유는 오로지 그 계획이 완료되어 원자로가 인도되기 전에 북한이 붕괴할 것을 기대했기 때문이라고 서방 언론에 널리 보도되었다. 클린턴 행정부 관리들도 직접 이를 시인했다.[87] 합의에 서명이 이루어지기 3개월 전인 7월 초 김일성 주석의 사망 소식은 소련 붕괴의 기세를 이어 가장 오래된 적의 내파가 임박했다는 워싱턴의 낙관론을 키워주는 것 같았다. 북한 관리들 역시 급속한 붕괴에 대한 미국 측의 기대감이 그들의 의사 결정에 영향을 준 것은 아닌지 의심했다. 다시 말해, 미국이 경수로 공급과 제재 해제 및 연료 제공을 약속해 북한의 핵 프로그램을 동결함으로써 그들이 필연적이라고 간주한 북한 붕괴에 이를 때까지 핵 개발을 막기 위한 시간벌기를 의도한 것은 아닌지 의혹을 품었다.[88]

그러나 북한은 미국을 비롯한 서방 세계의 압도적 예측을 거슬러 '합의' 후 오래도록 안정된 상태로 남아 있었고, 워싱턴은 합의를 이행할 수밖에 없었다. 1998년 미국 관리들은 의회에서 북한 측에서 협약의 원칙 중 어떤 사항도 근본적으로 위반하지 않았다고 증언했다.[89] 미 정보기관은 연료봉들이 국제적 감시 아래 있고, 영변 원자로와 재처리 공장이 모두 가동되지 않고 있으며, 두 개의 대형 원자로 건설이 중단되었다고 확인했다. 평양은 자신들의 의무에 전적으로 부합하는 행동을 보여주고 있었다.[90] 하지만 1996년부터 미국이 약속했던 원유 공급이 지체되기 시작했고, 1998년에도 미국은 아직 경수로 자금 제공에 착수하지 않고 있었다. 북한이 합의의 책임을 다하고 있었던 반면, 미국은 합의를 바로 파기하지는 않았을지언정 자신들의 의무사항을 전혀 지키지 못하고 있었다.

1998년 미 상원 청문회에서 미국이 합의 의무를 다하지 못한 사실이 거듭 강조되었지만, 시정 조치가 취해진 것은 거의 없었다.[91] 이에 대해 평양은 미국이 의무를 이행하지 않는다면 영변 원자로를 재가동하겠다고 경고했다.[92] 미국 측 협상 대표 로버트 갈루치는 미국이 의무를 이행하지 않는다면 그 합의는 완전히 깨질 것이라고 경고했다.[93] 게다가, 미국은 정치적·경제적 관계를 정상화하겠다는 약속을 지키지 않고 경제 제재를 그대로 유지했다. 북한은 경제 위기와 1995년에 발생한 홍수로 전례없는 자연재해에 직면했고, 북한 정부로서는 그들의 역사를 통틀어 붕괴에 가장 가까이 다가간 것 같았다. 제재를 유지하는 것이 북한을 벼랑 끝으로 밀어버릴 수 있고, 그리하여 합의서 자체를 쓸모없게 만들어 서방의 영향력을 확대하고 대한민국이 38선 이북을 통치할 수 있다는 기대가 나왔다. 북한이 영변 원자력에 접근할 수 없게 해놓고 연료와 원자로 공급에 합의한 내용을 지연시키는 당시 상황은 북한에서 진행 중인 위기를 더욱더 악화시킬 뿐이었다.

경제 위기

북한에서 1990년대 중반은 한국전쟁을 제외하면 북한이 직면한 가장 가혹한 시련이라 할 "고난의 행군"으로 알려지게 된다. 그것은 군사적 위협이 점점 심각해지고 서방이 북한의 정치적 고립을 유발하고자 노력한 결과이기도 했지만, 한편으로는 경제적 재앙의 결과이기도 했다. 두 가지 주요 요인에서 경제적 재앙을 맞게 된 원인을 찾을 수 있었다. 첫째는 근래 두드러진 북한의 경제적 고립이었다. 소비에트 진영의 붕괴로 북한은 가장 중요한 교역 동반자들을 잃었고 소련의 경제적 원조도 상실했다. 소련이 주도한 동구경제상호원조회의(COMECON, 코메콘)도 종말을 고했는데, 이는 북한의 에너지 안보에 필수적인 기구였다. 소련과 그 후계국 러시아를 사례로 들자면, 1990년 25억 달러였던 교역량이 2000년 3850만 달러로 급감했다. 금지된 국가 간 무역과 공표되지 않은 무기 이전을 포함한 수치는 조금 높아질 수 있을 것이다.[94] 동유럽 국가들과 교역의 붕괴는 더 극단적인 편이었다. 미국은 적성국교역법(TWEA)을 적용하고 대공산권수출조정위원회(COCOM)를 통해 세계 경제의 거의 전반에 북한이 접근할 수 없도록 제한을 강화하고 가혹한 일방적 경제 제재를 부과하는 등으로 평양의 고립을 더욱 공고화했다. 둘째 요인은 19세기 이래 전례가 없는 규모로 자연재해가 발생한 것이었다. 서방이 가하는 경제적 압박과 동시에 닥친 자연재해가 상보적 효과를 일으켰다.

경제적 어려움과 식량 부족이 적들이 희망했던 북한의 붕괴를 초래하지는 않았다. 하지만 서방 매체들은 그 위기를 평양이 "시민들을 굶주리게 한다"거나 인민들에게 고통을 주기 위해 식량 생산을 의도적으로 붕괴시켰다는 비난으로 보도했다. 그렇게 함으로써 북한 정부를 국제적으로 악마화하고 동시에 정부의 정당성을 실추시키려는 것이었다. 미국 대통령 조지 W. 부시는 2002년 위기의 여파로 "시민들이 굶어 죽어가는데도 미사일과 대량파괴무기로 자체 무장하는 정권"으로 북한을 특징지었다. 유사한 표현들이 2002년에 국무부 군축담당 차관보 존 볼튼,95) 2016년 3월 유엔 대사 사만다 파워96)를 포함한 관리들 다수에게서 나왔고, 그 후 서방 언론에 광범위하게 실렸다. 북한의 식량 생산의 역사와 그것이 1990년대 붕괴한 이유, 훗날 복구된 방법에 관해 객관적으로 평가한다면, '고난의 행군'이라는 환경으로 북한 정부의 정당성이 상실되었다거나 그것이 평양이 획책한 결과라는 서방의 주장은 근거를 상실한다.

한반도가 분단되기 전에는, 토지와 자원이 농업에 훨씬 더 적합한 남쪽 절반이 한반도의 곡창지대였다. 분단 후 북한은 식량 수입에 크게 의존하지 않으면서 지속가능한 농업을 발전시키고자 했다. 물론 열악한 토양과 산이 높은 비율을 차지하는 상황을 고려할 때 만만치 않은 과업이었다.97) 주민들을 먹여 살릴 높은 작물 수확량을 산출하기 위해, 그들은 농업의 기계화 및 꽤 많은 비료와 화학 산업의 발전에 크게 투자했다. 1950년대 초 북한 곳곳을 취재한 〈런던타임스〉 기자는 선진 기술의 적용으로 작물 수확량이 크게 상승하고 있다며, "아시아 어느 곳에서 본 것보다 잘 손질되고 정성 들여 경작된 시골 지역"98)이라고 묘사했다. CIA에 따르면, 북한은 1970년대 인구성장률을 훨씬 앞지르는 곡물 생산량의 상승으로 식량 자급을 달성했다.99) 이런 성공을 대한민국과 비교한 1978년의 CIA 보고서는 곡물 생산이 북한에서 더 빠르게 성장하고 있으며, 시골 지역의 생활 수준이 "남쪽에서보다 더 빠르게 향상된 것 같다."고 언급했다. 나아가 이렇게 기록했다. "북한의 농업은 대단히 높은 수준으로 기계화되었고, 비료 사용은 아마도 세계 최고 수준으로 보이며, 넓은 범위에 걸쳐 수리 사업이 이루어지고 있다."[100]

미국의 탁월한 한반도 전문가 브루스 커밍스 교수는 북한의 농업에 관한 자신의 조사 결과에 관해 이렇게 썼다. "내가 1981년과 1987년에 중국에서 비행기를 타고 날아가 [북한을] 방문했을 때 진초록의 들판을 볼 수 있었고, 촌락을 다녀보니 토지들을 정성스럽게 보살피고 있었다… 북한은 1980년대 세계 최고의 단위 헥타르당 쌀 산출량을 기록했다고 주장했다. 설사 그 주장을 입증할 수는 없다 해도, 그곳을 방문한 전문가들은 북한이 농업에서 전반적인 성공을 거두었다는 점에 대해서는 의문을 제기하지 않았다."[101] 미국 식량개발정책연구소는 1986년 북한의 식량 자급을 이루려는 노력에 관한 연구 보고서를 발간하고 이렇게 언급했다.

> 북한은 1953년 휴전 협정 직후 자립 정책이 창출한 생산적 수요에 부응하기 위해 농업을 재조직하기 시작했다… 그들은 기후와 부존자원과 사회문화적 요구를 고려해 유효하게 생산될 수 있는 식량들을 생산하고자 했다. 그들은 한국전쟁이 종식된 후 내내 식량에 대한 국제 교역에 참여했지만, 식량에서 북한의 외환 계정을 균형이나 흑자로 유지하고 국가의 공급으로 국민 전체를 먹여 살리기 위해 전념하느라 여유가

없었다. 이 점에서 북한은 지난 십 년간 성공을 거두었던 것으로 보인다.102)

북한의 에너지 집약적 식량 생산은 소련 붕괴의 결과로 소련으로부터 연료와 비료 수입이 종료되면서 심각하게 위협을 받았다. 북한은 서방 진영에 의해 "불량 국가"로 블랙리스트에 오르고 가혹한 경제 제재 아래 놓이면서, 농업 분야에 필요한 물량을 위해 다른 수입처를 찾느라 분투했다. 당시 기아 방지 책임을 맡은 유엔 세계식량계획(World Food Programme)과 같은 국제기구들은 위기 상황이 격화되도록 방치하면서 여전히 소극적 활동에 머물렀다. 북한이 기아에 직면하지는 않았지만, 1990년대 초반 뜻밖의 정치적 사건들로 인해 북한의 농사는 힘겹게 버티고 있었다.

독립적 관측자들이 "엄청난 규모"의 홍수가 작물, 경작지, 경제 기반 시설 들을 완전히 파괴해버렸다고 보도한 대로, 자연재해로 상황이 악화되면서 북한의 식량 부족은 치명적 수준에 이르렀다. 유엔 인도주의업무조정국은 이렇게 보고했다. "1995년 7월 30일부터 8월 18일까지 쏟아진 폭우가 "조선민주주의인민공화국에 파괴적인 홍수를 초래했다. 황해북도 평산군의 한 지역에서는, 그 지역에서 들어본 적 없는 강수 강도인 877mm의 비가 7시간 안에 쏟아져 내린 것으로 보고되었다… 북한과 중국 국경을 따라 흐르는 압록강으로 넘실거리며 밀려든 물은 72시간 동안 48억 톤으로 추정되었다. 이 정도의 대규모 범람은 최소한 70년 동안은 기록된 적이 없었다.103)

국제정책센터 선임 연구원이자 우드로 윌슨 국제센터의 선임 연구원이고 – 클린턴 행정부에서 미국과 북한 간 협상에서 중심 역할을 했던 – 미국의 아시아 외교정책 전문가인 셀리그 S. 해리슨은 급작스러운 환경 위기와 관련하여 이렇게 언급했다. "1995년과 1996년 홍수에서 가장 극심하게 피해를 입은 곳은 북한 곡물의 대부분을 생산하는 서남부 '곡창지대를 이루는 지역들'이었다. 더구나, 홍수가 닥치기 전부터 북한 농업은 트랙터와 비료 공장에 연료로 사용되는 소련의 원유 공급선 상실로 마비되었다." 그는 북한이 "식량 생산에서 인상적인 증대를 불러온 야심적인 관개, 개간, 기계화 프로그램에도 불구하고… 국토의 18%만이 경작 가능할 정도로 산이 많은 나라"라고 언급했다. 해리슨은 1995년 중국으로부터의 식량 수입의 감축 – 중국 자체에서 커가는 요구 및 베이징의 식량 수출에 대한 새로운 전면 금지에서 나온 급격한 축소 – 으로 위기가 더 격화되었다고 말했다. "홍수가 닥치자" 소비에트 진영 교역의 상실, 서방의 경제 제재, 자연재해 및 농업 지형으로서는 이미 형편없는 적합성으로 인해 차질을 빚은 상황이 더욱 악화됨으로써 "도움이 절박한 평양을 저버리는" 결과를 낳았다.[104]

전직 정보국장이자 맥아더 장군의 정보장교였던 미국 기자 휴 딘은 북한의 농업 위기의 원인과 관련하여 이렇게 썼다.

> 1995년 폭우가 내리자 북쪽 국경을 따라 흐르는 압록강이 남쪽으로 범람하여 촌락들이 침수되었을 뿐만 아니라 산사태와 낙석을 일으켰다. 조선인민군은 필요한 경우 헬리콥터로 현장에 내려가 주민 대다수를 위기에서 탈출시켰다. 1996년의 홍수는 앞선 홍수에서 완전히 벗어나지 못한 상태에서 닥쳐 피해가 훨씬 더 광범위했다. 1백만 에이커의 논밭

이 진흙으로 뒤덮였거나 경작에서 제외되었다. 곡물 비축분 1백만 톤을 홍수가 휩쓸어갔다. 철도, 도로, 다리, 댐, 관개 시스템이 유실되었고, 탄광들은 침수되어 일부는 버리고 떠나야 할 정도였다. 수많은 산업체가 손상을 입어 일부는 얼마 지나지 않아 고철로 분해되었다. 그런데 올해의 장마철에는 특이하게 비가 오지 않았다. 정상적이라면 1백만 톤이었을 옥수수 작물 거의 전부가 쓸모없게 되었다. 미곡 수확은 줄었는데, 이는 가뭄 때문이기도 하고 작물에 줄 거름이 없어서이기도 했다. 이런 것들이 수많은 이들에게 굶주림과 기아를 초래한 조건들이다.[105]

북한의 방대한 양곡 비축분은 한국전쟁 이래 미국의 공습에 대비한 예방 대책으로 대체로 지하에 저장되어 있었기 때문에 모두 홍수로 손상되었다. 유엔에 따르면, 1994년과 1995년의 홍수로 양곡 비축분 150만 톤이 파괴되었다.[106] 유엔개발프로그램의 1998년 보고서에 따르면, 쌀과 옥수수 비축량이 1989년에 각각 3백~4백만 톤과 4백~5백만 톤이던 것이 1996년에 각각 1백만 톤에 훨씬 못 미치는 수준으로 하락했고, 결정적인 시기에 비축분의 손실은 북한에 재난을 가져왔다. 기간시설에 끼친 영향 또한 재앙적이어서 발전 용량의 85%가 피해를 입었고 약 550만 명의 주민이 집을 잃었다. 탄광이 침수되어 에너지 위기를 더욱더 악화시켰고,[107] 이류(mudflow, 진흙탕)가 교통망과 통신망을 차단했다. 1995년 홍수가 20세기에 가장 규모가 크고 가장 혹독한 것이었다면 1996년에는 혹독한 가뭄이 오고, 1997년에는 그만큼이나 지독한 홍수가 뒤따라 왔다.[108]

탁월한 한반도 전문가이자 모스크바 대학 러시아 과학아카데미와 아시아·아프리카연구소 연구원인 콘스탄틴 아스몰로프 박사는 북한의 경제적 재앙과 그 결과로 나타난 기아의 원인이 북한 정부를 악마화하고 그 정당성을 훼손하기 위해 서방의 소식통들에 의해 종종 의도적으로 왜곡되었다는 점에 주목한 여러 학자 가운데 한 명이다. 그는 2차 고난의 행군과 관련해 이렇게 썼다.

> 그 재앙을 둘러싸고 몇 가지 오해가 생겨났다. 가장 흔한 오해가 북한 지도부의 무능한 정책이 의도적으로 나라를 기아로 이끌어 수백만 명이 죽었다는 것이다… 나는 만약 위에 언급한 문제점들[열악한 농업 잠재력, 소련이라는 동반자 관계의 상실, 극단적인 날씨, 경제 제재] 가운데 단 하나만 저울에서 내려놓는다면, 상황은 훨씬 덜 비극적인 결과 쪽으로 방향이 기울 수 있었을 것으로 생각한다.109)

아스몰로프 박사는 나아가 외부 세력들의 행위가 어떻게 북한의 고난을 악화시켰는지 상세히 설명했다.

> 보통 때 같으면 국제 사회가 그 같은 인도적 대재앙에 개입했겠지만, 북한의 경우에는 이데올로기가 또다시 역할을 했다… 많은 이들이 북한이 아주 이른 시일 내에 저절로 붕괴할 거라고 믿었다. 따라서, 그들을 돕기 위해 열심히 노력할 필요가 없다고 간주했다. 그것은 최소한 남한이 행동으로 보인 모습이다. 첫째 그들은 지원 프로그램(NGO들이 모금한 소량의 원조)을 잘난 체하며 발표했다. 하지만 그들은 북한 내부 정치에 사실상의 개입이 될 만한 용납할 수 없는 조건들을 요구했다. 따라서 평양

이 받아들이기를 거부하자, 그들은 모든 식량 공급을 중단하라며 북한을 겨냥한 경제 제재를 로비하기 시작했다. 그들은 마치 "나빠지면 나빠질수록 더 좋다(the worse, the better)"는 계산을 한 것처럼 보였다. 나중에 상당한 지위의 외교관 자리에 오르게 되는 보수파를 대표하는 이는 필자에게 드러내놓고, 평양에 대한 원조 식량의 이동에 제약을 가하기 위해 자신들은 구체적인 정책 목표를 추구하고 있다고 말했다. 위기 속에서, 북한 대중은 자신들을 자급자족하도록 방치하는 정권에 맞서 목소리를 내기 시작할 것이고, 만약 배가 제대로 흔들린다면, 북쪽의 공산주의 국가는 무너진다는 것이었다. 그의 말에 의하면, 그 나라는 김영삼의 임기가 끝나기 전에 통일될 것이고, 김영삼은 단지 최초의 민간인 대통령으로서 뿐만이 아니라 "조선민주주의인민공화국을 무너뜨린 인물"110)로도 역사에 기록될 것이었다.

북한 주민들에게 닥친 고난과 인명 손실에는 개의치 않은 채 그 같은 정책이 실행되었다.
수많은 보고서들이 미국과 그 동맹국들이 '고난의 행군' 기간 동안 북한 내 위기를 심화시키기 위해 경제 제재 방침과 더불어 보다 직접적인 행동에 나섰다는 것을 보여준다. 전에 중국에 거주했고 '고난의 행군'을 직접 목격했던 서울에 사는 북한 시민 김련희는 당시 북한을 겨냥한 미국의 행동에 관해 이렇게 말했다.

식량 비축분이 바닥나고 농사짓기가 불가능했던 '고난의 행군' 기간 동안, 미국이 원유가 들어오지 못하도록 막는 바람에 우리 공장들의 70%

가 기계를 멈췄습니다. 우리는 아무것도 생산할 수 없었습니다. 국가가 생산해서 인민들에게 나누어주어야 하지만 우리에게는 아무것도 없었습니다. [1995년부터] 갑자기 우리의 공동 식량원이 완전히 파괴되었습니다. 우리는 굶어 죽는 것 말고는 선택의 여지가 없었습니다. 남한과는 그렇지 않지만, 중국과 러시아는 우리와 국경을 공유하고 있고, 중국과는 국경 개념이 없어서 인민들이 원하는 대로 오고 갑니다. 당시에, 우리는 전보다 훨씬 더 중국을 왔다 갔다 하며 국경을 통과해 다녔고, 정부는 자신들이 공급할 수 없다는 사실을 알고 있었기 때문에 우리는 중국에서 물건을 팔아 집으로 식량을 가져오는 일을 계속했습니다. 그리고 CIA 출신 미국인들이 우리 국경에서 작전을 벌였습니다. 그들은 공화국 시민들에게 다가가 이렇게 말합니다. "소의 꼬리를 잘라서 내게 가져오시오. 소꼬리 하나에 쌀 한 가마니를 주겠소. 전선을 잘라서 내게 가져오시오, 내가 전선 무게만큼 쌀로 맞춰주겠소." 미국인들이 왜 소의 꼬리를 원했다고 생각하세요? 우리에게 원유나 전기는 없지만 그래도 우리는 생산할 수 있는 게 아무리 적더라도 수작업으로 농사를 지어야 합니다. 하지만 미국이 휘발유 수입에 제재를 가해 트랙터들이 작업할 수 없습니다. 그래서 우리는 대신에 소들을 이용해 쟁기로 밭을 가는데, 꼬리를 잃어버리면 소들이 균형과 힘을 잃습니다. 농업을 훨씬 더 망가뜨리고 인민들을 굶어 죽게 하려고 미국인들이 소꼬리를 원했고, 따라서 북한은 굶어 죽을 수도 있습니다.111)

미국 정보기관의 만장일치에 가까운 기대112)에 어긋나게 북한은 붕괴하지 않았고 1990년대 후반부터 위기에서 서서히 회복하기 시작했다.

하지만 '고난의 행군'이라는 환경은 북한의 적들이 평양의 정부에 대해 주민들에게 배급도 하지 못했다며 정당성을 부정할 구실을 제공했다. 일부 서방 소식통들은 북한에 2천만 명 약간 넘는 인구 중 놀랍게도 3백만 명의 죽음113)을 초래했다며 비난했다. 하지만 다수의 정보가 제시하는 데이터가 보여주듯, '고난의 행군' 기간 중 출생률이 오르지 않고 보통으로 남아 있었던 데 반해, 인구는 안정적인 비율로 성장을 지속했다. 혹여 기아로 인한 죽음이나 기아와 관련된 질병이 발생했더라도, 비교적 적은 수치에 머물렀을 것이다. 세계은행은 북한 인구를 1994년에 2,158만 명, 1997년에 2,230만 명으로 추산했고, 인구 성장률은 그 전과 이후에 일관성을 유지했다. 그 출처들에는 특히 유엔 인구분과위원회, 유럽연합통계청, 유엔 통계분과, 남태평양공동체 사무국이 포함되었다.114) 국제전략연구소(The International Institute for Strategic Studies)는 '고난의 행군' 직전 해인 1994년에 인구가 23,112,000명115)이고 그것이 끝난 1997년에 24,681,000명116)이라고 인용했다. 이 기간에 주민들의 일반적 건강 상태가 퇴보했고 생활 수준이 급락했다는 데는 의심의 여지가 없지만, 평양의 적들은 레짐 체인지를 위한 그들의 추가적인 압박을 정당화하고자 북한의 지도력을 비방하고 정당성을 훼손하기 위해 과장되고 때로는 전적으로 조작된 이야기들— 끔찍하면 할수록 더 좋았다 —을 퍼뜨리고 있었다.

1990년대 후반에 위기의 강도가 약해지고 협약은 여전히 제자리에 굳게 남아 있었지만, 워싱턴이 협약에 따라 해제하기로 약속했던 북한에 대한 미국의 제재는 여전히 그대로 남아 있었다. 앞서 언급한 전문가 셀리그 S. 해리슨은 워싱턴과 평양 간 협상을 개시하는 데서 탁월한 역할을 수행했고, 1994년 6월에 북한의 핵 프로그램 동결에 대한 김일성 주석의 승인을 얻어낸 최초의 인물이었다. 과거 북한을 거칠게 비판하는 경우가 많았음에도 불구하고, 1997년에 해리스는 불편부당하게 평가한다면, 북한이 여전히 그 합의에 충실히 응한 데 반해 협약에 따른 약속을 충실히 지키지 못한 쪽은 미국이었다고 주장했다. 그는 이렇게 말했다.

> 북한이 경제 문제를, 특히 식량 부족을 해결하기 위해 핵심적으로 추구하는 것은 서방 및 일본과 맺는 경제 관계의 전반적인 자율화(liberalisation)이고, 이를 위한 전제 조건이 미국이 경제 제재를 해제하는 것이다. 그것은 평양이 핵 동결 합의를 체결하기로 했던 것은 미국이 이 제재들을 해제하기로 약속했기 때문이었다. 합의문 1절 II항은 "이 문서가 작성된 날로부터 3개월 이내에, 양측은 교역과 투자의 장벽을 축소할 것"이라고 명시했다. 이 조항은 무조건적이고 여타 이슈들에 대한 수행과는 관련이 없었다.
> 북한 지도자들은 II항을 지키지 않는 미국에 갈수록 더 조급함을 표현하고 있다. 내가 1995년 9월 평양을 방문했을 때, 부총리 겸 외무성 부상 김영남은 미국이 평양을 속여서 동결 합의에 따라 약속한 가장 중요한 혜택을 가로챘다고 직설적으로 말했다. 1996년 12월, 미국 외교관들과 협상하기 위해 뉴욕에 온 고위급 관리들이 내게 공식 · 비공식으로 평양의 강경파들이 공격적으로 합의 철회를 밀어붙이고 있다고 말했다. 이 관리들이 말한 것은 사실상 이런 내용이다. "우리는 합의의 우리 측 의무를 다 이행했다. 우리의 핵 프로그램을 동결했고, 이것은 IAEA 조사

관들과 미국 정부의 전문가들에 의해 확증되었다. 우리는 핵 자립을 포기했고, 그것은 단 한 가지 이유 때문이었다. 이것이 미국과 우호적 관계로 나아가고, 부분적으로 경제적 관계로 나아간다고 생각했기 때문이다. 하지만 당신들은 무역과 투자 장벽에서 시늉에 불과한 감축을 했을 뿐이다. 당신들은 협상의 당신네 몫을 이행하지 않고 있다."

제재 문제에 대한 객관적 평가는 북한의 불만이 정당함을 보여준다. 1997년 1월에 들어섰을 때, 미국이 II항을 이행하기 위해 한 것은 한 가지 소비재(마그네사이트)의 수출에 대한 제재를 해제하고 AT&T가 전화와 팩스 통신을 개시할 수 있도록 허가한 것이 전부였다. 투자에 관심을 보인 소수의 미국 기업들은 재무부의 인허를 얻지 못하고 있다. 자동차 부품 공장 건설을 조사한 제너럴모터스가 아주 좋은 예시다.117)

해리슨은 나아가 이렇게 언급했다. "카길은 물물교환(barter deal)−카길의 곡물과 북한의 광물질 −을 위한 허가증을 받았지만, 제재로 인해 미국의 대행사들이 곡물 선박들이 출발하는 데 필요한 담보물을 제공할 수 없도록 막고 있다."118) 궁극적으로 북한은 설사 가능성이 거의 없다 할지라도 당시 제재의 해제로 귀결될 수 있는 증거가 되어줄 합의 조건들을 계속해서 정확히 일방적으로 준수했다. 그런 희망들이 결국 초점이 어긋난 것으로 드러났고, 세기가 바뀌자마자 관계는 악화되었다.

1. Tsukanov, Ilya, 'How Gorbachev Destroyed the USSR's Military Space Program, & What It Cost Russia,' Sputnik, May 14, 2017.
2. 'Plugging the Air Defense "Gorbachev Gap": Russia's Voronezh Radar in Action,' Sputnik, June 7, 2017.
3. Friedman, Thomas and Tyler, Patrick E., 'From the First, U.S. Resolve to Fight,' New York Times, March 3, 1991.
4. Bush, George H. W., Address Before a Joint Session of the Congress on the Persian Gulf Crisis and the Federal Budget Deficit, September 11, 1990.
5. 'George Bush Meet Woodrow Wilson,' New York Times, November 20, 1990.
6. Foreign Affairs, vol. 69. Issue 5, Winter 1990/91 (p. 23).
7. Heikal, Mohamed, Illusions of Triumph: An Arab View of the Gulf War, New York, HarperCollins, 1993 (pp. 175–177). Nixon, John, Debriefing the President: The Interrogation of Saddam Hussein, London, Bantam Press, 2016 (p. 112).
8. Heikal, Mohamed, Illusions of Triumph: An Arab View of the Gulf War, New York, HarperCollins, 1993 (pp. 176, 178, 218).
9. Ibid. (p. 365).
10. Kramer, Mark, 'Food Aid to Russia: The Fallacies of US Policy,' PONARS Policy Memo 86, Harvard University, October 1999.
11. The Military Balance, Volume 89, International Institute for Strategic Studies, 1989 (pp. 101–102).
12. Gellman, Barton, 'Allied Air War Struck Broadly in Iraq,' Washington Post, June 23, 1991.
13. Joy, Gordon, Invisible War: The United States and the Iraq Sanctions, Cambridge, MA, Harvard University Press, 2010 (p. 25).
14. Woertz, Eckart, 'Iraq under UN Embargo, 1990–003, Food Security, Agriculture, and Regime Survival,' in: The Middle East Journal, vol. 73, no. 1, Spring 2019 (p. 101). Blaydes, Lisa, State of Repression: Iraq under Saddam Hussein, Princeton, NJ, Princeton University Press, 2018 (pp. 122–124).
15. 'Iraq conflict has killed a million Iraqis,' Reuters, January 30, 2008.
16. 'Sanctions Blamed for Deaths of Children,' Lewiston Morning Tribune, December 2, 1995. Stahl, Lesley, 'Interview with Madeline Albright,' 60 Minutes, May 12, 1996.
17. Friedman, Thomas and Tyler, Patrick E., 'From the First, U.S. Resolve to Fight,' New York Times, March 3, 1991.
18. Miller, Eric A., and Yetiv, Steve A., 'The New World Order in Theory and Practice: The Bush Administration's Worldview in Transition,' Presidential Studies Quarterly, vol. 31, no. 1, March 2001 (pp. 56–68).
19. Abrams, A. B., Power and Primacy: The History of Western Intervention in the Asia-Pacific, Oxford, Peter Lang, 2019 (Chapter 16: The Russian Factor in the Asia-Pacific).
20. Ibid. (Chapter 14: Economic War on Asia: South Korea and the Asian Tigers).
21. Duffy Toft, Monica, 'Why is America Addicted to Foreign Interventions?,' The National Interest, December 10, 2017.
22. Brady, Brian, 'NATO comes clean on cluster bombs,' Independent, September 16, 2007.
23. '"Up to 15 tons of depleted uranium used in 1999 Serbia bombing"—ead lawyer in suit against NATO,' RT, June 13, 2017. Simons, Marlise, 'Radiation From Balkan Bombing Alarms Europe,' New

York Times, January 7, 2001.

24 Williams, Daniel, 'NATO Bombs Serbia Into Darkness,' Washington Post, May 3, 1999.

25 McCormack, Timothy, Yearbook of International Humanitarian Law—2003, Cambridge, Cambridge University Press, 2006 (p. 381).

26 Vine, David, Base Nation, How U.S. Military Bases Abroad Harm America and the World, New York, Henry Holt and Company, 2015 (Chapter 9: 'Sex for Sale,' Section 5: 'Sold Hourly, Nightly or Permanently'). O'Meara, Kelly Patricia, 'US: DynCorp Disgrace,' Insight Magazine, January 14, 2002.

27 Ramani, Samuel, 'What North Korea Learned From the Kosovo War,' The Diplomat, October 16, 2017.

28 Beinart, Peter, 'How America Shed the Taboo Against Preventative War,' The Atlantic, April 21, 2017. Silverstone, Scott, Preventative War and American Democracy, Abingdon, Routledge, 2007. Smith, Derek D., Deterring America: Rogue States and the Proliferation of Weapons of Mass Destruction, Cambridge, Cambridge University Press, 2006 (pp. 116–120).

29 Chomsky, Noam, The New Military Humanism; Lessons From Kosovo, London, Pluto Press, 1999 (Chapter 6: Why Force?). Defense Monitor, Washington, D.C., Center for Defense Information, XXIX.3, 2000.

30 Essentials of Post-Cold War Deterrence, Policy Subcommittee of the Strategic Advisory Group (SAG) of the United States Strategic Command, 1995. Chomsky, Noam, The New Military Humanism; Lessons From Kosovo, London, Pluto Press, 1999 (pp. 145–146).

31 International Institute for Strategic Studies, The Military Balance, Volume 91, 1991, Part VIII: Asia and Australasia (p. 167).

32 International Institute for Strategic Studies, The Military Balance, Volume 92, 1992, Part VIII: Asia and Australasia (p. 167).

33 International Institute for Strategic Studies, The Military Balance, Volume 94, 1994, Part VIII: East Asia and Australasia (p. 152).

34 International Institute for Strategic Studies, The Military Balance, Volume 111, 2011, Part VI: Asia (p. 206).

35 Schobell, Andrew and Sanford, John M., North Korea's Military Threat: Pyongyang's Conventional Forces, Weapons of Mass Destruction, and Ballistic Missiles, Carlisle, PA, U.S. Army War College Strategic Studies Institute, April 2007 (p. 30).

36 Ibid. (pp. 35–36). Minnich, James, North Korea's People's Army: Origins and Current Tactics, Annapolis, MD, Naval Institute Press, 2005 (p. 68).

37 Schobell, Andrew and Sanford, John M., North Korea's Military Threat: Pyongyang's Conventional Forces, Weapons of Mass Destruction, and Ballistic Missiles, Carlisle, PA, U.S. Army War College Strategic Studies Institute, April 2007 (p. 36).

38 U.S. Senate Select Committee on Intelligence, World Wide Threat Hearing, February 11, 2003. Ballistic and Cruise Missile Threat, National Air and Space Intelligence Centre, Air Force Intelligence, Surveillance and Reconnaissance Agency, April 2009.

39 Schobell, Andrew and Sanford, John M., North Korea's Military Threat: Pyongyang's Conventional Forces, Weapons of Mass Destruction, and Ballistic Missiles, Carlisle, PA, U.S. Army War College Strategic Studies Institute, April 2007 (p. 57).

40 Westermeyer, Paul C., U. S. Marines in the Gulf War 1990–1991: Liberating Kuwait, Quantico, VA,

United States Marine Corps History Division, 2014 (pp. 77–78).

41 Kopp, Carlo, 'Operation Odyssey Dawn—he collapse of Libya's relic air defense system,' Defence Today, vol. 9, no. 1, 2011

42 Joo, Sung Ho and Kwak, Tae Hwan, 'Military Relations Between Russia and North Korea,' Journal of East Asian Affairs, vol. 15, no. 2, Fall/Winter 2001 (p. 301). KCNA, June 3, 1991. Jencks, Harlan W., Some Political and Military Implications of Soviet Warplane Sales to the PRC, Sun Yat Sen Centre for Policy Studies, National Sun Yat Sen University, Paper no. 6, April 1991 (p. 21).

43 Izvestiya, March 6, 1992.

44 Ait, Abraham, 'Is North Korea's MiG-29 Fleet Growing?,' The Diplomat, November 29, 2018.

45 International Institute for Strategic Studies, The Military Balance, Volume 94, 1994, Part IX: Asia and Australasia (p. 166).

46 Farley, Robert, 'The MiG-21 Is Still a Great. Fighter Jet,' War is Boring, August 20, 2016. Bryen, Stephen, 'It's MiG-21 versus the F-16 over Kashmir,' Asia Times, March 5, 2019.

47 'Did China Almost Field the World's Strongest Bomber Fleet? How Western Intervention Prevented Beijing from Acquiring the Lethal Soviet Tu-160 from Ukraine in the 1990s,' Military Watch Magazine, June 2, 2018.

48 Gordon, Michael R., 'Azerbaijan Detains Russian MIG Shipment,' New York Times, March 23, 1999. Joo, Sung Ho and Kwak, Tae Hwan, 'Military Relations Between Russia and North Korea,' Journal of East Asian Affairs, vol. 15, no. 2, Fall/Winter 2001 (pp. 303–304).

49 Ibrahim, Youssef M., 'Iran Said to Commit $7 Billion to Secret Arms Plan,' New York Times, August 8, 1992. 'Iran Is Too Much of a Mess to Acquire Russian Weaponry,' War is Boring, October 20, 2017.

50 'NATO Will "Drag Serbia Into Major Fight" Over Possible S-300 Deliveries,' Sputnik, August 26, 2017 (Russian State Media Confirms Long Suspected Presence of S-300 Missile Batteries in North Korea).

51 Polmar, Norman, The Naval Institute Guide to the Soviet Navy, Annapolis, Naval Institute Press, 1991 (p. 387). Yonhap, 18 January 1994. JPRS-TND-94-003, 31 January 1994 (p.45–46).

52 Lukin, Alexander, China and Russia: The New Rapprochement, Cambridge, Polity Press, 2018 (p. 154).

53 'Think you can't afford a fighter jet? This Russian official sold 4 MiG-31s at $2 each & avoided prison for years,' RT, July 4, 2020.

54 Bechtol Jr., Bruce E., North Korean Military Proliferation in the Middle East and Africa, Lexington, University Press of Kentucky, 2018 (p. 88).

55 Haslam, Jonathan, The Soviet Union and the Politics of Nuclear Weapons in Europe, 1969–87: The Problem of the SS-20, London, Palgrave MacMillan, 1989 (p. 8).

56 Funabashi, Yoichi, 'The Peninsula Question: A Chronicle of the Second Korean Nuclear Crisis,' Washington D.C., Brookings Institution Press, 2007 (p. 126).

57 'Thaw in the Koreas?,' Bulletin of Atomic Scientists, vol. 48, no. 3, April 1992 (p. 16).

58 Drezner, Daniel W., The Sanctions Paradox: Economic Statecraft and International Relations, Cambridge, Cambridge University Press, 1999 (p. 286).

59 Cumings, Bruce, Korea's Place in the Sun: A Modern History, New York, W. W. Norton & Company, 1997 (p. 483). 'Time to End the Korean War,' The Atlantic, February 1997.

60 'Thaw in the Koreas?,' Bulletin of Atomic Scientists, vol. 48, no. 3, April 1992 (p. 16).

61 'Time to End the Korean War,' The Atlantic, February 1997.

62 Meade, Edward Grant, American Military Government in Korea, New York, King's Crown Press, 1952 (pp. 56, 72, 188).

63 Lowe, Peter, The Origins of the Korean War, London, Routledge, 1997 (p. 180).

64 Weiner, Tim, 'U.S. Spied on Iraq Under U.N. Cover, Officials Now Say,' New York Times, January 7, 1999.

65 Ritter, Scott, 'The coup that wasn't,' Guardian, September 28, 2005. Edwards, David and Cromwell, David, Propaganda Blitz: How the Corporate Media Distort Reality, London, Pluto Press, 2018 (Chapter 5: Libya: 'It's All. About Oil'). 'Scott Ritter and Seymour Hersh: Iraq Confidential,' The Nation, October 26, 2005.

66 Thomas, Raju G. C., The Nuclear Non-Proliferation Regime: Prospects for the 21st Century, London, MacMillan, 1998 (p. 227).

67 Cumings, Bruce, Korea's Place in the Sun: A Modern History, New York, W. W. Norton & Company, 1997 (pp. 489–490). KCNA, February 22, 1993.

68 'Thaw in the Koreas?,' Bulletin of Atomic Scientists, vol. 48, no. 3, April 1992 (p. 16).

69 'US military stokes N Korea flames with "secret nuclear silos" claim,' RT, November 16, 2017.

70 Cumings, Bruce, Korea's Place in the Sun: A Modern History, New York, W. W. Norton & Company, 1997 (p. 489).

71 New York Times, February 25, 1993.

72 Farrell, John, 'Team Spirit: A Case Study on the Value of Military Exercises as a Show of Force in the Aftermath of Combat Operations,' Air and Space Power Journal, vol. 23, no. 3, Fall 2009.

73 Hayes, Peter, Pacific Powderkeg: American Nuclear Dilemmas in Korea, Lexington, Mass, Lexington Books, 1991. Cumings, Bruce, Korea's Place in the Sun, New York, W. W. Norton and Company, 1997 (p. 475).

74 Mathews, Jessicia, 'Biggest Bargaining Chip,' Washington Post, February 20, 1994.

75 Chicago Tribune, March 18, 1993.

76 New York Times, March 21, 1993 (op-ed page). Cumings, Bruce, Korea's Place in the Sun: A Modern History, New York, W. W. Norton & Company, 1997 (p. 488).

77 Blair, Bruce D., 'Russia's Doomsday Machine,' New York Times, October 8, 1993.

78 Cumings, Bruce, Korea's Place in the Sun: A Modern History, New York, W. W. Norton & Company, 1997 (p. 490).

79 Joint Statement of the Democratic People's Republic of Korea and the United States of America, New York, June 11, 1993.

80 Thomas, Raju G. C., The Nuclear Non-Proliferation Regime: Prospects for the 21st Century, London, MacMillan, 1998 (p. 232).

81 Ibid. (p. 232).

82 The National Interest, no. 34, Winter 1993/94 (pp. 38–39).

83 Thomas, Raju G. C., The Nuclear Non-Proliferation Regime: Prospects for the 21st Century, London, MacMillan, 1998 (pp. 232–233). Cumings, Bruce, Parallax Visions: Making Sense of American-East Asian Relations, Chapel Hill, NC, Duke University Press, 2002 (p. 146).

84 Erickson, Amanda, 'The last time the U.S. was on "the brink of war" with North Korea,' Washington Post, August 9, 2017.

85 Cumings, Bruce, Korea's Place in the Sun, New York, W. W. Norton and Company, 1997 (p. 428).

86 Harrison, Selig S., 'Time To Leave Korea?,' Foreign Affairs, March–April 2001.

87 Kessler, Glenn, 'South Korea Offers To Supply Energy if North Gives Up Arms,' Washington Post, July 13, 2005.

88 Kim, Ji Yong, 'DPRK Will Re-Operate Nuclear Facilities Within A Few Weeks to Produce Electricity,' The People's Korea, January 27, 2003.

89 Ryan, Maria, 'Why the US's 1994 deal with North Korea failed—nd what Trump can learn from it,' The Conversation, July 19, 2017.

90 Ryan, Maria, 'Why the US's 1994 deal with North Korea failed—nd what Trump can learn from it,' The Conversation, July 19, 2017.

91 KEDO and the Korean Agreed Nuclear Framework: Problems and Prospects, Hearing Before the Subcommittee on East Asian and Pacific Affairs of the Committee on Foreign Relations, United States Senate, One Hundred Fifth Congress, Second Session, July 14, 1998.

92 'LWR Provision is U.S. Obligation: DPRK FM Spokesman,' KCNA, March 6, 1998.

93 Ryan, Maria, 'Why the US's 1994 deal with North Korea failed—nd what Trump can learn from it,' The Conversation, July 19, 2017.

94 Asmolov, Konstantin, 'Famine in North Korea: Causes and Myths. Part 1,' New Eastern Outlook, October 30, 2013.

95 Bolton, John, 'North Korea: A Shared Challenge to the U.S. and ROK,' Speech Before the Korean-American Association, Seoul, August 29, 2002.

96 Explanation of Vote at the Adoption of UN Security Council Resolution 2270 on DPRK Sanctions, United States Mission to the United Nations.

97 Food and Agriculture Organisation/ World Food Programme Crop and Food Security Assessment Mission to the Democratic People's Republic of Korea, November 28, 2013.

98 London Times, November 16, 1950.

99 Armstrong, Charles K., The Koreas, Abingdon, Routledge, 2007 (p. 71).

100 Korea: The Economic Race between North and South, National Foreign Assessment Center, Central Intelligence Agency, 1978.

101 Cumings, Bruce, Korea's Place in the Sun, New York, W. W. Norton and Company, 1997 (p. 428).

102 Barkin, David, Food Self Sufficiency in North Korea, Research Report No. 4, San Francisco, Institute for Food and Development Policy, January 1, 1986.

103 UN Department of Humanitarian Affairs, 'United Nations Consolidated UN Inter-Agency Appeal for Flood-Related Emergency Humanitarian Assistance to the Democratic People's Republic of Korea (DPRK), 1 July 1996–1 March 1997.'

104 Harrison, Selig S., 'Promoting a Soft Landing in North Korea,' Foreign Policy, no. 106, Spring 1997 (p. 66).

105 Deane, Hugh, The Korean War, 1945–1953, San Francisco, CA, China Books & Periodicals, 1999 (p. 208).

106   UN Department of Humanitarian Affairs, 'Consolidated UN Inter Agency-Appeal,' 1 July 1996–1 March 1997.

107   Asmolov, Konstantin, 'Famine in North Korea: Causes and Myths. Part 1,' New Eastern Outlook, October 31, 2013.

108   Ibid.

109   Ibid.

110   Asmolov, Konstantin, 'Famine in North Korea: Causes and Myths. Part 2,' New Eastern Outlook, October 31, 2013.

111   Interview with Kim, Ryeon Hui in: Yun, David, Loyal Citizens of Pyongyang in Seoul, October 16, 2018.

112   'Exploring the Implications of Alternative North Korean Endgames: Results From a Discussion Panel on Continuing Coexistence Between North and South Korea,' Central Intelligence Agency, January 21, 1998.

113   'North Korea "loses 3 million to famine,"' BBC, February 17, 1999.

114   World Bank Group, Data for Korea, Dm. People's Rep. (https://data.worldbank.org/indicator/SP.POP.TOTL?locations=KP)

115   International Institute for Strategic Studies, The Military Balance, Volume 94, 1994, Part IX: Asia and Australasia (p. 178).

116   International Institute for Strategic Studies, The Military Balance, Volume 97, 1997, Part VIII: Asia and Australasia (p. 183).

117   Harrison, Selig S., 'Promoting a Soft Landing in North Korea,' Foreign Policy, no. 106, Spring 1997 (pp. 62–63).

118   Ibid. (p. 65).

13장
21세기, 새로워진 '최대의 압박'

제네바 북미 합의 후 : 북-미 관계의 새 국면

1994년 '제네바 북미 합의(Agreed Framework)'에 서명한 후, 미국 소식통들은 북한이 그들의 의무를 충실히 지켜 왔으며 이는 앞으로도 계속될 것이라는 주장을 확신에 차서 거듭 강조했다. 새로운 일극 질서(unipolar order) 아래서, 평양에 그 합의가 갖는 의미는 세계를 지배하는 세력과 관계를 정상화하고 — 세계 경제에 대한 접근권을 얻는 데서 필수적인 — 경제 제재와 압박의 해제를 모두 확보할 방안이었다. 1995년에 열린 미 정보특별위원회 보고서는 이렇게 언급했다. "김정일 체제의 북한 지도부는 합의 사항을 가까운 시일 내에 충실히 수행할 것이다. 왜냐하면, 북한은 그 합의가 경제 발전을 도모하고 미국을 비롯한 선진 산업국들에 대한 정치적·경제적 개방에 역점을 두는 전략에 도움이 되는 생존 기회라고 여기기 때문이다. 만약 유지되기만 한다면, 그 방향이 평양이 무력에 의한 재통일에 기댈 동기를 감소시킬 것이다."[1]

한편 북한은 재래식 억지력을 강화하는 방향으로 나아갔다. 경제 위기로 인해 방위 지출이 상당히 감축되기는 했지만 보다 비대칭적인 무기

장비들을 효과적으로 배치했다. 여기에는 전방 진지에 배치되는 보다 정교한 토종 장거리포와 탄도 미사일 시스템이 포함되었다. 영국의 싱크탱크 국제전략연구소(IISS) 보고서는 이것이 곡사포, M195 포 시스템, 로동—1호 미사일의 가장 유능한 이형 모델들과 더불어 사정거리 600km에 탑재 능력 700kg로 여태 개발된 스커드 미사일 중 가장 성능이 뛰어난 변형 모델2)을 포괄한다고 기술했다. 분석가들은 조선인민군이 대칭 시스템을 넘어서는 그런 "고강도(high impact)" 무기들에 역점을 둔다는 사실을 거듭 강조했다. 몇 배나 높은 방위비를 쓰는 적들과 전투하려면 고강도 무기들이 필수적이었다.3) 정보특위 보고서는 '제네바 북미 합의(Agreed Framework)' 기간에 북한의 배치와 관련하여 이렇게 언급했다. "북한은 지속적으로 그들의 전방전개부대(forward deployed forces)를 개선하고 훈련하고 있다. 이것이 합의에 따르는 정치·경제적 이익을 극대화하는 동시에 현재의 재래식 군사 능력과 군사 준비태세를 유지하려는 그들의 바람을 보장하기 때문이다."4)

미국은 합의를 통해 핵무기 프로그램이 기반하고 있는 북한 플루토늄 공정을 1994년부터 8년이 넘도록 동결시킴으로써 – 특히 북한의 붕괴가 임박했다는 확신에 찬 예측이 만연했다는 점을 고려할 때 – 꽤 많은 득을 보았다. 클린턴 행정부에서 국방부 국제안보정책 부차관을 지냈고 대북 정책 수석 고문이었던 애슈턴 카터(2015년에 국방장관이 되었다)는 2013년 그 합의의 이점에 관해 이렇게 말했다. "합의는 우리에게 매우 중요한 일을 해주었는데, 그것은 영변에 있는 북한의 플루토늄 프로그램을 바로 몇 달 전까지 동결시킨 것이었다. 플루토늄을 동결시키지 않았더라면, 지금쯤 북한은 수십 기의 핵무기를 보유하고 있을 것이다. 그 기준으로 본다면, 합의는 확실히 우리 안보에 도움이 되었다."5)

한편, 북한이 플루토늄 단지 내 활동 제한이라는 합의 조항은 충실히 지키는 대신 1990년대 말부터는 농축 우라늄으로 핵무기를 개발하는 제2의 길을 찾으려 했다는 소문이 있었다. 미국이 합의 의무사항을 지키지 않은 점을 고려할 때, 평양으로서는 합의에서 명기한 양해 사항들을 바로 뒤집지는 않으면서 핵 이슈와 관련해 자신들이 압력을 행사할 방법을 밀고 나갔을 수 있다. 공화당 하원의원 벤자민 A. 길먼을 비롯한 다수 전문가의 언급대로, 엄밀히 말해서 우라늄 농축 활동은 특정된 장소 내 플루토늄 관련 활동을 제한하는 합의에 위배되지 않는다.6) 게다가, 수많은 전문가들이 입증하듯, 조만간 들어올 경수로에 사용할 목적으로 우라늄 농축이 이루어졌을 수도 있어서 그런 활동을 무기화를 위한 계획의 증거로 간주하기는 어렵다. 실제로, 남한을 비롯한 비핵 국가들은 당시 북한에 혐의가 제기되는 것과 같은 자체 우라늄 농축 프로그램을 실행하고 있었다.7) 더구나, 농축 프로그램에 관한 미국의 주장이 사실과 일치하는지는 여전히 확인되지 않았고, 북한은 그런 주장들을 입증할 증거가 없다고 거듭 지적했다. 실제로 오늘날까지도 판명되지 않은 상태이다.8) 많은 소식통들이 북한의 우라늄 농축에 관한 미국의 주장에는 증거가 전혀 없다는 사실에 주목했고, 〈포린어페어스 Foreign Affairs〉도 그중 하나였다.9) 평양은 1998년 미심쩍다는 우라늄 농축 시설에 미국 조사관들이 접근하도록 허용했고, 그들은 그런 활동의 증거가 전혀 발견되지 않았다고 결론지었다.10) 그럼에도 불구하고, 근거 없는 주장은 계속되고 있다.

1998년은 북한이 지도자의 죽음, 고난의 행군, 3년간의 환경 재앙으로부터 점점 더 안정된 국가로 부상하기 시작한 해다. 한편, 미국 보고서들에 따르면 북한은 여전히 협약을 충실히 준수하고 있었다. 그 해, 미국은 위협을 강화하고 군사 작전을 또다시 고려했다. 미군은 북한을 상대로 핵 공격을 위한 모의 훈련 연습을 시작했다.11) 워싱턴이 평양의 요구 가운데 중심을 차지했던 제안, 즉 직접 양자 협상을 벌여 공식적으로 불가침 조약을 체결하자는 제안을 거부하면서,12) 미국의 의도에 대한 의혹은 더 커가고 있었다. 북한 붕괴가 임박했다는 전망이 흐려진 가운데 2001년 미국의 신임 행정부가 들어서자, 미국의 경제적·군사적 압박을 점차로 높여감으로써 북한을 붕괴의 길로 내몰아야 한다는 목소리가 높아 갔다. '제네바 북미 합의'를 종결하는 것이 미국의 목적을 달성하기 위한 비결이었음은 이 점에서도 확인되었다.

서방 전문가들은 북한이 농축 우라늄 프로그램을 추구하고 있다는 미국의 주장에는 의미 있는 증거가 전혀 없다고 거듭 지적했다. 그러나 후임 조지 W. 부시 행정부가 들어서자, 1998년에 내놓은 그 주장이 점점 더 힘을 얻기 시작했다.

과학과국제안보연구소(Institute for Science and International Security)가 미국이 북한과 이라크를 상대로 의혹을 제기하며 제시한 증거들을 비교·검토했다. 즉, 북한의 우라늄 프로그램과 관련한 확실치 않은 증거와 부시 행정부가 이라크가 대량파괴무기를 갖고 있다고 주장하기 위해 사용한 증거를 비교한 것이다. 후자는 완전히 위조된 것으로 판명되었는데도 침략 정책에는 유용한 구실이 되어주었다.13) 클린턴 행정부에서 합의에 환멸을 느낀 관리들로서는 평양을 상대로 그 같은 혐의를 조작할 만한 강력한 유인이 있었고, 집권한 순간부터 그 합의로부터 빠져나올 구실을 찾았던 부시 행정부로서는 그보다 훨씬 더했다.* 그런 주장들이 나오기 시작한 시점은 북한이 경제 위기에서 벗어나는 것과 동시였다. 국가 붕괴라는 전망이 어두워진 시점이었기에, 미국이 의무 수행을 회피하기 위해 합의에서 탈출할 구실을 찾고 있었을 가능성은 충분하다. 미국은 합의가 깨질 때까지 8년 동안 경수로 공급을 지체했을뿐더러 필요한 기금을 확보하지도 하지 않았기 때문이다.

나중에 2002년 10월에 평양을 방문한 미국 대표단은 북한이 회담 중에 우라늄 농축 시설의 존재를 인정했다고 주장했다.14) 그러나 북한 측은 그런 시인을 한 적이 없다고 부정했고, 미국 측이 아무런 증거도 보여주지 못했다며 비난했다.15) 그 후 북한 외무성은 만약 미국이 우라늄 농축 프로그램이 추진되고 있다는 서면 증거를 하나라도 제시한다면 기꺼이 응답하겠다는 의사를 전하면서, 이 문제에 대한 혐의를 풀면 워싱턴에 관계 개선을 위한 기회를 주겠다고 말했다.16) 미국은 증거를 전혀 제시하지 않은 채 같은 주장을 계속하면서 북한을 향한 적대적 행위의 근거로 삼았다.

나중에 미국 정보기관 관리들은 북한이 고농축 우라늄을 통해 핵무기

---

* 부시 행정부의 정책은 초기에 ABC(클린턴 행정부가 하던 정책만 빼고 뭐든 다 한다)라는 별칭으로 불렸고, 공화당은 신임 대통령이 실행해야 한다고 압박을 받은 '제네바 북미 합의'를 파기하라는 요구를 계속 받고 있었다. 입증된 바 없는 우라늄 농축 혐의가 그런 요구에 대한 중요한 구실을 제공했다.

를 추진하고 있다는 초기의 주장을 대단치 않게 여겼다. 2004년 〈유에스에이 투데이(USA Today)〉가 인용한 익명의 정보기관 관계자는 CIA는 우라늄 농축 공장이 있다고 확신하지도 않았다고 전했다.17) 그 같은 CIA의 시인은 널리 공표되지 않았다. 우라늄 무기 프로그램을 뒷받침할 증거가 추가로 제시되지 않았음에도 불구하고, 그 주장은 여전히 공식 철회되지 않은 상태다.

이라크를 상대로 우라늄 농축 프로그램에 관해 제기한 혐의는 이라크 침공 후에야 허위라는 사실이 명백히 판명되었다. 따라서 신빙성이 전혀 없는 그 같은 주장의 특성을 고려할 때, 북한을 상대로 제기된 주장도 마찬가지로 충분히 의심할 만한 근거가 있었다.18) 미 정보기관들이 북한에 우라늄 농축 프로그램에 관한 의혹이 있다고 결론지으면서 동시에 이라크 역시 대량파괴무기(WMD)를 개발하고 있다고 결론지은 점에 주목할 필요가 있다. WMD 프로그램에 대한 허위 주장이 불법적인 이라크 침공의 구실로 유용했다고 입증된 것처럼, 혐의만 제기되었을 뿐 증명된 적 없는 북한 우라늄 농축 프로그램도 마찬가지로 미국의 합의 파기에 구실을 줌과 동시에 북한에 대한 책임 전가 기능도 했다. 북한은 경제적 안녕이라는 장기적 관점에서 '제네바 북미 합의' 사항을 소중히 여겼다. 미국은 핵 개발이라는 허위 주장을 이용해 적대행위의 구실로 삼은 것이 입증되었고,19) 1998년 미국 조사관들은 증거도 없었고 결정적 발견도 전혀 없었다고 확인했다.20) 이런 상황을 고려할 때, 평양이 합의를 위태롭게 할 수도 있다는 위험을 감수하면서 그 같은 프로그램을 추진하려 했다는 주장은 여전히 신뢰하기 어렵다.

만약 우라늄 농축 프로그램과 관련한 미국이 주장이 옳다고 가정하고, 미국이 국제사회를 만족시키기 위해서든 북한과 대결하기 위해서든 어떤 이유로든 증거 제시를 거부한다고 가정할 경우, 미국은 '제네바 북미 합의'를 통해 플루토늄 계획을 차단함으로써 북한을 핵무장 경로 중 한참 더딘 길로 밀어내는 데 성공한 것으로 보인다. 후기 단계의 진전된 플루토늄 프로그램의 중단은 핵 프로그램 차원에서 중대한 지장을 초래한 것이 된다. 이것이 미국에는 큰 이득이었던 것으로 판명되었다. 2003년 애슈턴 카터는 우라늄 프로그램에 관한 주장을 하면서도, 플루토늄 개발을 저지함으로써 미국이 얻은 이점에 대해 이렇게 말했다.

> 그들[1994년의 북한]은 [영변에서] 연료봉 재처리 일정을 몇 개월 남겨두고 있었지만, 8년이라는 긴 기간 동안 그 연료봉들을 재처리하지 않았다. 그 기간에 우리는 좀 더 편히 쉴 수 있었다. 동시에 플루토늄 프로그램은 동결되었고, 우리는 그들이 현재 핵무기를 만들 수 있는 또 다른 금속 – 즉 우라늄 – 과 관련된 프로그램 실험에 착수했다고 알고 있다. 현재 많이 진척되지는 않았다. 따라서 그것은 플루토늄 프로그램과는 달리 명백하고 현존하는 위험을 제기하지는 않는다.21)

다수의 소식통에 따르면, 영변에서 동결된 플루토늄은 핵무기 30개를 만들기에 충분한 물질을 제공한다.22) 영변이 활동 중이었다면, 세기가 바뀌는 시점에 많은 분량이 생산될 수 있었을 것이다.
북한은 1990년대 중반부터 이스라엘의 핵 프로그램 방침과 유사하게 핵무기 능력에 관해 모호한 입장을 취하는 정책을 채택했다. 북한의 핵 물질 대부분이 여전히 국제 사찰관들에 의해 냉각 수조에서 감시되고 있었지만, 미국 정보기관들 사이에서는 조선인민군이 잔존 물질들— '합의'에 서명하기 전에 처리될 수 있었던 —로 소형 핵무기를 개발할 수 있다는 추측이 있었다. 실제로, 일부 분석가들은 북한이 일찍이 1989년에 소형 무기에 필요한 충분한 물질을 갖추고 있었을 것으로 추정했다.[23]

미국 공군사관학교 정치학과 학과장인 윌리엄 E. 베리 주니어 대령의 보고서에 따르면, 북한은 일찍이 1993년에 그들이 공격받는 경우 사용할 핵 능력을 갖췄을 수도 있었다. 대령은 이렇게 썼다. "클린턴 행정부 안에서는 이미 북한에 폭탄을 제조할 만한 충분한 플루토늄이 있는지 아닌지에 관한 합의된 견해가 없었다. 예컨대, 국무장관이었던 로렌스 이글버거는 하원 위원회에서 북한이 이미 최소한 한 개의 핵무기를 갖고 있다고 믿는다고 증언했다. 신임 CIA 국장 제임스 울리 주니어는 북한이 이미 폭탄 제조에 충분한 플루토늄을 갖고 있으나 아직 제조하지는 않은 상태라는 의견이었다."[24] 1992년 전에 재처리된 플루토늄의 양은, 설사 있었다 하더라도, 여전히 알 수 없다.

이듬해인 1994년 국제전략연구소(IISS)의 보고서는 이렇게 썼다. "북한의 핵무기 보유를 둘러싸고 단정적으로 확인된 정보는 여전히 존재하지 않는다. CIA 국장의 추정으로는, 북한은 1994년 4월 원자로를 폐쇄하기 전에 핵 폭발 장치(nuclear device)를 제조할 충분한 플루토늄이 있었다. 미국 정보기관들은 폭탄 제조에 필요한 내파 장치와 질산 플루토늄의 금속 전환을 나타내는 고성능 폭탄 시험의 증거가 있다고 주장한다."25) 북한이 합의를 충실히 지키고 있으며 연료봉들이 IAEA 감독 아래 놓여 있다고 확인된 1995년 1월 미국의 정보특별위원회 청문회에서, 북한이 그 합의가 있기 전에 소형 핵무기를 개발하기에 충분한 물질을 가졌을 가능성이 제기되었다. 청문회에서는 이런 진술이 있었다. "정보기관들의 결론은 북한이 적어도 핵무기 하나를 만들기에는 충분한 플루토늄을 이미 생산했을 수도 있다는 것이다. 물론 우리가 확신할 수는 없다."26)

북한으로서는 핵 역량에 관해 그러한 모호함을 유지하고 억측을 조장하는 것이 여전히 유리했고, 그것이 클린턴 행정부가 1994년의 전쟁 위기에서 한발 물러서 예정된 북한 붕괴를 끝까지 기다리도록 결정하는 데 이바지했던 것 같다. 핵 확산 문제 전문가이면서 옥스퍼드 대학에서 국제관계학을 가르치는 데렉 D. 스미스 교수는 당시 북한의 핵 능력에 관해 이렇게 언급했다. "북한의 완충기에 놓인 폭탄이 전보다 훨씬 더 실제적이고 위협적이기 때문에, 미국이 전쟁 위험을 무릅쓰면서까지 북한에 무장해제를 요구하는 태도도 신뢰를 얻을 수 없기는 마찬가지다."27) 2002년 북한이 핵무기를 추진하겠다는 의지를 밝혔을 때, 북한 관리들은 미국인들에게 자신들은 "더 강력한 무기도 있다"고 경고했다고 알려졌다. 미국 측으로서는 북한이 가진 능력이 어떤 것인지 확신할 수 없게 하는 방식이었다. 당시 〈뉴욕타임스〉에 인용된 익명의 고위급 관리는 그처럼 모호함을 유지하는 정책을 고려할 때, 미국은 북한이 이미 약간의 핵무기를 만들었을 수도 있다고 추정했어야 한다고 말했다.28)

북한 지도부가 핵 억지력으로 기능할 만한 소량을 갖고 있다고 주장한 것으로 알려진 2001년 사건은 당시 북한의 모호한 정책을 암시했다. 러시아 대통령 블라디미르 푸틴의 발언에 따르면, 그는 2001년 북한 지도자 김정일과 회동하면서 북한은 미국이 공격할 시에 사용하기 위한 핵무기들을 보유하고 있다는 사실을 통보받았다. 2017년 푸틴은 이렇게 말했다. "2001년 내가 일본 방문길에 북한에 들렀을 때, 현재 지도자의 아버지와 회동했다. 그들이 내게 핵무기를 갖고 있다고 말한 것이 그때였다. 게다가 서울은 당시 그들의 일급 포병 시스템의 타격 사거리 내에 있었다."[29] 당시 북한이 러시아를 서방에 대한 메시지 전달자로 간주했을 수도 있다. 2000년대 초반에도 여전히 서방 세계와 긴밀한 유대를 유지하고 있던 신임 푸틴 행정부는 북-미 갈등에서 중립적 관계자에 가장 가까운 부류에 속했다. 아니면, 평양은 서방이 북한을 공격하게 되면 결국 러시아 국경에서 핵전쟁을 일으킬 수 있다고 러시아에 경고하려 했던 것일 수도 있다. 다시 말해, 모스크바가 더 다급하게 그 같은 서방의 공격을 막아야겠다는 압박을 받을 거라는 계산을 했을 가능성도 있다. 그 경우 러시아가 서방의 공격을 막는 방법은 미국과의 채널을 통한 것일 수도 있고, 아니면 북한이 억지력을 더 신속히 진척시킬 수 있게 러시아가 지원하는 방법일 수도 있었을 것이다. 아마도 당시에는 북한이 핵무기를 갖고 있지 않았을 수 있다. 혹은 나중에 알려진 대로 북한의 원칙이 동아시아에서 인구 밀집 지역을 겨냥한 핵무기 사용을 하지 않는다는 것이었지만, 그것이 적에게 알려지지 않은 상태에서 자신들이 핵무기를 보유하고 있고 또 그것을 사용할 수 있는 문턱이 낮다면, 북한을 향한 어떠한 군사 행동도 극도로 위험해질 수 있다는 점을 활용했을 수도 있다.

악의 축과 핵무장의 가속화

북-미 관계가 악화되기 시작한 것은 클린턴 행정부 집권 말년이었지만, 대통령이 북한을 "악의 축"의 일원으로 딱지를 붙인 조시 W. 부시 행정부 2년 차에는 더욱 빠른 퇴보가 시작되었다. "악의 축"은 워싱턴이 공개적으로 정부 교체를 강제하고자 했던 3개국의 명단이었고, 북한과 함께 이란과 이라크가 포함되었다. 2002년 2월 중순, 부시 대통령이 군 장교들을 동반한 채 38선에 모습을 드러냈다. 그는 군용 쌍안경으로 북한을 바라보면서 "악(evil)"을 바라보고 있다고 묘사하고는 이렇게 단언했다. "우리는 준비되어 있다."[30] 그것은 '제네바 북미 합의'가 조인된 지 8년이 지난 시점이었고, 미국은 합의를 그대로 유지시키고 있을 뿐 약속한 경수로 인도 사업에 착수하지도 않은 상태였다. 평양은 워싱턴의 의무 불이행을 또다시 비난할 수밖에 없었다. 북한은 노골적으로 위협적인 부시 행정부의 강경한 수사를 비판하면서, 또다시 그들이 오래도록 추구해 온 - 평화협정 체결과 상호 인정과 한국전쟁 종식을 위한 - 양자 협상의 개시와 비핵국가에 대한 안전 보장을 압박했다.

클린턴 행정부가 구체적인 안전 보장에 대한 어떤 대가도 제공하지 않으면서 오로지 북한의 핵무장을 지연시키기 위한 수단으로서 협상을 채택했다면, 부시 행정부는 평양과 협상을 원하지 않는다는 원칙에 선 것처럼 보였다. 이런 상황은 언제나 교묘히 회피하기만 하는 미국의 안전 보장으로부터 북한이 방향을 전환하여 자국의 방위를 전적으로 책임지고 실행 가능한 억지력을 밀고 나갈 수밖에 없게 만들었다. 북한 국영 〈로동신문〉은 몇 년이 지나 이렇게 밝혔다. "조선민주주의인민공화국에 대한 무지에서 기인한 [조지 W.] 부시 행정부의 대북 정책은 공화국을 핵무기 보유 국가로 만드는 결과를 낳았다."31) 민주당 정부가 후임 공화당 정부만큼이나 레짐 체인지에 열중하고 그토록 오랫동안 약속을 이행하지 않은 채 북한의 핵무장을 저지하려고만 하는 것으로 보였으므로, 평양은 설사 클린턴의 정책이 계속 이어졌다 하더라도 그런 행동 방침을 취했을 것으로 보인다. 하지만 이 과정을 가속화하는 데는 부시 행정부의 정책들이 이바지했다.

컬럼비아 대학 한국학 교수이면서 북-미 관계에 대한 뛰어난 전문가인 찰스 암스트롱은 워싱턴의 접근 방식이 북한의 정책에 변화를 일으켰다는 점에 주목했다. "부시 행정부의 수사법은… 대량파괴무기(WMD)를 가진 '불량 국가들'은 협상의 대상이 아니라 제거되어야 한다고 암시하는 것처럼 보였다. 이라크에서 전쟁으로 나아가는 동안, 미국 정책의 전반적인 요지는 외교가 아니라 평양의 '레짐 체인지'인 것처럼 보였다."32) 그는 미국의 대북 협상 노력은 진심도 아니었고 현실적이지도 않았다고 결론지으면서 이렇게 말했다. "미국은 '외교'를 수단으로 한 협상 비슷한 뭐라도 해보려 했던 게 아니라 북한에 일방적으로 요구하려 했던 것 같다."33) 북한이 핵무장을 하게 된 이유로 미국 역대 행정부들이 보인 대북 적대감이 직접적으로 거론되었다. 유엔 군축위원회에서 북한 측 대표는 이렇게 발언했다. "부시 행정부가 우리를 '악의 축'과 '폭압적' 상태로 언급하면서 우리를 전복시키려는 욕망을 더욱더 노골화하고 있는 오늘날, 조선민주주의인민공화국의 핵무기 보유는 우리의 주권을 지키기 위한 정당한 권리이다… 미국이 선제공격을 위한 핵전쟁 예행연습을 강화하고 있는데, 공화국이 핵무기 포기 선언을 할 수는 없다."34)

2002년 12월, 합의에 따른 북한행 원유 수송이 중단되고 북한 미사일을 싣고 예멘 정부를 향해 가던 화물선 한 척에 대한 불법적 압류 조치가 뒤따랐다. 나중에 백악관은 스페인 군대와 합동 작전을 벌였던 두 번째 사건과 관련해 "국제법상 북한에서 예멘으로 미사일 수송을 금지하는 어떤 조항도 없다"고 시인하고 차후 선박을 풀어주었다.35) 하지만 미국은 국제법의 범위를 벗어난다고 하더라도 기꺼이 북한의 이익을 저지하는 공세를 취하겠다는 강력한 신호를 보냈다. 예멘으로서는 미국의 압박에 따라 북한으로부터 추가 무기 구입을 하지 않겠다고 약속할 수밖에 없었다. 만약 따르지 않는다면, 그런 수송에 대해 서방 국가들의 불법적 차단이 또다시 있을 거라는 암묵적 전제가 있었다.36) 서방의 제재 아래서 이미 고립되어 있던 북한은 그런 수단들로 인해 경제적 고립이 한층 심해졌다.

최대의 군사적·경제적 압박과 결합한 북한의 해상 운송에 대한 차단은 핵 이슈에서 평양으로부터 무조건 항복을 받아내거나, 가능하다면 서방과 이해관계가 일치하는 정부로 교체하겠다는 미국의 기획의 일환으로 여겨졌다. 당시 미 의회 조사국(CRS) 동아시아 담당관이었던 래리 닉시는 "북한 레짐 체인지는 실제로 부시 행정부의 정책 목표였다"고 결론지었다. 닉시는 북한의 해상 운송 제재 및 차단을 통한 경제적 압박이 새롭게 재개된 것은 정부 붕괴를 유발하려는 의도였다면서, 도널드 럼스펠드 국방장관은 만약 이것이 실패하는 경우를 대비해 "다수의 공격 목표들을 상대로 대규모 공격에 나선다는 더 방대한 계획"37)을 고려하고 있었다고 기술했다. 2002년 국방부의 핵 태세 보고서(NPR)에도 변화가 나타났다. 그해부터 보고서는 북한에 핵무기를 사용하기 위한 긴급 사태 대책을 세우라고 펜타곤에 요구했다.38) 그 사이 미국의 수사법은 점점 더 강해졌고, "북한 정권을 해체하기 위한" 전쟁 계획은 도널드 럼스펠드, 폴 월포위츠, 존 볼튼, 니콜라스 에버슈타트 같은 유력 인사들의 강력한 지지를 받았다.39)

평양은 단호히 대응했다. 2002년 12월 평양은 '제네바 북미 합의'에서 사실상 철수하겠다고 공표하고 신속한 핵탄두 제조를 위한 상황을 조성했다. 그것은 북한이 합의에 따라 공급받기로 되어 있던 원유 공급을 미국이 감축한 직후 벌어졌으며, 뒤를 이어 8년간의 동결을 끝내고 영변을 비롯한 두 개 원자로가 가동을 재개했다.40) 2주 후, 감시 아래 연료봉들을 저장하고 있던 냉각 수조를 덮은 봉인 물질과 모든 카메라가 제거되어 IAEA가 이 물질들을 감시할 수 없게 되었다.41) 12월 23일 국방장관 럼스펠드는 북한의 대응을 "용납할 수 없다"고 경고하면서, 미국은 아프가니스탄 참전과 이라크의 임박한 침공에도 불구하고 북한을 상대로 군사 행동에 나설 수 있다고 예고했다.42)

평양 측에서는 당시 워싱턴이 북한의 행동에 대응할 수 없는 처지라는 것을 잘 간파하고 있는 것 같았다. 나머지 전선들에 지나치게 깊이 관여한 결과 미국은 북한의 핵 프로그램에 대응할 수 없었다. 그런 미국의 현실은 1960년대 후반 베트남에 대한 과도한 개입이 낳았던 불리한 입장에 비유할 만했다. 두 경우 모두 비슷한 이유로 평양은 더 큰 행동의 자유를 얻었다. 2003년 1월 10일 북한은 핵확산금지조약 탈퇴를 선언했다. "이 조약에서 다뤄지는 사안과 관련하여, 이변으로 인해 그 나라의 지대한 이익이 위태롭게 되는" 경우에 모든 국가에 3개월의 사전 통지를 거쳐 탈퇴할 권리를 보장하는 10조에 따라, 북한의 탈퇴는 합법적이었다. 핵 위협을 포함한 미국의 위협 **으로 인해 북한은 명백히 그럴 자격이 있었다.43) 북한은 조약을 탈퇴함으로써 그런 억지 수단을 추진할 수 없도록 가로막고 있던 유일한 조약법에서 벗어나게 되어 합법적으로 핵무기 개발에 나설 수 있게 되었다.

북한이 핵확산금지조약과 NPT에서 철수한 것은, 미군이 아프가니스탄에 수만 명의 병력을 파견한 지 두 달도 채 되지 않고 오랫동안 준비해 온 이라크에 대한 공격이 바야흐로 진행될 계기를 맞이한 시점으로 더할 나위 없이 시기적절했다. 9.11 사태는 이슬람 세계의 표적들을 추가로 공격할 수 있는 중요한 구실이 되었고, 아프가니스탄과 이라크 양국 다 대체로 알카에다와 연계되었다는 구실로 공격받았다. (후자의 경우는 명백히 조작된 것이었다. 하지만 미국의 대다수 대중들은 두 나라 모두 무슬림이고 수니파가 주도한 나라였기에 그럴 듯하다고 받아들였다.) 9.11의 여파로, 무슬림 국가들을 향한 군사 행동이 높은 찬성률로 지지를 받았다. 사담 후세인이 9.11 사태에서 역할을 했고 그가 알카에다와 연계되었다고 믿는 미국인이 2003년 70%에 달했다.44) 평양이 영변 시설들에 시동을 걸고 연료봉들을 회수했는데도, 미국이 다시 동쪽으로 관심을 돌리기 전까지는 억지력을 완성할 충분할 시간이 주어

** 2002년 9월 17일, 백악관은 대량파괴무기를 개발하고 있다고 여겨지는 이른바 불량 국가들을 상대로 핵무기를 사용하는 선택을 공식화하는 미국의 국가안보전략을 발표했다. 그것은 북한을 포함한 가맹국들을 핵 공격으로부터 보호해 왔던 핵 선제 불사용 원칙과 연계된 핵확산금지조약에 대한 이전의 거부를 재확인하는 것이었다.

졌다. 평양은 미국의 우선적 표적에서 멀리 벗어나 있었다.

클린턴 행정부에서 국무장관을 지냈고 카터 행정부에서도 국무차관을 지냈던 워런 크리스토퍼는 부시 행정부 아래서 이슬람 세계에 대한 미국의 집착으로 인해 북한이 더 자유롭게 핵무장을 통해 방위를 강화할 수 있었다고 경고한 몇 안 되는 인사 중 하나였다. 그는 북한이 제기하는 위협이 "이라크가 제기하는 것보다 더 긴급한" 것이라고 부르면서, 이렇게 말했다.

> 외교 문제에서, 워싱턴은 고질적으로 한 번에 하나 이상의 위기를 다룰 수가 없다… 우리 군이 동시에 두 개의 전쟁에서 싸울 수 있다는 도널드 럼스펠드 국방장관의 말이 옳을 수도 있다. 하지만 내 경험상 우리는 이라크에 전쟁을 일으키면서 동시에 북한과 국제 테러리즘에 집중한다는, 반드시 필요한 정책을 유지할 수 없다. 우리 정부의 고위직에서 일해 본 사람이면 누구라도 바로 지금의 이슈가 아닌 다른 것에 백악관의 관심을 끌기가 얼마나 어려운지 잘 안다… 미국이 주도한 이라크에 대한 공격은 최소한 1년간 다른 모든 외교정책 이슈들의 중요성을 무색하게 만들었다.

그는 다시 북한을 언급하면서 결론을 맺었다. "이라크를 통치하는 사담 후세인이 없다면 세계의 형편이 더 나으리라는 데는 의심의 여지가 없지만, 지금 당장 그를 제거하려는 시도가 더 중대한 위협들을 다루지 못하도록 우리의 주의를 분산시킬 수도 있다는 사실을 인식해야 한다."[45]

크리스토퍼의 예측은 거의 전적으로 옳은 것으로 판명되었다. 테러와의 전쟁의 여파가 이라크와 바로 뒤이어 이란을 우선적인 공격 목표로 만드는 동안, 훨씬 더 선진적인 군사 역량과 제한적 핵 억지력을 갖추고 있으며 테러리즘이나 이슬람과 표면상의 유대가 없는 북한은 비교적 안전해졌다. 그러나 "악의 축"의 가장 가혹하게 비판받는 일원이면서 당시까지 그 셋 중 가장 약체였던 이라크에 대한 미국의 침공은 북한에 잠재적 위험 요인이 되었다. 미국의 공격은 또다시 불법적으로, 유엔의 승인 없이도 대규모의 침공에 기꺼이 착수하겠다는 미국의 의지를 보여주었다. 또한, 바그다드가 점령되고 허술한 이라크 군대가 급속히 무너짐으로써 워싱턴이 가까운 장래에 대담하게 추가 작전에 착수할 것이라는 위기감을 조성했다. 바트당의 이라크는 3월 20일의 첫 공격이 있고 2주도 되지 않아 무너졌고, 미군이 입은 피해는 무시해도 될 만큼이었다. 바그다드에 대한 공격이 시작되기 불과 며칠 전에 국영 〈로동신문〉이 "미 제국주의자들의 이라크 침공이 성공적일 경우, 그들은 한반도에 새로운 침략 전쟁을 벌일 것이 확실해지고 있다."[46]고 언명한 데서, 북한 지도부가 이 위험에 대해 인식하고 있었다는 것을 알 수 있다.

2003년 말 부시 행정부 관리들이 특정한 "불량 국가들"이 선제 핵 공격의 정당한 공격 목표가 될 수 있다고 거듭해서 암시했고, 미국 관리들은 또다시 북한 정부를 전복하기 위한 활동을 언급했다. 이라크에서 미국의 조기 승리 후, 국방장관 도널드 럼스펠드는 북한 정부가 그 작전으로부터 "적절한 교훈"을 도출해야 한다고 말했다.[47] 계속해서 그는 북한을 겨냥한 미국의 전쟁 계획인 작전 계획 5030에 수정을 요구하고, 하원에 새로운 벙커버스터(bunker-busting) 핵무기에 필요한 자금을 요청했다. 벙커버스터 핵무기는 그간 미국의 재래식 타격을 벗어난 채 지하에서 고도로 요새화된 조선인민군 자산들을 겨냥한 전쟁에서 유용한 자산이었다.48) 작전 계획을 읽은 미국의 내부자들에 따르면, 그 전략은 "북한 군대를 와해시킴으로써 김[정일]의 정권을 무너뜨리려는"49) 것이었다. 작계 5030은 "행정부 안에서 이라크 레짐 체인지를 공개적으로 주창한 바로 그 다수의 강경파"에 의해 추진되고 있었다. 고위 관리들에 의해 극도로 공격적이라고 간주된 작전이었다.50) 미국은 이라크에서 승리를 거둔 여파로, 동북아시아에서 북한을 상대로 군사력 배치와 기동훈련을 단계적으로 확대했다. 북한 영공에 근접한 감시 비행이 증대했는데, 그 같은 작전은 보통 군사 공격에 선행해 중요한 표적들의 정보를 수집하는 활동이었다.51) 이런 비행의 목적은 위협에 국한하지 않는다. 미국은 북한이 위기 후 경제 상황에서 여전히 분투 중이라는 것을 잘 알고 있었고, 임대 경제를 향유한 이라크나 이란과 달리 방대한 에너지 자원과 자연 자원이 부족한 북한의 사정에 대해서도 인식하고 있었다. 따라서 조선인민군 공군이 미군 전투기들에 대한 잦은 요격에 나서지 않을 수 없게 함으로써 북한의 자원에 무리를 주어 귀중한 연료 비축분을 소비하게 하려는 것이 미국의 의도였다.52) 나아가 미국은 북한을 사정거리 안에 둘 수 있도록 아시아-태평양 지역에 수십 기의 핵 추진 중폭격기들을 배치했다. 이것은 미국이 정찰 비행을 지원하는 전투기 엄호(FE)를 보낼 수도 있음을 시사하는 것이었다.53)

특히 작계 5030은 북한 국경에 근접하게 작전에 필요한 식량도 배치했다. 부시 행정부 인사들은 이것을 "전쟁과 평화의 경계를 모호하게 만들기 위한" 것이라고 했고, 매우 도발적으로 여겼다. 그 계획은 북한의 재정 네트워크의 붕괴와 불안정화, 레짐 체인지를 목표로 하는 전략적 역정보 활동을 수반했다. 이로 인해 조선인민군은 지휘관들에게 기습 군사 훈련을 실시할 권한을 부여하면서 막대한 비용을 들여 최고도의 전투태세를 유지해야만 했다. 이 또한 북한의 인력을 소모시켜 장교단 가운데 혼란을 싹트게 하려는 의도였다.54) 보고서들은 "수주에 걸쳐 이어지는 기습 군사훈련이 북한인들을 벙커로 향하게 하고 식량과 물을 비롯한 여타 자원 등 귀중한 비축분들을 고갈시킬 수밖에 없도록 기획되었다"55)며 그 이점을 언급했다. 미국의 작전이 위협과 경제 압박이라는 목표를 중심으로 서방이 오래도록 고대한 내부 붕괴에 이르도록 평양을 압박하기 위해 실행된 것처럼 보였지만, 단계적으로 수위를 높이는 작전들이 실행됨으로써 전쟁 위기가 크게 고조되었다. 미국이 북한을 상대로 전쟁을 개시하는 방향으로 나아갔다면, 벙커버스터 전술핵무기 사용은 거의 예정된 것이었다. 미국 방위 전문가들 사이에는 북한의 터널 망과 벙커 망이 너무 엄중하게 요새화되어 있어서 재래식 공격에는 거의 영향을 받지 않을 거라는 폭넓은 합의가 있었기 때문이다. 따라서 그것들을 뚫고 들어가려면 북한 전역에 벙커버스터 핵무기를 사용해야만 했다. 요새화된 표적들의 유형은 지휘 센터부터 공중방어와 탄도 미사일 기지, 무기 공장들을 포괄했다.56)

부시 행정부가 북한을 상대로 한 제3전선의 개전을 어느 정도로 심각하게 고려했는지는 확실하지 않다. 아니면 행정부 내 강경파 인사들이 북한을 향한 도발과 전투기 운항을 반복함으로써 워싱턴의 승인 필요성을 우회해 전쟁을 도발할 수 있기를 희망했을지도 모른다. 북한이 자신들이 핵무기를 가졌다고 엄포를 놓았을 가능성과 마찬가지로, 미국이 2003년에 세 번째 전쟁에 착수할 준비를 마쳤다고 허세를 부렸을 – 그것이 그들의 자산에 초래할 긴장을 고려할 때 *** – 가능성도 있다.

워런 크리스토퍼가 예견했듯, 평양에 유리한 기본적인 요소는 특히 이슬람 세계와 이라크에 대한 미국의 집착이 동북아시아를 적어도 일시적으로는 비교적 부차적인 사안으로 만들었다는 점이다. 비록 이라크 정부가 신속히 무너지기는 했지만, 전직 군인들이나 이란과 긴밀하게 협력하는 부류들이 결성한 수많은 각양각색의 정파들이 반란을 일으켜 미군을 꼼짝할 수 없게 함으로써 이라크 전쟁은 수만 명의 사상자를 내면서 계속되었다. 그 결과는 미국이 가까운 미래에 또다른 전쟁을 벌이는 것에 대한 미국 대중의 열정을 시들하게 했다. 더구나 이라크나 9.11에서 받은 상실과는 아무런 연관이 없는 멀리 떨어진 동아시아의 국가를 향해서라면 더욱 그러했다. 결국 미국은 갈수록 더 희생만 늘어 가는 수렁에 빠지게 되었다. 핵무기를 개발했다는 비난을 받으면서 군사적으로 훨씬 더 취약한 공격 대상이었던 이란이 더 유력한 선택지였다. 이슬람 공화국으로서 이란은 이라크가 그랬던 만큼이나 미국 대중의 눈에 알카에다와 9.11 공격에 더 쉽게 결부될 수 있었다.

*** 미국은 1950년 7월부터 10월까지 조선인민군과 전투를 치르는 동안 독일에 있는 사단을 제외하고는 미군의 모든 총력을 다 동원해야 했다. 1950년과 달리 북한이 전쟁에 훨씬 더 잘 대비하고 있는 2000년대 초반에, 대규모 전쟁을 치르려면 아프가니스탄과 이라크를 비롯한 다른 전장들에서 전면 철수가 필요했을 것이다.

즉, 9.11 사태에 대한 복수의 기회로 활용하면서 서방의 또 다른 적 이란을 무너뜨리자고 나설 수 있었다.[57] 실제로, 이란이 그들의 재래식 군사력의 전반적인 취약함을 보완해줄 수 있는 강력한 미사일 억지력을 북한으로부터 제공받지 않았다면(10장을 볼 것), 그런 방침이 채택되었을 수도 있었다.[58]

두 번째 요소는 북한이 핵무기 개발을 재개할 수 있었던 속도였다. 그 덕분에 북한은 신속히 억지력을 키울 수 있게 되었다. 2002년 12월 새로운 연료봉들이 영변으로 옮겨졌고,[59] 이내 미국의 위성들이 냉각 수조에서 나온 8천 개의 저장된 봉들이 옮겨지는 것을 탐지했다. 북한이 2003년 3월 말까지 무기급의 플루토늄을 생산할 수 있을 거라는 분석가들의 예측이 이어졌다.[60] 6월이 되자, 8천 개의 사용 후 연료봉에서 플루토늄이 완전히 추출되었다. 이는 조선인민군이 이미 배치했을 수도 있는 어떤 탄두에도 다 보충할 수 있는 25~30kg의 무기에 사용하기에 충분한 양이었다. 그해 10월 평양은 공개적으로 재처리가 마무리되었다고 선포했다.[61] 설사 이라크에서 작전이 계획한 대로 이상적으로 이루어지고 미국이 제3의 작전을 신속히 준비할 수 있었다 하더라도, 북한은 그 전에 이미 새 탄두들을 조립할 수 있는 위치에 도달해 있었을 것이다.

부시 행정부 : 상호 압박이 낳은 합의

2003년부터는 북한이 적어도 몇 개의 무기화한 핵 능력을 갖추었을 가능성이 크다는 게 대다수 분석가의 견해였다. 하지만 여전히 북한의 핵무기 보유 여부를 둘러싸고 추정이 계속되었다. 핵 억지력을 밀고 나가겠다는 북한의 의지는 NPT에서 탈퇴함으로써 사실상 확인되었지만, 평양이 외무성 성명을 통해 자신들이 그러한 역량을 보유했다고 선언한 것은 2005년 2월 10일이었다. 미국은 두 가지 조건 사이에서 진퇴양난이었다. 한 가지는 미국으로서는 평양이 오래도록 요구해온 공식적 양자 회담 요구에 응하는 게 내키지 않는다는 것이었다. 또 한 가지는 이라크에서 예상치 못했을뿐더러 갈수록 더 폭력적으로 변해가는 현지 조건 때문에 북한 핵무장에 실질적으로 대응할 능력이 없다는 것이었다. 2005년 7월 미국, 북한, 남한, 중국 러시아, 일본이 참여하는 6자 회담이 재개되었다. 하지만 8차 넘게 진행되는 동안 회담의 양상이 비교적 중요하지 않은 사항들만을 다룸으로써, 그것이 부시 행정부 첫 임기의 남은 기간에 '기댈 수 있는' 방침(go-to policy)이었음을 보여주었다. 미국과 북한 사이의 교착 상태는 법적으로 발효되지 않는 공동 선언 이상으로 의미 있는 진전을 어렵게 했다. 즉, 미국은 후자가 비핵화할 때까지는 쌍방이 만나거나 한국전쟁을 끝낼 의향이 전혀 없었던 반면, 북한은 그런 조건들이 충족되기 전까지는 비핵화를 받아들일 수 없었고, 설사 그렇게 된다고 할지라도 일방적으로 비핵화할 의향이 전혀 없었기 때문이다. 게다가 여섯 나라 당사국 모두가 어떠한 중요한 진전도 불가능하게 하는 의제들, 즉 전적으로 분리된 각자의 의제들을 협상 테이블로 가져옴으로써[62] 논의를 위한 틀 자체가 실패를 예정하고 있었다는 것이 다수 분석가들의 주장이었다.

아프간 전쟁과 이라크 전쟁이 기대하지 않았던 방향으로 바뀐 데다,

미국의 "표적 명단(hit list)"에 오른 차기 타격 대상국 이란은 2005년부터 결백한 입장임이 드러났다. 국내에서는 지지율 추락으로 9.11 이후 전쟁에 필요한 추진력을 잃어가면서, 북한을 겨냥한 군사적 선택지가 부시 행정부의 고려 대상에서 사실상 제거되었다. 2006년 북한이 훈련시키고 이란이 자금을 댄 헤즈볼라 민병대에 미국의 동맹 이스라엘이 전혀 예상치 못한 패배를 겪고, 2008년 미국과 러시아 사이에 긴장이 재부상한 데다 뒤이어 그해 8월에는 친서방 노선의 조지아가 패배했다. 이로써, 미국은 북한의 안보 이익에 이바지하게 되어 있는 약속을 지켜야 하는 부담이 더욱 커졌다. 부시 행정부는 미군을 이라크와 아프가니스탄에 묶어두고, 북한, 중국, 러시아와 이란을 포함해 훨씬 더 강력한 적들이 힘을 회복하도록 허용함으로써, 도전받지 않는 미국의 힘이라는 "새로운 세계 질서"의 종말의 시작을 목격했을 게 틀림없다. 이는 한반도에 매우 중대한 영향을 미치는 요소였다. 2008년의 경제 위기와 서방 세계의 불황은 이 경향을 한층 더 조장했다.

북한에 대한 미국의 경제 압박이 서서히 강화되고 6자 회담에서 협상이 교착 상태에 빠지면서, 2006년에 긴장이 정점에 이르렀다. 조선인민군은 그즈음 신형 탄도 미사일 무수단을 배치했는데, 2005년 이란에 수출되어 2006년 1월 북한의 감독 아래 그곳에서 시험 발사된 바 있었다. 무수단은 사거리가 4천km[63]에 달했고 굉장히 빨라 요격이 어려웠으며,[64] 괌처럼 멀리 떨어진 중요한 미군 시설들을 타격할 수 있는 잠재력을 조선인민군에 가져다 주었다. 또한, 이동, 조립, 발사 장비에서 효율적으로 사용 가능한 기동성 덕분에 독자 생존 능력을 갖추었다. 만약 무수단의 시험 발사가 동아시아에서 이루어져 주목을 받았다면 부시 행정부로서는 한층 더 난처한 일이 되었을 것이다.65) 평양은 미국이 어딘가 다른 곳에 발목이 잡혀 있는 상황에서는 북한의 그 같은 단계적 확대 방침에 대응할 수 없다는 사실을 정확히 간파하고 있었다.

미국의 입장에서는 북한이 눈에 띄게 도발적인 행동들을 실행에 옮기지 않도록 막고자, 그들이 긴급히 집중해야 하는 곳으로 관심을 돌려야 한다는 사실을 인정할 수밖에 없었다. 북한은 압박을 최대화하겠다는 의도를 분명히 하면서, 2006년 7월 5일 – ICBM 기술에 대한 과시용으로 짐작되기도 하는 – 미사일 6개와 인공위성 하나를 차례로 쏘아 올리면서 사상 최대규모의 탄도 미사일 시험을 했다. 그 같은 대형 시위의 주된 목표는 그런 장비들의 성능을 평가하기 위한 것이 아니었고, 그보다는 오히려 북한의 적들에게 자신들의 능력에 관한 메시지를 보내려는 것이었다. 위성 발사체의 기술력은 만약 적절히 개선되기만 하면 미국 본토를 공격할 수 있는 장비 개발에 활용될 수 있었다. 한편, 4개의 로동-1호 미사일과 2개의 화성-6호 미사일들은 제각각 일본과 남한 전역에 있는 목표물들을 타격할 능력을 과시했다.66) 이처럼 그 시위는 극적 효과를 의도한 것이었다. 발사의 두 번째 목적은 미국을 당황하게 하여 행동에 나서게 하려 했던 것 같다. 즉 회담을 재개하고 평양이 유사한 시험들에 추가로 나서지 않도록 타협안 제시를 심각하게 고려하도록 하려는 것이었다. 실전에 배치된 미사일 중 가장 선진적이고 위험한 무수단이 첫 번째 시험에 참여하지 않은 점이 눈에 띄었는데, 이는 향후 시험에서 발사함으로써 단계적 확대라는 평양의 의중을 암시한다고 볼 수 있었다.

3개월 후인 10월 9일, 북한은 첫 번째 핵실험을 실시해 지하 시설에서 0.7~2킬로톤 사이의 작은 핵 출력으로 한 개의 탄두를 폭발시켰다. 이 시험은 북한이 탄도 미사일에 장착할 수 있을 만큼 핵무기를 충분히 소형화해야 하는 기술을 터득하지 못했다는 추정을 무너뜨렸다. 도널드 럼스펠드 국방장관은 3개월 전인 7월 중순, "그들[북한]이 핵무기를 탄도 미사일과 결합할 능력을 키웠는지 여부[67]가 분명하지 않다고 워싱턴에 보고했다. 그 시험은 2006년 10월에 수행되었고, 차후 모든 핵실험은 과시를 위해서도, 또 그 능력을 한층 더 향상시키기 위해서도 소형화된 탄두들로 행해졌다.[68] 그 시험은 북한이 상당한 억지력을 보유했다는 것을 보여주었다. 따라서 그 시점을 고려할 때 어쩌면 더 중요하게는 미국에 협상장으로 돌아와 지체없이 교착 상태를 끝내라는 의미로 압박 수위를 높였을 수 있다. 그것은 미국이 대응할 수 없게 됨으로써 더 큰 당혹감에 직면하지 않게 해주는 것이기도 했다.

다수의 유명 분석가들이 평양이 핵과 미사일을 시험 발사한 후 미국 측이 기꺼이 협상을 재개하려는 의지를 보일 것임을 예견했다고 분석했다. 실제로 시급히 조직되어 12월 18일부터 6자 회담이 시작되는 새 국면이 펼쳐지면서, 그것은 사실로 판명되었다. 미국으로서는 한국전쟁을 종식하거나 양자 협상을 하거나 안전 보장을 제시할 의향이 전혀 없었지만, 북한을 테러 지원국 명단에서 지우고 적성국 교역법의 적용을 유예하는 양보를 했다. 어쩌면 가장 중요한 것은 미국이 북한의 거래를 담당하고 있던 제삼자 은행들— 특히, 뱅코 델타 아시아 —을 겨냥한 공격이나 위협을 중단한 것일 수도 있었다. 미국은 북한과 거래하는 모든 은행을 압박하기 위해 테러 방지법(PATRIot) 제311절을 이용해 극단적 조치를 실행했다. 이것은 북한 경제에는 엄청난 압박이었고 국제 교역에서 북한을 한층 더 고립시켰다. 2005년 말 그런 조치들이 실행되기 시작하여 2006년 중반이 되자, 북한 경제에 심각한 피해가 나타나기 시작했다고 알려졌다.[69] 수많은 분석가들이 북한이 무기 실험을 통해 워싱턴에 더 큰 압박을 가하게 된 것은 바로 그런 조치들에 대한 대응이었다고 추정했다.[70] 보도된 바에 따르면, 평양은 '고난의 행군'의 여파로 특별히 더 취약한 상황이었기에, 2006년 협상 중에 북한의 요구에서 중심은 이처럼 더 극단적인 형태의 경제 전쟁을 끝내는 것이었고, 이를 성취함으로써 경제에 대한 압박을 상당히 감소시켰다. 북한은 미국의 양보에 대한 대가로 눈에 띄는 무기 실험을 비롯하여 유사하게 도발적으로 여겨지는 여타 조치들의 실행을 삼갔지만, 소리 없이 조용하게 – 워싱턴이 대응하지 못함으로써 곤란에 처하지 않도록 – 그들의 억지력을 계속해서 키울 수 있었다. 또한, 2008년 6월에는 그들의 핵 프로그램을 선포하면서 플루토늄 프로그램에 관한 정보를 제공했다. 그러나 요구받은 모든 시설에 대한 자유로운 조사를 허용하지는 않았고 핵 시설 인근의 토양 채취를 허용하는 협정을 요구받지도 않았다. 이는 그 수치들이 충분히 검증될 수 없음을 의미했다. 그런 조건들은 실질적으로 평양이 핵 능력 개발을 계속할 수 있도록 비교적 자유로운 재량권을 주었다. 한편, 북한이 이란과 같은 제삼자들에게 핵무기를 확산하지 않겠다는 묵계가 있었다고도 알려졌다. 물론 탄도 미사일 기술의 수출과 다른 군사 분야에서의 협력은 영향받지 않았다.

미국이 경제 전쟁 활동을 줄인 것은 부차적이기는 해도 북한의 핵과 탄도 미사일 억지 프로그램의 가치가 여전히 매우 중요하다는 것을 보여주었다. 다시 말해, 북한의 억지 프로그램은 경제적 압박 완화를 포함해 양보를 받아내기 위한 압박용 지렛대가 되어줄 수 있는 능력임이 확인된 것이다. 부시 행정부는 경제 전쟁을 통해 "북한 지도부를 굴복시키거나 북한이 무너질 수밖에 없도록 만들려고"[71]했다. 하지만 평양은 눈에 띄는 시험 발사를 통해 미국에 직접 압력을 가할 수 있는 능력을 확보했고, 워싱턴은 그들의 목표, 즉 국가 붕괴 혹은 미국의 조건에 대한 북한의 일방적인 묵인 가운데 어느 것도 성취하지도 못한 채 경제적 압박을 완화할 수밖에 없었다. 북한이 그런 자산들을 시험할 능력을 보유하지 않았다면, 미국은 적성국 교역법과 "테러 지원국" 지정을 이용해 제삼자들을 공격함으로써 북한 경제를 파괴하고 나아가 가능하다면 궁극적인 레짐 체인지를 기필코 달성하고자 경제 전쟁을 지속했을 것이다. 따라서 억지력에 대한 북한의 투자는 하나 이상의 방식으로, 즉 공격에 대한 억지력과 눈에 띄는 시험 발사가 주는 영향력을 통해 국가안보를 지켜주고 있었다.

2006년부터 북한과 부시 행정부는 양 당사국이 서로에게 혜택을 줌으로써, 즉 미국은 북한의 핵무장에 협조하고, 북한은 미국의 중동과 아프가니스탄에 대한 집중에 협조함으로써, 상호 이해의 불문율에 도달했던 것으로 보인다. 북한의 핵무장이 미국의 대외정책에 초래하는 도전과 관련해 훗날 "문제를 잠시 뒤로 미루는(kicking the can down the road)" 정책으로 널리 불리게 되는 그 합의는 미국의 단기적인 이익에 매우 도움이 되었다. 북한은 경제적으로도 군사적으로도 긴장을 풀 수 있게 되어, 비교적 방해받지 않으면서 핵과 미사일 프로그램을 발전시킬 기회를 갖게 되었음은 물론이고 경제 회복에 박차를 가할 수도 있었다. 비록 여러 가지 사소한 불일치가 있었고 관계는 더 이상 진전되지 않았지만, 북한과 미국 간에 생긴 그 이해는 조지 W. 부시가 대통령으로 남은 임기를 보내는 내내 효력을 유지했다.

버락 오바마 행정부 : 동쪽으로 눈을 돌리다

버락 오바마 행정부의 집권으로 북-미 관계는 크게 악화되었다. 워싱턴은 다시 그들의 숙적을 향해 한층 더 강경한 노선을 채택하고 부시의 두 번째 임기에 형성된 긴장 완화 상태를 역전시켰다. 평양은 미국 행정부의 교체를 북-미 관계를 한층 더 개선할 잠재적 기회로 여긴 것으로 알려졌다. 일부 소식통들에 따르면, 북한은 신임 대통령 취임식에 대표를 보내겠다는 제안을 하기도 했다. 그러나 이런 초기 접근은 거부되었다.[72] 오바마 행정부는 관계 정상화를 위한 너무 센 조건을 내걸었다. 즉, 선결 조건으로 북한이 핵 억지력을 완전히 해체해야 정상화 추진이 가능하며, 그 이전에는 어떠한 양자 협상도 열릴 수 없다는 것이었다. 이것이 평양에 큰 실망을 주었던 것으로 전해졌다.[73]

미국의 수많은 적들에게 늘 그래 왔듯, 신임 행정부의 대북 접근법은 강경노선에 따랐음을 알 수 있다. 때로는 전임 대통령보다 훨씬 더 거칠었다. 한편, 그것을 외견상 그간 오래도록 외교적 선택지에 지친 행정부가 선택한 합리적 행위로 보이도록 정책을 짜는 데는 방법을 가리지 않았다. 이 정책은 다수의 뛰어난 전문가들에 의해 목격되었고, 또 부시 행정부의 북한 문제 수석 고문이자 백악관 국가안보회의 아시아 국장을 역임한 빅토르 차는 이를 "매파식 개입(Hawk Engagement)"[74]이라고 불렀다.

신임 행정부의 눈에 띄는 세 가지 정책 – 이라크·아프가니스탄에서 철수, 강화된 해외 간섭주의, "아시아 회귀(Pivot to Asia)" 원칙 아래 다시 아시아–태평양 지역으로의 관심 집중 – 은 분쟁이 다시 시작되는 발판을 마련하는 것이었다. 이란에서 군대를 철수시키려는 행정부의 움직임은 전투 현장의 미군을 위한 치외법권 확대 요구를 이라크 정부가 거절한 데도 어느 정도 원인이 있었다.[75] 또한, 압도적 여론과 더불어, 끝이 보이지 않는 중동의 전쟁에서 벗어나 아시아–태평양 지역에 미국의 노력을 다시 집중해야 할 필요성 때문이기도 했다. 이라크와 아프가니스탄 내 병력 감축이 개입주의적 대외정책에서 벗어났다는 의미는 아니었다. 오히려, 지상군의 소모를 줄이고 주로 공습과 미사일 공격, 특히 무인 드론에 중점을 둔 더 새롭고 더 효율적인 공격에 필요한 자원을 확보하는 것이었다. 오바마 행정부에서 드론 공격 횟수는 부시 행정부의 거의 열 배에 달했고,[76] 미국의 공격은 부시 시절의 공격이 다섯 나라만을 목표로 삼았던 데 반해 – 이제 훨씬 더 높은 강도로[77] – 7개 나라 전역의 군대를 목표로 삼게 되었다. 2009년 이라크의 수렁에서 미군을 철수시킴으로써, 미국은 최소한 5년 전보다 훨씬 더 위험스러운 존재로 보였다. 이제는 미국의 자산들을 모든 새로운 전장을 향해 다시 집중시킬 수 있게 되었기 때문이다.

부시 행정부에서는 북한과 동북아시아 일반이 주요한 대외정책 사안인 적이 없었다. 하지만 오바마는 동아시아에서 미 주둔군을 증대시키기 위해서라면 어떤 구실도 환영이었다. 오랫동안 잠자고 있던 남중국해 영토 분쟁78)이건, 한국전쟁의 교착 상태이건 상관하지 않았다. 그런 이유로, 오바마 집권기에 심각한 분쟁지대로 떠오른 남중국해 분쟁과 더불어, 미국이 동아시아에 더 강력한 개입을 하게 해줄 두 번째 중요한 구실로 "핵 확산"을 방지하는 과제를 내걸고 노골적으로 대북 억지 프로그램을 언급했다.79) 그랬기에, 워싱턴은 북한이 광명성-2호 통신 위성을 발사하자 대륙간 탄도 미사일(ICBM) 기술을 시험하기 위한 위장이라며 거세게 비난했다. 광명성-2호 위성을 발사한 은하-2호 로켓에 사용된 수많은 기술이 탄도 미사일에도 적용되고, 그 시험 발사로부터 얻은 정보들이 북한의 미사일 프로그램에 도움이 될 수는 있었다. 하지만 그 기술들이 이중 용도를 갖고 있다는 구실 아래 그 나라가 위성 발사를 하지 못하게 막는 것은 북한의 주권과 우주 조약(the Outer Space Treaty)상의 권리에 대한 심각한 침해에 해당했다.

미국은 유엔 안보리를 통해 북한에 대한 새로운 경제 제재 부과를 시도하는 것으로 대응했다. 이에 실패하자, 2006년에 도입한 기존 제재를 더 엄격하게 실행하는 쪽으로 움직였다. 국무장관 힐러리 클린턴이 북한에 대한 경제 압박을 강화하고 북한을 다시 "테러 지원국" 명단에 올리겠다고 단언했다. 또한, 유엔 안보리의 북한 제재 결의를 계속 추진하여 북한의 국제 해상 수송을 차단할 수 있도록 하겠다고 선언하면서,80) 추가 위협을 이어갔다. 클린턴 장관은 북한의 국제 교역과 관련해 이렇게 말했다. "우리는 가능한 모든 것을 동원해 그들의 교역을 차단하고 방지할 것이고, 그들의 자금 흐름을 중지시킬 것이다."81) 마찬가지로 오바마 행정부도 2005년에서 2006년까지 북한 경제에 지나치게 큰 손실을 입혔다고 판명된 바 있는 은행 같은 제삼자에 대한 제재를 도입하는 정책을 재개할 준비를 했다.[82]

북한은 워싱턴이 오바마 행정부 아래서 훨씬 더 강경한 정책적 입장을 채택하자 무력시위로 대응했다. 평양은 추가로 미사일을 시험 발사하고 플루토늄 연료봉 재처리와 우라늄 농축 프로그램을 개시하겠다고 ― 미국은 미리 시작한 것이라고 주장했고, 북한은 이를 부정했다[83] ― 위협한 것으로 알려졌다. 북한은 추가로 핵무기 실험을 준비하는 방향으로 움직이면서, 남아 있던 IAEA 조사관들을 추방했다. 2009년 4월 IAEA는 북한이 "필요한 자격을 다 갖춘 핵무기 보유국(fully fledged nuclear power)"[84] 지위를 가졌다고 확정했고, 다음 달인 5월 25일 북한은 추정치 2~20킬로톤의 핵 출력으로 2차 핵무기 시험을 실행했다.[85] 2009년에도 미사일 시험 발사가 크게 늘었다. 2006년부터 북한의 탄도 미사일 발사 시험은 불과 3회에 그쳤고 모두 단거리 전술 플랫폼에서 비교적 눈에 띄지 않도록 발사했다. 하지만 오바마 대통령 취임한 해인 2009년에는 탄도 미사일 발사 14회, 그중 중거리 6회였고, 장거리 로켓을 가진 광명성-2호의 발사가 추가되었다. 북한은 이처럼 수개월 사이에 지난 10년 동안 시험 발사한 미사일을 모두 합친 만큼 많은 미사일을 발사했다.[86]

미국이 북한의 위성 발사에 대한 대응이라는 구실로 드러낸 적대감에 평양이 보인 대응은 너무 강한 것이기는 했지만, 그것은 지난 8년 동안 평양이 얻은 새로운 자신감과 힘을 보여주는 것이었다. 미국은 2009년부터 북한을 상대하는 데서 다각적인 전략을 채택하는 것으로 보였다. 즉, 제재를 엄격하게 집행하고 북한 선박에 대한 급습을 늘렸으며 사이버 공격에 대한 의존도도 대폭 증가했다. 미국의 대북정책은 달리 말하면 "전략적 인내"라는 원칙에 따라 실행된다는 평가를 받았다. 즉, 행정부는 압박을 통해 북한이 미국의 조건을 수용하거나 총체적인 국가 붕괴에 이를 때까지 기다린다는 것이었다. 그 점에서, 임박한 북한 붕괴를 기대하면서 그 사이 북한의 핵 개발을 지연시키는 조치들을 취했던 클린턴 행정부의 전략을 빈틈없이 반영한 것이었다.

북한의 붕괴 혹은 불안정화를 기다리던 오바마 행정부는 2009년 김정일 국방위원장의 건강이 나빠졌다는 주장들이 나오자 대담해졌다. 이로써 서방 소식통들 사이에서 북한이 갈수록 더 취약해지고 있으며,[87] 김 위원장이 사망한다면 내부 분쟁으로, 혹은 그 결과 초래된 정치적 불안정으로 붕괴에 직면할 수 있다는 주장이 널리 퍼졌다. 아마도 가장 주목할 만한 사례는 막강한 영향력을 가진 대외정책 싱크탱크 외교협회(CFR)가 2009년에 발간한 60페이지에 달하는 보고서일 것이다. 그들은 김정일의 건강 문제를 근거로 정치적 불안정과 국가 붕괴가 임박했을 수 있다고 예견했다. 나아가, 급변 상황에 놓인 북한을 미국 주도의 전면 침공으로 점령하기 위해 "평화정착유지군(SFOR)" 파견 계획을 제시하고, 이를 위해 예상되는 병력이 46만 명이라고 제시했다. 예상대로 지도자가 사망한 후에는 북한의 정치 시스템과 군부가 사실상 무너질 것이므로[88] 그런 공격이 훨씬 쉬워진다고 간주했다. CFR은 미 국무부에 큰 영향력을 가졌고, 특히 오바마 행정부에서는 영향력이 더욱 막강했다. 힐러리 클린턴 장관은 그 관계를 이렇게 설명했다. "우리는 외교협회로부터 수많은 조언을 듣는다… [CFR은 우리에게] 우리가 무엇을 해야 하는지, 우리가 미래에 대해 어떻게 생각해야 하는지

[가르쳐 준다]"[89]

북한 붕괴를 필연적이라고 묘사한 이들이 CFR만이 아니었음은 물론이다. 2015년 오바마 대통령은 두 번째 임기에 접어든 지 한참 지난 시점이었고, 평양은 김정일 사후 권력 이양이 순조롭게 이루어져 서방에 널리 퍼진 기대를 좌절시키고 있었다. 여전히 오바마는 북한 붕괴는 역사적 필연(historical certainty)이라며, 자신이 계속 견지하는 신념을 표명했다.[90] 미국인들이 북한을 사담 후세인의 이라크와 유사한 "1인 국가"로 지나치게 단순하게 혹은 틀에 박인 묘사를 하면서, 미국 정책결정자들이 또다시 자신들의 프로파간다적 묘사의 함정에 빠진 것처럼 보였다. 그렇게 하여 그들은, 지도자의 사망에도 잘 가동되어 생존할 태세를 갖추도록 설계되어 있고 강력한 제도와 안정된 정치 체제를 보장하는 당국가(party state) - 혹은 김정일 치하의 "군당국가(military-party state)" -의 복잡성을 파악하는 데 실패했다. 2008년 병환 중인 지도자가 4개월간의 휴가를 떠났을 때, 국가 기구가 북한을 계속 통치하고 억지 프로그램을 평상시처럼 진척시킴으로써 군당국가의 효력이 적극적으로 발휘되었다. 미국을 비롯한 서방 세계가 북한을 이해하는 데 실패함으로써 대화의 가능성은 축소되었지만, 한편으로는 적들이 북한의 불안정과 국가 붕괴를 계속해서 기다리는 사이 상당한 시간을 벌어준 측면도 있었다.

오바마 행정부는 이라크 같은 형태의 수렁에는 지상군 투입을 피하는 한편, 공격적인 사이버 전쟁에 더 크게 의존함으로써 적대국들에 대해 군사적 압박을 유지했다.[91] 미국의 사이버 공격 중 가장 유명한 것이 2009년에 스턱스넷(Stuxnet) 웜을 이용한 시도였다. 미국 요원들이 북한의 핵 기반시설을 감염시키기 위해 그 웜을 사용하려 한 것이었다. 두 건의 스턱스넷 공격이 동시에 — 하나는 북한을 대상으로, 하나는 이란을 대상으로 — 이루어졌다. 이스라엘이 이 작전에 긴밀히 협력했다. 표적이 된 두 나라의 핵 프로그램을 저지하는 일에 두 당사국 공통의 이해관계가 걸려 있었기 때문이다. 그 웜은 전례 없는 4차례의 "제로 데이 공격(zero-day attack)"을 사용했고, 악성코드(malware) 역사상 최고의 비용을 들인 데다 가장 대규모 사건이기도 했다. 그 공격은 이란 시설들을 상대로 매우 큰 효과를 발휘한 것으로 판명되었다. 이란의 원심분리기의 회전자 속도에 과도한 진동이나 변형을 유발함으로써 심각한 손상을 입혔다. 〈워싱턴포스트〉에 따르면, 이란은 스턱스넷 공격이 진행되는 동안 900~1000개의 원심분리기를 해체해야 했다.[92] 북한 시설에도 손상을 가할 작정이었으나, "북한의 극도로 고립된 통신 시스템과 완벽한 보안" 덕분에 웜의 침투 시도가 실패로 돌아갔다. 결국, 북한은 미국의 공격을 막아냈다. 이란이 번거로운 계단식 원심분리기를 사용한 우라늄 시스템에 의존했던 데 반해, 북한이 더 효과적인 플루토늄 농축 시스템을 사용했다는 점에서, 설사 악성코드가 침투했다 하더라도 손상은 상당히 불완전했을 것이다.[93]

서방의 사이버 공격을 방어한 북한의 독보적인 회복탄력성이 — 스턱스넷 사건으로 효과적으로 입증된[94] — 엄격한 보안 시스템에 기인한다고 인정한 많은 이들 가운데, 미국 국가안보국(NSA) 키스 알렉산더 국장도 있었다. 그럼에도 불구하고, 오바마 행정부는 임기 8년 동안 내내 북한을 겨냥한 사이버 공격 작전에 착수했다. 북한도 같은 형태의 전쟁으로 그에 대응하고자 했다. 오바마 행정부의 그런 사이버 공격 작전이 더욱 강화하고 있던 경제적 압박을 추가로 보완함으로써 또 다른 위기를 불러오려는 의도였는지, 아니면 단순히 북한의 핵과 탄도 미사일 억지력 발전을 저지하려는 것이었는지는 확실하지 않다.

오바마 대통령은 2014년 초 집권 2기 1년 차에 북한을 겨냥한 사이버 공격과 전자 공격을 강화할 것을 직접 촉구한 것으로 알려졌다. 〈뉴욕 타임스〉가 인용한 정보 소식통들에 따르면, 2015년 중반부터 1년간 미사일 발사가 수차례 실패한 원인이 거기에 있었다. 2016년 말이 되자 북한이 미사일 성공률을 만회했음에도 불구하고, 그런 시도를 통해 "북한이 대륙간탄도미사일(ICBM)에서 발사된 핵무기로 미국의 도시들을 위협할 수 있게 되는 날을 몇 년 지연시키기"를 바랐던 것이다. 특히 국방부 고위급 관리들이 그런 사이버 공격을 강력히 지지했다.95) 발사대를 떠난 미사일, 심지어 발사장에 도착하지도 않은 미사일도 표적이었다. 그 작전이 어느 정도로 성공했는지도 알 수 없고, 아니면 오바마 행정부가 북한이 수소폭탄을 확보한 상황과 그 무기들의 타격 사정거리 확대를 막지 못한 현실을 고려해 체면 유지 방안을 모색한 것이었는지도 분명치 않다.

"오발유도전략(Left of Launch)"으로 알려진 파괴적 기술에 상당한 투자가 이루어졌고, 미국의 최고위급이 수립하는 군사 계획에서 중요한 자리를 차지한 것으로 나타났다. 합참의장 마틴 E. 뎀시 장군이 2013년에 처음으로 적의 미사일 시스템 교란 계획을 발표하고, 이를 특별히 "에너지를 겨냥한 사이버 전쟁, 전자 공격"이라고 지칭했다. 의장의 정책보고서에서 북한을 직접 거론하지는 않았지만, 첨부된 지도에는 미국을 향해 비행 중인 북한 미사일을 보여주었다. 그 프로그램은 그 시점부터 방위사업체 – 미사일 방어 기술 전문업체 – 레이시온(Ratheon)과 몇몇 관리들까지 모두 "오발유도전략" 기술을 점점 더 빈번하게 언급하면서 호응을 얻은 것으로 나타났다. 이제 오바마 행정부의 국방장관이 된 애슈턴 카터는 합참의장 뎀시의 보고서가 나온 직후, 북한 미사일 프로그램의 교란 가능성에 특별히 초점을 맞춘 회담을 요청했다. 2000년대 들어 카터는 북한을 상대로 한 예방 타격을 강력하게 요청하면서, 적의 새로운 능력에 비추어 새로운 접근법을 선호하는 입장으로 뚜렷이 선회했다.[96]

〈뉴욕타임스〉는 북한의 억지력 진전을 지연시키기 위한 필사의 노력으로 보이는 시도, 혹은 최소한 그 방향으로 노력을 기울인다고 보이는 활동과 관련해 이렇게 언급했다. "북한의 미사일 시스템 내부 데이터를 원격으로 조작하려는 치밀한 활동을 주창하는 자들은 북한이 핵무기 제조 비밀을 터득하지 못하게 막으려는 노력이 이미 실패한 지금, 미국으로서는 아무런 현실적인 대안이 없다고 주장한다. 이제 유일한 희망은 북한의 대륙간 미사일 개발을 중단시킴으로써 파괴적인 위협을 세계에 보여줄 수 없게 하는 것뿐이다." 나아가, 파괴적 공격에 대한 대통령 개인의 강력한 지지와 관련해서는 "오바마가 궁극적으로 국방부와 정보기관들에 전력을 다하도록 압박했고, 관료들은 이를 검증되지 않은 기술을 달성하라는 격려로 받아들였다."고 언급했다.[97]

보도에 따르면, 그 방해 프로그램(sabotage program)은 2016년 4월과 5월에 무수단의 더 성능 좋은 새로운 이형의 시험 발사에 크게 영향을 미쳤다. 물론 북한은 그 후 시험들이 반드시 성공할 수 있도록 대책을 개발했던 것 같다. 이로 인해 분석가들 다수가 "오발유도전략" 시도가 매우 심각한 역효과를 냈을 수도 있다고 결론지었다. 한편, 북한 미사일 능력의 전반적 진전을 막으려는 시도는 비교적 대수로울 게 없었고, 조선인민군은 미국의 간섭을 벗어나기 위해 더 엄격한 보안을 유지하며 발사 실험을 수행했다. 이로써, 미국은 더욱더 큰 정보 제약에 직면했고, 조선인민군은 전시에나 예상할 수 있을 만한 긴장된 상태로 미사일을 발사하게 되는 경험을 하게 되었다.98)

2015년 북한은 소규모 사이버 공격을 감행한 혐의로 비난받았다. 그해 초 북한이 영화 "인터뷰" 개봉에 대응해 소니(Sony Corporation)를 해킹하고 그 기업의 문서를 공개했다는 것이었다. 평양은 이미 제작사에 북한에 대한 묘사가 거칠고 조잡하다는 점과 북한 지도자를 잔인하게 살해하는 장면이 포함된 것을 이유로 상영하지 말 것을 요청한 터였다. 그 영화는 심지어 북한에 비판적인 서방 비평가들마저 심한 인종주의와 아시아인– 특히 여성들 –에 대한 편협한 묘사로 널리 비난받았다.99) 미국 작가이자 언론인으로 〈네이션앤내셔널인터레스트(Nation and The National Interest)〉 정기 기고자이면서 한미 관계 전문가인 팀 셔록은 이렇게 논평했다. "이 영화는 1940년대와 1950년대 영화에서 단골로 나온 것처럼 아시아 언어를 노래하듯 과장되고 우스꽝스럽게 표현하는 방식에서부터 코리안들을 (김 씨의 경호원들처럼) 로봇 노예이거나 아니면 미국인 남성들을 갈망하면서 성욕에 굶주려 굴종하는 노예로 그려내는 것에 이르기까지, [감독] 로젠이 생각해낼 수 있는 모든 인종차별적 이미지와 비유를 다 사용했다."100) 오바마 대통령은 북한의 해킹 혐의에 상응하는 조치를 경고했다. 그 후 북한의 인터넷 서버에 대한 대규모 사이버 공격이 있었고, 이는 미국의 공격

으로 추정되었다.101)

많은 전문가들이 북한에 책임이 있는지 심각한 의문을 제기했음에도 불구하고, 북한이 공격했다는 혐의를 제기하며 북한에 추가 경제 제재를 위한 구실로 삼았다. 미국의 대표적인 사이버보안 기업인 노르드사의 수석 부사장인 커트 스탬버거는 "우리는 북한이 이번 공격에 대해 지시를 했거나, 주도했거나 혹은 자금을 지원했다는 어떤 징후도 찾을 수 없다… 아무도 이 사건이 북한 정부와 연관되어 있다는 믿을 만한 근거를 찾지 못했다."며, 법 집행기관에 정보를 제공했다. 오히려 데이터는 그 회사의 내부 정보를 가진 전직 소니 직원을 가리켰다. 사이버보안 컨설팅 회사 타이아 글로벌(Taia Globlal)의 수석 과학자 슐로모 아가몬도 마찬가지로 북한에 책임을 물을 만한 증거가 절대적으로 부족하다면서 이렇게 말했다. "이 사건이 전적으로 북한에 책임이 있다는 주장을 의심할 만한 근거는 명백하다." 해커와 보안연구자를 포함한 여타 수많은 전문가들도 유사한 결론에 도달했다.102)

북한이 남한을 공격 목표로 삼아 상당한 사이버 첩보 활동을 했다는 증거는 있지만,103) 미국을 상대로 중대한 보복적 사이버 전쟁을 시도한 증거는 없다. 전문가들에 따르면, 오히려 그 반대의 증거들이 있다. 오바마 행정부는 그들의 정책 목표를 달성하기 위해 정보의 무기화를 비롯해 여러 미디어 조직과 긴밀한 활동에 집중했다는 점에서 그들의 전임자와 크게 대비되었다.104) 소니 해킹은 그런 활동의 일환으로서, "인터뷰" 영화 제작을 요청하고 그 내용에 직접적인 영향을 미친105) 민주당과 방위 당국자들과 그 회사가 어느 정도로 밀접한 관계를 맺고 있는지를 드러냈다. 영화감독 세스 로겐이 이를 직접 증언했다. 그는 이렇게 말했다. "우리는 제작 과정 전반에 걸쳐 정부 내에서 컨설턴트로 일하는 특정한 사람들과 관계를 맺었고, 나는 그들이 CIA 사람들이라고 확신한다."106) 소니 엔터테인먼트 CEO 마이클 린튼은 영화가 만들어지는 동안 국무부와 계속해서 소통했다. 그는 그 영화가 북한에 실제 영향을 미치게 될 가능성이 있다고 들었다고 했다.107) 게다가 소니는 북한 지도자의 잔인한 처형 장면을 유지하라는 조언도 들었다. 북한 주민들에게 반정부 활동을 고무하기 위해서는 그 장면이 "반드시 필요하다"고 미국 방위 분석가들과 북한 전문가들이 확신했기 때문이었다.108)

코리아정책연구원(Korea Policy Institute) 상임이사 크리스틴 홍 교수는 그 영화의 제작 의도와 관련해 이렇게 논평했다.

> 소니 경영진들이 한 일을 보자면, 그들은 국무부와 매우 긴밀하게 상의했고 국무부는 경영진에게 그 죽음 장면을 허가했다. 또한, 북한 감시단체 랜드(RAND)와 브루스 베네트라는 이름의 남자와도 상의했다. 베네트는 북한 정부를 무너뜨리는 방법은 지도부 암살이라는 논지를 주창하는 사람이다. 실제로 베네트는 그 영화에 대해 소니와 상의하면서, 탈북자 풍선투하 단체들이 그 영화를 북한으로 침투시킬 수 있을 뿐 아니라, 남한 시장(South Korean market)이라는 측면에서도 의미가 있다고 말했고, 영화가 레짐 체인지 음모를 행동으로 옮길 수 있게 해줄 것이라고 했다. 따라서 이 경우, 허구와 현실은 서로에게 일종의 미러링 관계가 된다.109)

베네트는 주한미군(USFK)과 미 국방부장관실, 일본 주둔군(USFJ),

미 태평양 사령부에서 근무했고, 주한미군과 남한 공군(ROKAF)의 고위급을 위한 고문 자격으로 남한을 100회 이상 방문했다.

오바마 시대에는 북한을 겨냥한 미디어 활용이 증가했다. 북한으로 들어가는 라디오 방송을 위한 자금 증액과 선전의 보급을 통해서(10장 참조) 뿐만 아니라, 외부 세계에 비치는 북한의 이미지를 겨냥하기도 했다. 이 시기, 미국인들에게 위협이 되는 존재로서 북한의 속성이 수많은 창작물에서 전례 없는 수준으로 강조되었다. 비디오게임 '홈프런트(Homefront)'에서부터 영화 '돈(Dawn)'과 '백악관 최후의 날(Olympus Has Fallen)'까지, 미국 땅에서 미국을 파괴하거나 정복하려는 북한 군인들을 그렸다. CIA를 비롯한 서방 정보기관들과 밀접한 관계를 맺고 있다고 알려진 반북 비정부단체들[110]은 출판물, 소셜미디어, 초청 강사를 비롯한 다수의 포럼을 통해 북한을 악마화하는 정보 확산에도 박차를 가하는 것으로 보였다. 그들의 적수인 북한보다 훨씬 더 미묘하고 효과적으로 선전을 활용할 수 있는 미국과 서방 진영의 능력은 경제적 압박과 사이버 전쟁과 더불어 점점 더 유용하고 귀중한 자산으로 드러났다.

2013년 2월 북한은 3차 핵실험을 했다. 보도에 따르면, 탄두가 가벼워졌고 폭발력이 더 늘어 최고 추정치 4백 킬로톤이었다.[111] 그 해는 또한 6개 이상의 장비를 시험- 모두 단거리였다 -하면서, 대규모 탄도 미사일 시험을 재개했다. 그 시기 오바마 행정부의 대외정책 의제는 미-러 사이 긴장 고조, 이란과 계속되는 갈등, 시리아와 리비아에서 간섭주의가 빚어낸 위기들, 아프가니스탄 내 상존하는 전쟁으로 갈수록 더 압도되어, 의도한 초점- 동북아시아, 특히 중국 -에서 시선을 분산시키는 것 같았다. 북한에는 거의 아무런 여지가 보이지 않아, 그 중요성에 상응하는 긴급성을 전혀 가정하지 않는 것 같았다. 세계 질서에 변화가 나타나고 세계 다른 곳에서 서방 지도력에 대한 도전이 점점 늘어가면서, 상황은 갈수록 더 평양에 유리하게 작용하고 있었다.

2013년 1월 시작된 오바마의 두 번째 임기에서 동북아시아를 향한 관심 부재는 더 심화되고 있었다. 국무장관 힐러리 클린턴, 국무부 동아시아 태평양 담당 차관보 커트 캠벨, 국가안보 보좌관 톰 도닐런 모두가 "아시아 중심(Pivot to Asia)" 전략을 약속했지만, 2013년 말 이들 모두가 행정부를 떠났다. 후임자들은 아시아 지역에 훨씬 관심이 덜했고, 갈수록 커지는 중요성을 파악하지 못했다. 예컨대, 신임 존 케리 국무장관은 클린턴 국무장관과 마찬가지로 첫 방문 일정을 아시아-태평양 지역으로 하라는 권고를 받았지만 무시하는 반응으로 나왔다. 그는 "내버려 둬."라며 자신의 최우선 과제가 중동임을 강조했고, 이스라엘-팔레스타인 평화협정을 추진할 생각으로 첫 일정에 나섰다. 거듭해서 이것은 시간 소모적이면서도 풀리지 않는 미국 대외정책의 수많은 난제 중 하나임이 드러났고, 미국 외교의 우선순위는 무엇이 국익에 진실로 중요한가가 아니라 관리들이 개인적으로 어디에 관심을 두는가에 따라 정해지는 것 같았다.

신임 국가안보보좌관 수전 라이스가 이끄는 국가안전보장회의(NSC)도 비슷한 상황에 직면했다. 미국의 힘에 맞선 가장 심각하고 중대한 도전들— 동북아시아의 사건들 —이 시작되고 있는 곳에서 너무 멀리 떨어진 중동에서 발생하는 거의 전부가 가장 시간 소모적인 사건들이었다. 우선순위는 잘못 정해지는 경우가 많았고, 중동은 경제적으로나 군사적으로나 지정학적으로나 실제 중요성과는 완전히 균형에 맞지 않는 관심을 계속 받았다. 과거 부시의 이라크 침공과 마찬가지로 관심과 자원이 가장 필요한 곳에서 관심과 자원을 점점 더 떼어 놓음으로써, 오바마 행정부로서는 북한의 새로운 핵실험과 신형 탄도 미사일 시험 발사에 대응하기에 형편이 좋지 않았다.112)

그로부터 2년간은 2014년에 최소한 16개의 단거리, 4개의 중거리 탄도 미사일이 발사되어 매우 높은 비율로 무기 시험이 있었다. 부시 행정부 시절의 탄도 미사일과 위성 발사기 시험을 모두 합한 것보다 많았다.113) 또한, 더 성능이 좋은 신형 미사일들이 북한의 시험에 모습을 드러내기 시작했고, 2015년에는 사정거리가 2천~2천5백 킬로미터로 추정되는 탄도 미사일을 발사하는 북극성-1호 고체연료 잠수정이 첫 선을 보였다. 미사일의 소형화와 도달 범위 및 고체연료 합성물이 사용됨으로써 빠른 기술 발전이 이루어지고 있다는 것을 보여주었고, 토종 고래급 탄도 미사일 발사용 잠수함은 2단계 억지력의 달성을 예고했다. 고래호는 핵 운반용으로 설계된 최초의 북한 군함이었다. 북한은 이 고래호의 존재를 통해 해상 보복 능력을 갖춤으로써, 미국이 선제공격으로 북한 무기들을 무력화하려는 계획을 까다롭게 만들려고 했다. 북극성-1호의 성공에 이어 북극성-2호로 알려진 지상 발진 이형은 2017년에 두 차례의 성공적인 시험을 거쳐 이내 양산에 들어갔다.114)

2016년 1월 북한은 4차 핵실험을 실시했고, 이는 북한 최초의 열원자 핵탄두(thermonuclear warhead)로 알려졌다. 그 핵탄두는 핵분열 무기들보다 수십 배나 높은 핵 출력으로 북한의 전략적 억지력을 크게 강화했다. 오바마 대통령이 미국이 "북한을 확실히 파괴"115)할 수 있다고 되풀이한 데 대한 화답으로, 대통령의 아시아 담당 수석 외교관이자 국무부 차관보인 다니엘 러셀은 북한 지도자 김정은이 "만약 핵무기를 사용한다면" 그는 "그 즉시 사망"할 것이라고 경고했다.116) 북한은 더 나아가 북한 영토 안에서는 최초로 무수단 미사일을 수차례 시험 발사했고, 미국 언론이 미국의 사이버 공격과 방해 행위에 원인이 있다고 보도한 3월의 실패한 시험들에 이어, 6월의 시험 발사에서는 여러 가지 새로운 기술들이 시연되었다. 그 설계는 과거 이란에서 시험이 이루어진 것보다 향상된 것이었고, 새로운 그리드 핀과 새로운 엔진으로 보이는 것을 통합했다.117) 무수단은 핵탄두를 곰까지 쏘아 올릴 수 있는 능력뿐 아니라 미국의 방공 시스템을 쉽게 우회할 수 있는 고도와 속도도 보여주었다. 그해 9월 열원자 핵탄두의 2차 시험이 이루어졌고, 북한은 이후 장거리 탄도 미사일에 핵탄두를 탑재할 수 있다는 것을 분명히 했다. 2015년에 미국 관리들이 북한이 이미 소형화된 핵탄두를 개발했다고 추정한 적이 있지만,118) 열핵 능력은 북한의 프로그램에서 중대한 진전을 의미했다.

북한의 4차, 5차 핵무기 시험에 대한 대응으로, 오바마 행정부는 – 예방 타격으로 북한의 억지 프로그램을 파괴하겠다는 의도로 – 북한 핵시설들에 대한 공격을 심각하게 고려했다고 보도되었다. 당시 대통령은 전임자인 조지 W. 부시가 그랬던 것보다 공격을 재가하는 상황에 훨씬 더 가까이 갔지만, 보도에 따르면 두 가지 중요한 요인으로 인해 단념했다. 주목해야 할 것은 국제법에 따라 그 같은 공격들– 오바마를 비롯해 전임과 후임 행정부가 다른 곳에서 저지르고 처벌 없이 넘어간

-의 불법성이 공격 범죄로 전혀 언급되지 않았다는 점이다. 첫 번째 요인은 북한이 남한 내 미군에 대한 포격에서부터 일본과 괌에 있는 시설들에 대한 미사일 공격이나 핵 보복에 이르기까지 치명적인 대응에 나설 수 있는 선택지를 다수 갖고 있다는 점이었다. 북한의 핵 사용에 관한 문턱이 어느 정도인지 전혀 알지 못하는 상태였기 때문에 북한의 어떤 공격도 심각한 위기로 다가왔다.

두 번째 요인은 국방부가 대통령에게 제한된 예방 공격이라는 선택지가 사실상 존재하지 않는다는 정보를 제공한 점이었다. 당시 북한이 수십 개의 핵탄두를 갖고 있는 것으로 추정되었고, 그 핵탄두들은 미국이 공중에서 위치를 파악하고 무력화할 수 없도록 조선인민군의 이동성 높은 운반 시스템과 함께 지하 시설들에 깊숙이 보관되어 있었다. 따라서 국방부는 전면적 지상 침공이 아니면 핵 억지력을 갖춘 북한을 무장해제시킬 수 없다고 결론지었다. 결국, 북한의 핵 문턱이 아무리 높다 해도, DPRK가 보복적 핵 공격에 착수한다는 것은 불을 보듯 뻔했다. 심지어 재래식 전쟁에서도 미국의 사상자는 적대행위 발발 후 수주 이내에 수십만 명에 이를 것으로 예견되었고,[119] 대량파괴무기를 사용한다면 이러한 인명 손실은 더 늘어날 뿐이었다. 당시 미국 언론인 밥 우드워드가 썼듯이, "국방부가 '북한 핵 프로그램의 모든 구성 요소들을 – 반드시 완벽하게 – 찾아내 파괴하는' 유일한 방법은 지상 침공을 통한 것이다… 지상 침공은 핵무기 사용과 같은 북한의 대응을 촉발할 것이다."[120]

북한의 정보기관과 국내 보안기구는 안보의 핵심이면서 동시에, 북한 공격에 대한 백악관의 계산법에 변화를 가져온 북한의 자산이었다. 클린턴 행정부의 CIA 국장 로버트 게이츠가 지적했듯이, 북한은 미국 정보기관에 유일무이한 "블랙홀"이었고, "세계에서 견줄 데 없이 가장 어려운 표적"– 널리 공유되는 평가였다121) –으로 여겨졌다. 그 결과, 북한 지도부의 위치와 핵무기의 위치가 적들에게 알려지지 않았다. 따라서 그 표적들을 겨냥한 효과적인 선제공격을 준비할 수 없었다. 그로 인해, 북한의 엄격한 내부 보안 시스템은 스턱스넷 공격처럼 엄청나게 파괴적일 수 있는 미국의 공격을 막아내는 데서 실질적으로 성과를 거두었다. 〈뉴욕타임스〉는 오바마 대통령이 자신의 임기 말년에 북한 핵무기 시설뿐 아니라 지도부를 제거하기 위해서도 타격하려는 열망이 컸다고 보도했다. 그런 방침이 채택되지 않았던 가장 중요한 이유는 높은 실패 확률– 적시에 두 곳, 즉 지도부와 핵무기의 위치 정보를 동시에 얻는 것이 사실상 불가능했으므로 –이었다. 실패한 타격은 결국 대규모 보복으로 돌아오게 되어 있었기 때문이다.122)

북한 경제는 2009년이 되자 '고난의 행군'으로부터 대체로 회복했다. 서방 국가 단독으로건, 유엔을 통해서건 연속적인 경제 제재와 경제적 압박에도 불구하고, 오바마 집권기 내내 북한은 상당한 성장을 이루었다. 서방 분석가들은 북한을 친서방 국가로 개혁하거나 아니면 붕괴를 지켜보리라고 낙관적으로 예견했지만, 그 대신 북한의 새 지도부는 2011년 말부터 현대화와 첨단 기술 및 생활 수준의 향상을 새롭게 강조하면서 경제를 회복시키는 것으로 나타났다. 아리랑, 진달래, 푸른 하늘 같은 브랜드로 국내 생산된 스마트폰에서부터 어류 양식,123) 부유형 논(floating rice fields)124)과 같은 농업을 위한 프로젝트와 더불어, 새로운 과학연구를 위한 설비들과125) 현대식 주택 및 기반시설 프로젝트에 대한 상당한 투자에 이르기까지, 회복의 기미가 명백해 보였다. 심지어 엔터테인먼트와 공연 예술도 – 건축과 마찬가지로 – 보다 현대적인 양식을 채택했다. 그리하여 북한 경제는 오바마 행정부 임기가 끝나는 2017년 1월에 8년 전보다 입지가 훨씬 더 좋아졌다.

경제적 성장과 함께 북한의 군사적 역량도 크게 성장했다. 완전히 새로운 토종 시스템들– 방공을 위한 번개-5호(KN-06), 기갑전을 위한 폭풍호, 탱크 사냥을 위한 불새-3호는 일부에 불과했다 –이 실전에 배치되면서, S-200 방공 시스템과 천마호 전차에서부터 불새-2호 대전차 미사일에 이르기까지 이전의 소비에트 시절의 무기에 대한 의존이 줄었다. 한편 북극성-1호가 2단계 억지력의 개시를 열었고, 타격 사정거리 4천km의 새로운 무수단 이형들은 여러 차례에 걸쳐 신뢰할 만하다는 것을 입증했다. 이와 더불어 열핵 탄두의 시험 발사와 3차례의 핵실험을 통해 한층 더 소형화를 이룸으로써 북한은 8년 전과 비교하여 훨씬 더 강력한 억지력을 갖추었다.

전임 부시와 클린턴 행정부와 더불어 오바마 행정부 역시 북한의 열핵 무기들과 ICBM의 개발을 저지하지 못했다는 이유로,[126] 후임자인 도널드 트럼프에게 신랄하게 비판받았다. 여러 서방 매체들과 저명한 분석가들도 비슷한 비판을 쏟아냈다.[127] 오바마 행정부의 대한반도 정책은 전임자들에 견주어, 물려받은 어려운 조건을 고려한다면 부족함이 없었다. 그러나 오바마 말년 북한은 수소폭탄(thermonuclear bomb) 개발과 최초의 ICBM 시제품 시험 발사를 통해 동북아시아에서 미국이 군사 행동을 취할 수 있는 능력에 제한을 가했고, 이로써 서방의 많은 이들을 불안하게 만들었다. 북한은 수차례 시험 발사 후, 과거 모델보다 훨씬 더 정교한 엔진을 사용한 무수단의 능력을 성공적으로 입증했고, 새로운 엔진을 설계할 필요 없이 더 많은 단계 분리를 추가함으로써 ICBM 개발로 가는 비교적 빠른 경로의 가능성을 열었다.[128] 북한은 억지력을 발전시키고 경제를 강화하는 방향으로 전진함으로써, 신임 도널드 트럼프 행정부가 북한의 핵과 탄도 미사일 프로그램을 축소 조정하고자 공작을 벌일 여지를 훨씬 더 제한했다. 신임 대통령은 오바마가 2016년 집무실을 떠나기 직전에 대외정책의 가장 큰 난제가 북한이 될 것이라는 조언을 했다고 주장했다.[129] 2년 넘게 계속된 북한의 가속화된 무기 시험은 2017년에 정점에 이르렀고, 이때 북한이 무기 프로그램에서 이루어낸 새로운 발전은 서방의 초강대국 미국과 작은 동북아시아 국가 간 관계의 성격을 돌이킬 수 없이 바꿔 놓았다.

천안함 침몰 사고 : 해상 위기

2010년 3월 26일, 대한민국 해군 포항급 초계함 천안함이 대잠수함 전투 훈련 중 승선원 46명과 함께 침몰했다. 처음에 그 사건은 해군의 자체 무능이 유가족들에 의해 널리 지탄받았다. 그런데 몇 주 지나자, 남한 언론들이 북한에 책임이 있을지도 모른다고 추정하기 시작했다. 당시 증거는 극히 의심스러웠다. 즉, 자신이 천안함을 겨냥한 계획 전반을 지휘했다고 자랑하는 북한 고위 관리로부터 전화를 받았다는 익명의 NGO 대표의 발언을 인용한 것이다.[130] 미국과 남한의 전문적인 대잠전 자산들을 동원한 빈틈없는 조사를 통해 확인된 대로, 그 지역에 북한 잠수함들의 자취는 없었다. 그 점을 지적받자, 여러 언론 매체들이 이제는 만약 조선인민군 해군이 아니라면 북한의 파괴 공작 폭격기들의 소행이 분명하다고 주장했다.[131] 한편, 일부 일본과 러시아 매체들은 천안함이 미국 잠수함에 의해 침몰했고, 남한은 북한을 비난함으로써 진실을 은폐하고 있다고 주장했다. 악명높은 미군의 아군 간 오인 사격 사고율이 그런 주장들을 뒷받침했고,[132] 미국의 잠수함들이 그곳에 있었다는 사실이 확인되었다. 하지만 또다시 그것이 사실인지 입증할 증거가 제시되지 않았다.[133]

미국의 압력이 점점 더 커감에 따라, 이명박 대통령이 이끄는 서울의 신임 정부는 최대 압박이라는 새 전략에 협조하고 기존의 대북 화해 정책을 공식적으로 포기했다. 그리하여, 천안함 사건을 북한의 음모로 그럴듯하게 제시하는 것은, 단지 서울과 남한 해군과 미국에 대한 비판을 막아줄 뿐 아니라 기존에 지지를 받은 평양과의 화해를 단념할 구실이 되었다. 전문가들은 그 사건이 – 북한의 공격이라기보다는 – 일종의 사고였다는 결론을 계속해서 지지한다. 실제로 남한 국방부장관 김태영은 북한의 어뢰 공격에 관한 보도들은 "근거가 없다"며, 천안함을 파괴한 폭발 원인이 1970년대 남한군이 설치한 수많은 기뢰 중 하나였다는 의견을 제시했다. 그는 천안함의 감지기를 작동시켰던 생존 선원과의 인터뷰를 어뢰 이론을 반박하는 증거로 인용했다.[134] 남한을 제외하고 모두 서방 국가들로 이루어진 6개국 위원회는 5월 7일 천안함이 "독일제 어뢰에 의해 파괴"되었을 가능성이 매우 크다고 자체적으로 결론지었다. 독일제 어뢰는 남한 잠수함들이 널리 사용하는 것으로, 조선인민군 해군이 접근할 수 없는 무기였다.135) 위원회의 보고서는 아군 간 오인 사격이 원인이었을 수 있다는 추측으로 이어졌다.136) 이 결론에도 역시 의문이 제기되었다. 그 어뢰 잔해가 부식된 채 남아 있어 전문가들은 잔해가 틀림없이 수년간 물속에 잠겨 있었을 것이라고 믿었다.137)

그 어뢰가 실제로 북한에서 온 것이라고 제시될 수 있는 유일한 증거는 부품 중 하나에 자주색 마커로 새겨진 "No. 1"이었다. 그것은 완전히 실체가 없다고 판명되었고, 남한 안에서도 광범위한 풍자적 반응을 낳았다. 아마도 가장 유명한 건, 그것이 북한제라는 이른바 "증거"로 똑같이 "No. 1"을 새긴 아이폰의 포토샵이었을 것이다.138) 버지니아 대학 이승훈 교수는 이렇게 말했다. "여러분은 아이폰에 그 표시를 하고 북한에서 제조되었다고 주장할 수 있다. 그것들이 수중에서 발견되었다고 말할 때 정부는 거짓말을 하는 것이다. 내 생각에, 이것은 언론에 보여주려고 오래된 물건들을 담아둔 창고에서 끄집어낸 것이다."139)

워싱턴 D.C.에 있는 존스홉킨스대학 정치분석가 서재정 박사는 인용된 증거가 천안함 사건을 조선인민군이 저질렀다는 것을 전혀 증명할 수 없다고 주장하는 수많은 사람 중 한 명이다. 그는 가장 큰 모순은 그런 폭발의 결과로 나올 수가 없는 하얀 분말이 천안함에서 발견된 점이라고 주장했다. 실험실에서 화학 공정을 모의실험한 결과는 그 분말이 – 조사에서 언급한 바와 같이 폭발의 결과물이 아니라 – 오랜 시간 물에 노출되어 녹이 슨 것임을 보여주었다. 대신에 그는 천안함이 – 애초에 국방부장관이 명시했듯이 – 더 오래된 남한 지뢰에 의해 침몰했을 가능성이 매우 크다고 말했다.140) 러시아 과학아카데미와 모스크바 주립대학의 최고의 한반도 전문가이자 연구원인 콘스탄틴 아스몰로프 박사는 천안함의 침몰을 둘러싼 상황을 독자적으로 상세히 평가하고, 북한의 공격을 사실상 배제했다. 그는 천안함이 "적 잠수함들을 추적하기 위해 특별히 설계된" 점에 주목하면서, 이렇게 명시했다.

> 근접 전투 환경에서, 아울러 비극이 발생한 그 지역의 낮은 수심(15-20미터)에서, 승선원들이 적의 함선을 발견하지 못했을 뿐 아니라 어떤 어뢰 사격도 탐지하지 못했다는 점은 이상하다. 그런 경우에는, 위에서 묘사한 대로 적선이 국경 인근에 설치된 대잠전(ASW) 방책을 추월해 적선과 잠수함과 항공기들이 우글거리는 백령도 앞바다로 잠입한 다음, 천안함을 용의주도하게 공격하여 첫 번째 기뢰로 바로 침몰시켜야 했다. 그런 다음 대잠함과 헬리콥터를 피해 무사히 빠져나가야 했다… 어떻게 그것[조선인민군 잠수함이라는 혐의를 받는]이 훈련 중에 발각되지 않은 채 머물러 있다가 적 잠수함과의 전투를 위해 만들어진 함선을 침몰시킬 수 있었는지 여전히 의문으로 남아 있었지만, 그것은 더 이상 아무도 신경 쓰지 않았다.

따라서 그것은 불가능하지는 않을지라도 가능성이 매우 희박해 보인다. 아스몰로프는 그것이 일어날 가능성은 "기적적"141)이라고 여겼다. 이런 결론에 도달한 것이 아스몰로프 혼자만은 아니었다. 일본의 〈아시아-태평양 저널〉에 실린 유명한 기사는 이렇게 언급했다.

천안함은 레이더와 수중음파탐지기(sonar)로 적의 잠수함, 어뢰, 항공기를 감시하는 일을 임무로 하는 초계정(patrol boat)이었다… 만약 북한 잠수함이나 어뢰들이 접근했다면, 천안함은 그것을 재빨리 감지해서 반격하거나 피할 수 있어야 했다. 더구나, 천안함이 침몰하던 날, 미군과 남한군은 훈련을 진행 중이었기 때문에, 북한 잠수함들이 남쪽으로 이동해 감시 활동을 하리라고 예상할 수 있었다. 천안함의 수중음파탐지 부대가 경계 태세에 들어가지 않았다고 상상하기는 어렵다.142)

다수의 유명 남한 신문들도 천안함의 고도의 대잠전 능력, 높은 전투 준비 태세, 미군과 남한군이 배치한 상당한 감시 자산들에 주목하면서, 잠수함이 발각되지 않고 작전을 벌일 가능성이 거의 없다는 점을 유사하게 강조했다.143) 아시아 재단의 한미정책센터 책임자이자 외교협회의 한미정책 프로그램 담당자인 스콧 스나이더 역시 북한의 공격이라는 서사에 관해 심각한 의혹을 표명했다.144)
북한을 정면으로 비난하는 새로운 서사에서 추가로 나타나는 모순들에 대해서는 누구보다도 국방부 관리 김철우와 조사위원 신상철145)에서부터 변호사 이정희와 전직 청와대 수석 비서 박선원에 이르기까지 남한의 공식 소식통들에 의해 널리 보고되었다. 이 인물들 가운데 다수가 "근거 없는 소문"을 퍼뜨린다는 구실 아래 국가안보를 해친다는 혐의로 – 다른 사람들이 더 이상 자신들이 생각하는 의혹을 제기하거나 독자적인 분석의 수행을 단념하도록146) – 국가에 의해 공개적으로 기소되었다. 신상철은 조사 중에 발견한 사실과 관련해 이렇게 언급했다. "폭발의 흔적은 조금도 찾을 수 없었다. 선원들은 익사했고, 그들의 시신은 깨끗했다. 우리는 바다에서 죽은 물고기도 발견할 수 없었다." 그는 그 배가 좌초했거나 또 다른 배와 충돌했다는 자신의 주장에 대한 상당한 증거를 제시하면서, 그날 일어난 일은 "단순한 해상 교통사고"에 불과하다고 결론지었다. 남한 국방부장관은 조사에 대한 "대중의 불신을 조성"한다는 이유로 신 씨를 퇴출하라고 국회에 요구하는 것으로 대응했다.147)

이정희는 국회에서 한 연설에서 전함의 선미와 이물이 쪼개지는 순간을 보여주는 열상관측장비의 배관 장치- 사건이 어떻게 발생했는지 보여줄 수도 있는 -가 고의로 제출되지 않고 있다고 지적했다는 이유로 합동참모본부에 의해 명예훼손으로 고소당했다. 한편, 박선원은 더 큰 투명성을 요구하고 공식 서사에 대해 의심을 표명했다는 이유로 명예훼손 혐의로 기소되었는데, 그는 그 결과로 제기된 소송과 관련하여 이렇게 말했다. "나는 천안함 침몰 원인에 대한 투명하고 공평무사한 조사를 위한 정보의 공개를 요구했다… 명예훼손 고소는 그 사건에 대한 대중적 의혹을 잠재우려는 것이다."148) 아스몰로프 박사는 이렇게 논평했다. "중요한 것은 그 불운한 초계함을 누가 실제로 침몰시켰느냐가 아니라 그 비극에 책임이 있는 자로 누구의 이름이 지목되느냐 하는 점이 전문가들에게 분명해지기 시작했다."149) 이것이 별개로 발생한 사건일 수는 없었다. 서방이 주도하는 위원회가 강한 정치적 편견을 보이고 증거를 조작했다는 사실이 발견되었고,150) 이는 그 이후 수많은 다른 공격들에 대한 조사가 이루어질 때 적들에게 책임을 씌우기 위한 것이었다.151) 천안함 사태는 냉전 시대 이래 두 코리아의 관계에 가장 심대한 타격을 입혔고, 두 나라 사이를 틀어지게 함으로써 미국의 계략에 빠지게 되었다. 또한, 북한의 고립을 심화시킴으로써 그 나라에 대한 압박을 증대시켰다. 국무장관 힐러리 클린턴은 그 사건 직후 남한을 방문해 기획의 방향을 밝혔다. "북한의 방향을 변화시키고, 동아시아 지역의 모두가 함께 설득력 있는 사례를 만들어내기 위해 노력함으로써, 한반도를 비핵화하고 북한 주민들에게 더 나은 삶의 기회를 제공하는 결과물을 성취하자"고 말한 것이다. 이것은 강제적 레짐 체인지에 대한 아주 은근한 요구로 널리 해석되었다. 미국은 천안함 사태를 통해 다른 지역 국가들과 남한 대중들이 오바마 행정부를 지지하고 그들의 구상을 도울 수 있도록 결집하기를 바랐다.[152]

천안함이 어떻게 침몰하게 되었는지는 여전히 불확실한 채로 남아 있지만, 그 후 서방 주도의 조사팀이 강조했고 대다수 서방 매체들이 다른 모든 것들을 배제한 채 반복한 서사— 조선인민군이 어떻게든 그 공격을 실행했다는 —는 매우 신뢰하기 어려운 상태로 남아 있다. 이는 매번 달라지는 그 주장들의 특성과 인용된 증거의 성격을 고려할 때 특히 더욱 그렇다. 천안함 침몰이 한국전쟁 이래 조선인민군의 가장 성공적인 작전 중 하나에 해당할 수 있었고, 평양은 역사적으로 과거 공격들에 대한 공적을 주장하는 일을 결코 꺼린 적이 없었지만, 북한 국영 언론은 "동포"의 죽음을 "애석한 사고"라고 부르면서 처음부터 어떤 개입도 부정했다. 그럼에도 불구하고, 그 사건을 북한의 공격으로 그럴듯하게 제시하는 것은 북한을 겨냥한 미국의 계획에 매우 유용한 것으로 판명되었고, 남한과의 경제 관계를 중시했던 북한을 차단하기 위한 제재 확대에 시기상으로 적절했다. 천안함 침몰은 처음부터 강경한 반북 입장을 내세웠던 서울의 신임 정부에 북한과의 거의 모든 거래를 중단할 구실로 이용되었다. 이로 인해 북한은 외화로 2억 달러 이상의 손실을 겪을 것으로 추정되었다. 나아가 남한은 미국이 주도하는 군사 훈련에 대한 참여를 확대하는 방향으로 움직였고, DMZ를 따라 죽 설치된 선전용 확성기를 이용한 심리전을 시작했다. 그로 인해, 남북관계는 한층 더 악화되었다.[153]

1. Worldwide Intelligence Review, Hearing Before the Select Committee on Intelligence of the United States Senate, One Hundred Fourth Congress, First Session on Worldwide Intelligence Review, January 10, 1995 (p. 164).

2. International Institute for Strategic Studies, The Military Balance, Volume 94, 1994, Part IX: Asia and Australasia (p. 165).

3. Sokolski, Henry D., 'Planning for a Peaceful Korea', Strategic Studies Institute, February 2001 (p. 290).

4. Worldwide Intelligence Review, Hearing Before the Select Committee on Intelligence of the United States Senate, One Hundred Fourth Congress, First Session on Worldwide Intelligence Review, January 10, 1995 (p. 164).

5. 'Interview: Ashton Carter,' Frontline, March 3, 2003.

6. Gilman, Benjamin A., 'Gilman Releases North Korea Report,' Press Release, November 3, 1999.

7. Pollack, Jonathan D., 'The United States, North Korea and the end of the Agreed Framework,' Naval War College Review, vol. LVI, no. 3, 2003. Beal, Tim, North Korea: The Struggle Against American Power, London, Pluto Press, 2004 (p. 214). Harrison, Selig S., 'Did North Korea Cheat?,' Foreign Affairs, January/February 2005.

8. 'Conclusion of non-aggression treaty between DPRK and U.S. called for,' KCNA, October 25, 2002.

9. Harrison, Selig S., 'Did North Korea Cheat?,' Foreign Affairs, January/February 2005.

10. Smith, Derek D., Deterring America: Rogue States and the Proliferation of Weapons of Mass Destruction, Cambridge, Cambridge University Press, 2006 (p. 75).

11. 'North Korea's nuclear program 2003,' Bulletin of Atomic Scientists, vol. 59, no. 2 (p. 75) Kristensen, Hans M., 'Preemptive Posturing,' Bulletin of Atomic Scientists, vol. 58, no. 5, September/ October 2002 (pp. 54–59).

12. 'Pro-N. Korea Newspaper. Urges U.S. to Open Two-way Talks,' Yonhap, May 27, 2009.

13. Albright, David, 'North Korea's Alleged Large-Scale Enrichment Plant: Yet Another Questionable Extrapolation Based on Aluminium Tubes,' The Institute for Science and International Security, February 23, 2007.

14. Sanger, David E., 'North Korea Says It Has a Program on Nuclear Arms,' New York Times, October 17, 2002.

15. 'Conclusion of non-aggression treaty between DPRK and U.S. called for,' KCNA, October 25, 2002

16. Von Hein, Matthias, 'The Iraq War: In the beginning was the lie,' Deutsche Welle, April 4, 2018.

17. Ibid.

18. Ibid.

19. Ibid.

20. Smith, Derek D., Deterring America: Rogue States and the Proliferation of Weapons of Mass Destruction, Cambridge, Cambridge University Press, 2006 (p. 75).

21. 'Interview: Ashton Carter,' Frontline, March 3, 2003.

22. Struck, Doug, 'Crisis Could Push N. Korea to Expel Nuclear Inspectors,' Washington Post, November 14, 2002.

23. Norris, Robert S. and Kristensen, Hans S., 'North Korea's Nuclear Program, 2005,' Bulletin of Atomic Scientists, May/June 2005 (pp. 64–67). Schobell, Andrew and Sanford, John M., North Korea's Military Threat: Pyongyang's Conventional Forces, Weapons of Mass Destruction, and Ballistic

Missiles, Carlisle, PA, U.S. Army War College Strategic Studies Institute, April 2007 (p. 77).

24　Berry Jr., William E., 'DPRK Briefing Book: North Korea's Nuclear Program: The Clinton Administration's Response,' INSS Occasional Paper 3, Nautilus Institute, March 1995.

25　International Institute for Strategic Studies, The Military Balance, Volume 94, 1994, Part IX: Asia and Australasia (p. 165).

26　Worldwide Intelligence Review, Hearing Before the Select Committee on Intelligence of the United States Senate, One Hundred Fourth Congress, First Session on Worldwide Intelligence Review, January 10, 1995 (pp. 103–104).

27　Smith, Derek D., Deterring America: Rogue States and the Proliferation of Weapons of Mass Destruction, Cambridge, Cambridge University Press, 2006 (p. 74).

28　Sanger, David E., 'North Korea Says It Has a Program on Nuclear Arms,' New York Times, October 17, 2002.

29　'Putin says Kim Jong-il told him about North Korea's nukes back in early 2000s,' TASS, October 4, 2017.

30　'Bush peers into "evil" North Korea,' CNN, February 20, 2002.

31　'To React to Nuclear Weapons in Kind Is DPRK's Mode of Counteraction,' Rodong Sinmun, KCNA, January 11, 2016.

32　Armstrong, Charles, Necessary Enemies: Anti-Americanism, Juche Ideology, and the Torturous Path to Normalization, Colombia University, Department of History, Korea Studies, Working Paper Series (p. 14).

33　Ibid. (p. 15).

34　'The DPRK delegate made speech at a meeting of the UN Disarmament Commission on April 11,' KCNA, April 21, 2006.

35　'Sailing on, the ship with a hold full of Scud missiles,' The Guardian, December 12, 2002.

36　Berger, Andrea, 'Target Markets, North Korea's Military Customers in the Sanctions Era,' Abingdon, Routledge, 2017 (pp. 123–124).

37　Park, Kyung Ae, New Challenges of North Korean Foreign Policy, London, Palgrave MacMillan, 2010.

38　Arkin, William M., 'Secret Plan Outlines the Unthinkable,' Los Angeles Times, March 10, 2002.

39　Park, Kyung Ae, New Challenges of North Korean Foreign Policy, London, Palgrave MacMillan, 2010.

40　Gertz, Bill, 'North Korea Can Build Nukes Right Now,' Washington Times, November 22, 2002.

41　Sanger, David E. and Dao, James, 'North Korea Says It Regains Access To Its Plutonium,' New York Times, December 23, 2002.

42　Stout, David, 'Rumsfeld Says if Necessary, US Can Fight 2 Wars At Once,' New York Times, December 23, 2002.

43　Schneider, Barry R. and Post, Jerrold M., Know Thy Enemy: Profiles of Adversary Leaders and Their Strategic Cultures, Montgomery, United States Air Force Counterproliferation Centre, 2003 (p. 129).

44　'US public thinks Saddam had role in 9/11,' The Guardian, September 7, 2003.

45　Cristopher, Warren, 'Iraq Belongs on the Back Burner,' New York Times, December 31, 2002.

46　Rodong Sinmun, March 28, 2003.

47　Ramesh, Randeep, 'The two faces of Rumsfeld,' The Guardian, May 9, 2003.

48　Pincus, Walter, 'Rumsfeld Seeks to Revive Burrowing Nuclear Bomb,' Washington Post, February 1, 2005.

49. Auster, Bruce B. and Whitelaw, Kevin, 'Upping the Ante for Kim Jong Il: Pentagon Plan 5030, A New Blueprint for Facing Down North Korea,' U.S. News and World Report, July 21, 2003. O'Hanion, Machael E., 'North Korea Is No Iraq,' Brookings Institute, October 21, 2002.

50. Kim, Suk Hi, The Survival of North Korea: Essays on Strategy, Economics and International Relations, Jefferson, NC, McFarland, 2011 (pp. 49–50). Park, Kyung Ae, New Challenges of North Korean Foreign Policy, London, Palgrave MacMillan, 2010.

51. 'North Korea: Washington Flew 1,200 Spy Flights Over Country,' Fox News, July 25, 2004. 'North Korea Accuses U.S. of Spy Flights,' Southern Illinoisan, July 26, 2004.

52. Galen Carpenter, Ted and Bandow, Doug, The Korean Conundrum: America's Troubled Relations with North and South Korea, New York, Palgrave Macmillan, 2004 (pp. 64–65).

53. 'U.S. Repositioning Bombers Near North Korea,' USA Today, March 4, 2003.

54. Galen Carpenter, Ted and Bandow, Doug, The Korean Conundrum: America's Troubled Relations with North and South Korea, New York, Palgrave Macmillan, 2004 (pp. 64–65). Auster, Bruce and Whitelaw, Kevin, 'Upping the Ante for Kim Jong-Il,' U.S. News & World Report, July 21, 2003.

55. Park, Kyung Ae, New Challenges of North Korean Foreign Policy, London, Palgrave MacMillan, 2010 (p. 218).

56. Bennett, Bruce W., 'A surgical strike against North Korea? Not a viable option,' Fox News, July 14, 2017. Smith, Derek D., Deterring America: Rogue States and the Proliferation of Weapons of Mass Destruction, Cambridge, Cambridge University Press, 2006 (pp. 87, 108–109). Woolf, Christopher, 'The only effective arms against North Korea's missile bunkers are nuclear weapons, says a top war planner,' PRI, August 10, 2017. Sepp, Eric M., Deeply Buried Facilities: Implications for Military Operations, Occasional Paper no. 14, Maxwell Air Force Base, AL, Air War College, May 2000 (p. 5). Levi, Michael A., Fire in the Hole: Nuclear and Non-Nuclear Options for Counter-proliferation, Working Paper no. 31, Carnegie Endowment for International Peace, Washington D.C., November 2002 (p. 8).

57. Katersky, Aaron, 'Iran ordered to pay billions to relatives of 9/11 victims,' ABC News, May 1, 2018. 'Pompeo says Iran tied to Al-Qaeda, declines to say if war legal,' France 24, April 10, 2019. Gembrell, Jon, 'Bin Laden files back up US claims on Iran ties to al-Qaida,' Associated Press, November 2, 2017.

58. Taremi, Kamran, 'Beyond the Axis of Evil: Ballistic Missiles in Iran's Military Thinking,' Security Dialogue, vol. 36, no. 1, March 2005 (pp. 93–108).

59. Goodman, Peter S., 'N. Korea Moves to Activate Complex,' Washington Post, December 27, 2002.

60. Sanger, David E. and Schmitt, Eric, 'Satellites Said to See Activity at North Korean Nuclear Site,' New York Times, January 31, 2003.

61. Schobell, Andrew and Sanford, John M., North Korea's Military Threat: Pyongyang's Conventional Forces, Weapons of Mass Destruction, and Ballistic Missiles, Carlisle, PA, U.S. Army War College Strategic Studies Institute, April 2007 (p. 75). The International Institute for Strategic Studies, North Korea's Weapons Programmes: A Net Assessment, London, Palgrave Macmillan, 2004 (p. 42).

62. Lee, Su Hoon, Nuclear North Korea, Seoul, Kyungnam University Press, 2012 (p. 88).

63. Secretary of State's Telegram to the Missile Technology Control Regime on North Korea's Missile Program, 13:14, October 6, 2009 (09STATE103755_a). 'North Korea rebuked over missile launches | Financial Times,' Financial Times, June 22, 2016.

64. Kang, Jin-Kyu and Jeong, Yong-Soo, 'Musudan's high speed is bad news for defense,' Korea JoongAng Daily, June 24, 2016.

65. Bechtol Jr., Bruce E., North Korean Military Proliferation in the Middle East and Africa, Lexington,

University Press of Kentucky, 2018 (p. 88). Spencer, Richard, 'N Korea "Tests New Missile in Iran,"' The Telegraph, May 17, 2007.

66 Bermudez Jr., Joseph S., A History of Ballistic Missile Development in the DPRK, Occasional Paper no. 2, Monterey, Monterey Institute for International Studies Center for Nonproliferation Studies, 1999 (p. 15).

67 Gertz, Bill, 'North Korea Has More Missiles, U.S. Says,' Washington Times, July 13, 2006.

68 Lewis, Jeffrey, 'The Game Is Over, and North Korea Has Won,' Foreign Policy, August 9, 2017.

69 Greenlees, Donald and Lague, David, 'Squeeze on Banco Delta Asia hit North Korea where it hurt,' New York Times, January 18, 2007.

70 Solomon, Jay and King Jr., Neil, 'How U.S. Used a Bank to Punish North Korea,' Wall Street Journal, April 12, 2007.

71 Lodgaard, Sverre and Maerli, Vremer, Nuclear Proliferation and International Security, Abingdon, Routledge, 2007 (p. 130).

72 Kim, Hong Nack, 'U.S.-North Korea Relations under the Obama Administration: Problems and Prospects,' North Korean Review, vol. 6, no. 1, Spring 2010 (p. 21). JoongAng Ilbo, January 12, 2009.

73 Kim, Hong Nack, 'U.S.-North Korea Relations under the Obama Administration: Problems and Prospects,' North Korean Review, vol. 6, no. 1, Spring 2010 (pp. 23–24, 28).

74 Cha, Victor D., 'Hawk Engagement and Preventive Defense on the Korean Peninsula,' International Security, vol. 27, no. 1, 2002 (p. 4). Jackson, Van, On the Brink, Cambridge, Cambridge University Press, 2018 (p. 69).

75 Dagher, Sam, 'Maliki Takes Hard Line on American Withdrawal,' Wall Street Journal, October 23, 2011.

76 'Obama's Cover. Drone War in Numbers: Ten Times More Strikes Than Bush,' Bureau of Investigative Journalism, January 17, 2017.

77 Agerholm, Harriet, 'Map shows where President Barack Obama dropped his 20,000 bombs,' The Independent, January 19, 2017. Bruton, F. Brinley, 'U.S. Bombed Iraq, Syria, Pakistan, Afghanistan, Libya, Yemen, Somalia in 2016,' NBC News, January 9, 2017.

78 Abrams, A. B., Power and Primacy: The History of Western Intervention in the Asia-Pacific, Oxford, Peter Lang, 2019 (pp. 634–641).

79 'Remarks by President Obama to the Australian Parliament,' Office of the Press Secretary, The White House, November 17, 2011.

80 Boston Globe, June 8, 2009.

81 Henderson, Nia-Malika, 'Clinton talks tough on N. Korea, Iran,' Politico, June 7, 2009.

82 Kim, Hong Nack, 'U.S.-North Korea Relations under the Obama Administration: Problems and Prospects,' North Korean Review, vol. 6, no. 1, Spring 2010 (p. 27).

83 New York Times, April 30, 2009.

84 Moore, Malcolm, 'North Korea now "fully fledged nuclear power,"' The Telegraph, April 24, 2009.

85 Charles, Deborah and Zakaria, Tabassum, 'North Korea's May nuclear test few kilotons: U.S.,' Reuters, June 15, 2009.

86 Centre for Strategic International Studies, Missile Defense Project, 'North Korean Missile Launches & Nuclear Tests: 1984–Present' (https://missilethreat.csis.org/north-korea-missile-launches-1984–

present/) (Accessed July 20, 2019).

87 International Institute for Strategic Studies, The Military Balance, Volume 110, 2010, Part VIII: Asia and Australasia (p. 380)

88 Stares, Paul B. and Wit, Joel S., Preparing for Sudden Change in North Korea, Council Special Report No. 42, Council on Foreign Relations Center for Preventative Action, January 2009.

89 'A Conversation with U.S. Secretary of State Hillary Rodham Clinton,' Council on Foreign Relations, July 15, 2009.

90 Foster-Carter, Aidan, 'Obama Comes Out as a North Korea Collapsist,' The Diplomat, January 20, 2015.

91 Sanger, David E., 'Obama Order Sped Up Wave of Cyberattacks Against Iran,' New York Times, June 1, 2012.

92 Warrick, Joby, 'Iran's Natanz nuclear facility recovered quickly from Stuxnet cyberattack,' Washington Post, February 16, 2011.

93 Menn, Joseph, 'Exclusive: U.S. tried Stuxnet-style campaign against North Korea but failed—ources,' Reuters, May 29, 2015.

94 Ibid.

95 Perry, William J., at: 38 North Press Briefing, The US-Korea Institute, Washington D.C., January 9, 2017. Sanger, David E. and Broad, William J., 'Trump Inherits a Secret Cyberwar Against North Korean Missiles,' New York Times, March 4, 2017.

96 Carter, Ashton and Perry, William J., 'Back to the Brink,' Washington Post, October 20, 2002.

97 Sanger, David E. and Broad, William J., 'Trump Inherits a Secret Cyberwar Against North Korean Missiles,' New York Times, March 4, 2017.

98 Jackson, Van, On the Brink, Cambridge, Cambridge University Press, 2018 (pp. 77–78).

99 Builder, Maxine, 'The Real Problem With "The Interview" Is Its Racism, Not Its Satire,' Medium, December 18, 2014. Kim, Ji-Sun (Grace), '"The Interview": No Laughing Matter,' Huffington Post, January 8, 2015.

100 Shorrock, Tim, 'How Sony, Obama, Seth Rogen and CIA secretly planned to force regime change in North Korea,' Grey Zone, September 5, 2017.

101 'North Korean Internet Collapses After Obama's Warning,' Time, December 22, 2014.

102 Faughnder, Ryan and Hamedy, Saba, 'Sony insider—ot North Korea—ikely involved in hack, experts say,' Los Angeles Times, December 30, 2015. 'Former Anonymous hacker doubts North Korea behind Sony attack,' CBS News, December 18, 2014. 'The Evidence That North Korea Hacked Sony Is Flimsy,' Wired, December 17, 2014. 'New evidence Sony hack was "inside" job, not North Korea,' New York Post, December 30, 2014.

103 'North Korea "hackers steal US-South Korea war plans,"' BBC, October 10, 2017. Choi, Haejin, 'North Korea hacked Daewoo Shipbuilding, took warship blueprints: South Korea lawmaker,' Reuters, October 31, 2017.

104 Assange, Julian, 'Google Is Not What It Seems,' Wikileaks, 2016. Nixon, Ron, 'U.S. Groups Helped Nurture Arab Uprisings,' New York Times, April 14, 2011.

105 '"The Interview" Belittles North Korea, But is Film's Backstory and U.S. Policy the Real Farce?,' Democracy Now, December 22, 2014. Thielman, Sam, 'WikiLeaks republishes all Sony hacking scandal documents,' The Guardian, April 17, 2015. 'Sony,' Wikileaks, April. 16, 2015.

106 Itzkoff, Dave, 'James Franco and Seth Rogen Talk About "The Interview,"' New York Times,

December 16, 2016.

107   Hornaday, Ann, 'Sony, "The Interview," and the unspoken truth" All movies are political,' Washington Post, December 18, 2014.

108   De Moraes, Lisa, '"The Interview" Release Would Have Damaged Kim Jong Un Internally, Says Rand Expert Who Saw Movie at Sony's Request,' Yahoo News, December 19, 2014.

109   '"The Interview" Belittles North Korea, But is Film's Backstory and U.S. Policy the Real Farce?,' Democracy Now, December 22, 2014.

110   Taylor, Adam and Kim, Min Joo, 'The covert group that carried out a brazen raid on a North Korean embassy now fears exposure,' Washington Post, March 28, 2019. Mount, I. and White, E. and Buseong, K., 'A tale of daring, violence and intrigue from a North Korea embassy,' Financial Times, March 29, 2019.

111   'How Powerful Was N. Korea's Nuke Test?' The Chosunilbo, February 14, 2013.

112   Rachman, Gideon, Easternisation, War and Peace in the Asian Century, New York, Vintage, 2017 (pp. 77–78). Washington Post, January 18, 2009.

113   Centre for Strategic International Studies, Missile Defense Project, 'North Korean Missile Launches & Nuclear Tests: 1984–Present,' Accessed July 20, 2019 (https://missilethreat.csis.org/north-korea-missile-launches-1984-present/).

114   Cheng, Jonathan, 'North Korea Expands Key Missile-Manufacturing Plant,' Wall Street Journal, July 1, 2018.

115   Blair, David, '"We could destroy you," Obama warns "erratic" North Korean leader,' Telegraph, April 26, 2016.

116   'N. Korea lambasts Russel for his "immediately die" comment,' Yonhap, October 15, 2016.

117   Bechtol Jr., Bruce E., North Korean Military Proliferation in the Middle East and Africa, Lexington, University Press of Kentucky, 2018 (p. 21).

118   Jackson, Van, On the Brink, Cambridge, Cambridge University Press, 2018 (p. 70).

119   'North Korea: The War Game,' The Atlantic, August 15, 2005.

120   Johnson, Jesse, 'Obama weighed pre-emptive strike against North Korea after fifth nuclear blast and missile tests near Japan in 2016, Woodward book claims,' Japan Times, September 12, 2018. 'Obama mulled preemptive attack on N. Korea: book,' Yonhap, September 12, 2018.

121   Litwak, Roberto, Rogue States and U.S. Foreign Policy: Containment After the Cold War, Washington D.C., Woodrow Wilson Center Press, 2000 (p. 223).

122   Sanger, David E. and Broad, William J., 'Trump Inherits a Secret Cyberwar Against North Korean Missiles,' New York Times, March 4, 2017.

123   'North Korea: salmon farming's next superpower?,' The Fish Site, February 18, 2019.

124   O'Carroll, Chad, 'Floating rice plants and gardens proliferate in Pyongyang: photos,' NK News, June 28, 2017.

125   Williams, Martyn, 'Can Science and Technology Be a Silver Bullet for the North Korean Economy?,' 38 North, January 8, 2020.

126   Bowden, John, 'Trump hits Obama, Biden over "mess" with China and North Korea,' The Hill, July 5, 2019.

127   Fitzpatrick, Mark, 'North Korea: Obama's Prime Nonproliferation Failure,' Arms Control, December 2016. Shaffer, Tony, 'Donald Trump puts past presidents to shame with North Korea policies,' The

Hill, March 2, 2019.

128. '朝鲜成功研发新型洲际导弹KN-14? 美媒——朝鲜成功研发针对美国本土的新型洲际弹道导弹,' [North Korea Successfully Develops New Intercontinental Ranged Missile KN-14? U.S. Media: North Korea Successfully Develops New Intercontinental Ranged Ballistic Missile Against U.S. Mainland], People's TV, (http://tv.people.com.cn/n1/2016/0401/c67816-28245618.html).

129. Baker, Peter, 'The War That Wasn't: Trump Claims Obama Was Ready to Strike North Korea,' New York Times, February 16, 2019.

130. Asmolov, Konstantin, 'Has the history of the Cheonan corvette come to an end? P.1,' New Eastern Outlook, November 20, 2013.

131. 'South Korean ship sunk by crack squad of "human torpedoes,"' Telegraph, April 22, 2010. Asmolov, Konstantin, 'Has the history of the Cheonan corvette come to an end? P.1,' New Eastern Outlook, November 20, 2013.

132. Meek, James, 'Iraq war logs: How friendly fire from US troops became routine,' Guardian, Octoober 22, 2010. Ismay, John, 'America's Dark History of Killing Its Own Troops With Cluster Munitions,' New York Times, December 4, 2019. Thompson, Mark, 'The Curse of "Friendly Fire,"' Time, June 11, 2014. Moran, Michael, '"Friendly Fire" is all too common,' NBC, March 23, 2003. Shhuger, Scott, 'The Pentagon's appalling record on "friendly fire,"' Slate, April 4, 2002.

133. Asmolov, Konstantin, 'Has the history of the Cheonan corvette come to an end? P.1,' New Eastern Outlook, November 20, 2013.

134. 'Korean War mine "sunk" South Korean navy ship,' Telegraph, March 29, 2003.

135. 'Probe concludes torpedo sank South Korea ship: report,' Reuters, May 7, 2010.

136. Stein, Jeff, 'Analysts question Korea torpedo incident,' Washington Post, May 27, 2010.

137. Asmolov, Konstantin, 'Has the history of the Cheonan corvette come to an end? P.1,' New Eastern Outlook, November 20, 2013.

138. Ibid.

139. Demick, Barbara and Glionna, John M., 'Doubts surface on North Korea's role in ship sinking,' Los Angeles Times, July 23, 2010.

140. 'S. Korean newspaper exonerates North over torpedo,' RT, July 29, 2010.

141. Asmolov, Konstantin, 'Has the history of the Cheonan corvette come to an end? P.1,' New Eastern Outlook, November 20, 2013.

142. Sakai, Tanaka, 'Who Sank the South Korean Warship Cheonan? A New Stage in the US-Korean War and US-China Relations,' Asia-Pacific Journal, vol. 8, issue 21, no. 1, May 24, 2010.

143. 'Questions raised following Cheonan announcement,' Hankyoreh, May 21, 2010.

144. Stein, Jeff, 'Analysts question Korea torpedo incident,' Washington Post, May 27, 2010.

145. Demick, Barbara and Glionna, John M., 'Doubts surface on North Korea's role in ship sinking,' Los Angeles Times, July 23, 2010.

146. 'Ex-Pres. Secretary Sued for Spreading Cheonan Rumors,' Dong-A Ilbo, May 8, 2010.

147. Demick, Barbara and Glionna, John M., 'Doubts surface on North Korea's role in ship sinking,' Los Angeles Times, July 23, 2010.

148. 'Ex-Pres. Secretary Sued for Spreading Cheonan Rumors,' Dong-A Ilbo, May 8, 2010.

149 Asmolov, Konstantin, 'Has the history of the Cheonan corvette come to an end? P.1,' New Eastern Outlook, November 20, 2013.

150 OPCW Douma Docs, Wikileaks, Released October 23–December 14, 2019.

151 Palansamy, Yiswaree, 'PM: MH17 findings "politically-motivated," no proof Russia to blame,' Malay Mail, June 20, 2019. Bowie, Nile, 'Five years on, no answers to who felled MH17,' Asia Times, July 17, 2019. Helmer, John, 'The Malaysian Airlines MH17 Tragedy, Suppression and Tampering of the Evidence. New Documentary,' Global Research, July 27, 2019. Dorman, Sam, 'Newsweek reporter quits, claiming outlet "suppressed" story on global chemical weapons watchdog,' Fox News, December 7, 2019.

152 Choe, Sang-Hun and Landler, Mark, 'U.S. Pledges to Help S. Korea at U.N.,' New York Times, May 26, 2010.

153 Carr, Vanessa, 'South Korea says North will "pay a price" for torpedo attack,' PBS, May 24, 2010.

14장
상호 취약성의 도입 :
북한의 핵탄두 장착 ICBM 확보의 함의

결승점을 향한 경주

버락 오바마 행정부 집권 말기 3년 동안, 북한의 미사일 억지력을 위한 기술 실험이 크게 늘었다. 최소한 52회의 탄도 미사일 발사[1]가 있었고, 크게 확대된 사거리와 잠수함 진수 능력, 높은 수준의 정확도와 신뢰도를 보여주었다. 2016년에는 은하 장거리 로켓을 이용한 인공위성을 발사하고 2차에 걸쳐 소형화된 핵탄두를 시험 발사했다. 또한, 한반도를 멀리 벗어나 있는 표적들을 타격할 수 있도록 설계된 중거리 미사일의 시험발사 횟수는 그보다 더 많았다. 북한이 오랫동안 추구해 온 억지력, 즉 열핵 타격과 이를 보완하는 중거리 무기 시스템이 태평양을 가로질러 미국의 시설들을 공격함으로써 미국 본토를 위협할 수 있는 무기를 확보하는 날이 눈앞에 다가온 것 같았다. 2017년은 평양이 그들의 억지 프로그램을 통해 힘의 균형에 돌이킬 수 없는 변화를 만들어내면서, 북-미 관계에서 가장 중요한 해로 기록되었다.

2017년 1월 도널드 트럼프 대통령의 취임은 북한이 그들의 억지 프로그램에 워싱턴이 설정한 레드라인- 대륙간 핵투발능력(nuclear delivery capability)의 보유 —을 넘어선 것과 동시에 이루어졌다. 신임 대통령은 북한이 그 능력을 획득하는 데 그처럼 가까이 갈 수 있도록 허용한 전임자들의 정책, 특히 버락 오바마 행정부의 정책2)을 비판하는 것으로 재빨리 대응했다. 북한 무기 프로그램에 대응하지도 못했고, 북한의 핵무장에 맞서 레드라인을 강제하지도 못했던 전임 대통령들의 무능력을 평가할 때 그런 비판에는 어느 정도 근거가 있었다. 그 후 미국과 서방 언론은 트럼프 대통령이 북한을 겨냥해 채택한 새로운 강경노선이 신임 참모총장의 난폭한 스타일에 기인한다고 보았지만, 사실 그것은 미국 지배층 사이에서 우려를 불러온 사건, 즉 북한이 대륙간 범위의 억지력 확보에 근접했다는 사실에 자극받았을 가능성이 더 컸다. 그런 우려는 정당은 물론 군부와 정보기관 소속 유력 인사들에게서도 나왔다. 실제로 도널드 트럼프의 유력한 경쟁자인 힐러리 클린턴3)과 버니 샌더스4) 두 사람 다 트럼프가 내건 더 단호한 대북 정책을 강력히 지지했고, 만약 그들이 집권했다면 더 적극적이지는 않더라도 유사한 정책을 추진했을 것으로 널리 예견되었다.5) 그리하여 미국의 정치권은 물론 서방 세계 전반에, 대북 정책에 변화가 필요하고 북한이 더 이상 억지력을 발전시킬 수 없도록 최대 압력을 가하는 것이 중요하다는 보다 폭넓은 합의가 있었다.

오바마 집권 말년과 트럼프의 임기 초반에 미국은 평양에 대한 압박을 강화하는 방향으로 나아갔다. 즉, 북한을 겨냥한 잇따른 경제 제재를 요구하고, 인도에서 쿠웨이트에 이르는 제삼자들에게 북한과 외교관계를 단절하고 북한 외교관을 강제 추방하라고 강요하면서, 북한 연안에 대규모 해군 함대를 배치하기도 했다. 그러나 북한은 서방의 거의 모든 이들이 예견했던 것과 달리 충분히 존립 가능한 억지력 보유에 훨씬 더 다가섰다. 과거에도 그랬지만, 미국인들을 비롯해 서방 세계의 모두가 북한이 문제투성이에 낙후하고 부패한 나라라는 프로파간다 차원의 묘사에 스스로 포로가 되었다. 이로 인해 그들은 북한 주민들의 공통의 목적을 향한 단결은 물론이고 북한의 기술 능력에 대해서도 심각하게 과소평가하고 말았다.* 미국을 비롯한 서방 소식통들은 북한의 기술 역량이 대기권 재돌입체와 소형화된 탄두에 필요한 기술에 한참 못 미친다고 단언했고, 북한이 미국 본토 공격에 필요한 기술을 개발하려면 최소한 5년은 걸린다는 예측이 만연했다. BBC는 2016년 11월 조선인민군의 미국 본토에 대한 핵 공격 수행 능력과 관련해 이렇게 언급했다. "가장 전문적인 평가에 따르면, 핵탄두를 실어나를 수 있는 미사일이 아마도 5년은 걸린다는 것이다."6)

2017년에는 최소한 19개의 미사일 발사가 있었고 발사 전반에서 전례 없이 높은 성공률을 기록했으며, 완전히 새로운 4개의 미사일 플랫폼이 성공적인 시험을 거쳐 모두 실전 배치되었다. 처음 시험 발사된 두 개의 신형 미사일은 중거리로 설계되었고, 고체연료를 사용하는 추정 사거리 2000km~2500km의 극소형 북극성-2호는 2월 11일과 5월 21일에 발사되었다. "괌 킬러" 화성-12호는 추정 사거리가 6000km

---

* 서방 소식통들이 어떤 데이터나 북한에 대한 접근방법 혹은 방법론을 공개하지 않은 채, DPRK를 소말리아, 예멘, 수단, 리비아와 같은 거의 실패한 나라들과 나란히 세계에서 가장 부패한 나라 중 하나로 반복적으로 평가한 점은 주목할 만하다. 북한을 부정적으로 묘사하는 더 큰 경향의 일환으로 그렇게 하고 있지만, 그것은 북한의 능력에 대한 미국과 동맹들의 평가가 왜 그토록 실제와 동떨어지는지 어느 정도 설명해주는 보다 광범위한 현상을 보여준다.

에 달했다. 후자는 4월에 3차에 걸쳐 시험 발사되었고, 성공했다는 보도가 없었다가 그 후 5월, 8월, 9월에 성공적으로 시험 발사되었다. 화성-12호는 사거리가 엄청나게 확대된 북한의 지상 발진 미사일 억지력으로 괌과 알래스카를 모두 타격할 수 있게 되었다.7)

탄도 미사일 시험 발사와 함께, 신형 장거리 대잠 순항 미사일 시스템과 장거리 방공시스템 시험이 수차례 실행되었다. 이 무기들은 해상과 공중에서 더 현대적인 비대칭 '반접근거부전략(A2AD)' 능력을 동원함으로써 곧 있을 미국의 공격을 한층 더 까다롭게 만들어 더 강력한 미사일 억지력을 완성하는 목적에 사용하려는 것이었다. 금성-3호(KN-19) 대잠 순항 미사일은 북한 무기 역사상 유례가 없는 성능을 보여주었다. 복잡한 경유지 기동을 수행하고 저고도의 해상 스키밍 궤적을 따라가 250km나 떨어진 표적을 타격할 수 있는 능력을 보유한 것이다. 이로써 금성-3호는 매우 정밀해져 요격이 어려워졌고, 서방의 해상 전함들이 북한 영해나 그 가까이에서 벌이는 모든 작전이 크게 까다로워졌다. 또한, 추적 발사체와 가벼운 무게 덕분에 산이나 밀림을 포함한 거의 모든 지형에서 작전을 벌일 수 있게 됨으로써 이를 추적해서 파괴하는 것이 매우 어려워졌다.8)

번개-5호(KN-06) 방공시스템 또한 유사하게 북한이 설계한 이전 모델들을 넘어선 역량을 보여주었고, S-300PMU-2 같은 러시아 시스템에 견줄 만한 – 실제로 매우 흡사한 KN-06(Pon'gae-5),9) – 능력을 갖추어 다수의 러시아 기술을 통합한 것으로 추정된다. 번개-5호와 금성-3호 모두 적함들을 공격 목표로 삼아 존립 가능한 저비용의 비대칭 자산들이었다. 미국을 비롯한 동맹국들의 대규모의 연합군에 비해 조선인민군 해군의 해상 함대와 조선인민군 공군의 전투기 편대가 지닌 단점을 보완하기 위한 것이었다. 번개-5호는 소련 붕괴 후 러시아가 추구하는 전략을 반영했는데, Kh-47M2 대함 미사일10)과 40N6E 지대공 미사일11) 같은 러시아 시스템들 또한 마찬가지로 대규모 서방 해군과 공군에 맞서 비대칭 방위를 위해 설계되었기 때문이다. 북한의 신형 시스템 2종 모두 2017년 대량 생산에 들어갔고, 이듬해 열린 건국 70주년을 기념하는 열병식에서 각광을 받았다.12)

북한의 A2AD와 중거리 미사일 능력은 가히 혁명적으로 발전했다고 볼 수 있었다. 그러나 단연 중요한 발전은 완전히 새로운 대륙간 탄도 미사일 계획이 시험 발사에 성공함으로써 최초로 미국 본토로 핵탄두를 쏘아 올릴 수 있는 능력을 보여준 것이었다. 7월 4일 최초로 시험 발사가 이루어지자, 워싱턴을 포함한 서방 세계에서는 거친 수사를 동원한 반응이 나왔다. 북한에서는 대규모 축하 행사가 벌어졌다. 발사 당시 평양에서 유학 중이던 필자는 거리에 넘쳐나는 수많은 남녀를 목격했다. 남자들은 양복을 입고 여자들은 전통 복장으로 춤추고 노래했다. 일부 군중이 미사일 시험 발사의 의미에 관해 당 관리들의 발표가 이루어지는 시내 중심부 김일성 광장으로 이동했다. 북-미 관계와 일반 군사업무에 관한 필자의 지식이 알려지자, 북한 최초의 ICBM – 화성-14호 – 실험이 그 나라에 갖는 의미와 관련해 내게 거듭 질문이 쏟아졌다. 사람들은 미사일 프로그램에 엄청난 자부심을 보이는 한편, 미국의 신임 행정부가 예방적 군사공격에 착수할 것을 진심으로 우려하고 있었다. 필자에게 먼저 떠오른 생각은 시험 발사된 미사일 화성-13호가 이미 시제품 단계로 나왔던 미사일과 유사한 능력을 지녔지만 다른 ICBM이라는 생각이었다. 따라서 사람들에게 그 신형 미사일이 미국 본토에 대한 상호 취약성을 확보해주어 미국이 군사적 선택지를 고려할 수 없게 함으로써 북한의 안보를 보장해줄 관문이라고 장담했다. 화성-14호는 2017년 7월 시험 발사 전에는 전혀 알려지지 않았지만, 나중에 그 설계도를 연구해 본바 이후 폐기된 것으로 보이는 화성-13호 원형보다 성능이 훨씬 우수한 것으로 나타났다. 화성-14호는 사거리를 한층 더 확대하기 위해 2단계를 추가한 화성-12호의 엔진을 사용한 것으로 추정된다. 화성-13호도 마찬가지로 사정거리 확대를 위해 2단계를 추가한 무수단의 이형으로 추정된다. 〈워싱턴포스트〉에 인용된 공식 소식통은 화성-13호가 그해 10월 조선인민군 최초의 ICBM으로 시험 발사되었고, 그 설계의 성공 여부는 확인할 수 없다는 의견을 내비쳤다.13) 신형 화성-14호는 추정 사거리 1만km로 미국 본토 절반에 해당하는 범위를 열핵 탄두로 타격할 수 있게 되었다. 화성-13호와 무수단이 사거리가 더 먼 미사일에 필요한 2세대 엔진 기술을 도입했지만, 화성-14호와 화성-12호는 한 세대 앞선 기술을 사용했다. 이는 첫 번째 무수단이 이란에서 처음 실험되고 나서 10년이 조금 넘은 시점이었고,14) 한반도 자체에서 최초라고 확인된 비행 실험 이후 1년이 조금 넘은 시점이었다.

화성-14호는 북미 관계에 중대한 게임체인저(game changer)로 등장했다. 즉, 두 나라의 인구 밀집지 사이에 진정한 상호 취약성을 도입함으로써 힘의 균형을 돌이킬 수 없게 근본적으로 바꿔놓은 것이다. 소련과 중국은 이미 그러한 능력을 확보하고 있었는데, 소련은 1949년 폭격기를, 10년 후 R-7 ICBM를 이용했고, 중국은 1981년 DF-5 ICBM

을 이용했다. 바야흐로 2017년은, 북한이 처음으로 초강대국 후원자가 핵우산으로 지원해줄 필요가 없이 동급으로 초강대국을 실질적으로 저지할 수 있게 된 해였다. 이런 점에서, 2017년 북한의 성취는 역사적으로 전례가 없는 일이었고, 합참 부의장이자 전직 미 전략사령관 존 하이튼은 "세계를 구성하는 전반적인 구조를 바꿔놓았다"[15]고 말했다. 이 성취를 통해, 작은 나라들이 비대칭 기술을 발전시킴으로써 인구와 경제와 군사력 투사 능력에서 훨씬 더 거대한 적들에 맞서 점점 더 자신들의 주권을 잘 지켜낼 수 있게 되었다는 것을 보여주었다.

7월 28일 화성-14호가 또 한 번 시험 발사되어 북미 지역 대부분을 타격할 수 있는 능력을 또다시 보여주었다. 8월 8일 〈워싱턴포스트〉가 국방부 정보국 평가 중 유출된 일부를 공개했고, 그것은 북한이 미국 본토를 향해 핵 공격을 가할 수 있는 능력이 있음을 확증하는 내용이었다. 즉, 조선인민군이 60개 가량의 탄두 비축량을 보유하고 있고 ICBM에서 사용할 수 있도록 탄두를 소형화할 수 있는 능력을 갖춘 것으로 추정했다.[16] 나중에 국무장관 폼페이오에 의해 그 능력이 확인되었다.[17] 화성-14호는 이동-조립-발사 장비(TEL)로 배치되기 때문에 16륜 발사체로 북한 전역 어디든 이동할 수 있으며 출격 준비에 불과 몇 분밖에 걸리지 않았고, 특히 북한처럼 산이 많은 지형에서도 작동이 매우 자유로웠다. 또한, 나중에 실행 가능한 재진입 장치- 개발하기에 가장 어려운 ICBM 기술 중 하나 -를 사용할 수 있어 탄두들이 대기권을 손상 없이 뚫고 나갈 수 있다[18]는 미국 정보기관의 확증이 있었다.

북한은 화성-14호로 그들이 오랫동안 추구해 왔던 능력을 확보했다.

그러나 워싱턴으로부터의 위협이 계속되고 있었을 뿐 아니라 북한을 상대로 군사 행동에 나설 것을 요구하는 목소리도 점점 높아갔다. 결국, 그해 11월 28일 조선인민군은 화성-15호를 시험 발사하게 된다. 처음이자 마지막이 된 화성-15호의 시험 발사는 그해 북한과 미국 간 위기에 종말의 시작을 알렸다. 미사일의 능력을 확인한 미국이 확정적으로 더는 군사적 선택지를 고려하지 않게 되었기 때문이다. 화성-14호와 마찬가지로, 15호 역시 고각 궤도(lofted trajectory, 탄도 미사일을 높은 각으로 쏘아 올려 더 큰 에너지로 착륙지점에 떨어지게 함-역자)로 발사했다. 이는 실제 전투 사격보다 훨씬 높이 날아감으로써 실제로 미국 영토 위로 이동하지 않고서도 그 사거리의 범위를 보여줄 수 있게 되었음을 의미했다. 또한, 사거리 1만3천 킬로미터로 워싱턴 D.C.와 뉴욕시를 비롯한 미국 본토 전역이 타격 가능함[19]을 보여주었다. 화성-15호가 다중 재진입 장치를 사용한다고 추정하는 소식통들도 있었다. 이로써 한 개의 미사일이 한 차례의 공격에서 여러 개의 열핵 탄두를 발사하는 것이 가능해졌다. 따라서 요격하기가 매우 힘들어졌다.[20] 화성-14호에 비해 15호의 재진입 장치에서 눈에 띄게 뭉툭한 기수 부분은 훨씬 더 큰 탑재량을 수용하기 위해 의도된 것으로 알려졌다. 15호는 화성-14호보다 훨씬 크면서도 높은 기동성을 유지했고, 더 무거운 18륜 이동-조립-발사 장비로부터 발사되었다.

부패하고 무능하고 낙후된 사회라는 것이 서방이 북한을 바라보는 지배적인 인식이었다. 그런데 북한이 방위 부문에서 그처럼 단기간에 한정된 예산으로 첨단 미사일 기술의 발전을 성공적으로 달성함으로써 그런 인식을 완전히 반박했다. 그리하여, 다수의 서방 매체들이 북한이 그 같은 선진 기술을 획득할 수 있었던 방법에 대해 추정하게 되었고, 북한의 성취를 그 나라의 속성에 관한 그들의 선입견에 맞추어 평가했다. 즉, 그 기술들은 틀림없이 외국으로부터 훔쳤거나 혹은 외국에서 들여왔다는 것이었다. 그러나 곧 미국 정보기관들이 화성-12호와 화성-14호가 소련의 미사일 엔진을 사용했다는 주장이 사실이 아니라고 밝힘으로써, 북한의 적들은 그들이 프로파간다 차원으로 묘사했던 것과 달리 북한이 훨씬 더 유능하다는 사실을 받아들이게 되었다. 미사일에 사용된 첨단 자동점화성 액체 로켓 추진체는 러시아나 중국에서 수입되었을 게 틀림없다― 실패한 "김 정권"이 어떻게 그 같은 기술들을 개발할 수 있었겠는가? ―는 유사한 보도들도 만연했다. 미국 정보기관들뿐 아니라 전문가들도 수많은 연구 결과로 이 또한 사실이 아님을 밝혀주었다. 미들베리 대학의 제임스 마틴 핵확산방지연구소는 특별히 상세한 연구 결과를 내놓았고, 미사일 개발에서 북한이 어느 정도로 독자적인지 보여주었다.[21] 그 연구는 심지어 북한 미사일에 사용된 비대칭 디메틸하이드라진(UMDH)으로 알려진 연료도 합성 섬유 제조에 사용한 기술을 활용해 북한 내 알려진 화학 공장에서 직접 합성했다고 확인했다.[22] 이처럼 서방 세력이 유엔에서 주장했던 완벽한 석유 금수 조치조차 북한의 미사일 실험을 중단시키지 못했다.[23] 동아시아 핵확산방지 프로그램 센터의 제프리 루이스 국장은 북한에 대한 서방의 묘사에서 지배적인 특징은 북한의 기술 성취와 극명하게 모순되고, 그 대표적 사례가 미사일 프로그램 기술이라는 연구 결과를 발표한 후, 이렇게 말했다. "만약 여러분이 위성 사진을 보고 북한의 기술 발간물을 읽는다면, 그 나라는 전혀 다른 나라로 보일 것이다…

우리는 북한의 능력을 전면적으로 부인하고 있다."24) 〈디플로매트〉 매거진도 거의 같은 취지로 이렇게 썼다. "올해 북한에서 나온 모든 것으로 판단하건대, 우리는 그들이 갈수록 더 인상적인 능력을 보여줄 때 그만 놀라워해야 하고 동시에 그들이 가진 전문지식의 수준을 과소평가하는 일도 그쳐야 한다. 결국, 건국 이래 북한의 사업에서 핵심인 자주 사상 '주체'는 단지 보여주기 위한 것만이 아니다."25)

미국이 일으킨 핵전쟁의 위기

2017년 북한이 미국 본토로 열핵 탄두를 쏘아 올릴 수 있는 능력을 보여주었음에도, 서방은 여전히 한동안 동북아시아의 적수 북한이 그토록 빨리 목표를 달성할 수 있었다는 사실에 대해 회의적이었다. 제프리 루이스 국장은 핵 장착 ICBM에서 보인 북한의 발전을 평가할 때 적용하는 유난히 가혹한 기준을 언급하면서, 이렇게 말했다. "그처럼 수많은 성공적인 핵실험을 보고 나서도 북한이 그만큼의 발전을 이뤄내고 있는 게 아니라고 생각할 이유가 없다… 너무 뻔한 것을 그저 인정하고 싶지 않다는 이유로 불가능한 수준의 증거를 고집하고 있는 사람이 너무 많은 것 같다."26) 뒤늦게 그해 7월 28일이 되어서야 〈뉴욕타임스〉가 북한이 실행 가능한 ICBM 발사 능력을 개발하려면 대략 1년쯤 걸릴 것- 2017년 전에 다수의견이던 4년에서 줄어든 시간27) -이라고 보도했다. 하지만 두 주가 채 되지 않아 〈워싱턴포스트〉가 유출된 국방정보국 평가를 공개한 보도에 따르면, 그들은 북한이 1년 혹은

4년 이내에 그런 억지력을 보유하지 못할 것이라는 입장을 공식화했다. 사실 북한은 이미 억지력을 보유한 상태였다.[28] 그 진실을, 즉 동북아시아에서 서방 주도 질서를 지지하는 사람들에게는 특히 불편한 진실을 공식 소식통들이 다시 확인시켜 주게 되는 날이 수개월 안에 곧 다가올 예정이었다.

과거 서방 소식통들은 북한의 핵무장과 중거리 발사 능력의 발전을 가혹하게 비판해 왔다. 그런데 북한이 미국 본토를 타격할 수 있는 ICBM을 개발하자, 이에 군사적으로 대응하라는 요구가 광범위하게 터져 나왔다. 또한 멕시코에서부터 수단과 인도에 이르기까지 세계 곳곳의 국가들에 북한 외교관을 추방하고 유대관계를 중단하라는 서방의 엄청난 압박이 가해지고, 북한을 상대로 서방의 총력적 경제 전쟁이 배가되었다. 많은 점에서 북한의 핵무장에 대한 서방의 가혹한 대응이 전혀 이색적인 것은 아니었다. 서방 진영이 어떤 국가의 핵무장에 대해 적합성을 판단하는 데는 오래도록 일관된 기준을 유지해 왔다. 즉, 서방은 핵무장과 관련해 관례상 자신들이 국제 사회를 대변한다고 간주했고, 핵을 보유하는 국가가 지정학적 지지 성향이 어떠한지, 그 나라의 핵무장이 서방의 이익에 어떤 영향을 미치는지가 늘 그들의 일관된 기준이었다. 따라서 핵무기를 개발한 10개 나라 중 영국, 프랑스, 미국의 핵무장은 선을 위한 힘(forces for good)으로 긍정적으로 묘사했다. 한편, 남아프리카공화국, 이스라엘, 인도, 파키스탄의 핵무장은 모호하게 묘사했는데, 이들은 서방이 지배하는 세계 질서를 지지하지도 않았지만 직접적으로 위협하지도 않았기 때문이다. 반면, 소련과 중국, 훗날 북한의 핵무장은 용납할 수 없는 것으로 그려졌다.

이들 세 나라의 핵 프로그램은 서방의 핵에 의한 강압을 중단시키려는 수단이자, 미국이 각국을 상대로 핵 공격으로 위협하는 상황에 맞서기 위한 수단이라는 점에서 대체로 같았다. 세 나라의 핵무장은 공히 서방 진영이 군사력 투사를 통해 그들의 이익에 부응하는 세계 질서를 만들기 위해 펼치고자 했던 작전의 자유를 직접적으로 침해했다. 특히 미국이 그 나라들을 굴복시키기 위한 수단으로 핵 무력을 사용하지 못하도록 막아냈다. 실제로, 소련[29]과 중국[30]도 북한과 마찬가지로 자체 핵무장 이전에 핵 공격에 나서겠다는 서방의 위협을 직접적으로 받았다. 또한, 서방에 유리한 힘의 균형을 보장하는 방안으로서 양국을 겨냥한 예방적 군사 행동이 서방의 정치권과 군부에서 폭넓은 지지를 받았다. 이를 통해 잠재적 표적 국가들이 핵무기에 접근할 수 없도록 차단함으로써 그 같은 힘의 균형을 영속시켰다.

일찍이 1945년에 미 국방성은 소련이 미국과 핵 균형(nuclear parity)을 확보하게 될지 모른다는 두려움에 204개의 원자탄을 사용해 소련의 66개 도시를 표적으로 하는 핵 공격 계획을 세웠다. 그것은 1,015만 명이 사망, 부상 혹은 살던 곳을 떠나야 하고, 약 600km^2의 도시 지역이 완전히 파괴된다고 추정되는 시나리오였다. 궁극적으로 소련은 일찍이 1949년 – 예상보다 6년 앞선 – 미국의 핵 비축량이 여전히 미미했던 시점[31]에 자체 핵과 대륙간 사거리 타격 능력을 개발했다. 수십 년이 지나 공개된 FBI 기록보관소의 비밀 메모에 따르면, 영국도 소련의 자체 핵 억지력 개발을 막고자 미국이 소련을 상대로 핵 공격에 나설 것을 꾸준히 로비했다.[32] 1960년대 중화인민공화국을 상대로 핵 공격에 나서야 한다는 유사한 요구가 나왔다. 그것은 전술한 한국전쟁 당시 핵 공격 위협에 이어 대만 해협에 미국 핵무기 배치가 이루어지자, 중국이 자체 핵 억지력을 추구[33]한 데 따른 것이었다. 중국의 핵무장을 막기 위한 군사 행동은 존 F. 케네디와 린든 B. 존슨 행정부에서 심각하게 고려되었다. 미국 해군 대학의 라일 J. 골드스타인 교수에 따르면,[34] 북한 내 불안정을 유도하고 핵 개발을 저지할 방안으로 "중국 국민당의 잠입과 파괴 행위에 이은 침공, 해상 봉쇄, 남한의 북한 침공, 핵 시설을 겨냥한 재래식 공습, 선별된 타격 대상들을 겨냥한 전술핵무기 사용"이 모두 심각하게 고려되었다.

북한은 자체 핵 프로그램을 통해 서방의 지배 기반을 더 위태롭게 할 수 있는 능력이 있었다. 그러므로 서방에서 최대 압박과 핵 공격을 포함한 군사 행동이 널리 지지받고 미국 지도부가 이를 심각하게 고려한 것이 전혀 놀라운 일은 아니었다. 따라서, 미국을 비롯한 서방이 북한의 핵무장과 미사일 프로그램에 보인 반응은 중국과 소련의 억지력 발전에 대응하면서 만들어진 경향과 부합하는 것이었다. 북한이 동북아시아 내 미국과 서방 진영의 군사적 힘을 견제하기 위한 수단을 발전시키고 있다는 사실로 인해 북한의 행위는 용납될 수 없었다. 2016년 미국 대통령 버락 오바마는 아시아-태평양 지역의 미래 비전과 관련해 이렇게 선포했다. "미국이 규칙을 정해야 한다. 미국이 지휘해야 한다. 다른 나라들은 미국과 우리의 동반자들이 정한 규칙에 따라 움직여야지, 그 반대가 되어서는 안 된다."[35] 평양은 소형화된 열핵 탄두와 더불어 ICBM 개발을 통해 북한 나름의 규칙을 만들고 미국이 그 지역의 미래를 설계할 수 없도록 압박하고 있었다.

2017년 북한을 상대로 미국이 공격에 나서야 한다는 요구가 높아지면서, 아시아–태평양 지역에서 미국 주도 질서의 성격과 북한의 핵무장이 미국의 동맹들에 갖는 함의에 관해 꿰뚫어 볼 수 있는 여러 징후들이 나타났다. 이 같은 행동 개시 요구가 커지면서, 특히 동아시아 내 미국의 종속국가들에 미칠 부수적 피해와 관련해 미국 정치권과 군부 지도부 내 인사들의 위험 회피 성향이 눈에 띄게 드러났다. 예컨대, 상원의원 린지 그레이엄은 조선인민군이 최초의 ICBM을 시험 발사하기 직전에 북한을 겨냥한 군사 행동이 가능한 이유로, 부수적 피해가 동북아시아에 한정되기 때문이라는 점을 들었다. 즉, 동북아시아 종속국들에 미칠 부수적 피해는 미국 본토가 북한의 ICBM의 범위 밖에 남아 있기만 하다면 지불할 가치가 있는 대가라는 것이었다. 그는 자신이 주장하던 공격의 결과에 관해 이렇게 말했다. "전쟁이 벌어지면 끔찍할 것이다. 하지만 전쟁은 그곳[동북아시아]에서 일어나는 것이지, 이곳에서 일어나는 것이 아니다. 한반도에 심각하고, 중국에도 심각하고, 일본에도, 남한에도 심각할 것이다. 북한에는 종말이 되겠지만, 그 전쟁이 미국에 타격을 주는 일은 없을 것이다."36)

그 후 린지 상원의원은 인터뷰에서 이렇게 말했다. "군사적 선택지–북한의 핵 프로그램과 북한 자체를 파괴하는 –가 있다… 만약 그것[북한의 억지 프로그램]을 막기 위해 전쟁이 일어난다면, 그곳에서 일어날 것이다. 설사 사람들이 수없이 죽어 나가도, 그곳에서 죽을 것이다. 이곳에서는 죽지 않을 것이다." 미국이 공격을 개시하는 것에 대한 그의 생각을 묻자, 이렇게 답변했다. "북한이 바뀌지 않는 한 불가피하다. 왜냐하면, 여러분이 우리 대통령에게 지역[동북아시아]적 안정과 국토 안전 사이에서 선택하라고 하기 때문이다."37)

그레이엄은 트럼프 행정부에 북한을 공격하라고 로비한 수많은 사람 중 한 명이었다. 2017년 4월 린지 상원의원은 이렇게 말했다. "대통령과 점심을 먹으며 바로 그 주제에 관해 얘기를 나누었다. 내가 물었다. '당신 임기 중에 북한이 핵무기를 탑재해 미국 본토를 타격할 수 있는 미사일을 개발했다는 사실이 당신의 이력서에 기록되기를 바라십니까?' 그는 '절대 아니'라고 답했다."[38] 미국 군부 지도부 내 저명한 인사들 또한 군사 행동을 강력하게 지지한다며 목소리를 높였고, 그레이엄 상원의원과 마찬가지로 그들도 동북아시아 동맹국들에 미칠 불가피한 피해는 조선인민군의 억지력 확보를 막기 위해 치러야 할 대가라고 거듭 강조했다. 합참의장 조세프 던포드는 북한이 핵을 탑재한 ICBM을 확보하는 것은 동북아시아에서 대규모 전쟁이 일어나는 것보다 훨씬 더 "생각도 할 수 없는 일"이고, 그렇기에 전자를 막기 위해 후자로 방향을 돌리는 것은 현실적 선택이라고 말했다. 던포드 의장은 이렇게 말했다. "많은 사람이 [북한을 겨냥한] 군사적 선택지에 대해 '상상할 수도 없다'는 등의 말을 한다… 나는 그것을 살짝 바꿔 끔찍할 거라고 말하겠다. 그것은 우리가 살면서 경험한 그 무엇과도 다른 인명 손실을 불러올 것이다. 한반도에서 충돌이 벌어진다면 2차 세계대전 이후의 삶을 살아가는 어느 누구도 본 적 없는 인명 손실이 발생할 수 있다." 그리고 이렇게 역설했다. "북한의 핵 능력에 대응하기 위한 군사적 선택지는 상상할 수 없는 일이 아니다… 하지만 내게 상상도 할 수 없는 일은 콜로라도주 덴버에 핵무기를 투하할 수 있는 능력을 북한에 허용하는 것이다."[39]

미군 중령 랄프 피터스는 〈뉴욕포스트〉에 실은 "북한의 위협에 대한 도덕적 해법, 그들을 제거하라!"는 제목의 기고문에서, 다른 무엇보다도 미국 본토와 미국 시민들의 보호를 우선시하는 것이 긴요하다고 주장했다. 그의 글의 취지는 이러했다. "우리 정부가 존재하는 근본 이유는 우리 국민과 우리 영토를 지키는 것이다. 다른 모든 것은 꾸밈음(grace note)이다. 우리가 북한의 핵 위협과 관련해 결코 들어서는 안 되는 말은 바로 '우리가 뭔가를 했어야 했다' 는 후회다"[40] 도널드 트럼프 대통령의 국가안보보좌관 H. R. 맥마스터 역시 같은 맥락에서 미국은 북한 수중에 핵 탑재 ICBM을 용인할 수 없으며, 설사 미국의 군사 행동이 동맹인 남한에 "인류 대참사"를 대가로 요구한다 해도 북한 핵을 막을 수 있는 조처를 해야 한다고 논평했다.[41] 맥마스터는 그 같은 공격에 필요한 지지를 얻고자 분투하는 백악관 내 수많은 인사 가운데 한 명으로 알려졌다.[42]

다른 수많은 서방 소식통들이 북한에 대한 공격을 합리화하고 정당화하려는 시도를 이어갔다. 국방부장관실, 국무장관실, 국가안전보장회의, 여러 유럽 국가의 국방부장관실, 그리고 미군의 3대 영역에서 각각 컨설턴트로 활동한 에트워트 루트왁은 북한을 공격하라고 요구하며 특별히 목소리를 높였다. 루트왁은 서방이 지배하는 세계 질서의 강력한 지지자로서 호전성에서 견줄 데가 없는 인물이었다. "지금이 북한을 폭격할 때다"라는 제목으로 게재한 루트왁의 글은 북한을 비롯해 그 같은 국가들의 핵무기 사용을 막아야 할 뿐 아니라 권총이나 소총 같은 소형 화기들에 대한 접근도 제한해야 한다는 신념을 드러냈다. 루트왁은 조선인민군의 보복에 남한이 취약하다고 해서 자신이 주창하고 있는 공격을 미국이 실행하지 않도록 막을 수는 없다고 주장했고, 그런 공격으로부터 자국의 도시들을 충분히 방어하지 못하는 남한을 비난했다. 그가 내린 결론은 남한 주민들은 그들에게 닥쳐올 일들을 당해도 마땅하다는 것이었다. 루트왁은 남한에 닥치는 위기가 미국을 "마비시켜" 공격에 착수할 수 없도록 "허용해서는 안 된다"고 주장하고, 남한의 취약성은 폭탄 대피소를 비롯해 이스라엘과 미국 장비에 수십억을 투자하라는 서방 고문들의 조언을 경청하지 않은 결과로, "대부분 자초한 것"이라고 주장했다. 따라서, 루트왁에 따르면, 동아시아의 동맹국들을 겨냥한 조선인민군의 보복 능력은 "북한에 대한 공격 명령을 내리기 전에 망설일 만한 타당한 이유"43)가 될 수 없었다.

하원의원 던컨 헌터는 동아시아의 동맹국들에 대한 부수적 피해 문제를 구체적으로 언급하지는 않았지만, 서방에서 북한과 관련해 만연해 있는 전쟁 착수에 대한 옹호론을 펼쳤다. 헌터는 선제 타격과 예방 전쟁을 포괄하는 주장을 펼쳤고, 북한의 국가 성격에 대한 근거 없는 평가를 바탕으로 예방 전쟁을 주창했다. 그는 이렇게 주장했다. "내 관점은 이렇다. 내가 당신들을 먼저 치지 않을 이유가 뭐가 있겠어? 당신들이 미국을 완전히 무너뜨릴 ICBM을 가졌고, 세계무대에서 당신들이 타당한 행위자도 아닌데, 우리가 선제 타격을 하지 않을 이유가 있겠어?" 그는 당시 김정은과 평양의 지도부 일반에 대해 정상이 아니라거나 비논리적이라는 서방 매체의 일관된 묘사에 부응해, 김정은이 "정신적으로 문제"가 있다는 소문에 주목하라고 했다. 그는 이것이 미국이 북한 공격에 착수할 이유를 말해준다고 강조했다.44) 북한 지도부가 비합리적 행위자이거나 아무튼 제정신이 아니라는 주장은45) 반북 강경파를 비롯한 대다수 서방 분석가들이46) 단호하게 반박했지만, 군

사 행동에 대한 대중적 공감대를 만들어준 미국과 유럽의 언론매체들에 빈번하게 언급되고 있었다.47)

전략연구센터의 방위전략 연구원이면서 국방부장관실 전략가이자 정책 자문이었고 한미억제정책위원회의 연합의장인 반 잭슨은 북한을 겨냥한 예방 전쟁에 관한 미국과 서방 옹호자들의 이중 잣대뿐 아니라 그들이 동아시아의 동맹국 주민들의 생명을 총체적으로 무시하는 태도와 관련해서도 논평했다. "예방 전쟁 옹호자들이 예방하기 원한다고 주장하는 바로 그것, 즉 핵전쟁은 만약 미국이 한반도에서 전쟁 착수를 선택한다면 불가피하다고 볼 수 있다. 아시아-태평양 지역에서 사용되는 핵무기와 미국 본토를 겨냥해 사용되는 핵무기 사이에 기만적인 구별을 지음으로써 전쟁 옹호자들이 모순에 빠지는 상황이 생긴 것이다… 예방 전쟁이 일어나는 경우 핵전쟁에 희생될 수없이 많은 비미국인 시민들에 대해서는 더 말할 나위도 없다."48)

핵으로 무장한 ICBM을 가진 북한 :
동북아시아 내 안정을 가져올 힘일까?

북한이 어떤 핵전략 원칙을 갖고 있으며 핵무기를 사용하려는 목적이 무엇인지 평가해야만, 그들의 핵무장이 갖는 함의를 제대로 이해할 수 있다. 평양의 핵 원칙은 존재에 관한 것, 즉 실존적인 것으로 분류된다. 이는 핵무기가 재래식 무기와는 구별되는 것으로 여겨져 군사적 승리나 물질적 이익을 위한 수단으로 사용될 수 없음— 오로지 공격 저지를 위해서만 사용됨 —을 의미한다. 실존적 억지력은 핵 사용과 관련해서는 가장 방어적인 원칙으로, 현재 북한과 이스라엘만이 고수하고 있다.49) 하지만 북한의 원칙은 이스라엘과도 다르다. 중국, 인도와 함께 북한 역시 핵 공격을 당하지 않는 한 핵무기를 사용하지 않겠다는 것을 의미하는 핵 선제 불사용 정책(nuclear no-first-use policy)을 고수하는 세 나라에 해당하기 때문이다.50) 이스라엘의 핵 억지력도 실존적이기는 마찬가지다. 하지만 그 원칙이 나라의 절멸을 막기 위해 비핵 공격에 대한 대응으로 핵무기의 선제 사용을 허용하는 반면, 북한의 핵 문턱은 적의 핵 공격을 전제로 요구한다. 이는 서로 다른 역사적 위협에서 원인을 찾을 수 있다. 북한은 미국의 거듭된 핵 위협에 직면해 왔지만, 이스라엘의 주권을 위협한 것은 압도적으로 재래식이었다. 따라서 북한은 핵 사용에 대한 가장 높은 문턱을 갖고 있다. 다시 말해, 북한은 실존적 억지 원칙과 선제 사용 포기 정책을 모두 고수하는 유일한 국가이다.

미국의 원칙은 북한과 달리 최대 억지력으로 분류된다. 그 원칙에 따라 핵무기는 군사적 승리를 달성하기 위해 사용될 수 있고 비핵국가들을 겨냥해서도 선제 타격이 허용된다. 핵무기는 재래식 무기와 구별되지 않는 것으로 간주하며, 전쟁 승리의 수단으로서 전술적 이익을 얻고자 사용할 수 있다. 이는 가장 공격적인 핵 원칙으로 간주된다.51) 핵무기 전문가 수잔 터너 헤인즈는 최대 억지력을 "핵전쟁에서 이길 수 있다는 믿음을 전제"한 것으로 설명했다. "그 믿음은 핵무기가 재래식 무기와 질적으로 구분되지 않는다는 기본 가정에서 나온다. 그리하여, 최대 억지력 지지자들에 따르면, 어떤 무기를 사용하든 전쟁은 다름없이 수행되어야 한다. 핵무기는 더 큰 위험을 제기하지만, 전쟁 전체의 계산법을 바꾸지 않는다. 그런 전략에는 '선제 타격 능력'이 필요하다."52) 미군은 제한적 사용을 위한 저위력 핵탄두 개발- 핵 문턱을 낮추는 신호로 널리 해석되는 기획이다 -에 특히 큰 투자를 해 왔다. 합참 부의장이자 저명한 핵 전략가인 제임스 카트라이트는 2016년 "크기를 더 줄인" 저위력(low yield) 전술핵무기를 통해 "핵무기 사용이 가능해졌다"53)고 시인했다. 공군참모총장 노튼 슈와르츠 장군과 미국 국방과학위원회도 유사하게 핵무기가 미국의 최대 억지력 전략에 부응해 전장에서 역할을 할 수 있음을 암시했다.54) 이처럼 북한과 미국이 핵 원칙에서 보이는 차이는 이보다 더 극명할 수 없기에, 북한의 핵무장이 정당화될 수 있다. 북한 핵무기는 실존적이고 방어적인 원칙에 따라 극도의 공격적 원칙을 채택한 세력을 저지하기 위해서만 사용될 수 있기 때문이다. 다시 말해, 불법적인 해외 군사 개입을 수행하는 경향을 명백히 드러내고, 핵 사용에 대한 문턱이 훨씬 더 낮은 데다, 동북아시아 동맹국 주민들 가운데 발생할 사상자들에 대한 내성이 높으며, 전술핵 공격을 위한 작전 계획을 통하여 지역 안보를 위태롭게 하는 세력을 저지하는 목적의 핵무장을 말한다.

북한의 핵 원칙 외에도 방위 계획에 대해서도 보다 폭넓게 평가할 필요가 있다. 북한의 핵무장이 지역 안정에 어떤 영향을 미치는지 평가할 수 있는 맥락을 제공하기 때문이다. 조선인민군의 가장 두드러진 재래식 무기 투자는 거의 모두가 방어 지향의 자산들에 크게 기울어져 있다. 즉, 엄중하게 강화된 요새,55) 확장된 터널 망, 북한의 영해와 영공 방어 목적의 접근 금지 구역을 위해 설계된 번개-5호, 금성-3호,

상어급 연안 잠수함과 같은 무기56) 등의 자산들이다. 이 같은 투자는 조선인민군이 방어적 전쟁의 전투에 대한 지향성이 강하다는 것을 드러낸다. 군사 조직의 방향성과 전투 자산에 대한 물류 비율을 평가하기 위한 일반적인 방법들을 적용해본 결과는 조선인민군의 전력 투사 능력이 전무한57) 상태로 사실상 북한이 세계에서 가장 방어적으로 적응된 나라임을 가리킨다. 이는 해외에서 전력 투사를 강하게 지향하는 미군과 극명하게 대비된다.58)

북한군은 단호하게 방어에 치우쳐 있고 전력 투사 능력에는 무관심한 것으로 나타난다. 이처럼 균형이 어긋난 북한군의 지향은 평양이 군대를 물질적 이익을 위해 국경 너머로 배치하려는 의도가 없을뿐더러, 설사 있다 해도 무시해도 될 수준의 능력임을 강하게 시사한다. 다른 대다수 핵 강국들, 특히 미국은 핵 공격에 이어 후속 공격을 가능하게 해줄 재래식 무력에 대거 투자해 왔다. 이는 미국의 영토 보전과 실제 물질적 이익 확보에 이바지한다. 엄청난 물류와 해외 군사 기지, 그런 작전을 위해 개발된 초대형 항공모함과 순양함, 수륙 양용 강습 함정, 공중 급유기와 같은 지구력 높은 자산들을 보유한 미국의 전력 투사 능력은 따라올 상대가 없다. 그리하여, 미국은 북한이 결코 바랄 수도 없는 방식으로 해외 공세에 나서 이익을 확보한다.

북한의 핵 억지력과 조선인민군의 재래식 무력에서 보이는 압도적으로 방어적인 지향을 근거로, 북한 핵무기는 오로지 그들을 공격할 의도를 가진 세력들을 향한 위협일 뿐이라고 결론지을 수 있다. 러시아의 탁월한 핵무기 전문가 블라디미르 크루스탈레프가 언급한 대로,

러시아와 중국은 이[조선인민군의] 미사일에 의해 바로 위협받지 않는다. 북한의 미사일들은 다른 모든 핵 억지 수단과 마찬가지로 그들을 향한 공격자들을 위협한다. 북한이 "정신이 나가서" 아무런 이유 없이 빨간 단추를 누른다는 것은 말도 되지 않는다… 그 경우, 북한을 겨냥한 그 어떤 공격 시나리오도 의미가 없다. 왜냐하면, 북한을 공격하려 하는 누구든 혼비백산해서 쫓겨나는 대가를 치를 것이기 때문이다. 실제로, 그것은 소련과 미국 사이에 있던 모델의 재현으로, 현재는 인도와 파키스탄 사이에 있다.

러시아 분석가 크루스탈레프는 정확히 그 이유 때문에 북한의 핵 프로그램이 그 나라를 공격하려는 세력들의 강력한 반대에 직면할 수밖에 없다고 분석했다. 그런 결론에 도달한 사람이 그 분석가 혼자만은 아니었다.[59]

북한이 대륙간 사거리로 성공 능력을 가진 핵 억지력을 발전시킨 것이 단지 북한 주민들을 위한 것일 뿐 아니라 그 지역 전반의 평화와 안정을 위해서도 필요하다고 강조하는 강력한 논거가 있다. 북한을 겨냥한 미국의 군사 행동을 설명해주는 근거들이 광범위하게 드러나고 있고, 미국이 이른바 동북아시아 동맹국들에 죽음과 파괴를 기꺼이 감수하겠다는 분명한 의지를 보이는 데다, 북한과 미국이 방위 원칙에서 큰 차이를 보인다는 점이 이를 뒷받침한다. 만약 미국과 서방 동맹국들이 마음대로 전쟁을 개시했다면, 북한과 더불어 남한과 일본은 물론 중국과 러시아의 일부도 마찬가지로 완전히 파괴되었을 수 있다. 북한의 억지 프로그램은 상호 취약성의 도입을 통해 동아시아에서 미국이 전쟁을 개시할 수 있는 능력을 억제했다. 그리하여 적대행위가 발발할 경우 역외 행위자들도 마찬가지로 표적이 될 수 있다는 것을 분명히 함으로써 미국과 서방 동맹국들이 국지전(regional war)을 개시할 수 없도록 확실히 보장한 것이다.

서울과 도쿄는 미국의 대북 공격 가능성을 큰 우려감과 함께 뚜렷이 인지했고, 그런 행동 방침을 추구하지 않도록 워싱턴을 설득하려고 했다.[60] 2017년 말 혹은 2018년 벽두까지는 미국이 북한을 상대로 군사 행동을 고려하고 있다는 현실이 실재했고, 그런 상황이 유지되는 한 남한과 일본은 여전히 사선 안에 남아 있었다. 다시 말해, 북한이 열핵탄두와 화성-14호, 화성-15호 투발 장치로 미국의 군사적 선택지를 내려놓을 수 있게 함으로써만 목전의 위험을 분산시킬 수 있었다.

만약 핵 탑재 ICBM이 없는 북한을 상대로 전쟁이 벌어졌다면, 잠재적으로 미국 경제의 호조를 가져올 수 있었을지는 몰라도 그 결과 일본과 남한에서 인구가 밀집하고 산업화한 지역들과 상업 지구들은 완전히 파괴되었을 것이다. 북한의 단 하루 포격으로도 서울의 사망자는 보수적으로 추정할 때 2만 명[61]에 이른다. 물론 훨씬 더 높은 수치들이 인용되었고 총 사상자가 24시간마다 10만 명을 훨씬 능가할 수 있다는 것이 현실성 있는 판단이다. 국익센터의 한반도 연구 담당인 해리 J. 카자니스는 서울을 겨냥한 조선인민군의 포격을 "몇 분 안에 9.11의 수백 배에 이르는 위기를 개시"[62]할 수 있다고 언급했다. 설사 미국과 동맹 세력이 정밀 타격으로 조선인민군 포병부대의 제거를 시도하더라도, 포격은 수주에 걸쳐 계속될 것으로 예견되었다.[63] 포격으로 인한 총 사망자는 포격을 제외한 나머지 모든 공격 형태, 즉 대량파괴무기, 공습과 미사일 공격, 특수부대에 의한 공격은 배제한 것이다.

남한과 일본에 미치는 피해는 조선인민군과 미군 양측에 의한 대량파괴무기 사용으로 틀림없이 현저하게 증가할 수 있다. 북한과의 전쟁은 미국의 4대 "강적" 중 하나로 지명된 나라이자 러시아와 중국을 제외하고는 가장 가공할 나라와의 전쟁이고, 1945년 이래 전례 없는 도전이다. 이를 고려할 때, 북한보다 약한 나라들과 전쟁을 벌일 때 고려된 적 없는 대량파괴무기의 기능이 광범위하게 사용될 가능성이 매우 크다. 미국의 경우, 비록 세계에서 두 번째 규모였던 미국의 화학무기가 냉전 종식 후 감축되면서 화학무기를 동원한 공격 기회가 줄어들기는 했지만, 조선인민군의 막대한 수적 위력을 효과적으로 무력화할 수 있는 수단으로서 오랫동안 옹호되어 왔다.64) 서방과 남한의 소식통들이 조선인민군이 상당한 양의 다양한 화학무기를 보유하고 있다고 거듭 암시해 왔지만, 북한의 화학무기 프로그램 보유 여부는 여전히 불확실하다. 만약 북한이 실제로 화학무기를 보유하고 있고 미국의 공격에 그 무기로 대응한다고 생각해보자. 전망은 오히려 미국이 직접 화학 공격이나 전술핵 공격에 착수할 것이고, 남한과 일본에 미치는 결과는 파괴적일 수밖에 없다. 남한의 가장 큰 도시 서울에서 오직 사린신경제만 사용해 공격했을 때 추정되는 사상자는 대략 950만 명에 달한다. 이것은 다른 도시들에 대한 공격이나 VX와 같은 더 강력한 화학무기 사용 가능성, 혹은 재래식 포격이나 여타 대량파괴무기로 인한 사상자는 고려하지 않은 것이다.65)

어쩌면 북한은 대량파괴무기 공격에서 민간인 밀집 지역 타격을 배제할지도 모른다. 한국전쟁 중에 민간인들을 향한 조선인민군의 태도는 그런 예측에 일정한 근거로 제시된다. 반면, 일본이나 남한 도시들에 근접한 곳에 군사 시설을 짓는 미국의 움직임은 민간인들에 대한 위험 부담을 높인다. 특히 도쿄의 요카타 공군 기지와 타치카와 공군 기지, 요코수카 시의 해군 7함대 기지는 모두 미국이 북한 영토에 대한 공격을 준비하는 데서 핵심이 될 것이고, 조선인민군이 이들 전방 작전 시설들을 제거하기 위해 보복에 나서는 경우 우연히 이 인구 밀집 지역들이 표적이 될 수도 있다. 미군 시설들이 남한 인구 밀집 지역에 근접한 상황은 민간인들에게 유사한 위험을 야기한다. 미군이 그들의 기지로 접근 중인 북한 미사일을 격추하거나 아니면 전자전을 이용해 방향을 바꾸려 시도한다면, 인근 도시 지역에 미치는 위험은 한층 더 커진다.66)

북한이 남한 내 공격 목표물들에 핵무기를 사용할 가능성은 여전히 매우 낮지만, 특별히 미국이 남한 영토에 핵 자산들을 배치하는 경우에는 가능성으로 남아 있다. 미국이 남한 내 사일로에 일부 핵탄두들을 배치할 수도 있다는 보도들— 공식 미군 소식통들이 넌지시 언급해 왔고 평양이 오랫동안 의심해 왔던67) —을 고려할 때, 그와 관련해 특별히 높은 위험성이 있다. 2014년에 일본 교도 통신이 입수한 비밀해제된 문서는 이러한 의혹들을 뒷받침했다. 워싱턴과 서울이 소련에 냉전 후 제스처로 모든 핵무기가 1991년 12월에 철수했다고 주장68)한 것과는 달리, 최소한 1998년까지는 한반도에 남아 있었다.69) 그 핵무기들의 제거되었는지는 그 후 확인된 바 없다. 랜드 연구소 보고서에 따르면, 1백 킬로톤의 소형 핵탄두조차 남한의 도시 하나를 타격할 경우 153만 명으로 추정되는 사망자를 발생시킨다.70) 10배나 강력한 탄두를 사용한 핵 공격 몇 차례로도 사상자는 수천만 명에 이를 것이다.

미군이 에이브람스 전차만큼 작은 플랫폼에서 나온 열화우라늄탄- 그 적법성과 중요도에 대해 여전히 이의가 제기되고 있는 독성이 매우 강한 무기 -을 사용하게 되는 것 또한 확실해 보인다. 미국은 그 무기를 유고슬라비아,71) 시리아,72) 이라크73)에서 광범위하게 사용했고, 종종 인구가 매우 밀집한 지역들74)에 발사하기도 했다. 한반도에서 벌어질 훨씬 더 큰 강도의 전쟁을 고려할 때, 그 같은 탄약을 사용할 가능성은 한층 더 커질 것이고, 북한과 남한 양쪽 주민들에게 영향을 미칠 것이다. 이런 무기들로 인한 오염은 수백만 년에 걸쳐 이어질 것이다. 실제로 유고슬라비아와 이라크 주민들에게 치명적인 영향을 미쳤다. 무엇보다도 출생 시의 아동들에게 암 발병률, 유전적 이상 및 심각한 기형의 지나친 증가로 나타났다.75) 이라크와 유고슬라비아에서 열화우라늄탄이 제한적으로 사용되었다는 점을 고려한다면 당시 미친 영향은 비교적 작은 규모로 간주할 수 있다.76) 한반도에서는 열화우라늄탄 사용만으로도 오염이 폭넓게 일어날 위험성이 매우 높다는 점에서 북한의 핵 억지력이 38선 양쪽 주민들 모두에게 이롭다는 주장을 크게 뒷받침해 준다.

북한과 전쟁을 벌이는 경우 미국의 민간과 군부 지도부에게 만연한 남한 주민들 속 사상자들에 대한 태도- 과거 미국은 한국전쟁에서 미군 자체의 폭격 작전은 물론 병사들과 항공병들에게 주민들을 학살하라는 적극적 명령을 내리기도 함으로써 가장 낮은 추정치로도 남쪽 주민 수만 명을 살해했다 -를 고려한다면, 미국이 협소하게 규정한 그들의 국익만을 추구하면서 대한민국과 일본의 주민들에게 위협이 되는 상황을 가볍게 받아들여서는 안 된다. 만약 조선인민군이 대륙간 사거리 발사 능력에 투자를 소홀히 했다면, 양측이 광범위하게 사용한 대량파괴무기가 남한과 일본을 역사상 유례가 없는 수준으로 파괴해버리는 전쟁이 미국의 개시로 2017년 혹은 2018년에 벌어졌을 가능성이 훨씬 더 컸다. 북한이 그들의 핵 억지력을 "민족 집단으로서 코리아의 안보를 미국의 공격 위협으로부터" 지키고 "새로운 전쟁을 막는" 방안으로서 지칭해 온 것은 아마도 이 이유 때문일 것이다. 즉, 38선 이북 반도만이 아니라 한반도 주민들 모두를 미국이 개시한 잠재적 분쟁의 치명적인 결과로부터 지켜내는 억지력을 가리킨 것이다.[77]

2018년 초 미국 내 급격한 정책 변화의 결과로 북한과 미국 간 긴장의 소강상태가 형성되고, 마침내 워싱턴이 평양의 일대일 대화 요구를 전제조건 없이 기꺼이 수용하겠다고 의향을 밝혔다. 이 공은 전적으로 실행 가능성 있는 억지력을 발전시키고 화성-15호와 열핵 탄두 발사 시험으로 전쟁억지력을 성공적으로 보여준 북한에 돌려져야 한다. 전략연구센터의 저명한 방위전략 연구원이자 국방장관실에서 전략가이자 정책 자문 역할을 했고 한미 확장억지정책위원회의 연합의장인 반 잭슨이 결론지었듯이,

> 2018년에 위기를 해결하는 데 도움이 된 모든 것이 표면적으로는 그들의 양손에 역사를 쥐고 있던 대담한 지도자들의 결정으로 보였다. 하지만 그들의 결단력은 오로지 북한이 2017년 말에 성공 가능한 핵 억지력을 입증하겠다는 자신들의 목표를 달성했기 때문에 모습을 드러낼 수 있었다. 북한이 그들의 안보 전략의 첫 번째 원칙을 실현하지 않았다

면… 트럼프는 예방 전쟁 주창자들의 주장에 굴복하는 것 말고는 선택의 여지가 없었을 것이다.[78]

따라서, 만약 북한이 그 같은 능력을 그토록 빠르게 개발하지 못했다면, 동북아시아에서 그 지역 모든 당사국의 이익에 심각한 손상이 되었을, 미국이 개시한 전쟁의 가능성을 미연에 방지할 수는 없었을 것이다.

1. Centre for Strategic International Studies, Missile Defense Project, 'North Korean Missile Launches & Nuclear Tests: 1984–Present' (https://missilethreat.csis.org/north-korea-missile-launches-1984-present/) (Accessed July 20, 2019).
2. Jackson, David, 'Trump blames Hillary Clinton for North Korea nuclear weapons program,' USA Today, September 20, 2017.
3. Chozick, Amy, 'Hillary Clinton Takes Aim at North Korea, Then at Donald Trump,' New York Times, September 9, 2016.
4. Ryan, Josiah, 'Sanders: Trump on right track with North Korea,' CNN, April 28, 2017.
5. Flitton, Daniel, 'Yes, Hillary could have led the world to war with Kim Jong-un,' Lowy Institute, February 7, 2019.
6. Evans, Stephen, 'How might Donald Trump deal with North Korea's Kim Jong-un?,' BBC, November 11, 2016.
7. Bechtol Jr., Bruce E., North Korean Military Proliferation in the Middle East and Africa, Lexington, University Press of Kentucky, 2018 (p. 25). Lee, Chi-dong, 'N. Korea seen closer to ICBM, boosted by new missile engine,' Yonhap, May 15, 2017.
8. Panda, Ankit, 'North Korea's New KN19 Coastal Defense Cruise Missile: More Than Meets the Eye,' The Diplomat, July 26, 2017.
9. Missile Threat, CSIS Missile Defense Project, June 15, 2018.
10. Ait, Abraham, 'Russia Inducts Its Own 'Carrier Killer' Missile, and It's More Dangerous than China's,' The Diplomat, May 12, 2018.
11. 'Specs of Russia's new missile capable of hitting hyper-sonic targets "revealed,"' RT, August 27, 2018.
12. 'North Korean Air Defence Systems Take Centre Stage—allistic Missiles Conspicuous by their Absence; What the Latest Military Parade Signifies Regarding Pyongyang's Evolving Strategy,' Military Watch Magazine, September 10, 2018.
13. Fifield, Anna, 'Did North Korea just test missiles capable of hitting the U.S.? Maybe,' Washington Post, October 26, 2016.
14. Bechtol Jr., Bruce E., North Korean Military Proliferation in the Middle East and Africa, Lexington, University Press of Kentucky, 2018 (p. 88).
15. 'A Conversation with General John Hyten, Vice Chairman of the Joint Chiefs of Staff,' CSIS, January 17, 2020.
16. Warrick, Joby and Nakashima, Ellen and Fifield, Anna, 'North Korea now making missile-ready nuclear weapons, U.S. analysts say,' Washington Post, August 8, 2017.
17. 'Pompeo calls Iran more destabilizing than N. Korea,' France 24, February 14, 2019.
18. Panda, Ankit, 'US Intelligence: North Korea's ICBM Reentry Vehicles Are Likely Good Enough to Hit the Continental US,' The Diplomat, August 12, 2017.
19. Dominguez, Gabriel, 'USFK confirms North Korea's Hwaseong-15 ICBM can target all of US mainland,' Janes, July 11, 2019.
20. 'US missile expert: N. Korean missile larger than thought, could carry decoys,' Asia Times, December 2, 2017.
21. Lewis, Jeffrey, 'Domestic UDMH Production in the DPRK,' Arms Control Wonk, September 27, 2017.
22. Fisher, Max, 'Remote Textile Plant May Secretly Fuel North Korea's Weapons,' New York Times, September 27, 2017.

23 Sanger, David E. and Choe, Sang-Hun, 'U.S. Urges Fuel Cutoff for North Korea, Saying It's "Begging for War,"' New York Times, September 4, 2017. Choe, Sang-Hun, 'Putin Rejects Cutting Off Oil to North Korea,' New York Times, September 6, 2017.

24 Fisher, Max, 'Remote Textile Plant May Secretly Fuel North Korea's Weapons,' New York Times, September 27, 2017.

25 Panda, Ankit, 'No, North Korea Isn't Dependent on Russia and China for Its Rocket Fuel,' The Diplomat, September 28, 2017.

26 Warrick, Joby and Nakashima, Ellen and Fifield, Anna, 'North Korea now making missile-ready nuclear weapons, U.S. analysts say,' Washington Post, August 8, 2017.

27 Sanger, David E. and Choe, Sang-Hun, 'North Korea Tests a Ballistic Missile That Experts Say Could Hit California,' New York Times, July 28, 2017.

28 Warrick, Joby and Nakashima, Ellen and Fifield, Anna, 'North Korea now making missile-ready nuclear weapons, U.S. analysts say,' Washington Post, August 8, 2017.

29 Ham, Paul, Hiroshima Nagasaki: The Real Story of the Atomic Bombings and their Aftermath, New York, Doubleday, 2012 (p. 494).

30 Gady, Franz-Stefan, 'How a State Department Study Prevented Nuclear War With China,' The Diplomat, October 25, 2017. Burr, William and Richelson, Jeffrey T., 'Whether to "Strangle the Baby in the Cradle": The United States and the Chinese Nuclear Program, 1960–64,' International Security, vol. 25, no. 3, winter 2000–1 (pp. 54–55, 58).

31 Ham, Paul, Hiroshima Nagasaki: The Real Story of the Atomic Bombings and their Aftermath, New York, Doubleday, 2012 (pp. 488–490).

32 'Winston Churchill wanted to nuke Kremlin "to win Cold War," FBI memo reveals,' RT, November 9, 2014.

33 Goldstein, Lyle J., 'When China was a "rogue state": the impact of China's nuclear weapons program on US–hina relations during the 1960s,' Journal of Contemporary China, vol. 12, issue 37, 2003 (p. 740).

34 Ibid. (p. 742).

35 Obama, Barack, 'President Obama: The TPP would let America, not China, lead the way on global trade,' Washington Post, May 2, 2016.

36 Friedman, Uri, 'Lindsey Graham Reveals the Dark Calculus of Striking North Korea,' The Atlantic, August 1, 2017.

37 Ortiz, Erik and Yamamoto, Arata, 'Senator Lindsey Graham: Trump Says War with North Korean an Option,' NBC News, August 2, 2017.

38 McMahon, Patrick, 'Senator calls for "preemptive strike" on North Korea and offers a jaw-dropping justification for war,' Rare News, April 20, 2017.

39 Friedman, Uri, 'Lindsey Graham Reveals the Dark Calculus of Striking North Korea,' The Atlantic, August 1, 2017.

40 Peters, Ralph, 'The moral answer to North Korea's threats. Take them out!' New York Post, September 4, 2017.

41 'Lt. Gen. H. R. McMaster on foreign policy; Sen. Schumer on President Trump's first 100 days,' Fox News, April 30, 2017.

42 Dreazen, Yochi, 'Here's what war with North Korea would look like,' Vox, February 8, 2018.

43 Brown, Daniel, 'Republican congressman says the US should preemptively strike North Korea,'

Business Insider, September 22, 2017.

44 Brown, Daniel, 'Republican congressman says the US should preemptively strike North Korea,' Business Insider, September 22, 2017.

45 CIA Zatat, Narjas, 'Kim Jong-un not mad but a "rational actor,"' CIA says,' The Independent, October 6, 2017. Youssef, Nancy A., 'Why the U.S. Considers North Korea's Kim a "Rational Actor,"' Wall Street Journal, December 5, 2017.

46 Abrahamian, Andray, 'North Korea's Bounded Rationality,' Survival, vol. 61, issue 1, January 2019 (pp. 141–160). Shin, David W., 'Rationality in the North Korean regime: understanding the Kims' strategy of provocation,' International Affairs, vol. 95, issue 2, March 2019 (pp. 505–506).

47 Thomas, Raju G. C., The Nuclear Non-Proliferation Regime: Prospects for the 21st Century, Houndmills, MacMillan, 1998 (p. 228).

48 Jackson, Van, On the Brink, Cambridge, Cambridge University Press, 2018 (p. 195).

49 Turner Haynes, Susan, Chinese Nuclear Proliferation: How Global Politics is Transforming China's Weapons Buildup and Modernization, Lincoln, NE, Potomac Books, 2016 (pp. 14–15).

50 Talmadge, Eric, 'North Korea will not use its nuclear weapons first, Kim Jong-un tells Congress,' The Independent, May 8, 2016. Yoshihara, Toshi and Holmes, James R., Strategy in the Second Nuclear Age, Power, Ambition and the Ultimate Weapon, Washington D.C., Georgetown University Press, 2012 (pp. 92–94). 'DPRK Foreign Ministry Spokesman Totally Refutes UNSC "Resolution,"' KCNA, October 17, 2005.

51 Turner Haynes, Susan, Chinese Nuclear Proliferation: How Global Politics is Transforming China's Weapons Buildup and Modernization, Lincoln, NE, Potomac Books, 2016 (pp. 14–15)

52 Ibid. (p. 39).

53 Broad, William J. and Sanger, David E., 'As U.S. Modernizes Nuclear Weapons, "Smaller" Leaves Some Uneasy,' New York Times, January 11, 2016.

54 Kristensen, Hans M., 'General Confirms Enhanced Targeting Capabilities of B61–2 Nuclear Bomb,' Federation of American Scientists, January 23, 2014. Coyle, Philip E. and McKeon, James, 'The Huge Risk of Small Nukes,' Politico, March 10, 2017. Feinstein, Dianne, 'There's no such thing as a "limited" nuclear war,' Washington Post, March 3, 2017.

55 Kopp, Carlo, 'Operation Odyssey Dawn—he collapse of Libya's relic air defense system,' Defence Today, vol. 9, no. 1, 2011 (p. 14).

56 'Orientation of North Korea's Armed Forces: Towards Offence or Defence?,' Military Watch Magazine, August 30, 2019.

57 International Institute for Strategic Studies, The Military Balance, vol. 119, no. 1, 2019 (pp. 47–62). Harrison, Selig S., 'The Missiles of North Korea,' World Policy Journal, vol. 17, no. 3, Fall 2000 (pp. 13–14).

58 International Institute for Strategic Studies, The Military Balance, vol. 119, no. 1, 2019 (pp. 280–283).

59 'North Korea Reached "Point of No Return" in Obtaining Nuclear Technology,' Sputnik, September 9, 2016.

60 'Seoul warns Trump: U.S. must not strike North Korea without our consent,' The Guardian, November 15, 2017.

61 Daniels, Jeff, 'Pentagon Scenario of a New Korean War Estimates 20,000 Deaths Daily in South Korea, Retired US General Says,' CNBC, September 25, 2017. Demick, Barbara, 'Escalating tension has experts simulating a new Korean War, and the scenarios are sobering,' Los Angeles Times, September 25, 2017.

62. Kazianis, Harry J., 'America Must Move Past Its "Sputnik" Moment on North Korea—r Else.' National Interest, March 4, 2019.

63. Peck, Michael, 'Here's Exactly Why War With North Korea Would Be Hell, According To New War Games,' Task and Purpose, June 9, 2018.

64. Russell, Edmund, War and Nature: Fighting Humans and Insects with Chemicals from World War I to Silent Spring, Cambridge, Cambridge University Press, 2001 (pp. 187–180).

65. Dreazen, Yochi, 'Here's what war with North Korea would look like,' Vox, February 8, 2018.

66. 'Saudi Arabia's U.S.-made Patriot Missile Defense System "Malfunctions," Crashes in Residential Area,' Haaretz, March 27, 2018.

67. Staines, Reuben, 'US trained for strikes on NK,' Korea Times, November 7, 2004.

68. Kristensen, Hans M. and Norris, Robert S., 'A history of US nuclear weapons in South Korea,' Bulletin of Atomic Scientists, vol. 73., issue 6, 2017 (pp. 349–357).

69. Staines, Reuben, 'US trained for strikes on NK,' Korea Times, November 7, 2004.

70. Baker, Peter, 'The War That Wasn't: Trump Claims Obama Was Ready to Strike North Korea,' New York Times, February 16, 2019.

71. '"Up to 15 tons of depleted uranium used in 1999 Serbia bombing"—ead lawyer in suit against NATO,' RT, June 13, 2017.

72. Oakford, Samuel, 'The United States Used Depleted Uranium in Syria,' Foreign Policy, February 14, 2017.

73. Edwards, Rob, 'U.S. fired depleted uranium at civilian areas in 2003 Iraq war, report finds,' The Guardian, June 19, 2014.

74. Ibid.

75. Hindin, Rita and Brugge, Doug and Panikkar, Bindu, 'Teratogenicity of depleted uranium aerosols: A review from an epidemiological perspective,' Environmental Health, vol. 4, no. 17, August 26, 2005. Doyle, P. and MacOnochie, N. and Davies, G. and MacOnochie, I. and Pelerin, M. and Prior, S. and Lewis, S., 'Miscarriage, stillbirth and congenital malformation in the offspring of UK veterans of the first Gulf war,' International Journal of Epidemiology, vol. 33, no. 1, 2004 (pp. 74–86).

76. Sen Gupta, Amit, 'Lethal Dust: Effects of Depleted Uranium Ammunition,' Economic and Political Weekly, vol. 36, no. 5/6, February 2001 (pp. 454–456).

77. 'DPRK Foreign Ministry Clarifies Stand on New Measure to Bolster War Deterrence,' KCNA, October 3, 2006.

78. Jackson, Van, On the Brink, Cambridge, Cambridge University Press, 2018 (pp. 12–13).

15장
2017 도널드 트럼프와 전쟁 위기

도널드 트럼프—"평화 후보"

2017년 1월 도널드 트럼프 행정부는 북한이 실행 가능한 대륙간 사거리 억지력 완성에 접근한 시점에 집무를 시작했다. 오래된 두 정적 사이에 1년간 긴장이 고조된 후 여전히 제한적이기는 해도 전례 없는 관계 회복이 이루어졌다. 2018년 초부터 북한을 향한 미국의 정책에 나타난 변화는 주로 성공적인 ICBM 시험 발사의 결과로 힘의 균형에서 생겨난 변화에 기인했지만, 미국 신임 행정부의 성격 또한 관계 변화에 크게 영향을 미쳤다.

대통령 후보 도널드 트럼프는 북한과의 관계에 새로운 접근법을 고려할 의향이 있는 것으로 보였다. 그는 공화당 예비선거 경쟁자들 및 민주당 경쟁자들과도 극명한 대조를 보이면서, 북한 지도부와 직접 협상할 의향을 드러냈고 심지어 북한 지도부를 다소 칭찬하기도 했다.1) 구체적으로 트럼프는 북한 지도자 김정은에게 "회의 탁자에서 버거"2)를 함께 먹고 그를 백악관에 초대할 의향을 나타냈고, 나아가 이렇게 말했다. "나는 그와 이야기할 것이고, 그와 이야기를 나누는 데 아무런 문제가 없다."3) 이 제안은 일대일 공식 대화가 평양의 가장 오래되고 일관된 요구였던 점을 고려할 때 특별한 의미가 있었다.4) 아프가니스탄과 남한에서 미군을 철수시키고 해외 간섭주의를 끝내겠다는 트럼프의 공약과 해외 주둔군의 높은 비용에 대한 그의 비판5)은 널리 유럽의 동맹국들6)과 민주당 지배층7)에게 고립주의라는 맹비난을 받았고, 관계의 변화 및 한국전쟁 종식에 대한 전망을 높였다.

도널드 트럼프의 유력한 두 경쟁자, 힐러리 클린턴과 버니 샌더스가 훨씬 더 강경한 태도를 취하는 것처럼 보인 점은 주목할 만했다. 북한을 꼭 집어 지목하지는 않았어도 클린턴은 선거운동 기간이나 국무장관 시절에도 미국의 전통적 적들을 향해 거듭 강경한 태도를 보였다. 클린턴은 아시아 중심(Pivot to Asia) 전략의 핵심 설계자로서, 특히 동북아시아의 적대국들에 더 큰 군사적 압박을 가하고 나아가 고립시키고자 했다. 더 엄격한 제재,8) 협상에 대해 계속되는 거부,9) 북한의 인권 침해 혐의에 대해 국가가 지원하는 선전의 강화, 이 모든 것들이 군사적 압박 증대와 함께 클린턴 행정부의 특징으로 예측되었다.10) 클린턴의 외교정책팀에서 가장 영향력 있는 인물 가운데 한 사람으로 예정된 전직 국무부차관 웬디 셔먼은 북한에 레짐 체인지를 강제한다는 계획11)을 공개적으로 지지했고, 다른 인사들도 마찬가지로 최대 압박과 강경노선을 옹호했다.12) 퇴역한 제독 제임스 스타브리디스 역시 클린턴의 수석 고문으로, 사이버 전쟁의 확대와 필요한 경우 예방적 군사 공격을 주장했다.13)

샌더스 후보도 유사하게 상원의원과 하원의원으로서 공격적 군사 행동과 해외의 레짐체인지를 지지했다. 샌더스는 유고슬라비아에 대한 공격에 찬성하고, 유고슬라비아 정부의 강제적 제거를 미국의 공식 정책으로 명시한 1998년의 이라크해방법(Iraq Liberation Act)에 찬성한 것을 포함한 긴 역사가 있었다. 나중에 그는 이 정책을 재차 확인하고 집중적인 공습과 미수에 그친 이라크 대통령 암살에 의회의 지지를 보내는 안에 찬성 투표했다. 샌더스는 미국에 대한 가장 큰 위협으로 – 러시아와 이슬람 테러리즘보다 – 북한을 직접 꼽았고, 북한의 핵 억지 프로그램을 중단시키기 위한 최대 압박을 옹호했다.[14] 샌더스는 성장 중인 동아시아 지역의 경제에 대한 "강경한" 경제적 조치를 강력히 지지한 것으로 유명했고,[15] 만약 그가 이겼다면 경제적 압박이 강화되었을 것이다. 북한을 향한 태도에서 민주당 후보들과 트럼프 후보가 보인 차이는 이처럼 극명해서, 유명한 친북 싱가포르 언론매체인 디피알케이 투데이(DPRK Today)는 트럼프를 "둔한 힐러리"와 대비되는 "현명한 정치가"이자 "선견지명이 있는 후보"라며 찬사를 보냈다.[16]

오바마 행정부가 임기 말 몇 개월 동안, 예방 전쟁과 강제적 레짐체인지에 중점을 두면서 북한을 향한 훨씬 더 적대적인 정책을 채택한 점에 주목할 필요가 있다. 오바마 행정부 당시 주한미군 사령관 월터 샤프 장군은 2016년 12월 1일 미국은 북한이 단 하나의 ICBM이라도 발사대에 올리는 경우 공격에 착수해야 한다고 말했다. 장거리 미사일을 시험 발사하기만 하면 바로 미국의 전면적 공격에 직면할 수 있다는 의미였다.[17] 오바마 행정부 시절 합참의장 마이크 뮬런도 거의 같은 방침을 주장하고, 조선인민군의 ICBM 시험 발사를 막기 위한 공격에 나설 것을 제안했다.[18] 두 인물 모두 워싱턴에서 널리 존경받는 주요 인사들로 통했기 때문에, 그들의 발언은 당시 그 문제에 대한 담론의 전반적인 성격을 잘 보여주고 있었다.

오바마 행정부 관료들이 북한을 바라보는 태도는 2002년 조지 W. 부시 행정부 관료들의 이라크에 대한 태도를 강하게 상기시켰고, 한국전쟁 이후 단연코 유례가 없는 북한을 향한 적대감과 행동의 결의를 보여주었다. 2016년 10월 마지막 주에 전략국제연구센터(CSIS) 대표이자 빌 클린턴 대통령 시절 국방차관을 지낸 존 햄리가 이렇게 말했다. "지금까지 나는 레짐체인지를 공식적으로 포괄하도록 정책 변화가 필요하다고 주장하는 고위관리들과의 회담에 참여해 왔다."[19] 다음 달 존 케리 국무장관은 미 해군사관학교에서 한 연설에서 유사한 노선에 기반한 접근법이 필요할 수도 있다고 암시했다. 북한의 계속되는 핵 억지력 추구에는 강제로 정권을 교체하기 위한 공격적 군사 행동으로 대응해야 할 수도 있다는 것이었다.[20] 전략연구센터의 방위전략 연구원이면서 국방부장관실 전략가이자 정책 자문이었고 한미억제정책위원회의 연합의장인 반 잭슨은 당시 미국 언론에 나타난 병행 발전(parallel developments)과 관련하여 이렇게 언급했다.

전국의 언론매체와 평론가들이 다음과 같은 헤드라인으로 주기적으로 이야기를 쏟아내기 시작했다. "북한이 미국을 핵무기로 공격한 다음 몇 분, 몇 시간 안에 어떤 일이 일어날까?", "북한의 ICBM 시험 발사 전 선제공격", "미국은 북한을 타격하기 위해 무엇을 사용할까?", "너무 늦기 전에 워싱턴은 북한의 위험한 ICBM을 타격해야 할까?" 북한에 대한 공격에 강력히 반대하는 논평들은 어느 정도 비폭력적인 대안이 아니라 군사적 공격 문제에 주로 초점을 맞출 수밖에 없었다… 대북정책 지형이 매파적 성향을 띠는 데 그치지 않았고, 대북정책에 대한 논의 주제가 군사적 영역으로 극적으로 옮겨갔다. 이것이 트럼프가 대통령에 취임했을 때 워싱턴 정책 엘리트들 사이에서 지배적인 분위기였다.[21]

그 같은 보도는 부시 행정부 시절 언론들이 침공이 시작되기 전 1년도 넘게 이라크에 관해 보도할 때와 마찬가지로, 다음 해에 있을 수 있는 공격을 위해 대중들을 준비시키는 움직임으로 해석될 수 있었다.[22]
대대적인 정책 변화가 필요하고 이유 없는 전쟁의 개시나 완벽한 레짐 체인지 시도를 심각하게 고려해야 한다는 견해는 오바마 행정부 주변의 의견이라거나 소수 입장으로 밀려난 의견들이라고 볼 수는 없었다. 오히려 오바마의 임기가 더 길었다면 – 혹은 힐러리 클린턴 같은 민주당 지배층의 또 다른 성원에게 대통령직이 이양되었더라면 – 북한을 상대로 훨씬 더 적대적인 정책을 보여주었을 것이다. 그들의 모습은 그런 공감대가 점점 커가는 상황을 반영하는 것으로 보였다. 클린턴 후보는 더 강경하지는 않아도 비슷하게 북한에 대한 공격과 북한 정부의 강제 전복을 지지하는 똑같은 인물들에 둘러싸여 있었다. 만약 클린턴이 널리 예견되었던 것처럼 전임자가 멈춘 곳에서 다시 시작했다면, 클린턴 행정부는 그런 합의에 기반해서 행동했을 것이다. 클린턴 행정부가 출범하지 않았으므로, 버락 오바마와 도널드 트럼프 행정부 사이에서 이행은 전혀 순조롭지 않았다. 신임 대통령은 북한을 상대로 극단적인 조치가 필요하다고 믿는 대외정책, 군사, 정보 기구들을 물려받았다. 하지만 오바마 대통령의 임기 마지막 해에 수립한 작전에 대한 위태로운 합의와 추진력은 어느 정도 소멸했다.

2017년의 균형상태 : 도널드 트럼프, 북한을 상대하다

2017년 1월 김정은 위원장은 주로 경제 프로그램에 초점을 맞춘 연례 신년사에서, 자국 핵 억지력의 진전을 간략히 언급하면서 첫 번째 열핵 탄두 실험을 칭찬하고 북한이 "대륙간 탄도 미사일 시험 발사를 위한 최종 준비 단계에 진입"했다고 선언했다. 나아가 김 위원장은 그 억지력이 "북한의 전략적 입지를 현저히 높일 것"[23]이라고 말했다. 대통령 당선자 트럼프는 이튿날인 1월 2일 트위터로 답변했다. "북한이 방금 전 자신들이 미국 일부 지역에 도달할 수 있는 핵무기 개발의 최종 단계에 와 있다고 발표했다. 그런 일은 일어나지 않을 것이다!"[24] 트럼프는 그날 늦게 두 번째 트위터 글을 올렸다. 그의 대북 핵심 전략이 훗날 어떻게 드러날지 예고하는 것이었다. "중국이 미국에서 완전히 일방적 거래로 막대한 돈과 재물을 가져가고 있지만, 북한을 도울 수는 없을 것이다. 괜찮다!"[25]

트럼프 행정부 첫 1년은 워싱턴과 평양 사이에 긴장이 고조되었지만, 그것은 대통령 집무실에 누가 앉아 있든 일어날 일이었을 것이다. 오히려 신임 대통령에게 스타일상 독특한 점이 있었다면, 그의 지지 기반에서 비개입주의 정책이 중요성[26]을 가지고 있었다는 점과 그의 입장이 미국 외교정책 지배층 주류[27]나 갈수록 더 강경해지는 민주당 지배층 다수와는 서로 다르다는 점에서, 충돌의 잠재력을 줄였던 것 같다. 미국 정치 지배층 양측에 속한 수많은 저명한 인사들과 달리, 트럼프 행정부가 북한을 일관되게 합리적 행위자로 보았다는 점은 주목할 만하다.[28] 북한이 합리적 행위자라는 견해는 그의 전임자들이 믿는 것처럼 보이면서도 그만큼 역점을 두지는 않았던 것이다. 양 정당의 저명한 인사들은 버니 샌더스[29]에서 린지 그레이엄[30]에 이르기까지 자신들이 북의 합리성을 믿지 않는다는 것을 분명히 했다.

트럼프 대통령이 사업 경험에 기반해 자신을 "협상 해결사(deal maker)"라 부르는 경우가 많기는 했지만, 아마도 그가 백악관에 가져간 가장 중요한 기술은 흥행사(showman)의 기술('미스 유니버스', '미스 아메리카', '어프렌티스'를 보라.)이었을 것이다. 그것이 연극적인 것에 대한 경험을 갖게 해주어 자신의 지지 기반에 강력하게 반향을 불러일으켰던 것 같다. 그 결과는 북한 무기가 사거리에서 크게 확대된 능력을 보였을 때 나타났다. 그것은 2017년 서방 언론이 미국인들의 목전에 닥친 위협으로 묘사한 사건이었다. 신임 대통령은 전임자들이 했던 것보다 훨씬 더 설득력 있게, 단순하지만 효과적인 수사로 강하게 이야기할 수 있었다.

전임 행정부의 대외정책은 오바마의 설득조 말투와 함께 "말은 부드럽게, 징계는 엄하게"로 보였던 것 같다. 사실 그것은 그들의 단호한 개입주의 및 호전성과 뚜렷하게 상반되는 것이었다. 반면에, 트럼프 대통령은 "시끄럽게 말하는 대신 작은 채찍을 들었다." 2017년 미군에 대한 재정 지원이 크게 늘었지만,[31] 트럼프 행정부의 해외 개입주의의 실제 방향은 종종 호전적으로 비치는 트럼프의 수사와는 크게 달랐다. 따라서 최소한 탈냉전 시기 다른 미국 대통령과 비교해 더 거친 수사가 더 부드러운 손과 거듭 결합했다. 트럼프는 선거 캠페인 중에 중국이 "우리나라를 강간"했다며 맹비난을 계속했던 것과 달리,[32] 집무를 시작한 첫 주에 아시아-태평양 지역에서 중국의 경제적 영향력을 억제하려는 목적으로 참여했던 환태평양경제동반자협정(TPP)에서는 오히려 탈퇴했다.[33] 또한, 시리아 대통령을 "짐승 아사드"를 비롯해 거친 표현으로 부르면서도,[34] 여전히 행정부와 대외정책 지배층 및 다른 서방 국가들의 강력한 반대에 맞서며 시리아에서 미군 철수를 요구하고 있었다.[35] 트럼프 대통령은 베네수엘라 정부의 축출에 목소리를 높였다.[36] 그러나 그는 그런 정책이 행정부 안에서 인기가 높다는 강한 암시가 있고 라틴아메리카에서 미국의 침공과 강제적 레짐체인지 전례들이 있는데도, 군사 작전 바로 앞에서 멈추었다.[37] 집권 첫해에 트럼프 대통령의 정책과 강경한 대북 언사를 가장 정확하게 이해한다는 것은 바로 이러한 맥락 안에서이다.

트럼프 행정부의 대외정책이 한 가지 중요한 측면에서 미하일 고르바초프 임기 말년의 소련 외교정책과 닮아갔다는 사실을 고려하는 것도 중요하다. 양쪽 모두 국가 원수가 군부와 정보기관의 지배층과 뜻이 맞지 않는 현상이 나타났고, 현상 유지에 강하게 저촉되는 정책들을 옹호했다. 그로 인해 결국 지배층들은 점차 대통령과 별도로 대외정책을 이끌어나가게 되었다.[38] 트럼프 행정부에서는 특히 CIA를 비롯한 정보기관들과의 충돌이 반복적으로 표면화되었고,[39] 때로는 대통령이 화해 정책과 긴장 완화를 추구하려 할 때조차 미국 정부 내 다른 기구들이 반드시 협조하지는 않았다. 군부,[40] 국무부,[41] 정보기관들,[42] 유명한 국가안보보좌관들[43]과의 직접적인 불일치가 빈번했고, 분석가들은 이를 정부 내 대외정책 결정을 두고 벌어지는 큰 충돌의 지표로 인식했다.

트럼프 대통령은 북한은 물론이고 시리아와 러시아를 비롯해 전임자들이 타격 대상으로 삼았던 국가들을 상대로 하는 대외정책에서 방향의 변화를 약속했다. 그러나 대립각을 세우는 대외정책 지배층의 힘이 상당한 데다 점점 더 커가는 추세여서, 결국 세 나라의 경우 모두 트럼프의 애초 입장에서 최소한 부분적 수정이 이루어졌다. 특히 북한의 경우, 급속하게 커지는 핵 억지력이 갈수록 더 미국의 목전에 다가온 위협으로 묘사되고 정계와 군부 지도부뿐 아니라 대다수 일반 대중도 강경한 대응을 지지하면서, 평양을 엄하게 다룰 의향과 능력이 신임 대통령의 신뢰성에 가장 중요하게 부상했다.

트럼프의 대북 접근법은 중국에 더 강경한 태도를 보이려는 병행 정책과 밀접히 연관되어 나타났다. 이 전략과 관련한 행정부 관료들의 진술은 영향력 높은 싱크탱크인 외교협회(CFR)44)의 태스크포스가 2016년 보고서*에서 주장한 정책에 글자 그대로 분명하게 나타나 있다. "북한을 향한 보다 분명한 선택"이라는 제목의 보고서는 정치적 스펙트럼 전반에 걸쳐 미국의 대북정책에 대한 의견을 형성하고 트럼프 행정부에도 깊게 영향을 미쳤다. 보고서는 서두에서 북한의 점증하는 핵 억지력에 대한 책임을 중국에 돌리면서 평양에 대한 서방의 강경노선을 보다 적극적으로 지원하지 못했다고 비난했다. 또한, "북한 문제를 미-중 양자 관계의 우선 의제로 끌어올리기 위한 중요한 외교적 노력"을 기울이고 북한을 겨냥한 군사 행동의 위협을 높이라고 주장하

---

* 그 논문은 CFR이 오래도록 주창해 왔으며 중국에 ROK가 주도하는 강제적 통일정책으로 양보하라고 요구해 온 바, DPRK를 레짐체인지하려는데 대한 강한 선호를 보여주는 것이기도 했다(pp. 7, 31, 46). 마찬가지로 북한에 대한 예방 공격의 가능성도 포함하고 있었다(p. 11).

고, 베이징이 이를 따르지 않는 경우 중국의 국경에서 대규모 전쟁을 벌여야 한다고 주장했다.

〈워싱턴포스트〉는 CFR 회원들이란 "우리가 알기에 미국의 지배 체제에 가장 근접하다"는 사람들로써, 대다수 CIA 국장, 국가안보보좌관, 유엔 대사, 연방준비제도이사회 의장, 세계은행 총재, 국가경제위원회 이사, 몇몇 대통령과 부통령, 국무장관 대다수, 연방준비은행 의장 일부, NATO 고위 간부 다수와 군 지휘관들을 포괄한다고 기술했다. 〈포스트〉에 따르면, 외교협회 회원들은 가치관과 세계관을 공유하는 외교정책 지배층을 구성하고, 그들의 역할은 외교정책 분석에 한정되지 않고 정책 형성에 적극적으로 참여한다.[45] 조지 H. W. 부시 대통령의 자문이었고 CFR 회원이었던 프린스턴 대학의 스티븐 F. 코헨은 그 협회를 "용인된, 진정한 정통적 지침을 규정하는" 권력을 가진 "미국에서 최고로 중요한 비정부 대외정책 기구… CFR은 사실상 소련이 특권계급의 최고위층을 부르곤 했던 것에 해당한다"[46]고 설명했다. CFR의 간행물은 미국 외교정책 지배층의 입장에 대한 아마도 가장 좋은 지표를 제공할 것이다. 그리고 정책적 입장은 거의 예외 없이 당대 미국 행정부의 정책에 빈틈없이 반영되어 왔다.

서방이 주도하는 대북 경제 제재를 실행하라고 중국을 압박하고 그것을 베이징이 이행하는지 여부를 향후 미-중 교역 관계에 연계시키는 것은 제삼자를 통해 평양이 서방의 요구에 굴복할 수밖에 없도록 압박하는 방식으로 간주되었다. 트럼프 행정부의 관리들은 향후 중국과의 무역 협상 조건들이 중국의 대북 협력 정도에 크게 영향을 받을 거라고 빈번히 시사했다. 이것은 베이징의 경제 안보를 위협했다.[47] 유사한 압박은 북한의 다른 교역 상대들에게도 마찬가지였지만, 단연코 북한의 가장 중요한 경제적 파트너인 중국에 대한 압박이 특히 결정적인 것으로 보였다. 2016년 오바마 대통령이 현직 트럼프 대통령에게 같은 전략을 주창했다는 점에 주목할 필요가 있다. "북한을 압박하도록 중국을 압박하는" 이 같은 새로운 접근법이 북한 경제를 위기에 몰아넣을 수 있다— 그간 서방의 경제 제재만으로는 해내지 못했다 —고 기대했기 때문이다.[48] 국무부장관 존 케리는 단독으로 같은 전략을 강력히 촉구했다.[49]

궁극적으로 미국의 새로운 접근법은 두 가지 이유로 처음부터 실패할 수밖에 없는 운명이었다. 첫 번째 이유는 서방 진영이 북한의 핵 억지 프로그램을 국제 사회에서 용납할 수 없다고 묘사했지만, 2차 제재에 대한 심각한 반대가 서방 세계와 일본에서 — 이따금 남한과 이스라엘**에서도 — 나왔기 때문이다. 그리하여, 다른 비서방 국가들처럼 중국 역시 제재 실행 자체보다는 실행했다는 환상을 줌으로써 서방의 요구를 회유하는 데 관심을 두었다. 북한과 중국이라는 두 아시아 국가는 서로 침투하기 쉬운 국경을 공유하고 있는 데다, 광범위한 지하 밀수용 터널 망이 있다고 알려졌다.[50] 따라서 서방이 중국의 제재 실행이 더 엄격하게 지켜지는지 확인할 길은 없었다. 전문가들은 설사 베이징이 제한적인 압박을 가한다 해도, 중국과 북한 사이 교역은 "불리한 조

** 북한의 억지 프로그램은 일부 이스라엘 소식통에 의해 안보 위협으로 거론되었다. 그것은 북한 미사일 기술이 이집트와 같은 장래의 잠재적 적뿐 아니라 이란, 시리아, 헤즈볼라, 예멘 안사룰라 연합(Yemeni Ansarullah Coalition)을 포함한 중동 지역의 적들에게 확산된다는 이유였다.

건 아래서도 국경을 넘는 일을 지원할 수 있는 놀랄 만큼 견고한 네트워크"를 통해 일어난다고 평가했다. 중국 당국이 마치 제재가 그들의 목표라도 되는 것처럼 분투한다 해도, 상인들은 규제를 벗어나는 데 고도로 숙달되어 있기 때문이다.51)

두 번째 이유는 미국을 비롯한 서방 진영이 중국이 북한과 맺은 관계의 성격을 – 후자를 전자의 종속국이자 보호국으로, 베이징의 역할을 신제국주의 세력의 역할과 유사한 것으로 – 잘못 이해했기 때문이었다. 따라서 서방 분석가들은 서방이 과거 그들이 다수의 식민지와 맺은 관계의 성격을 북-중 관계에 투사하거나, 혹은 소련이 바르샤바 조약국들과 맺은 관계를 투사하는 것으로 나타났다. 이는 불가피하게 그 관계를 이해하는 데서 심각한 실패로 이어졌다.

서방으로부터 독립을 승인받은 나라들은 그들의 내치 및 외교의 정책 결정에서 광범위하고 지속적인 서방의 영향력을 보였다. 필리핀,52) 남한,53) 일본54)은 그러한 경향을 보여주는 대표적 사례에 속한다. 미국의 경우, 틀림없이 가장 가까이 있는 이웃의 작은 나라들의 주권에 훨씬 더 큰 제한을 가하고 있다. 예컨대, 서방의 시각에서 중앙아메리카 국가인 온두라스가 중국 같은 강대국과 자주적으로 외교 관계를 맺는 일은 생각도 할 수 없는 일이다. 미국의 "뒷마당" 지역의 정책은 워싱턴의 승인 여부에 거의 달려 있기 때문이다. 중국이 북한을 포함한 이웃들과 맺은 관계가 주권에 대한 상호 존중이라는 전혀 다른 모델을 전제로 한다는 점은 미국인들과 유럽인들은 그들의 시스템에 견주어 볼 때 알지 못하거나 어쩌면 이해할 수도 없을 것이다. 바스코 다 가마가 처음으로 인도양을 거쳐 항해한 이래, 수 세기 동안 패권과 제국주의적 지배를 위한 분투는 서방이 비서방 세계와 맺은 관계의 본질에서 핵심이었다.[55] 반면에, 베이징은 국경에 근접해 있건 혹은 해외에 멀리 떨어져 있건 간에 자신들이 패권을 추구하거나 다른 나라의 독립을 침해하지 않는다고 반복해서 강조해 왔다.[56] 북한은 중국에 경제적으로 크게 의존하고 있지만, 여전히 주권과 통치방식에서 대단히 독립적인 상태를 유지하면서도 베이징과 우호적 관계를 유지하고 있다. 이 같은 경우는 중국이 작은 나라들과 맺은 관계를 역사적·현재적으로 말해주는 수많은 다른 사례들을 통해 볼 수 있다.[57]

서방 분석가들은 북-중 관계가 베이징이 평양을 지배하는 신식민지 관계가 아니라는 사실을 - 이념적으로 두 나라 다 너무 싫다는 이유로 - 이해하는 데서 거듭 실패하고 있다. 트럼프 대통령 자신도 여러 차례에 걸쳐 북한이 일종의 중국 신식민지라는 믿음을 내비치면서, 2016년 선거운동 당시 이렇게 말했다. "중국은 북한에 대한 지배력-절대적 지배력-을 갖고 있다. 그들은 아니라고 말하지만 실제로는 그렇다. 그러니 중국은 그 문제를 해결해야 한다… 우리가 중국에 대해 힘을 갖고 있으니 중국은 문제를 해결해야 한다. 나는 경제적으로 중국이 그렇게 하게 만들 것이다."[58] 그런 정서를 표현한 인물이 트럼프가 유일한 것은 아니었다. 2017년 〈포린 폴리시 Foreign Policy〉 매거진은 한반도 위기는 북한에 중국군 수만 명을 영구 주둔시킴으로써 해결될 수 있다고 분명히 제안하기도 했다.[59] 그것은 세계 195개국 대다수에 상시적으로 군대를 파견하고[60] 더 많은 곳에 특수 부대를[61] 파견해 온 미국과 서방의 동반자들에게는 익숙한 제안이었지만, 북한과 중국에는 여전히 낯선 개념이었다.[62] 중국군은 1958년 북한의 전후 복구가 완료된 후 – 미국의 새로운 공격이 있는 경우에만 돌아오기로 하고 – 북한을 떠났다. 두 나라의 5천 년 역사에서, 군대의 해외 상시 주둔은 무시해도 될 정도였다. 이는 또다시 서방 세계의 역사와 극명한 대비를 보여준다. 북한의 완전한 주권과 독립 유지에서 두 번째 구성 요소는 그들 자체의 이념이다. 이것이 그 나라에 대한 중국의 "지배"를 서방의 공상으로 만들었다. 반 잭슨이 논평한 대로, "1960년대 이래 미국 정책입안자들의 전면적인 오류는, 어떤 외부 권력도 지배할 수 없다는 것이 일관된 현실인데도 중국이나 소련이 북한을 지배할 수도 있다는 잘못된 가정이었다."[63] 북—중 관계의 본질에 대한 무지로 인해, 미국과 그 동맹국들이 북한에 대적하도록 중국을 이용하려는 의도는 사실상 실패를 거듭하고 있다.

긴장이 표면화하다

2017년 들어 7개월 동안 군사적 위협과 외교적 압박이 이어졌지만, 평양은 당황하지 않는 것 같았다. 그러자, 코리아의 위기를 다룰 수 있는 미국의 선택지가 급속히 고갈되었다. 북한 경제는 전례 없는 경제 압박에도 불구하고 여전히 안정 상태를 유지했다.[64] 훨씬 더 가볍게 적용되었을 때조차 그런 경제 압박은 이란,[65] 이라크,[66] 베네수엘라[67]를 비롯한 서방의 표적 국가들의 경제를 완전히 파괴한 바 있었다. 북한은 새로운 장비들, 특히 화성-12호와 화성-14호 시험 발사가 각각 5월과 6월에 실행되어 한층 더 증강된 핵 억지력을 보여주었다. 그 사이 군사 행동의 기회는 사라지고 있는 것처럼 보였다. 8월 8일 〈워싱턴포스트〉가 유출된 국방정보국 평가의 일부를 기사화했고, 이번에는 결론적으로 북한이 미국 본토로 핵탄두를 쏘아 올릴 능력이 있다는 내용이었다. 그러자 트럼프 대통령이 이렇게 경고했다. "북한으로서는 미국에 더 이상의 협박을 하지 않는 것이 최선이다. 북한은 세계가 지금껏 본 적 없는 화염과 분노에 직면하게 될 것이다."[68] 그것은 평양이 가장 두려워하는 바로 그 유형의 공격, 즉 집중적인 폭격과 인구 밀집 지역을 겨냥한 핵 공격에 대한 아주 은근한 협박이었다. "화염과 분노"는 미국 대통령 해리 트루먼이 제국주의 일본을 상대로 한 그런 공격, 또 한국전쟁 중에 북한의 인구 밀집 지역을 휩쓸어 파괴한 것과 유사한 폭격을 묘사하기 위해 사용한 용어였다.

북한은 몇 시간 지나지 않아 괌 주변에 "포위 사격(an enveloping fire)"을 일으키는 공격을 고려 중이라고 경고하는 방식으로 미국의 협박에 대응했다. 그것은 최근 화성-12호로 타격 능력을 보여주었던 그 공격을 의미하는 것이었다. 괌 주변 지역은 앤더슨 공군 기지의 근거지였고 북한을 상대로 한 전쟁에서 필수적인 집결지였다. 미국의 중폭격기들이 괌 해군기지는 물론 한반도 상공까지도 정기적으로 모의 훈련을 실시하는 곳이었다. 랜드 연구소 싱크탱크가 수행한 연구에 따르면, 그런 시설들은 화성-12호와 같은 탄도 미사일 공격에 극히 취약해 "심각한 위협"에 놓여 있었다. 설사 그 미사일로 재래식 탄두를 발사하더라도 기지들의 생존 "전망은 암울한" 처지였다.[69] 조선인민군 김락겸 장군은 미국 대통령의 새로운 위협에 이렇게 대응했다. "이성이 결여된 그런 자와는 건전한 대화가 가능하지 않다. 그에게는 오직 절대적 힘만이 통할 수 있을 뿐이다."[70]

평양은 당시 그들의 유리한 입장을 인지하고 있었다. 두 번째 화성-14호 시험 발사가 성공적으로 이루어지고 채 2주일도 지나지 않은 시점에, 북한이 강력한 보복 채비를 갖춘 것으로 보이는 한 미국이 군사 행동에 나설 가능성은 적었다. 조선인민군 전략군은 "괌 킬러(Guam killer)"를 능가하는 억지력이 최근 추가되었다는 사실을 언급하면서, 성명을 발표했다.

> 자신들의 권리인 양 주장하는 "예방 전쟁"이라는 선택지를 오로지 미국만이 가질 수 있겠는가? 미국 본토가 불패의 천국이라는 생각은 백일몽이다. 미국은 조선인민군 전략군의 탄도 로켓이 태평양을 바라보며 발사를 위한 방위각에 집중하면서 상시 대기 중이라는 사실을 분명히 직시해야 한다.[71]

한 달 후, 즉 같은 달 3일 북한이 열핵 탄두를 발사하고, 15일 또 다른 화성-12호를 성공적으로 시험 발사한 직후인 9월 9일 유엔총회 연설에서, 트럼프 대통령은 이렇게 말했다.

> 미국은 엄청난 힘과 인내심을 갖고 있다. 하지만 만약 우리 자신과 우리 동맹들을 지켜야 한다면, 우리는 북한을 완전히 파괴하는 수밖에 없을 것이다. 로켓맨[김정은 위원장]은 지금 자신과 자신의 정권에 대한 자살 특공임무를 수행하고 있다. 미국은 의지도 능력도 다 준비되어 있지만, 이것이 필요하지 않기를 바랄 뿐이다.

대통령의 발언은 북한의 핵 개발을 철회시킬 계획을 실제로 가지고 있다는 신호라기보다는 오히려 힘과 결의를 과시하려는 의도로 보였다. 지난 한 달 동안 대통령이 했던 유사한 발언들은 극도로 호전적인 언어를 사용하기는 했지만, 북한을 겨냥한 특정 유형의 적대행위에 착수하겠다는 위협이라기보다 오히려 가상의 공격에 대해 응징하겠다는 위협이었다.[72] 일부 트럼프 비판자들은 그의 유엔 연설을 심지어 제노사이드 협박으로 묘사하기도 했고, 그것은 어느 정도 사실이기도 했다. 그러나 적대행위에 나설 의지가 있다고 공언하는 것과 보복할 준비가 되어있다는 경고의 차이를 구분하는 것은 중요하다.[73] 하지만 몇몇 분석가들은 그 발언이 외교를 위한 좋은 기회라고 보았다. 혹자는 미국과 북한 대표단이 유엔의 저변에서 비공식적으로 만날 수 있다고 추측했다.[74]

트럼프 대통령의 발언을 균형 잡힌 시각으로 보자면, 이미 북한이 4차 핵실험을 하고 3개월이 지나 신형 잠수함 발사 탄도 미사일을 성공적으로 시험 발사하고 나서 사흘 후인 2016년 4월,[75] 오바마 대통령은 미국이 "우리 무기로 북한을 파괴"할 수 있다고 경고했다. 트럼프는 북한이 미국과 동맹들을 공격한다면, 그 결과에 대해 평양에 경고했다. 그러나 평양이 직접 적대행위를 개시할 가능성이 무시해도 될 정도이거나 전무하다는 점에서 이것은 의미 없는 경고가 된다. 그에 반해 오바마의 위협은 북한을 "파괴"하겠다는 전제로서 북한이 공격에 나서는 상황에 대한 언급이 전혀 없었다. 다수의 보도에 따르면, 오히려 오바마는 당시 백악관 내에서 고려 중이던 대규모 예방 전쟁이라는 선택을 거듭 언급했던 것 같다. 트럼프가 전달한 그 어떤 발언보다 훨씬 더 공격적 의도를 담은 경고였다. 트럼프가 과장된 스타일로 국내에서 "강한 남자"로 지지를 얻었지만, 그는 시끄럽게 말하면서도 공격 의지도 그렇게 할 수 있는 능력도 여전히 높지 않았다.

트럼프 대통령은 훨씬 더 미묘하게 때로는 회유책을 은폐하기 위한 순전히 가상적 맥락에서 극도로 호전적인 수사를 사용한 사례가 있고, 그때가 유일한 경우도 아니었다. 예컨대 2019년 7월 그는 아프가니스탄 전쟁과 관련하여 이렇게 말했다. "만약 내가 그 전쟁에서 이기고자 한다면, 아프가니스탄은 지구상에서 사라질 것이다. 그 나라는 없어져버릴 것이다. 말 그대로 열흘 안에 끝장날 것이다. 하지만 나는 그렇게 하고 싶지 않다. 그 길을 가고 싶지 않다." 그러한 수사는 미 주둔군을 감축하고 파키스탄과 협력해 전쟁 규모를 축소하는 후속 행위를 은폐해주지만, 앞질러가는 비평가들은 그가 양보한다거나 "방어력이 약하다"[76]고 주장할 수도 있었을 것이다. 9월이 되자 워싱턴은 갈수록 더 선택의 폭이 제한되었다. 이미 북한을 상대로 최대 압박을 이미 실행하고 있는 상황에서, 사실상 대응할 능력이 없는 미국의 처지를 트럼프의 과장된 유엔 연설이 효과적으로 가려주었다.

트럼프 대통령의 연설 후, 김정은 위원장은 미국의 국가원수를 "정신 나갔다", "불장난을 좋아하는 불량배, 깡패"라고 조롱하면서, "북한을 완전히 파괴하라고 요구하는 그의 연설에 값비싼 대가를 치르게"[77] 하겠다고 단언했다. 그 후 북한 외무성은 자국 영공에 근접해서 빈번하게 모의 출격에 나서는 미국 폭격기를 격추하겠다고 위협했다. 조선인민군의 보복으로 양국 모두 원하지 않는 사건이 초래되는 상황을 바라지 않는다면 자국 영토에 너무 가까이 들어서서는 안 된다는 경고였다. 또다시 북한이 어디까지 갈 수 있는지와 관련한 모호성이 미국에 압박을 가하는 효과적인 도구로 사용되었다. 미군 지도부는 북한 영토 인근에서 작전을 수행하던 선박과 항공기를 향한 조선인민군의 공격 전례(9장을 볼 것)를 이미 잘 알고 있었다. 그들의 입장에서, 북한이 신형 장거리 억지력에 힘입어 그런 공격에 나설 거라고 확신할 수 있었을까?

무기통제협회의 비확산정책국장 켈시 데이븐포트는 당시 북한의 수사와 태도에 대한 흥미로운 평가를 내놓았다. "내 생각에 북한은 전형적으로 위협에는 위협으로, 도발에는 도발로 대응해 왔다. 어느 정도는, 북한이 트럼프 대통령의 위험하고 호전적인 수사에 대응하고 있다." 데이븐포트는 미국의 위협이 멈춘다면, 북한이 협상에 나설 의향을 간접적으로 표명하고 있다는 점을 주시하면서, 이렇게 언급했다. "만약 미국이 그들의 더 적대적인 가식과 수사를 철회한다면, 내가 보기에는 협상을 위한 기회가 열려 있다."[78] 트럼프 대통령은 자신의 수사적 스타일을 통해 북한의 외무성과 똑같은 언어로 말하고 있었다. 양측 다 상대국에 직접 적대행위에 착수하겠다고 위협하지 않으면서도, 만약 상대가 더 과장된 방식으로 그럴 엄두를 내겠다면 엄청난 보복이 따를 것이라며 서로 위협하고 있었다.

9월이 되자, 미국 지도부 사이에 군사적 해법을 지지하는 여론이 잦아드는 것 같았다. 북한이 새로운 능력을 보여준 데다, 북한의 북쪽 이웃들이 미국의 잠재적 공격에 맞서 강경한 노선을 취했기 때문이다. 하지만 평양을 비롯해 역내 다른 관련국들은 워싱턴의 의지를 믿을 수 없었고, 행정부 내 어떤 정파나 견해가 우세한지도 전혀 확신할 수 없었다. 미국 지도부 내 영향력이 큰 일부 인사들은 조선인민군의 대륙간 사거리 억지력이 실행 가능한지 여전히 의심했고, 자신들이 핵 보복에 직면하는 일은 없을 것이라고 믿으면서[79] 제한적 "코피(bloodednose)" 작전을 고려하고 있었다.

하지만 전반적으로 형성된 공감대는 어떤 군사 행동도 위험이 너무 크다는 것이었다. 북한이 자신들의 능력과 공격에 대응할 수 있는 준비 태세를 보여주었고 어떤 형태로도 반격에 착수할 것이라는 점이 분명했기 때문이다. 이는 미국 본토가 공격받는 전면전으로 확대될 수 있는 높은 위험을 수반했다.

미국이 어쩔 수 없이 점점 더 협상의 길로 향하는 것처럼 보이기는 했으나, 이 단계에서 확신할 수는 없었다. 미국 내 주요 언론사 안에서는 전쟁 준비와 관련한 소문이 도는 등, 훗날 사실이 아닌 것으로 드러났지만 여러 가지 소문들이 여전히 만연했다. 남한 내 미국 민간인들을 대상으로 소개 작전이 준비되고 있다는 소문, 미 해군 수상 선박들이 북한 내 공격 목표들을 유도 시스템에 설정하는 "준비 명령"을 받고 있다는 소문,[80] 태평양 지역에 핵 능력 폭격기가 24시간 경계 태세 – 냉전 종식 후 첫 경계 태세였다[81] –에 들어갔다는 소문이 여기에 포함되었다.

9월 중순 트럼프 대통령의 유엔 연설 직후 긴장의 짧은 소강상태가 11월 말까지 이어지는 것처럼 보였다. 열핵 탄두를 소형화하고 미국 본토와 괌을 각각 위협할 수 있는 2기의 화성-14호와 3기의 화성-12호 미사일 시험 발사를 성공적으로 수행한 북한은 추가 시험 발사에 대해 자진해서 모라토리엄을 개시했다. 다수의 서방 분석가들이 조선인민군이 모라토리엄 개시 전 마지막으로 미사일 시험 발사한 화성-12호 탄도 미사일 발사의 성격이 미국을 도발하는 것을 피하려는 시도로서 평양이 대화를 시작하겠다는 의지의 신호라고 해석한 점에 주목할 필요가 있다. 조선인민군은 괌의 미군 기지 인근 바다에 미사일을 발사하겠다는 과거 위협을 실행하는 대신, 목표물들에서 멀리 떨어진 훨씬 북쪽을 향해 시험 발사했다.[82]

한 달 앞선 8월 14일에 있었던 발사 시험 유예에 이어 김정은 위원장의 발언이 있었고, 미국의 분석가들과 트럼프 행정부 내 모든 관료 사이에서는 널리 화해의 의미- 대화 개시의 가능성[83] -로 받아들였다. 그러나 미국의 반응은 호혜적이지 않았다. 8월 28일 미 국가핵안보국은 신형 전술핵무기 B61-12 중력탄 비행 시험을 공표했고, 이는 북한을 겨냥한 무력시위로 널리 해석되었다. 그 무기는 전쟁 발발 시 조선인민군의 병력 집중과 기갑 편대와 터널 망을 무력화하는 용도로 예상되는 유형이었고, 그런 무기의 공격이야말로 북한이 핵무기 개발로 저지하고자 했던 것이었다.[84] 그 후 미군은 괌의 앤더슨 공군 기지에 816,393개의 폭탄을 재배치했다. 앤더슨 기지는 전쟁 발발 시, 미국의 B-52H, B-1B와 B-2 중폭격기가 북한을 타격하기 위해 출격하는 곳이자 태평양 지역 미 공군 부대의 보급 중추였다. 비록 미군이 명시적으로 공표하지는 않았지만[85] 또다시 이러한 변칙적 배치(irregular deployment)의 표적이 북한이라고 널리 간주되었다.

11월 6일 미 전략사령부는 트위터를 통해 북한을 겨냥한 불길한 핵 위협을 담은 - 오래 계속된 북한의 공포를 이용하는 - 성명을 발표했다.

사령부는 또한 미국이 핵무기를 보관한 "비밀 사일로"를 남한 내에 보유하고 있다고 주장했다. 이는 국제 감시단원들이 남한에서 미국의 핵무기 철수를 확인해주지 않았다는 이유로 평양이 오랫동안 의심해 온 것이었다. 전략사령부는 냉전 종식 후 비핵화한 B-1B 랜서 폭격기가 핵탄두를 발사할 능력을 보유했다는 논쟁적인 주장을 내놓았다. B-1B는 미국의 무기 목록 가운데 유일한 초음속 폭격기였고, 북한 국경에 근접해서 빈번하게 모의 폭격을 수행했다.[86] 60명이 넘는 특수부대(SEAL)- 전쟁 발발 시 북한에 침투해 지도부를 암살하는 임무를 가진 특수작전부대[87] -를 실은 미국의 오하이오급 핵잠수함이 남한에 정박한 후, 이미 위험스러울 만큼 긴장되어 있던 상황을 더욱 악화시켰다.

미 해군은 그 후 얼마 지나지 않아 11월 11일에서 14일까지 동북아시아에서 니미츠급 항공모함과 B-1B를 포함한 여타 자산들이 참여하는 계획에 없던 군사 훈련을 발표했다. 이것은 세계 최대의 중량급인 10만 톤급 군함 세 척이 합동 작전에 배치된 2007년 후로 최초의 일이었고, 임박한 공격을 위한 준비로 쉽게 해석될 수 있었다. 트럼프 대통령에 따르면, 그 가운데 항공모함들에는 중무장한 전투기들- "장대한 F-35 및 F-18 전투기들로 최대 적재한"-로 이루어진 15개 이상의 비행 중대가 배치되었다.[88] 그 후 공군이 남한에 F-22 전투기를 배치하겠다고 밝혔다. F-22는 적의 영공으로 깊이 침투해 북한을 방어하는 고밀도의 공중방어망을 피할 수 있도록 설계된 것으로 미국의 무기 목록 중 가장 정밀한 제트기였다.[89] *** 발표 직후 이처럼 대단히 변칙적인 배치가 모두 이루어졌다.

아마도 북한에 전쟁이 임박했음을 알리는 가장 심각한 위협은 9월 말 미국의 실행 계획과 소개 준비와 관련해 세간의 이목을 끄는 이례적인 조사 직후에 나왔다. 남한 거주 미국 시민들에게 즉시 떠나라고 지시하는 메시지였다. 자국 민간인들이 조선인민군의 보복 공격으로 피해를 입지 않게 하려는 그 같은 비전투원 대피 작전은 북한을 겨냥한 공격에 선행하는 통상적 절차였다. 따라서 평양과 서울 양쪽 다 엄청난 우려에 직면했다.[90] 미 재무부는 훨씬 더 엄격한 2차 경제 제재를 북한에 가함으로써 그 같은 군사적 압박을 완성시켰다.[91] 미국은 북한 지도자의 화해적 발언을 오히려 "나약함의 표시"로, 혹은 트럼프 대통령에 따르면 김정은이 "우리를 존경하기 시작했다"[92]고 받아들인 것처럼 보였다. 그들은 추가로 북한의 화해 발언이 있을 것이고 곧 항복이 시작될 거라고 기대하면서 협상을 통해 긴장을 완화해서는 안 된다고 판단하고, 군사적·경제적 압박에 전념하라는 신호로 받아들였다. 미국의 압박에 똑같이 압박으로 대응하지 않을 때 치명적인 실수가 된다는 것이 판명되고 있었다. 평양으로서는 단 한 차례였던 이번 경우를 통해 그 사실을 확인했다.

일부 분석가들은 평양을 군사적 대응으로 몰아가기 위한 도발이었을 수도 있다고 추정했다. 즉, 미국의 공격이나 추가 제재 또는 다른 형태

*** 가공할 위력을 갖고 있지만 F-22A 랩터는 의문의 여지가 있다. 남한에 배치된 첫 주에 전투기가 공개석상에서 고장을 일으키면서 분석가들에 의해 그 선단에 심각한 문제가 있다는 조짐으로 거론되었다.

의 적대적 행위에 나설 구실로 이용될 수 있었다는 것이다.93) 설사 함정이었다고 해도, 평양은 걸려들지 않았다. 북한은 미국이 더 빨리 불가피하다는 사실을, 다시 말해, 경제 제재가 실패하고 ICBM 시험 발사 이후로는 더는 군사 행동을 실행할 수 없게 된 이상 협상만이 유일하게 나아갈 길임을 깨닫도록 독려하려 했던 게 분명했다. 미국 대북정책특별대표 조윤은 북한의 미사일 시험 유예는 평양이 협상에 진지하다는 신호라고 분명히 말한 바 있었다. 물론 그 같은 시험 유예가 일어났을 때 그것이 미 행정부에 의해 일축되었고, 윤도 개인적으로 그 생각을 떨쳐 버리면서 평양은 분명히 크게 분개했을 것이다.94)

미국은 12월 5일로 예정되어 있던 대규모 비질런트에이스(Vigilant Ace) 합동 공중 훈련을 발표했다. B-1B 및 B-2 폭격기와 F-15 및 F-22 공중 우세 전투기를 포함한 미국의 첨단 무기 시스템이 북한 지도부 암살을 임무로 하는 "참수 부대(decapitation unit)"와 함께 이 목적으로 배치되었다. 그 같은 훈련은 북한을 상대로 한 공격 훈련이었고, 평양으로서는 이것이 바로 전쟁 위협을 초래한다고 여겨 군이 경계 태세에 들어갈 수밖에 없었다. 수만 명의 병력이 대규모로 참여하는 가운데 12월로 예정된 훈련은 그해 3월과 8월에 이은 세 번째였다. 북한은 과거 "침공 훈련'에 그들의 미사일 억지 능력을 보여주는 것으로 일관되게 대응해 왔다. 계획에 없던 12월의 훈련 실행은 긴장이 높아진 시기에 평양이 자체의 무력시위로 대응하라고 경고하는 신호였다.

지역 평화 수호 : 북한의 북쪽 우방의 개입

미국은 북한의 미사일 시험 유예와 협상 요구를 비질런트에이스 훈련 발표로 뻔뻔하게 묵살했다. 이는 평양에 대한 국제적 공감이 한층 더 커지는 결과를 가져왔다. 그리하여, 국제 사회는 비질런트에이스 훈련이 시작되기 5일 전 미국 본토 전역을 상대로 보복할 수 있는 능력을 보여준 화성-15형 ICBM 시험 발사에 대해 전과는 다르게 받아들였다. 즉, 도발이 아니라, 북한이 평화를 위해 도발에 대응하는 차원이었다는 이해가 더 확산되었다. 특히 러시아와 중국은 외무부 성명과 러시아 대통령실 성명을 통해, 보다 책임 있는 당사국이자 긴장 완화를 추구하는 관계자로서 평양에 한층 더 큰 연대를 드러냈다. 러시아 외무장관은 북한을 향한 유엔 주재 미국대사의 "피에 굶주린 장광설"을 거세게 비난하고 러시아는 미국이 전쟁을 벌이지 못하도록 "최선을 다 할 것"이라고 맹세했다.[95] 평양에 대한 이러한 간접적 지지 발언은 곧 의미 있는 행동으로 이어졌다.

중국과 러시아는 전부터 북한을 겨냥한 미국의 어떤 군사 행동에도 레드라인을 긋고 그것을 실행하기 위한 조치를 취해 왔다. 두 나라 모두 유엔에서 "동결 대 동결" 합의를 강력히 옹호했고, 북한은 그에 따라 미국이 군사 훈련 중단을 전제로 전략 무기 시험을 중단했다. 그러나 미국은 북한의 일방적 중단이 아닌 어떤 것도 용납할 수 없다며 거세게 비난하고 북한이 제시한 어떤 양보도 모두 거부했다. 실제로, 유엔 주재 미국대사 니키 헤일리는 상호 양보를 위한 제안을 "모욕적"이라고 언급했다. 평양이 "불량 정권"이라 똑같은 기준을 적용할 수 없다는 것이었다.96) 3월에 미국이 남한에서 대규모 군사 훈련에 착수하자, 러시아는 북한 국경 인근에 S-400 트라이엄프 시스템을 포함한 자국의 장거리 공중방어 시스템을 배치하는 것으로 대응했다. 그 플랫폼은 4백km의 극초음속으로 표적을 요격할 수 있고 동시에 80개의 목표물과 교전할 수 있었다.97) 러시아 외무성이 북한의 미사일 시험 발사가 러시아를 겨냥하거나 러시아의 안전을 위협하지 않는다고 인정함으로써 그런 배치의 이유를 보여주었다. 특히 군부는 북한 영토 위로 발사되는 모든 미사일을 격추할 준비가 되어있다고 밝혔다. 북한 미사일을 위협으로 간주하지 않는다면, 그것은 러시아가 미국의 공격으로부터 북한을 엄호할 자체 공중방어를 전개 중이라는 의미였다. 이런 장비들을 겨냥할 수 있는 상대는 존재하지 않는다.

8월 미국의 두 번째 훈련 중에, 러시아과학아카데미 극동연구소의 한국학센터 선임연구원인 에브게니 킴은 러시아가 북한을 겨냥한 미국의 공격을 막기 위해 북한 영공을 공중방어 범위로 적용할 수 있음을 시사했다. 만약 전쟁이 발발한다면, 적대행위를 개시하는 쪽이 미국이라는 것은 거의 확실하다는 것이었다. 그는 "북한의 미사일은 괌 방향으로 날아가지 않을 것이다. 만약 무슨 일이 일어난다면, 미국의 미사일이 발사될 가능성이 매우 크다. 물론, 우리[러시아의] 공중방어 시스템은 그 미사일들을 요격할 수 있지만, 그런 일련의 사건들을 방지하는 정책을 실행할 필요가 있다."고 말했다.98) 러시아와 북한은 특별히 2015년에 정보와 공중방어 협력에 관한 협정을 조인했다.99) 그리하여, 두 나라는 북한의 영공 방어에 효과적으로 협력할 수 있었다. 북한의 번개-5호를 비롯한 여타 단거리 시스템들이 러시아의 장거리 플랫폼들에 보완적 역할을 할 수 있었다. 러시아의 방공망은 미국이 남한에서 두 번째 군사 훈련을 시작한 2017년 8월 초 경계 태세에 들어갔다.100)

2017년 8월에 미국의 북한 공격에 반대하는 레드라인을 설정한 당사국이 러시아만은 아니었다. 집권 중국공산당과 긴밀한 관계를 맺고 있는 중국의 글로벌타임스는 만약 북한이 먼저 미국과 전쟁을 개시한다면 베이징은 "중립을 유지"할 것이라고 언명했다. 하지만 만약 미국이 먼저 북한에 공격을 개시한다면 중국은 평양을 지원하기 위해 개입할 것이라고 경고했다.101) 같은 달, 러시아가 북한 국경으로 이동하는 것과 나란히, 중국 인민해방군이 북한 국경 인근에 첨단 공중방어 시스템을 배치했다. 9월 초 이 공중방어 부대들은 적군의 급습에 대비할 목적으로 야간 훈련을 실시했다. 전쟁 발발 시 러시아와 중국의 공중방어 부대들이 북한 영토에서 작전을 벌일 채비를 갖추었을 가능성이 있었다. 제공권에 크게 의존하는 미국의 방침을 고려할 때, 북한 영공에 미국 비행기의 접근을 저지할 수 있는 능력은 미국의 전쟁 계획을 심각하게 제약하는 것이었다. 방공 부대들의 배치와 이들이 대응할 태세를 갖추었다는 경고는 조선인민군 자체의 재래식 자산과 핵 자산의 억지 효과를 한층 더 보완해주었다. 이것이 미국이 전쟁을 피해야 하는 이유를 하나 더 추가했다.

방공 부대 배치와 더불어, 중국 해군이 7월 말과 8월 초 북한 연안 황해에서 각각 두 차례 훈련을 실시했다. 두 차례 훈련 모두 분석가들에 의해 미국을 겨냥한 무력시위로 널리 해석되었다. 베이징이 한반도에 군사 행동을 취하겠다는 미국의 최근 위협들을 용납할 수 없다고 간주했기 때문이다. 3차 해군 훈련은 9월에 북한 인근에서 실시되었고, 이때 중국의 전함들은 그들의 가공할 공중방어 능력을 특별히 강조했다. 분쟁 발발 시 적군 비행기와 미사일로부터 북한 영공을 보호하는 데서 그들의 방공 능력이 사용될 수 있었다. 중국 해군 전문가 리 지에에 따르면, 그 훈련들은 "중국이 그 지역에서 안정을 위협하는 어떤 세력도 단념시킬 준비가 되어 있고 단념시킬 수 있다"는 것을 보여주고, 북한을 대한 공격에 나설 수 없도록 미국에 경고할 목적이었다.[102] 중국의 최신형 구축함들이 정교한 4단 대공 미사일 네트워크를 배치했고 적군 비행기와 미사일이 북한 영토에 닿지 못하도록 방해할 수 있었다.[103] 베이징이 평양과 맺은 방위협정 준수는 1980년대 이후 의문시되었고, 이는 서방 세계에서 공격 행위의 지지자들에게 북한 공격을 고려해야 할 이유로 널리 인용되었다.[104] 하지만 중국이 이웃 우방의 방위에 전념하겠다고 강조함으로써, 미국의 공격에 대한 억지력이 추가되었다.

미국은 12월 초에 예정에 없던 군사 훈련을 발표함으로써 북한의 시험 발사 모라토리엄을 중단시켰다. 베이징은 이를 비판하면서, 북한의 방위에 개입하겠다는 자신들의 위협을 안받침할 것이라고 미국과 남한에 강력한 신호를 보낸 것으로 알려졌다. 중국의 신형 J-20 스텔스 전투기들이 첨단 스텔스 능력을 이용해 중국 동북 지역의 기지로 귀환할 때까지 포착되지 않은 채 남한 영공과 서울 인근을 운항했다는 보도가 있었다. J-20은 당시 5세대급 전투기로 전 세계에서 단 3대의 현역 중 하나였다. 남한이 이 보도들을 인정도 부인도 하지 않은 가운데, 그 신형 전투기의 존재는 동북아시아 전역에서 미국과 그 동맹들의 취약한 입지를 한층 더 두드러지게 했을 수 있다.[105] 한편 러시아는 북한 국경에서 1백km 떨어진 곳에서 상당 규모의 실사격 훈련 실시를 위해, 상륙전에서 훈련된 대규모의 해병대를 배치하면서 자체적으로 대규모 무력시위를 벌였다.[106] 러시아 공군 부대들이 참여한 추가적인 실사격 훈련도 실행되었다.[107] 해군 훈련과 거듭된 경고 및 방공망 배치와 결합한 모스크바와 베이징에서 보낸 신호는 그보다 더 분명할 수 없었다. 그것은 미국의 공격은 용인되지 않을 것이며 두 당사국 모두 대응할 의향과 채비를 잘 갖추고 있다는 신호였다.

평양은 그들의 방위 차원에서 베이징이나 모스크바로부터 독자성이라는 방침을 오래도록 추구해 왔다. 그러나 워싱턴에서 예방 타격이 심각하게 고려하면서 긴장이 높아진 시기에, 중국과 러시아의 지정학적 지지와 군사적 능력이 북한에 추가로 보호를 제공함으로써 북한의 자체 억지력을 보완할 수 있게 된 것은 행운이었다. 그런 지원이 군사 행동에 반대하는 워싱턴 내 균형에 영향을 미쳤을지, 아니면 화성-14호와 화성-12호를 비롯한 여타 탄도 미사일과 현대적인 재래식 장비의 시험 발사만으로도 공격을 저지하는 데 충분했을지 여전히 확실하지 않다. 하지만 북한으로서는 신형 탄도 미사일과 소형화된 탄두들의 대량 생산 지시를 내릴 시간 여유가 없었다는 점에서, 2017년 말과 2018년 초까지도 - 가망성은 적을지라도 - 미국의 공격 가능성이 여전히 남아 있었다. 따라서 러시아와 중국의 군사적 지원은 가치가 있었고, 그 영향이 매우 컸다고 볼 수 있다.

1. Evans, Stephen, 'How might Donald Trump deal with North Korea's Kim Jong-un?,' BBC, November 11, 2016.

2. Ko, Dong-hwan, 'Trump up for "hamburger talk" with Kim Jong-un,' Korea Times, June 16, 2016.

3. 'North Korean media paints Trump as "wise politician," Clinton as "dull,"' Fox News, June 1, 2016.

4. Ko, Dong-hwan, 'Trump up for "hamburger talk" with Kim Jong-un,' Korea Times, June 16, 2016.

5. Pramuk, Jacob, 'What Trump said about Afghanistan before he became president,' CNBC, August 21, 2017. Herman, Steve, 'Trump Comments on Withdrawing US Forces from Asia Raise Alarm,' Voice of Asia, July 21, 2016.

6. Gladstone, Rick, 'In Harvard Speech, Merkel Rebukes Trump's Worldview in All but Name,' New York Times, May 30, 2019. Aleem, Zeeshan, 'Macron just slammed Trump's worldview in a rare address to Congress,' Vox, April 25, 2018. Dathan, Matt, 'An EU army is even MORE necessary with Trump as President, EU chief Jean-Claude Juncker says as he presses ahead with plans to build a European military "superpower,"' Daily Mail, November 11, 2016.

7. Gearan, Anne, 'Clinton slams Trump as a dangerous isolationist in American Legion speech,' Washington Post, August 31, 2016.

8. Yi, Yong-in, 'Hillary's Campaign Team Signals Hardline Stance on North Korea,' Hankyoreh, October 17, 2016.

9. 'Clinton's Likely Defense Secretary Says U.S. Should Intensify Sanctions on N.K. Rather Than Negotiate,' Yonhap, October 16, 2016.

10. Jackson, Van, On the Brink, Cambridge, Cambridge University Press, 2018 (pp. 83–84).

11. Song, Jiwon, 'U.S. Official Encourages Plan for N. Korea Collapse,' NK News, May 4, 2016.

12. Yi, Yong-in, 'Hillary's Campaign Team Signals Hardline Stance on North Korea,' Hankyoreh, October 17, 2016.

13. Shorrock, Tim, 'Hillary's Hawks Are Threatening Escalation Against North Korea,' The Nation, October 28, 2016.

14. 'Transcript of the Democratic Presidential Debate,' New York Times, February 5, 2016.

15. 'Sanders Statement on Trump Tariffs,' Sanders.Senate.gov, June 1, 2018.

16. McLaughlin, Elizabeth, 'North Korean Newspaper Endorses "Wise" Donald Trump Over "Dull" Hillary Clinton,' ABC News, May 31, 2016.

17. Sisk, Richard, 'Former US General Calls for Pre-emptive Strike on North Korea,' Defense Tech, December 1, 2016.

18. Lee, Yon-soo, 'Ex-U.S. Military Chief Suggests Pre-emptive Strike on North Korea,' Chosun Ilbo, September 19, 2016.

19. Shorrock, Tim, 'Hillary's Hawks Are Threatening Escalation Against North Korea,' The Nation, October 26, 2016.

20. Jackson, Van, On the Brink, Cambridge, Cambridge University Press, 2018 (p. 93).

21. Ibid. (p. 93).

22. Hayes, Danny and Guardino, Matt, 'Whose Views Made the News? Media Coverage and the March to War in Iraq,' Political Commission, vol. 27, issue 1, 2010 (pp. 59–87). McSmith, Andy, 'Iraq and the Rupert Murdoch connection: The media mogul's network of pro-war campaigners,' The

Independent, July 7, 2016.

23 'Kim Jong Un's 2017 New Year's Address,' KCNA, January 2, 2017.

24 Haberman, Maggie and Sanger, David, '"It Won't Happen!" Donald Trump Says of North Korean Missile Test,' New York Times, January 2, 2017.

25 Ibid.

26 Hemmer, Nicole, 'After the Syria strikes, right-wing non-interventionists are back in the wilderness,' Vox, April 15, 2017. Steinhauer, Jennifer, 'Trump's Opposition to "Endless Wars" Appeals to Those Who Fought Them,' New York Times, November 1, 2019. Thomsen, Jacqueline, 'Trump supporters slam decision to launch strikes against Syria,' The Hill, April 14, 2018.

27 Lee, MJ, 'Donald Trump vs. the Republican establishment,' CNN, October 26, 2015. Reilly, Katie, 'Both Former Presidents Bush Won't Endorse Trump,' Time, May 4, 2016.

28 Davis, Daniel L., 'It's Time to Face the Truth on North Korea,' National Interest, January 2, 2020. Youssef, Nancy A., 'Why the U.S. Considers North Korea's Kim a "Rational Actor,"' Wall Street Journal, December 5, 2017.

29 'Transcript of the Democratic Presidential Debate,' New York Times, February 5, 2016.

30 Friedman, Uri, 'Lindsey Graham: There's a 30 Percent Chance Trump Attacks North Korea,' Atlantic, December 14, 2017.

31 Crilly, Rob, 'Donald Trump orders •3 billion boost to defence spending,' The Telegraph, February 27, 2017.

32 Stracqualursi, Veronica, '10 times Trump attacked China and its trade relations with the US,' ABC News, November 9, 2017.

33 'China's Influence Grows in Ashes of Trans-Pacific Trade Pact,' New York Times, November 20, 2016. Perlez, Jane, 'U.S. Allies See Trans-Pacific Partnership as a Check on China,' New York Times, October 6, 2015.

34 Nussbaum, Matthew, 'Trump blames Putin for backing "Animal Assad,"' Politico, April 4, 2018.

35 Feaver, Peter and Inboden, Will, 'The Realists Are Wrong About Syria,' Foreign Policy, November 4, 2019. Sevastopulo, Demetri and Williams, Aime and Fedor, Lauren, 'House condemns Donald Trump for Syria withdrawal,' Financial Times, October 16, 2019. O'Toole, Gavid, 'Trump's Syria policy dismays Europe as Turkey launches campaign,' Al Jazeera, October 10, 2019.

36 Williams, Aime, 'US commitment to regime change in Venezuela tested,' Financial Times, May 1, 2019.

37 O'Connor, Tom, 'U.S. Military Must be "Ready To Go" in Venezuela, John Bolton Says,' News Week, May 1, 2019. Shesgree, Deirdre and Jackson, David, '"Military action is possible" in Venezuela, Secretary of State Mike Pompeo says,' USA Today, May 2, 2019.

38 Jencks, Harlan W., Some Political and Military Implications of Soviet Warplane Sales to the PRC, Sun Yat Sen Centre for Policy Studies, National Sun Yat Sen University, Paper no. 6, April 1991 (p. 21). Larrabee, F. Stephen, 'Gorbachev and the Soviet Military,' Foreign Affairs, Summer 1988.

39 Weiner, Tim, 'When Trump savages his intelligence chiefs, the "deep state" has reason to worry,' Washington Post, January 31, 2019.

40 Stewart, Phil, 'As Trump warned North Korea, his "armada" was headed towards Australia,' Reuters, April 19, 2017. 'Strategic Confusion,' The Economist, April 22, 2017 (pp. 47–48).

41 Caldwell, Leigh Ann, 'Breakdown in North Korea Talks Sounds Alarms on Capitol Hill,' NBC News, October 25, 2017.

42 Dionne Jr., Eugene J., 'Trump picked Kim Jong Un over the CIA. Is anyone surprised?,' Washington Post, June 12, 2016.

43 Barnes, Tom, 'John Bolton contradicts Trump by saying Syria withdrawal depends on defeating Isis,' The Independent, January 6, 2019.

44 Mullen, Mike and Nunn, Sam and Mount, Adam, A Sharper Choice on North Korea: Engaging China for a Stable Northeast Asia, Council on Foreign Relations, Independent Task Force Report No. 74, September 2016.

45 Harwood, Richard, 'Ruling Class Journalists,' Washington Post, October 30, 1993.

46 Cohen, Stephen F., 'The American Bipartisan Policy Establishment Declares Its "Second Cold War" vs. Russia After Years of Denying It,' The Nation, January 24, 2018.

47 Background Briefing by Senior Administration Officials on the Visit of President Xi Jinping of the People's Republic of China, Washington D.C., April 4, 2017. Baker, Gerard and Lee, Carol and Bender, Michael, 'Trump Says He Offered China Better Trade Terms in Exchange for Help on North Korea,' Wall Street Journal, April 22, 2017.

48 Lee, Dong Hyuk, 'Analysis: What Trump Inherited from Obama,' VOA, June 7, 2018.

49 Kerry John, 'Remarks at the U.S. Navy Academy,' Annapolis, MD, January 10, 2017.

50 'Satellite Spots Cross-border Tunnels,' CRI News, August 25, 2014.

51 Hastings, Justin, 'How North Korea keeps its economy humming despite the sanctions,' South China Morning Post, September 24, 2017.

52 Abrams, A. B., Power and Primacy: The History of Western Intervention in the Asia-Pacific, Oxford, Peter Lang, 2019 (Chapter 5: America in the Philippines: How the United States Established a Colony and Later Neo-Colony in the Pacific).

53 Choe, Sang Hun, 'South Korea Backtracks on Easing Sanctions After Trump Comment,' New York Times, October 11, 2018.

54 Abrams, A. B., Power and Primacy: The History of Western Intervention in the Asia-Pacific, Oxford, Peter Lang, 2019 (Chapter 13: Modern Japan and Western Policy in Asia). 'Stationing American troops in Japan will lead to bloody tragedy—x-PM of Japan,' RT, (televised interview), November 6, 2016. 'Ex-Japan FM: I Told Putin We Follow U.S. Policy as We're Surrounded by Nuke States,' Sputnik, May 22, 2018.

55 Gady, Franz-Stefan, 'How Portugal Forged an Empire in Asia,' The Diplomat, July 11, 2019.

56 'China will never seek hegemony: white paper,' Xinhua, July 24, 2019.

57 Kelly, Robert E., 'A "Confucian Long Peace" in pre-Western East Asia?,' European Journal of International Relations, vol. 18, no. 3, 2011 (pp. 407–430).

58 Evans, Stephen, 'How might Donald Trump deal with North Korea's Kim Jong-un?,' BBC, November 11, 2016.

59 Frye, Alton, 'China Should Send 30,000 Troops Into North Korea,' Foreign Policy, November 28, 2017.

60 Vine, David, 'The United States Probably Has More Foreign Military Bases Than Any Other People, Nation or Empire in History,' The Nation, September 14, 2015.

61 Durden, Tyler, 'U.S. Special Forces Deployed To 70 Percent of The World In 2016,' Ron Paul Institute for Peace and Prosperity, February 11, 2017.

62 Ibid. Turse, Nick, 'Special Ops, Shadow Wars, and the Golden Age of the Grey Zone,' Tom Dispatch, January 5, 2017.

63 Jackson, Van, On the Brink, Cambridge, Cambridge University Press, 2018 (p. 21).

64 Kim, Christine and Chung, Jane, 'North Korea 2016 economic growth at 17-year high despite sanctions: South Korea,' Reuters, July 21, 2017. Lankov, Andrei, 'Sanctions working? Not yet …,' Korea Times, May 29, 2016. Pearson, James and Park, Ju-Min, 'Despite sanctions, North Korea prices steady as Kim leaves markets alone,' Reuters, August 8, 2016.

65 'How Sanctions Affect Iran's Economy,' Council on Foreign Relations, May 22, 2012.

66 Crossette, Barbara, 'Iraq Sanctions Kill Children, U.N. Reports,' New York Times, December 1, 1995.

67 Sachs, Jeffrey and Weisbrot, Mark, 'Economic Sanctions as Collective Punishment: The Case of Venezuela,' Center for Economic and Policy Research, April 2019. Selby-Green, Michael, 'Venezuela crisis: Former UN rapporteur says US sanctions are killing citizens,' The Independent, January 26, 2019.

68 Baker, Peter and Choe, Sang-Hun, 'Trump Threatens "Fire and Fury" Against North Korea if It Endangers U.S.,' New York Times, August 8, 2017.

69 Heginbotham, Eric and Nixon, Michael and Morgan, Forrest E., The U.S.-China Military Scorecard, RAND Corporation, 2015 (Chapter Three, Scorecard 1, Chinese Capability to Attack Air Bases).

70 Serhan, Yasmeen and Gilsinian, Kathy, 'North Korea Answers Trump's Vague Threats. With Specific Ones,' The Atlantic, August 10, 2017.

71 Baker, Peter and Choe, Sang-Hun, 'Trump Threatens "Fire and Fury" Against North Korea if It Endangers U.S.,' New York Times, August 8, 2017.

72 McCaskill, Nolan D., 'Trump Says "Fire and Fury" Warning to North Korea Maybe Not "Tough Enough,"' Politico, August 10, 2017.

73 Kiernan, Ben and Simon, David, 'Donald Trump just threatened to commit genocide,' Washington Post, September 26, 2017.

74 Jackson, Van, On the Brink, Cambridge, Cambridge University Press, 2018 (p. 146).

75 Blair, David, '"We could destroy you," Obama warns "erratic" North Korean leader,' Telegraph, April 26, 2016.

76 Shalizi, Hamid, 'Kabul seeks clarification on Trump talk of wiping out Afghanistan,' Reuters, July 23, 2019.

77 'Kim Jong Un calls Trump "deranged," says he will "pay dearly" for comments,' CBS, September 21, 2017.

78 Boghani, Priyanka, 'The U.S. and North Korea On The Brink: A Timeline,' PBS, February 28, 2019.

79 Luttwak, Edward, 'It's Time to Bomb North Korea,' Foreign Policy, January 8, 2018.

80 DeLuce, Dan and McLaughlin, Jenna and Groll, Elias, 'Armageddon by Accident,' Foreign Policy, October 18, 2017.

81 Baynes, Chris, 'US "to put nuclear bombers on 24-hour alert" for first time since Cold War,' The Independent, October 23, 2017.

82 Jackson, Van, On the Brink, Cambridge, Cambridge University Press, 2018 (p. 143). Choe, Sang-Hun and Sanger, David E., 'North Korea Fires Missiles Over Japan,' New York Times, August 28, 2017.

83 Jackson, Van, On the Brink, Cambridge, Cambridge University Press, 2018 (pp. 141–142).

84 'USAF completes flight tests of B61-12 gravity bombs from F-15E,' Air Force Technology, August 30, 2017. 'The U.S. Military's Development and Testing of the B61-12 Tactical Nuclear Bomb; Why it is Cause for Concern in Russia and North Korea: Part Two,' Military Watch Magazine, August 31, 2017.

85 Willis, Gerald, 'Andersen receives 1.5M pounds of munitions during annual in-shipment,' Defense Visual Information Distribution Service, October 18, 2017.

86 'U.S. military stokes N Korea flames with "secret nuclear silos" claim,' RT, November 16, 2017.

87 Smith, Nicola, 'US Navy Seals tasked with North Korea "decapitation" strike could be part of exercises,' Telegraph, October 17, 2017.

88 'American muscle: Three largest aircraft carriers in the world join for sea drills off North Korea,' National Post, November 9, 2017.

89 'Six U.S. F-22 stealth fighter jets arrive in S. Korea for joint air drills,' Yonhap News, December 10, 2019. 'Raptor has problem after landing during joint war games in South Korea,' Stars and Stripes, December 4, 2017.

90 Jackson, Van, On the Brink, Cambridge, Cambridge University Press, 2018 (pp. 149–150). Lee, Yong-soo, 'Top. U.S. Official in Charge of Evacuations Visited S. Korea,' Chosun Ilbo, September 20, 2017.

91 'Treasury Targets Chinese and Russian Entities and Individuals Supporting the North Korean Regime,' US Department of Treasury, Press Center, Washington D.C., August 22, 2017.

92 Wadhams, Nick and Epstein, Jennifer, 'Trump Says North Korea's Kim Is "Starting to Respect" America,' Bloomberg, August 23, 2017.

93 'US seeks to provoke North Korea by sending F-22 jets to South: Commentator,' Press TV, November 25, 2018. Jackson, Van, On the Brink, Cambridge, Cambridge University Press, 2018 (p. 143).

94 Ibid. (p. 156).

95 'Russia calls U.S. threat to destroy North Korea a "bloodthirsty tirade,"' Reuters, December 1, 2017. Gehrke, Joel, 'North Korea ready to negotiate on nukes with Russia's help,' Washington Examiner, December 1, 2018.

96 Shinkman, Paul D., 'China's "Freeze for Freeze" Plan for North Korea Gets Chilly Reception in U.S.,' U.S. News, September 5, 2017.

97 Bryen, Stephen, 'Russia's S-400 Is Way More Dangerous Than You Think,' National Interest, January 18, 2018. 'Hypersonic Weapons on China's S-400 Missile Batteries; A Key Asset for Retaking Taiwan,' Military Watch Magazine, January 5, 2019.

98 'Vicious Circle: How to Prevent "Guam Missile Crisis" Between US, N Korea,' Sputnik, August 12, 2018. 'Russian East Asian Expert Indicates that Russia's Air Defence Systems Cover North Korea to Deter American Attacks; Could Moscow's Actions Avert War on the Korean Peninsula?,' Military Watch Magazine, August 12, 2018.

99 'CNN: Россия «сдру⋯жилась» с КНДР назло США,' [CNN: Russia "became friends" with the DPRK in spite of the USA], RT, March 15, 2015.

100 'How to Interpret Russia's Growing Surface-to-Air Missile Deployments Near the North Korean Border,' Military Watch Magazine, August 11, 2017.

101 Blanchard, Ben and Oliphant, James, 'Chinese State Media Says China Should be Neutral if North Korea Attacks the U.S.,' Time, August 11, 2017.

102 Lo, Kinling, 'China "shoots down incoming missiles" during exercise over waters close to North Korea,' South China Morning Post, September 5, 2017.

103 'Armed to the Teeth; China Adds Two 7,500 Ton Type 052D Class Destroyers to its Fleet,' Military Watch Magazine, May 12, 2019.

104 Luttwak, Edward, 'It's Time to Bomb North Korea,' Foreign Policy, January 8, 2018. Schneider, Jacquelyn, 'Chinese Military Involvement in a Future Korean War,' Strategic Studies Quarterly, 2010 (pp. 50–67).

105 'China Allegedly Sends Cutting-Edge Jet to Eye US-S Korea Joint Air Drill,' Sputnik, December 10, 2017. 'China's stealth jet may have done flyover of S Korea,' Asia Times, December 7, 2017.

106 Nevett, Joshua, 'Vladimir Putin orders 1,000 Russian marines to OPEN FIRE close to North Korea border,' Daily Star, December 5, 2017.

107 'Pilots suppress hostile manpower at drills, Primorsky Krai,' Ministry of Defence of the Russian Federation, December 21, 2017.

16장
북한이 승리했다?

힘을 통한 평화

북한은 화성-15호 ICBM의 시험 발사로 미국 본토 전역에 대한 타격 능력을 합리적 의심의 여지 없이 입증했다. 하지만 시험 발사가 있기도 전인 2017년 말에 이미 북한이 수십 년에 걸쳐 미국과 오랜 교착상태를 이어온 이 중요한 시점에 승리를 거둔 것처럼 보였다. 북한이 화성-12호 "괌 킬러"와 화성-14호 ICBM을 포함한 미사일에 장착할 핵탄두를 소형화할 수 있는 능력을 확보했다는 사실이 미 정보기관에 의해 확인된 직후,1) 평양이 동북아시아에서 미국의 군사행동을 저지할 실질적인 수단을 갖고 있다는 합의가 형성되기 시작했다. 실제로, 다음날 〈포린폴리시 Foreign Policy〉는 "게임 끝, 북한이 승리했다."라는 제목의 기사를 실었다. 기사를 시작하는 문장은 미국 내에서 어떤 자각이 생겨나고 있는지 보여주었다.

도널드 트럼프는 그가 하고 싶은 대로 모든 일에 투덜거릴 수 있지만, 우리는 이제 미국의 힘이 어느 때보다 중요하지 않은 세상에 살고 있다. 〈워싱턴포스트〉는 어제 [미 정보기관을 인용하여] 북한이 미국을 타격할 수 있는 신형 대륙간 탄도 미사일을 포함해 그 나라의 미사일을 무장할 수 있는 소형 핵무기 비축분을 대규모로 갖고 있다고 보도했다. 그것은 다른 말로 하면 이렇다. 게임은 끝났다.[2]

평양이 사실상 승리했다는 것은 미국과 러시아의 주요 언론매체들이 다 함께 동의하는 몇 안 되는 이슈 중 하나로 판명되었다. 1월 초 러시아 저널리스트들과 만난 자리에서, 블라디미르 푸틴 대통령은 이렇게 말했다. "나는 이번 회전에서 김정은 위원장이 승리했다고 믿는다. 그는 지구상 거의 어느 곳에도 혹은 최소한 그의 잠재적 적국의 영토 어디에도 닿을 수 있는 핵무기와 사거리 1만3천km에 이르는 미사일[화성-15호]을 갖고 있다. 그는 이미 굉장히 영리하고 성숙한 정치가이다."[3]

평양이 핵 억지력의 진보를 이룬 데 더하여, 북한 경제도 미국과 서방 세계가 가하는 압력을 예상보다 훨씬 더 잘 견뎌내고 있었다. 이란, 이라크, 베네수엘라와 극명한 대조를 보이면서, 북한의 생활 수준은 안정을 유지했고 쌀과 옥수수 같은 주요 상품 가격도 마찬가지였다. 달러 대비 원화 가치는 그다지 변화가 없었다.[4] 경제전쟁(economic warfare) 방식을 통해 가하고자 했고[5] 서방의 다른 표적 국가들에는 성공적으로 안겼던[6] 불안정과 고통이 38선 이북에는 부재했다(20장을 볼 것).[7] 미국의 군사적 선택지가 사라지고 아울러 제재 또한 기대한 효과를 내지 못하는 가운데, 워싱턴이 협상을 배제하고 위기를 끝낼 선택지는 없었다.

화성-15호 시험 발사로부터 정확히 2주일 후, 렉스 틸러슨 미 국무장관은 이제 불가피해진 변화, 즉 워싱턴의 대북 정책에 나타난 중대한 변화를 예고했다. 그는 대서양위원회에서 지난 10년간 유지해온 미국의 태도에서 크게 벗어나 이렇게 말했다.

> 북한이 원한다면 어느 때라도 대화할 준비가 되어 있다. 우리는 전제조건없이 첫 번째 회동에 나설 태세가 되어 있다. 원한다면 날씨 얘기로 시작할 수도 있다. 사각 테이블이건 원형 테이블이건 상관없이 대화하자. 당신들이 기대할 수 있는 것이라면. 최소한 앉아서 서로 얼굴을 마주 볼 수 있다면, 그런 다음에는 우리가 기꺼이 함께 걸어 나갈 로드맵을 작성할 수 있다. 하지만 적어도 우리가 마주 앉을 수 있어야 한다.

틸러슨은 트럼프의 전임 오바마 행정부의 방침과 완전히 모순되는 자신의 발언에 담긴 의미를 한층 더 분명히 하고자 이렇게 말했다. "그들이 프로그램을 단념할 생각으로 협상에 나올 때만 대화할 수 있다는 것은 현실적이지 않다. 그들이 핵 프로그램에 투자한 것이 너무 크다."[8] 오바마 행정부는 그 현실을 인정하지 않았다. "매파적 개입(Hawk Engagement)"[9] 방침에 따라 협상을 배제할 작정으로 대화 시작 전에 북한에 일방적 무장해제를 고집했고, 그것이 임기 내내 협상에 핵심적 장애로 작용했다.

아마도 틸러슨의 발언이 나온 것은 협상이 진행되는 한 군사적 선택지가 배제된다고 전제했기 때문이었을 것이다. 그렇기에, 대화 재개를 향한 기회를 마련하는 일은 북한을 겨냥한 군사행동에 착수하자는 트럼프 행정부 내 다른 인사들의 요구[10]에 대한 대응으로 보일 수 있었다. 그들이 요구하는 군사행동은 아시아-태평양 지역의 미군과 미국 본토 전역에 대한 핵 보복이라는 유령을 깨어내는 것이었다. 심지어 당시 지지받고 있던 제한적인 "코피(Bloody Nose)" 작전조차 전면전으로 확대될 위험을 감수해야 했다. 의원들은 코피 작전을 "북한 정권을 완전히 해체할" 작정으로 "그 정권을 겨냥한 전면전"이라 지칭했다.[11] 그런 작전에는 미국 본토에 대한 핵 공격을 포함한 북한의 전면적인 보복이 뒤따를 수밖에 없었다. 최근 러시아와 중국이 그들의 우방을 미국이 공격한다면 무관용 원칙으로 대응하겠다고 주장하는 상황에 비추어 볼 때, 두 나라와 전쟁을 치를 위험도 감수해야 했다.

당시 트럼프 행정부 내 다수 인사들의 합리성은 의심스러웠다. 미국 도시들을 향해 핵 보복을 불러올 위험성이 큰 공격을 여전히 다수가 지지했다. 보도된 바에 따르면, 특히 CIA 국장 마이크 폼페이오, 국방장관 제임스 매티스, 부통령 마이크 펜스, 국가안보좌관 H. R. 맥마스터, 주한 미 대사 해리 해리스를 포함한 국가안보회의 내 다수를 포괄했다. 분석가들과 북한에 대한 어느 정도의 전문성을 가진 관리들 사이에서는, 공격이 상당한 보복에 직면하게 된다는 일치된 합의가 있었던 반면, 행정부 내 다수는 그렇게 믿지 않는 것 같았다.[12] 이로 인해 오랫동안 이성의 목소리로 여겨졌던[13] 틸러슨 장관이 전제조건 없는 협상이라는 새로운 제안으로 긴급히 긴장을 줄여 보려 했을 수도 있다. 이로써 최소한 화성-15호 발사 후 과잉 흥분이 가라앉을 때까지 일시적으로 공격의 개시가 유예될 수 있었다.

담론이 점점 더 매파적으로 되어 가고 오바마 행정부의 임기 말 몇 달 간의 분위기를 닮아가기 시작하자, 백악관은 틸러슨의 화해 발언을 24

시간 만에 철회했다. 공식 성명은 다음과 같았다. "행정부의 견해는 북한과 어떤 협상을 하더라도 그 정권이 근본적으로 그들의 행위를 개선할 때까지 기다려야 한다는 데 일치되었다… 분명히 지금은 때가 아니다."14) "개선된 행위"가 무엇을 의미하는지는 분명하지 않았다. 불과 몇 달 전 북한이 제시한 핵과 미사일 시험 유예와 화해 성명은 더 큰 압박과 더 큰 위협에 직면했을 뿐이었다. 워싱턴은 화성-15호가 보여준 능력과 소형화된 탄두와 재돌입 장치에 대한 새로운 정보로 발등에 불이 떨어졌지만, 평양을 다루기 위한 새로운 전략은 아직 고안해내지 못하고 있었다. 행정부 관리 중 틸러슨은 북한이 제재에 대한 상당한 회복탄력성과 실행 가능한 억지력을 보여준 이상 미국에 남은 유일한 선택지는 외교뿐이고 조만간 협상장에 나가지 않을 수 없게 되었다는 점을 인식하는 데서 가장 앞서 나갔던 것 같다.

김정은 위원장은 전년에 이어 상당히 누그러진 어조로 2018년 신년사 속에서 전략적 상황에 대한 평가를 이렇게 내놓았다.

> 우리는 우리의 일반적 지향과 전략적 목표를 성공적으로 달성했고, 우리 공화국은 마침내 어떤 세력도 그 무엇도 되돌릴 수 없는 강력하고 믿음직한 전쟁 억지력을 보유하게 되었다. 우리나라의 핵 무력은 미국의 어떤 핵 위협에도 대응할 수 있고 좌절시킬 수 있으며, 미국이 모험적인 전쟁을 개시할 수 없도록 강력한 억지력을 갖추고 있다. 미국이 감히 우리나라를 겨냥한 전쟁을 일으키지는 못할 것이다. 미국의 본토 전체가 우리의 핵 공격의 사정거리 안에 있고, 핵 단추는 항상 내 집무실 책상 위에 있다. 미국은 이것이 단지 위협이 아니라 현실이라는 사실을

분명히 알아야 한다.15)

김 위원장은 자신이 위협을 만들어내고 있는 것이 아님을 강조했고, "핵 단추"를 언급함으로써 자신이 중앙집중화된 명령권을 갖고 있으며 북한의 핵무기에 대한 통제권을 갖고 있음을 강력히 시사했다. 그것은 확실성과 속도와 통제를 최대화하는 것이고, 평양이 잠재적 공격에 신속하게 대응할 수 있게 하여 사실상 예고 없이 보복 발사 실행을 가능하게 하는 것이었다.

평양은 남한의 새 정부가 서방 진영과 긴장을 완화할 잠재적 경로를 제공한다는 사실을 인식하고 서울과 관계를 개선하는 방향으로 움직여 나갔던 것 같았다. 그리하여 김 위원장의 신년 연설은 남북한의 화해를 제안했다.

> 올해는 남과 북 모두에게 뜻깊은 해로, 이북에서 인민들은 공화국 건국 70주년을 기념할 것이고 이남에서는 상서로운 행사인 동계올림픽 경기가 열릴 것이다… 북과 남은 상황을 악화시킬 수 있는 어떤 것도 하지 않아야 할 것이며, 군사적 긴장을 완화하고 평화적 환경을 조성하기 위해 공동의 노력을 기울여야 할 것이다. 남한 당국은 데탕트를 위한 우리의 진지한 노력에 긍정적으로 응답해야 한다… 그리고 외부 세력과 함께 벌이는 모든 핵전쟁 훈련을 중단해야 한다. 그런 훈련들은 이 땅을 화염에 휩싸이게 하고 우리의 신성한 영토에 유혈 사태를 낳을 것이기 때문이다. 또한, 미국으로부터 핵무기와 침략군을 들여오는 어떤 행위도 금지해야 한다.16)

북한과 남한, 서방 진영은 대결 중인 나라 간에 정치적 수사와 매스컴 보도가 흔히 그렇듯이, 서로를 매우 과장된 선전 용어로 부르고 있었다. 예컨대, 북한은 남한을 "꼭두각시 정부"로, 미국을 "미 제국주의자들"이라 불렀다. 한편, 서방 소식통들은 거의 이구동성으로 북한 지도부를 극도로 개인화하여 "김 정권", "김 왕조"로 부르고, 북한을 다른 모든 묘사를 배제하고 "독재 국가"나 "군주제"로 칭했다. 국민 전체보다 국가원수 개인에 대한 악마화가 더 쉬웠기 때문에 북한 지도자들 개인에게 초점을 맞추는 방식이 오랫동안 채택되었다. 예컨대, 미사일은 대개 "북한 미사일"이 아니라 "김의 미사일"이었고, "아사드 정권", "푸틴의 러시아", "아야툴라 정권"은 서방에서 유사하게 보도된 국가들의 유명한 예시들이다. (실제로, 미국 내 좌파들은 종종 "트럼프 정권"으로 부르기도 했고, 그것이 미국 내 적대감과 양극화의 수준이었다17) 따라서 어느 쪽도 상대를 "공화국"으로 지칭하거나 적을 "정부"나 "지도부"로 지칭하는 경우가 드물었다. 그 대신 과장된 선전 용어를 압도적으로 사용했다. 이 점을 고려할 때, 김정은 위원장의 연설에서 "꼭두각시 정권"을 비롯해 유사한 선전 용어로 부르지 않고 "그들의 공화국"이라고 인정한 것은 그 자체로는 사소해도 남한과 함께 화해를 향해 협력하겠다는 인식과 의지를 보여주는 매우 의미심장한 신호였다. 비록 서방의 언론매체들은 여전히 과거 선전 용어를 유지하고 있었지만, 훗날 도널드 트럼프 대통령은 평양과의 관계에 가교를 놓으려는 노력의 일환으로 어조에서 크게 부드러워진 형태까지는 아니라 해도 유사한 변화를 채택했다.

워싱턴이 평양의 새로 얻은 힘에 굴복하는 것처럼 보이지 않으면서도 북한과 위기를 누그러뜨릴 방법을 필사적으로 필요로 한 바로 그 시점에, 문재인 신임 대통령 치하 남한은 외교적 주도권을 갖고 대응했다. 주도권이 드러난 시기를 볼 때, 서울이 미국의 지도부 내 정파의 적극적 지지를 받지는 않았더라도 암묵적으로 고무되었음을 알 수 있다. 최소한 두 코리아 간에 조속히 새로운 데탕트로 가는 상황을 망가뜨리는 미국의 조치는 전혀 없었다. 아마 2017년 11월 이전이라면 그렇게 될 가능성이 컸을 것이다. 미국이 코리아에 광범위하게 영향을 미치고, 어떤 협상도 좌초시킬 수 있는 능력이 있는 데다, 국무장관 틸러슨의 평화 기획을 백악관이 탈선시킨 점을 고려할 때, 문 정부의 행동은 미국의 이익과 부합되는 것으로 받아들여졌다. 그 후 트럼프 행정부는 올림픽 경기를 위해 대규모의 키리졸브 훈련과 독수리 훈련을 연기하라는 요구에 동의했다. 이에 대해 북한은 핵과 미사일 시험 발사 자체 유예를 유지했고, 이는 대규모 군사훈련 연기와 더불어 비공식적인 "동결 대 동결"처럼 보였다. 그 후 1월에 열린 남북 고위급 회담은 양 당국이 화해적 성명을 만들어내는 것으로 이어졌다.

2월에 북한 최고인민회의 상임위원장 김영남이 고위급 대표단을 이끌고 서울에 왔다. 김정은 위원장이 집권 6년간 아직 해외여행을 하거나 전권을 맡지 않은 상태에서, 상임위원장은 외국을 방문하는 최고위급 관료였고, 여러모로 북한에서 가장 강력한 인물이었다. 그는 "왕좌의 배후 인물" – 젊은 위원장이 공식 얼굴인 북한의 수뇌부 –로 불렸다. 이는 김영남이 91세로 은퇴하는 2019년 4월까지 유지되었고, 3개월 후 김정은이 국가원수로 지명되었다.[18]

김 상임위원장은 김정은 위원장의 여동생 김여정과 동행했고, CNN은 김여정이 자신의 매력과 화해의 긍정적 메시지로 올림픽 경기에서 "관심을 독차지했다"고 보도했다. 미국의 언론 매체들은 북한을 나치 독일에 비유하고 김정은 위원장을 "잔혹한 독재자"로 지칭해 왔지만, 김일성의 카리스마 넘치는 손녀딸이 국가원수와 함께 서울을 방문함으로써 갖게 된 강력한 영향에 주목하지 않을 수 없었다. 그들은 이렇게 보도했다. "만약 '외교 댄스'가 동계 올림픽 종목에 있었다면, 금메달은 김정은의 여동생이 유력했을 것이다. 미소와 악수, 대통령 방명록에 쓴 따뜻한 메시지로, 김여정은 평창 올림픽 경기 단 하루 만에 대중의 마음을 사로잡았다."[19] BBC가 "매혹적"[20]이라고 묘사하고, 다른 매체들이 "미녀 부대"라고 묘사한, 통일기를 든 북한의 응원단 또한 관심을 독차지했고, 유에스에이 투데이(USA Today)는 "이번 올림픽에서 가장 지울 수 없는 기억 중 하나"[21]라고 묘사했다. 남한 대통령 문재인은 직접 청와대에서 북한 김정은 위원장에게 보내는 친필 초청장을 여동생 김여정을 통해 북한에 전달했고, 특사와 송이버섯과 풍산개에서부터 2백 톤의 감귤에 이르기까지 상징적 선물 교환이 이내 시작되었다. 고위급 회담과 2032년 올림픽 공동 유치를 위한 계획도 수립되었다.

2018년 초의 화해 분위기에도 불구하고, 워싱턴 내 일부 강경파들은 – 아마도 대통령의 바람에도 불구하고 – 그 분위기를 훼손하기로 작정한 것 같았다. 올림픽 중에 북한과 미국 대표단 간에 부대적인 논의들이 있을 것으로 예견되었으나, 행정부 내 가장 강경파에 해당하는 마이크 펜스 부통령이 이끈 미국 대표단이 그 같은 희망을 단념시켰다. 부통령은 올림픽에 가는 길에 일본에 들러 "북한을 겨냥한 지금껏 없었던 가장 엄격하고 가장 공격적인 경제제재"를 약속하면서, 강경 노선을 거듭 강조했다.22) 펜스는 1년 전 미국인 학생 오토 웜비어를 억류 중 살해했다며 북한을 비난하는 그의 아버지를 올림픽에 초청했고(부록 Ⅱ를 볼 것), 평양을 거듭 맹렬히 비난하고 천안함 추모비를 방문해 반북 탈북자들의 이야기를 경청했다. 펜스는 대북 협상을 개최하기 위해서가 아니라 북한 대표들에게 직접 위협을 가하는 기회로 대표단과의 회동을 이용할 작정이었고, 북한 측은 만남을 즉각 취소한 것으로 알려졌다.

펜스의 비서실장은 남북 화해를 "그들[북한]의 선전을 위한 세계무대"이며 "올림픽에서 멋진 사진 작전으로 살인 정권을 눈가림하려는"23) 시도라며 가장 거친 말로 비난했다. 2018년을 여는 몇 주가 북한에는 적들과의 관계에서 전환점이었다. 부통령은 그것을 사전에 막으려 했던 많은 이들 가운데 단지 한 명일 뿐이었다. CIA 국장 폼페이오는 또다시 북한에 대한 미국의 공격 가능성24)을 강하게 내비쳤고, 존 볼턴과 에드워드 루트와크 같은 영향력 있는 인사들은 각각 북한에 대한 미국의 즉각 공격을 법적으로 정당화하고25) 공개적으로 요구하는26) 눈에 띄는 기사들을 기고했다. 앞서 언급한 대로, 특히 루트와크는 그 주장이 불쾌감을 자아낼 정도로 거칠었다. 그러는 사이, B-2와 B-52H 핵 탑재 가능한 대륙간 사거리 폭격기들이 괌에 추가로 배치되었다. 후자는 민감한 남북 대화와 바로 동시에 일어났다.27)

트럼프 대통령 자신은 오히려 올림픽 데탕트의 성공에 대한 칭찬을 기분좋게 받아들이는 것처럼 보였다. 그가 남북 화해에서 무대 뒤 역할을 했다는 소문을 고려할 때, 이는 어느 정도 근거가 있을 것이다. 그 후 그는 행정부 내 매파들에게는 유감스럽게도 북한에 대한 거친 비판을 중단했다. 문재인은 대체로 북한과 화해 약속을 내건 덕분에 당선되었고, 2017년 5월 초 대통령으로 당선된 이래 그 점을 장점으로 내세우기도 했다. 그러나 그해 내내 그 정책을 밀고 나가지 말라는 미국의 설득을 따르면서 거의 아무런 진전도 보지 못했다. 따라서 문재인의 정책이 돌연 성공을 거두게 된 것은 미국 지도부 내 특정 분파의 승인이 있었다는 것을 의미했다. 만약 문의 주도권에 맞서 트럼프 행정부가 더 강경한 노선으로 단합했다면, 2000년대 초반 조지 W. 부시 행정부가 김대중 정부의 화해 정책에 반대했을 때와 마찬가지로 별 어려움 없이 남한 정부의 새로운 정책을 좌초시킬 수 있었을 것이다.

서울의 중재 : 남한의 복잡한 입장

올림픽 직후 문 대통령의 특사 정의용과 서훈이 북한으로 파견되었고, 이어 곧 워싱턴으로 날아가 트럼프 대통령을 만났다. 그들이 미국으로 가는 중에, 청와대는 북한 관리들과 만난 결과를 바탕으로 다음과 같이 성명을 발표했다.

> 북한 측은 비핵화 의지를 분명히 밝혔다… 북한은 만약 그들을 겨냥한 군사적 위협이 제거되고 안보가 보장된다면, 핵무기를 유지할 이유가 없다고 분명히 밝혔다… 북측은 비핵화 및 미국과의 관계를 정상화하는

문제에 관해 미국과 기꺼이 진심 어린 대화를 하겠다는 의지를 표명했다… 대화가 계속되는 동안, 북한은 핵과 탄도 미사일 시험 발사와 같은 어떠한 전략적 도발도 시도하지 않겠다고 했다.28)

북한 언론이 그런 보도를 전혀 하지 않은 점이 눈에 띈다. 또한, 평양은 북한의 일방적 비핵화가 아니라 "한반도의 비핵화"를 의미했다고 알려졌다. 1990년대부터 북한은 적절한 조건에서라면 기꺼이 비핵화하겠다는 의사를 표명해 왔다. 그런데 그처럼 불특정한 조건은 순전히 이론상의 것일 수도 있었다. 그리하여 워싱턴과 서울로서는 비록 무언가 진정성 있는 구체적인 약속은 없었을지라도, 그런 세부사항을 모르는 체하고, 평양의 한반도 비핵화에 대한 이론상의 약속을 대화를 위한 미국의 핵심 전제조건을 충족하는 북한 측의 양보라고 주장하는 것이 크게 유리했다. 정작 자국의 태도를 바꿔야 할 형편에 처한 것은 미국이었고 북한의 입장은 사실상 변하지 않은 채 남아 있었지만, 평양의 성명에 대한 그럴듯한 의견 제시는 미국이 자신들의 패배처럼 보이게 하지 않으면서 협상을 시작할 수 있게 해주었다. 이것은 일대일 협상이 될 것이고, 전제조건- 중대한 양보 -없이 이루어질 것이었다. "최대 압박(Maximum Pressure)"에 깊이 관여해 왔던 미국과 서방 진영은 체면을 살릴 수 있었고, 대화의 시작은 거친 수사의 변화와 긴장 완화를 가능하게 했다. 아무리 작은 것이라도 남북 화해를 위한 여지를 제공함으로써, 남한의 문재인 정부도 자체 의제를 실행할 수 있는 재량권이 더 커졌다.

백악관은 북한을 압박하는 데서 실패한 것을 경제제재와 군사적 압박

정책의 승리로 돌리고자, 대화 개시가 "우리의 최대 압박 작전이 북한과 대화에 필요한 적절한 환경을 만들어내고 있다는 또 다른 증거"[29]라고 주장했다. 다수의 서방 소식통들도 이 표현을 재빨리 따라 했다. 심지어 일방적으로 북한을 거듭 비판하고 유엔을 통해 서방이 획책한 경제전쟁을 강력하게 지지했던 포르투갈 정치인인 유엔 사무총장 안토니우 구테흐스조차 서방이 입안한 제재가 평화의 촉진제라며 찬사를 보냈다. 그는 북한의 평화적 비핵화가 "현재 진행 중"이고, 그 이유는 안보리가 "하나 되어 매우 강력하고 의미 있는 일련의 제재 조치를 실행할 수 있었기 때문"[30]이라고 말했다. 이 해석이 당시 서방의 이익에 부합했을뿐더러 2017년의 실질적 패배 이후 체면을 살리는 데서 핵심적 역할을 했다. 하지만 평양의 움직임과 서방의 압박을 분석하고 그런 분석을 근거로 빈틈없이 검토할 때, 그 논리는 반박될 수밖에 없었다. 실제로, 구테레스 사무총장이 지지한 "최대 압박"과 가혹한 제재가 오히려 평양이 억지 프로그램을 가속화하게 만들었다는 평가가 폭넓은 공감을 얻었다.[31]

트럼프 행정부가 북한과 대화에 이르게 된 배경을 그럴듯하게 제시할 수 있게 해주는 것은 대화의 성공을 보장하는 데서 여전히 중요한 요소로 남아 있었다. 다시 말해, 북한의 억지력으로 인해 트럼프 행정부에 선택의 여지가 없어졌기 때문이 아니라, 미국 주도 압박 전략의 성공적인 결과로 돌릴 수 있게 해준 것이다. 트럼프 행정부는 평양에 협상 조건을 받아쓰게 하려는 것이 현실적으로 가능하지 않고 완전한 비핵화를 강제하는 것도 점점 더 어려워 보임에도 불구하고, 행정부로서는 이처럼 중요한 사안에서 정치적으로 패배를 인정할 여력이 없다는 사실을 점차 인식해 가고 있었다. 국익센터(Centre for the National Interest)의 코리아 연구 센터장 해리 J. 카자니스가 논평한 대로, 북한은 가까운 장래에 핵강국으로 남게 될 것이었다.

현실을 직시하면 남에게 인정받지 못하게 되는 국내정치가 있다. 미국 정치인 중에 자신이 미국이 북한의 핵무기 개발을 막지 못했다는 사실을 인정한 인물로 역사에 남겨지기를 바라는 없다는 사람은 없다. 자신의 명성과 정치적 이익에 손상을 감수하면서, 적국에 공격 수단을 넘긴 인물로 기록되기를 원하는 사람도 없다. 어느 행정부나 개인이라도 그 같은 비난을 받아 마땅하지 않겠지만, 낙진(fallout, 이 용어를 용서하시길)은 이루 헤아릴 수 없을 것이다.[32]

따라서 워싱턴과 평양 양측은 마찬가지로 미국이 한 발 뒤로 물러서는 모든 움직임을 인식하고 있었고, 북한의 핵 지위(nuclear status)가 명시적이기보다는 미묘하고 점진적이며 암시적이어야 한다는 사실도 암묵적으로 인식하고 있었던 것 같았다.

정 특사와 서 특사의 워싱턴 도착으로 또다시 트럼프 대통령과 그의 행정부 내 매파의 입장 사이에 극명한 차이가 드러났다. 대통령은 트위터에 이렇게 썼다. "북한과의 대화에 진전이 일어나고 있다. 모처럼 관련 당사자들 모두가 진지한 노력을 기울이고 있다. 세계가 지켜보며 기다리고 있다! 어쩌면 헛된 희망일지도 모르지만, 미국은 어느 쪽이건 최선을 다할 준비가 되어 있다."[33] 트럼프는 여전히 그 내용이 알려지지 않고 있는 – 북한 감옥에 수감 중인 미국인 3인의 조기 석방을 약속하는 내용으로 추정되는 – 김정은의 편지를 받고, 재빨리 매파들과 거리를 두기 시작했다. 그의 어조와 행동은 다시 한번 부통령과 크게 충돌했다. 펜스 부통령실은 특사 도착 직후 이렇게 밝혔다. "모든 선택지가 고려되고 있고, 비핵화를 향한 신뢰할 수 있고 검증 가능하고 구체적인 조치들이 나타날 때까지 북한 정권에 대한 우리 입장은 달라지지 않는다."34) 이것은 펜스 측의 희망적 관측이었을 수 있다. 대통령은 그런 강경한 접근법을 공유하지 않았고 미국이 당시 처한 환경에 근거한 보다 현실적인 태도를 보였다.

백악관에서 낸 별도의 성명은 트럼프 대통령이 외교로 방향을 잡고 선제적 행동에 나선 결과였을 수도 있다. 성명은 북한 지도자와의 회담 가능성과 관련해 이렇게 주장했다. "북한에 의해 [일방적 핵무장해제를 향한] 구체적 조치와 구체적 행동이 나타나지 않는다면 대통령은 회담을 갖지 않을 것이다."35) 대결과 "최대 압박"의 방향으로 미국을 되돌리려는 움직임을 대통령이 직접 좌초시켰던 것 같다. 그는 김정은 위원장과의 회동에 대한 높은 기대를 쌓아가는 방향으로 적극적으로 나아갔다. 3월 9일 트럼프는 트위터에 이렇게 남겼다. "김정은이 남한 대표들과 비핵화에 대해 논의했다. 동결만이 아니다. 이 시기 동안에는 미사일 시험 발사도 없다. 위대한 진전이 일어나고 있지만, 합의에 도달할 때까지 제재는 유지될 것이다. 회담이 예정되어 있다!"36)

트럼프 대통령이 김정은 위원장과의 회동에 조속히 동의하면서 부통령이 정한 과거 방침과 충돌했다. 만약 예정된 김-문 정상회담이 먼저 이루어지도록 허용하라는 조언이 아니었다면 즉시 김 위원장과의 회동 일정이 잡혔을 것이라고 알려졌다. 그는 그 회동에 대해 열광한 것처럼 보이는 모습으로 전례 없이 백악관 기자실에 등장해 언론에 곧 있을 "중대 발표"를 기대하라고 했다. 그는 "바라건대, 여러분[언론]이 나를 믿어주기 바란다"[37]고 말했고, 한 시간 후 언론에 발표한 공식 성명에서 그의 의도가 드러났다. 트럼프는 국내적으로 자신의 이미지를 높여야 한다는 욕구가 있었고, 2017년부터 미국에 극도로 한정된 선택지만 남아 있다는 사실을 알고 있었으며, (일부 비평가들에 따르면) 당시 표면화하고 있던 다수의 개인적 스캔들로부터 언론의 관심을 돌릴 필요성[38]도 있었다. 어떤 요인이 어느 정도로 트럼프의 결정에 동기부여를 했는지는 여전히 불확실하다. 이런 요인들이 결합해 그 같은 고위급 회동, 즉 두 나라의 수십 년에 걸친 긴 갈등의 역사상 전례 없는 대사건을 추진하려는 강렬한 의지로 이끌었을 것이다.

평양은 평화를 향한 동력을 축적할 기회로 삼으려는 것 같았다. 핵과 미사일 시험 발사를 유예한 지 거의 5개월이 된 4월 21일에 김정은 위원장이 그런 시험의 영구 중단과 그 나라의 핵 시험 센터의 즉각 폐쇄를 선언했다. 그는 이 같은 진전과 관련해 이렇게 말했다. "완전한 핵무기를 입증해 보인 조건 아래서, 우리는 중거리와 대륙간 탄도 로켓 시험 등 어떤 핵실험도 더는 필요치 않다. 이북에서 핵실험 또한 그 임무를 완수했다." 김 위원장은 나아가 북한을 겨냥한 "핵 위협이나 핵 도발"이 없는 한 그들의 핵무기를 절대 사용하지 않을 것— 핵무기 선제사용포기정책의 실질적 약속 —이며, 북한은 "어떤 경우에도 핵무기와 핵 기술을 확산하지 않을 것"[39]이라고 선언했다. 이 성명은 북한의 핵 지위에 대한 보다 수월한 인정을 잠재적으로 가능하게 하면서 책임 있는 핵강국이 되겠다는 평양의 주장을 한층 더 정당화하려는 시도로 보였다. 김 위원장은 경제 발전과 생활 수준 향상에 새롭게 중점을 두면서 과거의 집중적인 무기 시험 단계는 끝난 일이라며 선을 그었다.40) 북한은 선제 사용 포기 정책과 함께 핵 보복의 문턱을 높이 설정했음을 그처럼 분명히 함으로써, 자국의 힘과 안보에 대한 전례 없는 수준의 자신감을 보여주었다. 핵무기와 발사 능력이 아직 미성숙했던 김정일 시대의 완벽에 가까운 모호함과 대비되는 모습이었다. 하지만 아마도 평양과 그 적들 사이에 최근에 생겨난 화해 소식의 가장 중요한 함의는 핵과 미사일 시험의 공식적 중단이 트럼프 행정부의 승리로 - 체면을 잃지 않은 채로 대화 추진할 수 있게 해주면서 - 제시될 수 있었다는 점이다.

문 대통령과 김 위원장은 4월 27일에 감동적이지만 순전히 상징적인 모습으로 만났다. 각자 자신의 영토에 선 채로 두 사람은 한국전쟁 휴전협정이 체결된 판문점에서 불과 몇 미터 떨어진 군사분계선을 가로질러 악수를 했다. "남쪽으로 오고 계십니다. 저는 언제 북쪽을 방문할 수 있을까요?" 문 대통령이 물었다. "지금 함께 넘어 보시죠." 김 위원장이 - 전혀 전례가 없는 몸짓으로41) - 남쪽 상대의 손을 잡아 북쪽으로 이끌면서 답했다.

그 후 논의에 따라 남북한은 평화와 협력을 도모하기 위한 약속을 했다. 물론 그 약속한 것들이 어떤 의미를 지니는지, 언제 어떻게 실행할 것인지에 대한 구체성은 부족했다. 따라서 그 만남은 긴장을 완화하고 우정을 추구하려는 의도를 상징적으로 나타내면서 보여주기 위한 것처럼 보였다. "민족 집단으로서 코리아가 주도하는" 평화적 통일의 갈망, 공동의 기반시설 현대화, 군사적 긴장을 완화하기 위한 공동의 노력, 평화 체제 구축을 위한 협력, 한반도의 비핵화 실현이라는 공동의 목표를 향한 노력이 남북이 약속한 사항들이었다.

문 정부의 남한을 북한과 관계 전환의 중심축으로 활용하는 것은 미국의 이익에 부합했다. 하지만 그것을 넘어 진정한 남북 협력과 화해를 향해 노력하는 것은 적의 고립 상태가 완화되고 종속국의 서방 의존이 줄고 미국의 남한군에 대한 지휘권과 미군의 영구 주둔의 구실을 훼손하게 되어, 미국의 동북아시아 내 지위의 기반을 위태롭게 하는 것이었다.* 이것은 훗날 남한이 북한을 향한 일방적 경제제재를 해제하려는 움직임을 보일 때, 트럼프 대통령이 보인 대응에서 가장 잘 나타났다. 그는 거칠게 비난하면서 이렇게 말했다. "우리의 승인 없이 그들은 절대 못 한다. 우리가 승인하지 않으면 그들이 할 수 있는 것은 아무것도 없다." 서울은 종속국이 그들의 과거 통치자로부터 어느 정도로 독립적인지 보여주는 증거로서42) 거의 즉각적으로 물러날 수밖에 없었.

문 정부가 미국의 요구를 거스르는 행동을 시도했던 다른 사례들, 즉 사드 미사일 추가 배치 반대에서부터 한일비밀정보보호협정(GOSMIA) 탈퇴와 걸프만에서 군사 투입에 대한 유보 표명에 이르기까지, 워싱턴의 엄청난 영향력이 항상 그들의 길을 가로막기에 충분하다는 것을 일관되게 보여주었다.43) 그런 이유로, 남북한 정상회담 이튿날 〈밀리터리 워치 매거진(Military Watch Magazine)〉에 저명한 국

---

* 미국의 관리들이 수차례 사실로 입증한 대로, 남한과의 군사적 관계를 현상대로 유지하는 것은 DPRK와의 관계를 떠나서도 미국에 이익이 된다. 아시아 본토에 강력한 주둔군을 유지하는 것은 아시아-태평양 지역에서 중국을 비롯해 미국의 패권에 대한 잠재적 도전자들과 대적하는 데서 중요하기 때문이다. (황준범, 한겨레, 2020. 7. 24)

방 분석가들이 기고한 기사는 만약 남한과 북한 간 협력이 너무 진전되는 경우 미국의 이익에 위협을 초래할 가능성을 조명했다. "4백만 군대를 향한 미국의 작별인사인가? 남북 정상회담이 미국의 가장 강력한 태평양 지역의 자산을 위태롭게 할 수 있다"는 제목의 기사는 동북아시아에 전쟁 발발 시 남한 군대를 지휘함으로써 얻는 중대한 이익과 남북 화해가 초래할 더 포괄적인 위협을 강조했다.

동아시아에 파견된 미국의 병력은 10만 명 이하지만, 남한은 전시에 4백만 명 가깝게 출격할 수 있는 세계에서 가장 대규모의 강력한 군대 중 하나를 보유하고 있다. 남한 군대는 최상의 훈련 수준으로 유명하고, 연간 거의 5백억 달러에 이르는 높은 국방 예산을 유지하는 데다, 세종대왕급 구축함에서 K2 블랙팬서 전차, K9 썬더 포와 F-15K 타격 전투기를 포함한 세계에서 가장 정교한 무기 시스템의 일부를 배치한다. 실제로, 남한 군대는 미국, 러시아, 중국, 러시아에 이어, 세계에서 가장 유능한 5대 군대에 해당하고,44) 대적할 상대가 거의 없는 규모와 현대성을 겸비하고 있다. 미국은 현재 남한 군대에 대한 전시 작전 지휘권을 보유하고 있고, 이는 그 지역에서 전쟁 발발 시 미국이 세계에서 가장 규모가 큰 군대 중 하나를 완전히 지휘하게 된다는 것을 의미한다. 또한, 이론적으로 중국 내 공격 목표들을 겨냥한 합동 공격을 명령할 수 있고, 태평양 지역에서 미국의 이익에 부합하도록 북한에 대한 전면적 침공을 비롯한 여타 작전을 명령할 수 있다는 것이다. 이 같은 자산의 가치는 아무리 과장해도 지나치지 않으며, 그 지역에서 벌이는 어떠한 전쟁 활동에서도 성공의 핵심이 될 것이고 미군의 자체 손실을 최소화

하는 데서 크게 이바지할 수 있다.45)

과거 문 대통령은 남한 군대에 대한 미국의 지휘를 종료시키는 데 강한 관심을 나타냈고,46) 만약 그의 화해 기획이 추진력을 얻는다면 그럴 가능성도 있었다. 그런 의미에서, 남북한 협력의 진전을 향한 시도는 언제나 저지당했다. 남한에 대한 미국의 광범위한 영향력은 물론이고, 유엔 안보리(UNSC)를 통한 제재와 일방적인 이차적 제재를 포함하여 서방이 기획한 가혹한 경제제재는 의미 있는 경제적 유대 관계를 향한 진심 어린 움직임을 가로막았다.47) 브루스 커밍스가 논평한 대로, "미국은 북한을 고립시키고 벌주기 위해 헛되이 노력하고 남한이 계속해서 동조하게 – 미국의 방침을 따르게 – 만들어 온, 75년 동안의 분단에 책임이 있는 세력이다. 미국은 한반도 문제에 대한 개입을 지속하는 – 다른 나라들은 그렇게 하지 않는다 – 유일한 강대국"이다. 그 결과, 서울의 평화 기획은 "미국의 지지 없이는 어떤 성과도 거둘 수 없다."48) 아마도 미국의 개입을 가장 상징적으로 보여준 것은 그해 8월 철도 기반시설 공동 프로젝트를 중단시킨 일49)과 이어 2010년 남한이 평양에 부과한 제재를 해제하려 하자 이를 천안함 사건을 들어 차단한 일50)일 것이다.

두 번째 평화협상 : 정상회담과 교착상태의 종식

남북 정상회담은 트럼프 대통령과 김 위원장 간 회담의 발판을 놓았고, 이에 앞서 4월 초 사전 논의를 위한 마이크 폼페이오의 평양 방문이 있었다. 당시 폼페이오는 CIA 국장 대행을 하면서, 예상에 없던 틸러슨 장관의 사임에 따른 국무장관직도 겸하고 있었다. 그는 예방 행동을 지지하던 자신의 매파 입장을 바꾸어 이제 트럼프 대통령의 새 전략을 전적으로 지원하고 있었다. 폼페이오는 트럼프 행정부 내 북한 문제를 담당하는 새로운 핵심인물로서 그 후 몇 차례에 걸쳐 북한 관리들과 만났다. 평양에 머무는 동안 폼페이오는 북한이 일방적으로 다섯 개의 핵탄두를 포기할 것― 그렇지 않으면, 미국 내 관리를 거쳐 유럽 동맹국으로 넘기겠다고 했다 ―과 미국인 수감자들의 석방을 요구했다고 알려졌다.51) 첫 번째 조건은 받아들일 수 없다고 딱 잘라서 거부되었지만, 선의의 표시로 수감자들의 석방이 회의 직후 실행되었다. 그 후 폼페이오 장관은 북한의 비핵화 의지를 확증하는 성명을 발표했고, 이는 트럼프―김 회동을 가능하게 하는 데서 핵심적 역할을 했다. 트럼프 대통령의 대외정책팀 대다수가 북한 지도자와의 회동을 드러내 놓고 반대한 것으로 나타났다. 한편, 민주당 내 트럼프 반대파와 마찬가지로 다른 이들은 평화협상의 시작을 북한의 항복― 북한의 신속하고 현실성 없는 일방적 양보라는 조건 ―으로 바꿈으로써 평화협상 공정을 무산시키려는 듯해 보이기도 했다. 그런 조건들이 평화 회담을 훼손하려는 의도로 도입되었는지, 아니면 그들이 새로운 힘의 균형과 평양의 유리한 입장을 진심으로 오해했는지는 여전히 불확실하다. 존 볼턴이 대통령의 새로운 국가안보보좌관이 된 것이 이 시점이었다. 그는 4월 9일 H. R. 맥마스터를 대신해 행정부 내 핵심인물로 대두했다. 전직 국무장관이면서 조지 W. 부시 행정부에서 유엔 대사였던 볼턴은 강경노선을 강력하게 지지했고 맥마스터와 마찬가지로 예방 전쟁을 주창했다. 그를 미국 내 다른 매파들과 구별해 주는 것은 솔직하고 유난히 정직한 그의 태도였다. 그의 강경한 태도는 분명하고 공개적인 단언으로 나타났고, 숨김없이 지나치게 단순화하는 방식으로 판단했다. 북한을 향한 존 볼턴의 의제는 처음부터 분명했다. 의제가 독보적이라고 할 수는 없으나 그것을 표명하는 방식이 독특하게 직설적이고 분명했다. 부시 대통령 시절에 〈뉴욕타임스〉 기자로부터 행정부의 대북 정책이 무엇인지 질문을 받자, 그는 기자에게 자신의 동료 네오콘인 니콜라스 에버슈타트의 저서 〈북한의 종말〉 한 권을 건네고 "이것이 우리의 정책"52)이라고 말했다고 전해진다. 조선민주주의인민공화국의 완전한 파괴는 미국의 대외정책 영역의 거의 모든 사람들에게 오랫동안 목표로 여겨져 왔다. 파괴를 초래할 수단과 관련해, 파괴가 저절로 이루어질지 아닌지, 어느 정도 기간에 걸쳐 파괴될 것인지와 관련해 그들 간에 이견이 있었을 뿐이다. 하지만 2017년 한반도에서 만들어진 유의미한 성과들은 그런 것들이 이제는 끝난 일이 되어 즉각적 긴장 완화를 제기할 필요성으로 대체되었다는 것을 의미했다. 북한이 핵 억지 프로그램을 완성하기 전에 중단시키는 데 실패했다는 바로 그 이유 때문이었다.

미국과 북한 지도자 간 정상회의를 위한 계획은 외교적 불화와 더불어 북한이 미국의 태도에 불만을 제기한 후 워싱턴에 의해 일시적으로 취소되었다. 이는 존 볼턴이 미국은 북한의 비핵화에 "리비아 모델"을 기대한다고 말했다고 전해진 후 일어났다. 리비아 모델은 북한이 미국에 핵무기 전부를 보내고 핵시설에 대해서 뿐만 아니라 군사기지들에도 미국 인력에 의한 침입적 조사를 받아들이는 방식으로, 항복이나 다름없는 조건을 말하는 것이었다. 단거리 미사일을 포함한 모든 탄도 미사일 또한 포기해야 하는 것이었고, 그것이 바로 리비아에서 일어난 일이었다.53) 그것은 북한으로서는 재고할 가치가 없는 의견이었다. 승자가 패자로 취급되는 것이어서만이 아니라 "리비아 모델"이 수반하는 엄청난 함의 때문이기도 했다. 협상의 실패가 불가피해지는 그 같은 강경노선을 채택함으로써, 일각에서는 미국이 긴장 완화와 북-미 합의의 조속한 추진 방안을 찾는 국제사회의 대다수, 특히 중국, 러시아, 남한과 불화하게 되는 위험을 무릅썼다고 추정했다. 긴장 완화는 이웃한 세 나라 모두의 안보와 경제적 이해에 크게 부합했다.54) 따라서 만약 존 볼턴의 "리비아 모델"이 미국의 공식 방침이 되었다면, 그는 자기도 모르게 미국의 이익에 반해 활동했을지도 모른다. 미국과 평양에 압력을 가하려고 했던 나라들 사이에 중대한 균열을 만들어낼 가능성도 그 결과에 포함된다.

정상회담을 위한 준비는 취소 48시간이 지나기 전에 재개되었고, 한 달 전부터 내내 상당한 사전 준비 조치가 취해졌다. 5월 10일, 북한에서 수감 중이던 미국 시민 3인이 조기 석방을 승인받고 워싱턴 D.C.에 도착했다. 트럼프 대통령은 그들의 석방을 자신의 행정부의 중대한 성취로 묘사했고, 석방된 시민들을 직접 공항에 나가 맞이하고 사진을 찍기 위해 포즈를 취할 기회를 놓치지 않았다. 그는 북한과의 관계에 중대한 전환점이 왔음을 암시하면서, 이렇게 말했다. "우리는 새로운 발판을 마련하고 있다. 그[김 위원장]가 이들을 조기 석방한 것은 놀라운 일이다."55)

북한이 미국인 수감자들을 석방한 것은 처음에 보였던 것보다 더 의미심장한 일이었다. 한국계 미국인 목사 김동철이 북한의 군사 및 핵 프로그램을 목표로 하는 간첩 활동에 연루되었다는 혐의는 서방에서는 오래도록 비웃음의 대상이었지만, 그가 석방된 지 2년 만에 그 자신이 시인함으로써 사실로 확인되었다.56) 간첩 활동은 그의 선고 판결로 인용된 이유였고, 훗날 김동철이 혐의를 시인함으로써 다른 두 수감자가 "적대적 행위"57)와 "북한을 전복하려는 목적으로 하는 적대적 범죄 행위"58)에 연루되었다는 혐의들에 신빙성을 부여했다.

5월 12일 평양은 풍계리 핵실험장 폐쇄를 발표했고 철거 장면을 목격하도록 기자들을 초청했다. 철거는 12일 후에 이루어졌다. 이것은 다시 한번 중대한 양보라기보다 대체로 상징적 제스처에 해당했다. 소형화된 열핵 탄두가 이미 개발되었기에, 더 이상 핵실험을 실시할 필요성이 없었다. 기자들이 몇 개의 시험 터널들의 입구가 파괴되는 것을 목격하고 촬영도 했지만, 철거가 야기한 파괴의 정도도 불확실했고 검증되지 않은 채로 남았다. 일부 보도들은 시험장이 이미 심각하게 훼손되어 있었고, 따라서 설사 북한이 어떤 이유로 핵 시험을 재개하고자 했더라도 한계가 있었을 것이라고 지적하기도 했다.59) 북한은 나중에 장거리 미사일 엔진을 위한 시험장을 해체하겠다고 약속했다. 물론 이 또한 상징적 제스처로 널리 여겨졌는데, 여타 유사한 시험장들의 존재 때문이기도 했지만, 억지 프로그램이 그러한 미사일에 필요한 시험 단계를 이미 통과했기 때문이기도 했다.60) 22일에, 문 대통령은 미국을 방문해 공동 정상회담을 위한 트럼프 행정부의 준비를 거들었다. 6월 12일 트럼프 대통령과 김 위원장이 싱가포르 센토사 섬에서 만났다. 이것은 전례가 없는 사건이었고, 각 정부의 현임자 두 사람 간에 이루어진 최초의 만남이었다. 정상의 만남은 "두 번째 휴전협정", 즉 과거 시기의 적대 행위를 종식하고 새로운 단계의 덜 적대적인 관계를 향해 나아가는 비공식 합의로 간주될 수 있었다. 힘의 균형이 어느 정도로 바뀌었는지는 회담의 구성 방식 자체가 증명했다. 중립 지역에서, 두 나라의 최고위 당국자 간에 일대일로, 서로에게 전제조건 없이 이루어졌다. 이것은 과거 워싱턴이 광범위한 전제조건과 다자 회의가 아닌 어떠한 것도 공식 회의로서 거듭 거부했던 것을 고려하면 전에는 상상할 수 없는 일이었다. 앞서 언급한 한국전쟁 휴전협상의 구성 방식이 잘 보여주었듯이, 과거 미국이 북한에 대해 어떤 공식 인정도 무리해서 부정하던 상황에서 이 또한 암묵적으로 양보한 것으로 보였다. 북한이 어느 정도로 그들의 이익을 주장하고 미국이 일방적으로 요구할 수 없도록 저지하는가가 한국전쟁 휴전협정이 진행되던 시기의 상황과 극명하게 대비된다는 점에서 주목할 만했다. 이제 미국이 강압할 수 있는 선택지는 훨씬 더 제한적이고, 2017년부터는 갈수록 더 효력이 없는 것으로 나타났다.

두 정상은 통역사들과 함께 45분간 일대일로 만났고, 이후 다른 관리들이 참석한 가운데 몇 시간에 걸쳐 회의를 열었다. 트럼프 대통령은 북한의 미래에 관한 두 개의 길을 보여주는 영상을 제시했다고 알려졌다. 하나는 빈곤과 전쟁을 그린 암울한 모습이고, 다른 하나는 평양이 비핵화하고 서구식 경제 모델을 포용한 모습이었다. 과도하게 단순화하고 거의 즉흥적이라고 알려진 영상은 북한 지도부에게 감동을 주지는 않았을 가능성이 크지만, 모든 직접적 반대를 피하고 핵무기를 실제로 양보하거나 정책적 입장을 변화시키지 않으면서 트럼프의 노선에 동조하는 척하는 것은 평양에 효과적인 전술로 판명되었다. 미국 대통령이 패배로부터 공개적 승리로 전환하도록 허용하는 것은 북한의 이익에도 부합했고, 긴장 완화뿐 아니라 핵을 가진 북한의 현재 상황이 서서히 정상화되는 것을 보장하는 것이기도 했다.

정상회담의 발언 중 가장 중요한 것은 아마도 트럼프 대통령이 최소한 "최대 압박"의 부분적 종결을 언급한 것일 텐데, 그는 "매우 특별한 사람에게" 감사를 전한다며, "중국의 시[진핑]. 그는 정말로 국경을 폐쇄했다. 어쩌면 지난 몇 개월 동안은 덜 했을지도 모른다. 그래도 괜찮다."61)고 말했다. 비록 대체로 간과되기는 했지만, 이전 시기 트럼프 전략에서 제재가 중심이었고, 제재 체제의 전반적 성공에 중국의 참여를 거듭 언급하며 강조했던 데다, 군사적 압박을 완화하기 위해 대통령이 병행 조치를 발표한 사실을 고려할 때, 그것은 틀림없이 정상회담에서 가장 중요한 발언이었다. 중국과 같은 제삼자에 의한 제재 실행의 완화는 오바마 행정부, 외교협회(CFR)를 비롯한 다른 기구들이 그토록 강력히 주창했던 것과 정확히 반대되는 것이었다. 하지만 이제 대통령에 의해 "괜찮아okay"진 것이다. 이 완화 조치는 나중에 11월 미 의회 위원회에서 추인되었고, 북한에 대한 최대 압박의 실질적 종결로 기록됐다.62)

남북한 정상회담과 마찬가지로, 상징적이고 암묵적인 것들이 서면으로 합의된 것들– 두 당사자 모두 실행을 위한 기간이나 명시적인 세부 사항들이 없는 일반적 선언에 합의했다 –보다 훨씬 더 중요했다. 여기에는 "평화 체제"를 추구하는 "새로운 북–미 관계"의 구축, (구체화되지 않은) 미국의 북한에 대한 "안전 보장" 조항, "한반도의 완전한 비핵화에 대한 확고하고 변함없는 의지"에 대한 평양의 확언이 포함되었다. 미국이 "북한의 완전하고 되돌릴 수 없고 검증 가능한 비핵화"가 아니라 "한반도의 비핵화"라는 북한의 워딩을 받아들였다는 점은 주목할 만했다. 이는 매우 다른 함의였고, 당시 북한의 유리한 입지를 보여주었다. 북한은 수십 년간 "한반도의 비핵화"를 요구해 왔고 그 조건을 바꾼 적이 없지만, 미국은 처음으로 그 입장을 수정해야 했다. 이것은 과거 대결의 결과− 사실상 북한의 승리 −에 대한 강력한 증거를 담고 있었다. 정상회담을 마치면서 트럼프 대통령이 김 위원장과의 공동 기자회견에서 사용한 언어는 북한의 입장에 설득된 것이 미국이었다− 그 반대가 아니었다 −는 사실을 한층 더 드러냈다. 트럼프 대통령은 전례 없이 남한과의 합동 훈련을 북한 용어로 언급했다. 즉, "전쟁 게임"을 "매우 도발적"이라고 비판했다.[63] 두 지도자 모두 그 자체로 유사하게 모호하고 싱가포르 정상회담의 용어에 거의 더한 것이 없는 남북한 정상회담의 선언을 재확인하기도 했고 낮은 수준의 회담들을 지속하자는 약속도 이루어졌다.

트럼프−김 정상회담은 이전 시기의 긴장 관계에 대해서 이미 끝난 일로 선을 그었고 북한을 언론의 머리기사와 미국 대외정책 의제의 상단에서 제거하는 것을 가능하게 했다. 다음 날 트럼프 대통령은 트위터에 "이제 더 이상 북한의 핵 위협은 없다."[64]고 썼다. 5분 후에는 이렇게 남겼다. "오바마 대통령은 북한이 우리의 가장 크고 가장 위험한 문제라고 말했다. 이제는 아니다. 오늘 밤 잘 자요!"[65] 폼페이오 장관 역시 북한으로부터의 핵 위협은 더 이상 없다고 주장하고, 비핵화가 어떻게 달성되고 중요한 진전이 어떻게 이루어질 것인지 구체적인 세부사항들을 묻는 기자들의 질문을 "어리석은 것"이라거나 "모욕적이고 어이없고, 솔직히 터무니없는 것"으로 만들었다.⁶⁶⁾ 따라서 미국은 자국의 도시들이 북한 핵무기의 사선 안에 놓이지 않도록 막아내는데 실패했다는 명백한 사실을 인정하지 않은 채 방향을 변경할 수 있었다.

부시 행정부 마지막 2년 동안 도달한 암묵적 합의와 매우 유사하게, 북한은 세간의 이목을 끄는 무기 시험으로 미국에 드러내보이는 것을 피하면서 저자세를 유지했고, 그 대가로 "최대 압박"의 완화로 이익을 얻고 일종의 제재 완화 조치를 받아들였다. 이것은 제삼자, 주로 중국에 대해 북한을 상대로 제재를 실행에 옮기라는 압박을 낮추는 형태로 나타났다. 그리고 이는 군사적 압박의 감소로 완성되었다. 가장 중요하게, 남한 내 합동 군사훈련의 보류로 구체화되었다. 그것은 헤일리 대사가 "모욕적인" 제안이라고 칭한 지 채 1년도 지나지 않은 바로 그 "동결 대 동결" 원칙에 따라⁶⁷⁾ 이루어진 것이었다. 서방의 조건을 일방적으로 충족하라고 평양을 압박할 수 있다는 전망이 서서히 사라지면서, 미국은 이제 그러한 양보 조치들을 하는 것 말고는 거의 선택의 여지가 없었다.

북한은 어떤 새로운 핵 발사 장비 실험도 하지 않았다. 다만, 전년도에 새로운 대륙간 사거리와 중거리 플랫폼들의 임전 태세가 공표되었으므로, 당장은 그럴 필요가 없었던 이유도 있었다. 북한의 탄도 미사일 무기고는 이미 중국 다음으로 세계에서 가장 다종다양했고,** 미국

**   당시 미국과 러시아는 '중거리핵전력조약'에 따라 그들의 다양한 탄도미사일 무기에서

의 동부 해안 도시들에서부터 남한 내 작은 기지들에 이르기까지 모든 유형의 공격 목표들과 그 사이에 있는 모든 표적을 타격하기에 적합한 첨단 전술 시스템과 전략 시스템을 포괄했다. 따라서 조선인민군은 미사일, 탄두, 발사 장치(68)에 필요한 기존 설계를 대량 생산하기 위한 노력에 전념했다. 미 정보기관의 보고에 따르면, 2018년 화성-15호(69)와 북극성-2호(70)가 대량생산에 들어갔다. 생산 시설이 지하에 위치해 있어 생산 중인 미사일의 종류를 확정하기는 어렵지만, 이들과 그 밖의 다른 플랫폼을 개발하기 위해 기울인 상당한 노력을 고려할 때, 3년간의 집중적 실험 후 무기 제조에 대한 투자가 뒤따랐을 것이다. 추가 제재 완화를 위한 향후 합의 가능성에 따라 핵 부지에 대한 조사와 농축 및 재처리 활동을 동결해야 하는 상황이 올 수 있었고, 이는 북한 내 시설에서 가능한 한 빠르게 해낼 수 있는 탄두 생산을 계속해야 하는 강력한 유인을 제공했다.

승리 굳히기와 새로운 현상 유지

9월 9일 북한은 건국 70주년을 맞아 대규모 축하 행사를 열었다. 평양 중심부에서는 민·군이 혼재된 대규모 열병식을 열었다. 열병식은 그 해 두 번째로, 2월의 첫 번째 열병식은 조선인민군 창설 70주년을 기

크게 제한을 두고 있었다. 조약은 양국이 사거리 500km에서 5,500km의 지상 플랫폼들의 배치를 금지했다.

념하는 것이었다. 2월의 열병식에서 새롭게 시험 발사된 탄도 미사일이 중심 무대를 차지했던 반면, 두 번째 열병식에는 군사적 요소가 전반적으로 덜 강조되었고 특히 탄도 미사일이 참여하지 않았다. 북한은 상당한 속도로 미사일과 탄두를 계속 생산하면서, 점차로 더 성숙하고 안정적인 핵강국으로 발전하고 있었다. 조선인민군의 대규모 보복 능력은 이제 적들에게 잘 알려져 있었고, 데탕트 시기에 그 사실을 다시 강조할 필요는 없었다. 만약 그랬다면 도널드 트럼프의 새로운 노선에 반대하면서 최대 압박으로 회귀를 요구하는 서방 세계 내 매파들에게 힘을 실어주게 되었을 것이다. 그렇기에, 평양이 그들의 억지 능력에 대해 침묵을 유지하면서 트럼프의 입장을 효과적으로 지원하는 것이 중요했다. 긴장 상태로 회귀한다는 것은 두 나라 모두의 이익과 크게 배치됐다. 북한은 관광 명소에서도 탄도 미사일의 능력을 언급한 글들을 추가로 제거했고, 북한의 온라인 언론 매체들은 심지어 애국적 뮤직비디오에서도 시험 발사에 대한 영상 클립을 삭제했다.***

9월의 열병식에서 군사적 요소들은 탄도 미사일 대신 최근 실전 배치된 신형 첨단 재래식 자산들에 초점을 두었고, 단지 북한 전략군에만 현대화가 일어난 것이 아니라 모든 영역에 걸쳐 일어났다는 사실을 강조했다. 다른 자산 중에서도 주목할 만한 것으로는 번개-5(KN-06) 방공 시스템, 금성-3(KN-19) 순항 미사일 시스템, 병력 수송용 장갑차, 전차, 소총, 단거리 방공 시스템이 있었다. KN-09 로켓포 시스템

*** 필자가 목격한 대로, 외국인들이 흔히 방문하지 않거나 외국인들에게 금지된 평양의 일부 지역에서는 탄도미사일에 관한 사진이 계속 전시되고 있었다.

의 신형 이형도 전시되었는데, 이것은 3백 밀리 구경 탄약으로 2백 킬로미터 떨어진 목표물에 대한 폭격 능력으로 타격 사거리에서 세계 기록을 세웠다.71) 이로 인해 북한의 포병 부대는 KN-09의 사거리가 한반도 대부분을 포괄함으로써 남한 영토 내 훨씬 더 깊이 위치한 목표물들과 교전할 수 있게 되었다. 김영남 상임위원장은 긴 연설을 통해 북한이 상당한 군사적 역량을 발전시킨다는 목표를 달성했다는 사실을 알리고, 경제의 현대화에 새롭게 집중하고 있다고 강조했다.

트럼프 행정부는 최소한 단기적으로는 완전하고 되돌릴 수 없으며 검증가능한 비핵화(CIVD) 혹은 의미있는 비핵화를 가져오는 일은 가능할 수 없을 것이라는 점을 행동으로 보여주는 것 같았다. 그 사실이 몇 년 사이에 누가 봐도 알 수 있었고 특히 2017년부터는 명백해졌다 해도, 미 행정부를 패배한 것으로 묘사하는 것을 피하기 위해서는 그런 현실이 점진적으로 드러나야 했다. 실제로, 트럼프 행정부는 설사 CIVD가 최종 목표였다 해도, 자국 영토를 핵공격에 노출시키는 일이 일어나지 않는 한 임기 첫 해에 할 수 있는 모든 것- 동아시아 동맹들을 핵전쟁의 사선 안에 두는 것에 대한 고려도 포함해 —을 시도했던 것 같다. 하지만 2017년 1월 20일 신임 행정부가 취임했을 때, 비핵화를 달성할 가능성은 사라진 지 오래였다는 것이 현실이었다. 비핵화를 달성할 수 있는 사실상 마지막 기회는 2003년에 조지 W. 부시 행정부가 이라크 전쟁을 개시했을 때 사라졌다. 전직 국무장관 워런 크리스토퍼가 예측한 대로, 대가는 크지만 비교적 덜 중요한 중동의 수렁을 향해 관심을 돌림으로써 허용한 북한의 억지 능력의 엄청난 발전을 고려한다면, 그 전쟁의 기회비용은 - 그의 예측을 훨씬 능가할 만큼 - 컸다.

실질적인 "동결 대 동결"은 2018년의 남은 기간에 북한의 핵 군축과 서방이 입안한 제재의 해제를 향해 눈에 띄는 움직임 없이 계속되었다. 핵 군축과 제재 해제는 각각 워싱턴과 평양이 원하는 다음 단계였다. 2019년 2월 27일 하노이 정상회담은 트럼프 대통령과 김 위원장 간에 두 번째 만남이었다. 두 사람 모두 우호적인 자세를 유지했고 트럼프는 강하고 긍정적인 관계를 언급했으나, 구체적 합의에 도달하려는 시도는 결국 실패했다. 보도된 바에 따르면, 북한은 처음에 영변 핵 시설의 가동 동결을 확인하는 조사를 허용하는 대신 유엔을 통해 부과된 경제제재의 일부 해제를 제안했고, 양측이 점진적이고 호혜적인 조치를 실행한다는 것을 근간으로 타협을 받아들이려는 것 같았다. 미국은 처음에 노련한 협상가들이 강력히 지지했던 그런 접근법을 받아들이는 것 같았는데,72) 11시간째에 조건들이 급격히 달라져 다시 강경노선이 채택되었다는 보도가 나왔다.

회담을 마칠 때, 트럼프 대통령은 김 위원장에게 북한의 모든 핵무기와 핵연료를 미국에 완전히 양도하라고 직설적으로 요구하는 종이 한 장을 건넸다. 합의에 이르기 전에 평양의 모든 화학 무기와 생물 무기를 신고하라는 것도 추가 요구로 들어 있었다. 남한 소식통에 따르면, 그것은 그처럼 "리비아 모델"에 준하는 강경책을 강력히 주창한 존 볼턴이 개입한 결과였다.73) 그로 인해 정상회담이 실패로 돌아갈 것을 잘 알고 있었거나, 아니면 북한의 유리한 입지와 그런 조건은 용납될 수 없다는 사실에 대해 무지했기에 일어난 일이었다. 그 같은 조건은 예상대로 단호히 거부되었다. 그 후 두 지도자 간 점심은 취소되었고, 양 당사국 모두 일찍 떠났다. 물론 양측은 향후 회담의 개시에 대해 열어둔다는 것을 분명히 했고 어느 쪽도 상대에 대한 공개적 비판을 공표하지 않았다. 트럼프 대통령은 회담 실패의 원인이 북한이 제한된 수준의 비핵화를 대가로 전면적인 제재 완화를 요구했기 때문이라고 했지만,74) 양측에 관계된 다수 소식통이 이를 반박했다. 또한, 그것은 과거 평양의 일관된 협상 태도와도 전혀 맞지 않았다.75)

트럼프 대통령이 정상회담을 "나쁜 합의를 거부하고 떠난" 자신의 판단 때문에 끝난 것으로 묘사했지만, 미국의 몇몇 분석가들은 트럼프의 발언과 북한 지도자의 마지막 기자회견 불참으로 평가해볼 때, "김정은이 떠난 게 확실해 보인다"고 결론지었다. 그다음 회의에서 태도를 바꾼 것은 평양이 아니라 워싱턴이었다.76)

비록 하노이 정상회담은 실패했지만, 트럼프 행정부는 평양과의 관계에 더 이상의 손상을 막고 싶어 하는 것처럼 보였다. 3월에 트럼프는 북한을 겨냥한 미 재무부의 일방적인 경제제재안에 직접 거부권을 행사했다.77) 그 안은 강경파들이 하노이에서 제시된 가혹한 조건들에 응하지 않은 평양을 처벌하려는 의도로 제시했다고 알려졌다. 대통령의 거부권과는 달리, 국무부는 3월 7일 언론에 미국의 입장을 사실상 1년 전으로 후퇴시키는 공식 성명을 발표했다. 상호 양보의 단계적 접근법이 협상에서 제외되었고, 북한이 먼저 일방적으로 완전히 비핵화할 때까지 미국은 어떠한 양보도 하지 않는다는 내용이었다.78)

평양은 워싱턴이 협상 테이블로 조속히 돌아오도록 압력을 가하고 보다 합리적인 조건을 제시하는 방향으로 움직였다. 즉, 조속한 재개가 아니면, 협상 과정의 완전한 파탄과 함께 세간의 이목을 끄는 미사일 시험으로 복귀하겠다는 것이었다.79) 4월 초 김 위원장은 질질 끄는 협상 과정에 대한 최후통첩을 발표했다. 강경한 미국의 태도가 긴장 상태로 회귀할 위험성을 높이고 있다면서, 필요하다면 이목을 끄는 전략무기 시험 발사를 북한이 재개할 수 있음을 시사했다. 그는 "필요한 것은 미국이 현재의 계산법을 중단하고 새로운 계산법을 갖고 우리에게 오는 것"이라고 말하고, 나아가 "올해 말까지"라는 최후통첩을 내걸었다. 올해가 지나면 협상의 기회가 사라지고 결말이 다가올 것임을 예고한 것이다.[80] 미국이 더 나은 조건으로 협상을 재개하지 못하는 경우 평양이 추구하는 길이 정확히 무엇인지는 불확실했지만, 분석가들은 과거 시험 발사한 미사일 능력의 시위나 미사일 장착 신형 잠수함의 시험 발사가 가능하다고 추정했다.[81] 위성 사진을 인용한 보고서들은 2016년부터 신형 중량급 탄도 미사일 잠수함이 개발 중이며,[82] 이 전함들의 최초 모델이 미사일 장착 신형 잠수함과 함께 2020년 초에 시험 발사할 채비를 갖추게 될 것[83]이라고 지적했다.

김 위원장의 최후통첩은 양국관계의 미래에는 물론이고 도널드 트럼프 행정부가 남기게 될 유산과 이듬해 선거의 승리에도 강력한 함의를 가졌다. 트럼프 행정부는 대북 위기를 분산시켰다는 것과 평양과의 긴밀한 관계 구축에 특히 자부심이 컸다. 베네수엘라[84]에서부터 시리아[85]와 수많은 다른 전장과 중국과의 무역전쟁에 이르기까지 실패로 에워싸인 가운데, 효과적이고 성공적인 대외정책을 주장하기 위해 북한 문제는 매우 중요했다.[86] 그 점을 고려할 때, 2020년 11월의 선거를 앞둔 몇 개월 사이에 북한이 이목을 끄는 미사일 시험 발사에 나서거나 북—미 관계가 긴장 상태로 회귀한다는 것은 트럼프에게 압도적 실패를 의미했다. 그 상황이 승리했다는 주장이 반드시 필요한 트럼프 행정부를 압박하고 있었다. 집권 조선노동당은 트럼프의 집권 연장 능력을 심각하게 위협할 수 있는 카드를 수중에 갖고 있었던 반면, 트럼프의 영향력은 훨씬 더 제한적이었다. 만약 트럼프가 협상을 원했다면, 북한의 최후통첩과 그 함의를 통해 행정부 내 강경파들에게 그들이 더 타협적 입장을 채택하지 않는 경우 행정부 전체가 이듬해 선거 패배에 직면할 수 있다고 설득할 수 있었을 것이다. 그 후 존 볼턴을 포함한 가장 강경한 인사들조차 태도에 변화를 보인 데서 이것이 영향을 미쳤다는 것을 알 수 있다.

북한은 신속한 행동으로 그 위협을 뒷받침했다. 4월 17일 조선중앙통신은 "특이한 유도 비행 방식"을 갖추고 "강력한 탄두"가 배치된 무명의 신형 "전술무기"의 시험을 발표했다. 그 발표는 그 무기의 비전략적 성격을 강조했고, 그것이 무엇일지(새로운 유도 포일지 혹은 순항 미사일일지?)에 대한 추측은 다음 달에 그것이 신형 단거리 탄도 미사일로 드러남으로써 답을 얻었다. 주한미군이 KN-23으로 부르는 그 고체연료 미사일은 사거리 7백km에 불규칙한 궤적을 추적하고 복잡한 기내 기동을 수행할 수 있는 능력을 보여주었고, 이것이 고속과 결합하여 요격이 거의 불가능해졌다.[87]

KN-23은 북한이 이미 배치한 모든 것들을 훨씬 능가하는 속도와 정확성으로 남한 전역의 미국과 남한의 군사 시설들을 타격 사거리 내에 두었다. 남한 소식통들은 실전 배치된 서방의 대미사일 시스템 중 최첨단인 대한민국 공군의 이지스(AEGIS) 방공 시스템은 KN-23을 추적조차 할 수 없다고 보도했다.[88] 나중에 9월에 보도된 바로는, 미국이 제공한 일본의 레이더 시스템이 새로 개발한 북한의 미사일을 탐지하는 데 실패했다.89) 서방이 입안한 유엔 안보리 결의에 따라 금지된 단거리 탄도 미사일 발사90)는 한반도를 넘어선 표적들을 타격할 수 있는 장거리 미사일보다는 허용이 가능한 것으로 오랫동안 인식되고 있었다.91) 거의 18개월간의 모든 시험의 동결을 끝내고 그처럼 미사일을 발사함으로써, 평양은 – 데탕트를 완전히 붕괴시키지는 않으면서 – 압박을 가하고 그들의 최후통첩의 심각성을 되풀이하여 강조하고자 했던 것 같다.

트럼프 대통령은 행정부의 평판과 협상 과정에 걸린 상당한 이해관계를 보호하기 위해 재빨리 성명을 내서 대응했다. 새로운 시험의 심각성을 대수롭지 않게 다루면서 전혀 위협이 아니라고 부정하는 방식이었다. 이는 불과 2년 전만 해도, 또는 냉전 종식 후 어느 행정부에서도 상상할 수 없던 일이었고, 또다시 새롭게 확보된 평양의 유리한 입지를 입증했다. 트럼프 대통령은 북한이 핵실험을 중단했고 미국인 수감자들을 돌려보냈으며 한국전쟁에서 사망한 미국인 병사들의 유해를 돌려보내고 있다고 역설하는 한편, 김 위원장이 서방 스타일의 경제개혁과 궁극적 비핵화를 기대하고 있다는 사실을 강조하기도 했다. 그는 "나는 서두르지 않는다"며, 최근의 미사일 시험 문제를 완전히 회피하는 것처럼 보였다. "일이 진행되어 가는 방식에 나는 매우 만족하고, 정보기관 사람들도 동의한다"고 결론지었다. "그 소형 미사일들은 전혀 신경 쓰이지 않는다는 건가요?"라고 한 기자가 재빨리 끼어들자, 그는 그렇다고 답했다.92)

북한의 최후통첩은 트럼프 행정부가 북한과의 대화에 다시 속도를 내도록 자극했던 것 같다. 평양은 워싱턴이 시간을 끌고 있었다고 의심했고, 분석가들 사이에서도 그렇게 추측했다. 조선인민군의 미사일 시험 발사 동결은 일방적 무장해제를 강요하는 데 실패한 미국의 당혹감을 종결시켰다. 그러나 가혹한 경제제재로 인해 북한의 경제 성장과 민간 경제 현대화의 속도는 계속해서 더뎌지고 있었다. 따라서 현상 유지는 미국에 유리했다. 현실적으로 서방의 제재가 무기한으로 계속 유지될 것으로 예견되었지만, 2016년과 2017년에 유엔을 통해 부과된 마지막 제재를 해제한다면 이는 북한의 수출에 주요한 호재가 되었을 것이다. 그것이야말로 하노이 정상회담 중에 김 위원장 대표단이 추구한 것이었다고 알려졌다.[93] 최후통첩을 발표하고 단거리 미사일을 시험 발사함으로써, 평양의 인내에는 한계가 있으며 미국이 조속히 행동하지 않는다면 보복이 곧 있을 거라는 사실이 분명해졌다.

불리한 입지로 인해 북한의 미사일 시험 발사의 심각성을 계속 경시할 수밖에 없었던 트럼프 대통령은 그달 말에 이렇게 말했다. "알다시피 우리 쪽 사람들은 그것이 위반일 수도 있었다고 생각해요. 나는 다르게 봅니다. 남자로서 나는 그것을, 아마도 그가 주의를 끌기 원했을 수 있고, 어쩌면 아닐지도 모릅니다. 누가 알겠습니까? 그것은 중요하지 않습니다. 내가 아는 건, 그간 핵 시험이 없었다는 겁니다. 탄도 미사일이 전혀 발사되지 않았어요. 장거리 미사일이 발사되지 않았지요. 그리고 언제든 우리는 합의를 할 겁니다."[94] 폼페이오 장관은 또다시 대통령을 받쳐주었는데, 북한의 위반 사실을 부인하기 위해 구두 평화합의안의 조건을 바꾼 것으로 보였다. 그는 이렇게 말했다. "모라토리엄은 대륙간 미사일 시스템에 초점을 맞추었다. 미국을 위협하는 시스템에 정확히 초점을 맞추었다."[95] 이것은 화성-14호와 화성-15호를 제외한 북한의 모든 미사일이 합의 위반 요건이나 미국의 대응이 필요하다는 요건에 적용되지 않은 채 시험 발사가 가능하다는 것을 의미했다. 향후 단거리, 중거리, 심지어 중급 사거리 미사일을 미연에 방지할 수 없어 행정부를 한층 더 곤란하게 할 수 있었다.****

북한으로서는 5월 초의 미사일 시험 발사가 미국을 압박하는 새로운 국면의 시작일 뿐이었다. 그달 마지막 주, 조선중앙통신은 북한의 미사일 시험에 대한 존 볼턴의 비판[96]에 대응하여, 볼턴을 "전쟁광"이며 "무식하다"고 거세게 비난하고 전술 미사일을 발사할 권리를 자국의 자위권의 일환으로 동일시한 – 따라서 타협 불가의 권리라는[97] – 외교부 관리의 말을 인용했다. 한 달 후인 6월 28일 북한 외무성의 미국 담당 사무국장 권종근은 그들이 새로운 협상을 무기한으로 기다리지는 않을 것이라고 경고했다. "미국은 양측의 이익에 전적으로 부합하는 어떠한 현실적인 제안도 고려하지 않은 채 마치 앵무새처럼 반복적으로 대화 재개를 말하고 있지만, 대화는 저절로 열리지 않을 것이다. 만약 미국이 결과를 생산하는 방향으로 움직이려면, 시간은 충분치 않을 것이다." 나아가 그는 미국이 "점점 더 적대적 행위에 필사적으로 되어가고 있다"[98]고 언급했는데, 평양을 겨냥한 새로운 경제제재를 승인한 미 상원의 행동[99]을 언급하는 것 같았다.

권 국장은 미국 협상가들, 특히 폼페이오 장관*****에게 점증하는 불

**** 무수단이나 화성-12호와 같은 중거리 시스템들이 하와이와 괌 같은 해외 영토만이 아니라 미국을 실제로 타격할 수 있다는 사실에 주목할 필요가 있다. 트럼프 행정부의 태도에 대한 해석이나 이제는 이런 사실들이 받아들여지고 있는지 여부도 매우 가변적으로 보인다.

***** 폼페이오의 기질과 그가 미국의 외교 수장으로 거둔 성과와 관련해 미국의 상원 외

만을 표현했다. 이미 북한 외무성은 "의사소통에 더 주의 깊고 성숙한"[100] 누군가로 협상팀의 교체를 요구한 바 있었다. 권 국장은 또한 이렇게 밝혔다. "미국 정치가 북한을 향한 뿌리 깊은 적대감을 가진 정책입안자들에게 지배되는 한 양국관계의 개선과 한반도 비핵화를 기대하기는 힘들 것이다. 만약 누군가 감히 우리의 주권과 생존권을 짓밟으려 한다면, 우리는 우리 자신을 지키기 위해 힘을 보여주는 방아쇠를 당기는 것을 절대 주저하지 않을 것이다." 특히 폼페이오의 태도에 비판적이어서 "궤변가"이자 북한을 "악의적으로 비방했다"[101]고 비난했다.

평화 프로세스의 붕괴 가능성에 직면한 트럼프 대통령은 긴급 통지를 보내 김정은 위원장과 새로운 고위급 회담을 조직함으로써 재빨리, 효과적으로 대응했던 것 같다. 권 국장의 성명이 있고 불과 한 시간 후, 당시 일본에 머무르던 트럼프 대통령은 6월 29일 이른 시각에 트위터를 통해 자신이 북한 지도자와 한국의 비무장지대에서 만날 수 있기를 바란다고 했다. 그는 트위터에 이렇게 남겼다. "중국의 시 주석과의 회동을 포함한 몇 가지 중요한 회의를 마친 다음, 나는 일본을 떠나 (문 대통령과 함께) 남한에 갈 것이다. 만약 북한의 김 위원장이 이것을 본다면, 나는 국경/ DMZ에서 그와 만나 악수하고 짧게 안부를 나눌 것이다."[102] 그것을 조명한 분석가들은 거의 없었지만, 그 후 DMZ에서 이루어진 미국과 북한 지도자의 만남 배후에는 북한 측의 거친 말과

교관계위원회와 CFR 의장이 각자 같은 결론에 도달했다. (Gaouette, Nicole, CNN, 2020. 7. 28/ Hass, Richard N., New York Times, 2020. 7. 25.)

최후통첩이 있었던 것 같다.

다음 날 북한 지도자는 트럼프의 초청을 수락했고, 명백히 즉흥적인 세 번째 회동이 그날 판문점에서 열렸다. 제스처는 1년 전 같은 장소에서 김과 문의 만남과 강하게 대비되었고, 누구도 서로 상대의 손을 잡아끌지도 않았지만, 트럼프 대통령은 북한 쪽으로 국경을 건넌 것을 "대단한 영광" – 북한에 입국한 역사상 최초의 현직 미국 대통령 – 이라고 묘사했다. 문 대통령은 회동에 함께 했지만 눈에 띄게 옆으로 비켜서 두 지도자가 일대일 대화를 나누는 동안 지켜 보고 있었다. 그는 그 사건을 "한반도 평화 프로세스에서 중요한 이정표"라고 말하면서 "한반도에 평화의 꽃이 진정으로 피어나는 것"이라고 표현했다. 트럼프 대통령은 김 위원장을 "적절한 시점에" 워싱턴에 초청했다고 알려졌고, 북한을 향해 전례 없는 화해적 언어를 쓰고 그의 모든 전임자와 크게 대조되는 리더십을 구사했다.103)

두 정상이 만났을 때 핵 문제나 비핵화에 대한 언급이 전혀 없었다는 점은 주목할 만하다. 핵 강국으로서 북한의 정상화를 향한 상당한 발걸음과 모든 유형의 대화에도 비핵화가 전제조건이었던 이전의 강경 노선에서 벗어났다는 것을 보여준다. 행정부의 태도에서 이것이 암시하는 중대한 변화는 미국의 수많은 언론 매체들에 의해 포착되었고, 〈애틀랜틱〉은 그 회동을 "비핵화가 죽은 날"104)이라고 불렀다. 합의에 이를 수 있는 협상에 대한 트럼프 대통령의 입장 또한 하노이 정상회담 후 크게 달라졌다. 부분적인 제재 해제에 대한 대가로 완전한 비핵화의 조건을 지시하려 하기보다 – 이것은 첫 회담에서 단호히 거부되었다 – 그는 평양이 핵 개발 동결을 향한 발걸음을 내딛음에 따라 제재를 완화하기 위한 단계적 조치들이 취해질 수 있다고 말했다. 그런 합의는 북한을 만족시켰고, 만약 합의에 도달한다면 그것은 미국 대통령이 중대한 위기를 분산시키는 데 성공했다고 주장할 수 있게 해줄 것이었다. 또한, 그의 신뢰도를 높여 다가오는 선거에서 그를 경쟁력 있는 유리한 위치에 놓아줄 수도 있었다.

북한의 입장은 바뀌지 않은 채 그대로였지만, 트럼프 행정부는 또다시 평양의 조건을 충족시키는 방향으로 더 나아갔다. 이것은 워싱턴이 처음부터 훨씬 더 과도하고 덜 타협적인 노선을 택했던 반면, 북한은 비슷한 방식으로 미국에 대해 일방적이거나 비타협적인 요구를 하려 하지 않았기 때문에 나타나는 현상이기도 했다. 하지만 그들 사이 힘의 불균형이 북한에 크게 유리했다는 점이 결과에 가장 크게 영향을 미쳤던 것 같다. 평양이 전략 미사일과 핵 능력의 전면적 시연을 재개할 수 있는 능력을 통해 트럼프 행정부에 상당한 압박을 가할 수 있었기 때문이다. 북한은 살아남을 수 있었고, 그들의 경제와 억지 능력은 제재가 완전히 그대로인데도 꾸준히 성장하고 있었다.[105] 하지만 도널드 트럼프 행정부는 만약 선거를 앞두고 북한이 전략무기 시험 발사에 나선다면 집권을 연장할 가능성이 매우 불투명했다.

2020 미 대선에서 평양이 가진 명백한 지분은 북미 관계의 긴장 상태를 한층 더 복잡하게 했다. 민주당의 북한에 대한 전반적인 태도는 전과 다름없이 매파적인 것으로 나타났다. 이는 북한에 대해 자만하는 태도를 반영했는데, 그에 따라 어떤 대화나 합의도 평양의 완전한 항복이 아닌 한 용납할 수 없는 것으로 간주했다. 힐러리 클린턴은 평양과 합의에 나서는 트럼프 행정부의 행동을 "돼지 입에 립스틱"[106]을

바르는 것이라 불렀고, 선두주자 조 바이든은 야당 전반에 지배적인 담론을 따라 트럼프가 "독재자를 정당화해 주기 위해 서둘렀다"[107]며 거세게 비난했다. 바이든은 평양이 먼저 비핵화를 향한 일방적 양보를 할 때까지 모든 대화를 중단해야 한다고 주장하면서, 대화는 문제를 해결하는 수단이 아니라 북한에 주는 "보상"이라 불렀다. 이로 인해 그의 강경론은 존 볼턴의 노선과 "사실상 구별되지 않는 것"으로 비유되기에 이르렀다.[108] 더욱 가혹하게도, 바이든은 조선인민군의 장거리 미사일 능력 개발을 막기 위해 북한 내 표적들에 대해 정당한 이유 없는 예방 공격을 강력히 주장했다.[109] 여타 민주당 선두주자들 또한 더 화해적으로 보이지는 않았다.[110] 민주당원들은 스스로 협상에 대한 대안을 갖고 있지 않으면서도, 처음부터 이념적 기반 위에서 일관되게 자신이 옳다는 독선적 태도를 보였다. 만약 그들이 집권했다면 이런 결론에 도달하는 데 훨씬 더 오래 걸릴 수 있었고, 미국과 북한 양국의 이익에 결국 손상을 가져왔을 것이다. 따라서 트럼프 대통령이 권력을 유지하는 것을 지켜보고 그가 정치적 자산으로 삼을 수 있는 합의를 제공하는 것이 평양에 이로웠다.

트럼프 행정부는 7월 말 신형, 중량급 탄도 미사일 잠수함이 공개되거나 혹은 8월에 2급 단거리 전술 미사일이 시험 발사되었을 때도 계속 북한의 탄도 미사일들의 중요성에 대해 큰 관심없이 보아 넘겼다.[111] 8월 말부터 4개월 동안 매월 장거리 로켓포 시스템이 성공적으로 시험 발사되었을 때도 그들의 반응은 마찬가지로 묵묵부답이었다. KN-25로 불리는 이 시스템들은 과거 KN-09가 사거리로 세운 세계 기록을 경신했고,[112] 4백km 떨어진 목표물까지 - 아마도 훨씬 더 멀리까지

- 타격할 수 있는 것으로 추정되었다.113) 10월 첫 주 조선인민군의 북극성-3호, 즉 잠수함 발사 중급 사거리 탄도 미사일의 시험 발사에도 마찬가지로 미국의 반응은 침묵이었다. 이제 조선인민군이 이제 점점 더 현대적이고 생존 가능한 2단계 억지력을 갖추고 미국 영토를 위협할 수 있다는 것을 보여주는 것이었다. 북극성-3호의 전략적 역할과 2017년부터 시험 발사된 전술 시스템들보다 훨씬 더 긴 사거리에도 불구하고, 미국의 반응이나 규탄조차 없었다는 것은 당시 북한의 입지가 얼마나 많이 달라졌는지, 얼마나 유리해졌는지에 관한 또 다른 지표를 제공했다.114)

1   Warrick, Joby and Nakashima, Ellen and Fifield, Anna, 'North Korea now making missile-ready nuclear weapons, U.S. analysts say,' Washington Post, August 8, 2017.

2   Lewis, Jeffrey, 'The Game Is Over, and North Korea Has Won,' Foreign Policy, August 9, 2017.

3   Macdonald, Hamish, 'Putin praises Kim Jong Un, says N. Korean leader has "won this round,"' NK News, January 11, 2018.

4   'North Korea's Stable Exchange Rates Confound Economists,' Associated Press, November 16, 2018.

5   Nephew, Richard, The Art of Sanctions: A View from the Field, New York, Colombia University Press, 2018 (Chapter 1: Defining Terms, Section 1: Why Impose Sanctions?).

6   'How Sanctions Affect Iran's Economy,' Council on Foreign Relations, May 22, 2012. Crossette, Barbara, 'Iraq Sanctions Kill Children, U.N. Reports,' New York Times, December 1, 1995. Sachs, Jeffrey and Weisbrot, Mark, 'Economic Sanctions as Collective Punishment: The Case of Venezuela,' Center for Economic and Policy Research, April 2019. Selby-Green, Michael, 'Venezuela crisis: Former UN rapporteur says US sanctions are killing citizens,' The Independent, January 26, 2019.

7   Dorell, Oren, 'North Korean Economy Keeps Humming Despite Ever-Tighter Sanctions,' USA Today, November 24, 2017. Kim, Christine and Chung, Jane, 'North Korea 2016 economic growth at 17-year high despite sanctions: South Korea,' Reuters, July 21, 2017.

8   Ansley, Rachel, 'Tillerson's Take on U.S. Foreign Policy: A Year in Review,' New Atlanticist, December 13, 2017.

9   Cha, Victor D., 'Hawk Engagement and Preventive Defense on the Korean Peninsula,' International Security, vol. 27, no. 1, 2002 (p. 4).

10   Riley-Smith, Ben, 'Exclusive: US Making Plans for "Bloody Nose" Military Attack on North Korea,' The Telegraph, December 20, 2017. Seib, Gerald F., 'Amid Signs of Thaw in North Korea, Tensions Bubble Up,' Wall Street Journal, January 9, 2018.

11   Beavers, Olivia, 'Graham: 30 percent chance Trump attacks North Korea if it conducts another missile test,' The Hill, December 14, 2017.

12   Jackson, Van, On the Brink, Cambridge, Cambridge University Press, 2018 (pp. 163, 228).

13   'Tillerson a voice of reason in Trump's Cabinet,' Los Angeles Times, December 12, 2017. Von Nahmen, Alexandra, 'With Tillerson's firing, White House loses a voice of reason,' Deutsche Welle, March 13, 2018.

14   'White House Contradicts Tillerson on North Korea,' BBC News, December. 14, 2017.

15   Kim Jong Un's 2018 New Year's Address, January 1, 2018.

16   Ibid.

17   Anderson, Carl, 'Don't call it the Trump administration. Call it a regime,' Guardian, July 3, 2017. 'Is it the Trump administration or the Trump regime?,' Washington Post, May 4, 2017.

18   O'Connor, Tom, 'Kim Jong Un is Now Officially Head of North Korea,' Newsweek, July 11, 2019. 'North Korean President Steps Down at 91: Kim Yong Nam's 21 Years in Power,' Military Watch Magazine, April 14, 2019.

19   Sterling, Joe and McKenzie, Sheena and Todd, Brian, 'Kim Jong Un's sister is stealing the show at the Winter Olympics,' CNN, February. 10, 2018.

20   'Winter Olympics: North Korean cheerleaders mesmerise crowds,' BBC News, February 10, 2018.

21   Madhani, Aamer and Rogers, Martin, 'North Korea cheerleaders making quite an impression at Winter Olympics,' USA Today, March 2, 2018.

22   Kim, Christine and Shin, Hyonhee, 'North Korea Says No U.S. Talks Planned at Olympics, Pence Vows. Continued Pressure,' Reuters, February 8, 2018.

23. Parker, Ashely, 'Pence Was Set to Meet North Korean Officials During the Olympics Before Last-Minute Cancellation,' Washington Post, February 9, 2018.

24. Sciutto, Jim and Bash, Dana, 'Nuclear Missile Threat a "Red Line" for Trump on North Korea,' CNN, March 1, 2018.

25. Bolton, John, 'The Legal Case for Striking North Korea First,' Wall Street Journal, February 28, 2018.

26. Luttwak, Edward, 'It's Time to Bomb North Korea,' Foreign Policy, January 8, 2018.

27. 'Air Force deployed B-2 stealth bombers to Guam as sensitive talks involving North Korea commenced,' Washington Post, January 11, 2018. Johnson, Jesse, 'Nuclear-capable B-52 bombers join B-2s, B-1Bs on Guam amid tensions with North Korea,' Japan Times, January 16, 2018.

28. Choe, Sang-hun and Landler, Mark, 'North Korea Signals Willingness to "Denuclearize," South says,' New York Times, March 6, 2018.

29. Sanchez, Luis, 'White House: "Maximum Pressure" Campaign on North Korea is Working,' The Hill, March 27, 2018.

30. 'Transcript of the Press Conference by the Secretary-General with the Prime Minister of Sweden,' Stockholm, April 23, 2018.

31. Jackson, Van, On the Brink, Cambridge, Cambridge University Press, 2018 (p. 201).

32. Kazianis, Harry J., 'America Must Move Past Its "Sputnik" Moment on North Korea—r Else,' National Interest, March 4, 2019.

33. Donald J. Trump on Twitter, 'Possible progress being made in talks with North Korea. For the first time in many years, a serious effort is being made by all parties concerned. The World is watching and waiting! May be false hope, but the U.S. is ready to go hard in either direction,' March 6, 2018.

34. 'Statement from Vice President Mike Pence on North Korea,' The White House, March 6, 2018.

35. Karl, Jonathan and Phelps, Jordyn and Faulders, Katherin, 'Trump Agrees to Meeting with North Korean Leader Kim Jong Un on Denuclearisation,' ABC News, March 9, 2018.

36. Donald J. Trump on Twitter, 'Kim Jong Un talked about denuclearization with the South Korean Representatives, not just a freeze. Also, no missile testing by North Korea during this period of time. Great progress being made but sanctions will remain until an agreement is reached. Meeting being planned!' March 6, 2018.

37. Michael DelMoro on Twitter, 'So the President himself just popped into the WH briefing room and told reporters there is a "major announcement" coming from South Korea on North Korea. He told @jonkarl it was "beyond" talks, and said "hopefully, you will give me credit,"' March 8, 2018.

38. Jackson, Van, 'The Trump-Kim Summit Is WrestleMania for Pundits,' Foreign Policy, June 11, 2018.

39. Jeong, Sophie and Ripley, Will and McKirdy, Euan, 'Kim Jong Un: North Korea no longer needs nuclear tests,' CNN, April 22, 2018.

40. 'A New Era Begins in North Korea? Pyongyang Declares the Successful Completion of its Deterrence Program,' Military Watch Magazine, April 21, 2018.

41. Choi, He-suk, '[2018 Inter-Korean summit] Conversation between Moon Jae-in and Kim Jong-un,' The Jakarta Post, April 28, 2018.

42. Kim, Bo-eun, 'Trump's remarks infringe national sovereignty,' Korea Times, October 11, 2018. Choe, Sang-Hun, 'South Korea Backtracks on Easing Sanctions After Trump Comment,' New York Times, October 11, 2018.

43. Asmolov, Konstantin, 'North Korea: What Is and What Should Never Be,' Vladai, June 19, 2020. '"Shocked" S.Korea leader Moon orders probe into extra U.S. THAAD launchers,' Reuters, May 30, 2017.

44. Military Watch Force Comparison, National Rankings by Military Strength (2018) (http://militarywatchmagazine.com/forceApp/countries/) (accessed December 31, 2019).

45. 'Goodbye to America's 4 Million Man Army? Inter-Korean Summit Risks Compromising U.S.' Most Formidable Pacific Asset,' Military Watch Magazine, April 28, 2018.

46. Kang, Hyunmin Michael, 'Is it Time for South Korea to Regain Wartime Operational Control?,' The Diplomat, October 20, 2017.

47. 'Inter-Korean relations will never progress if they are subordinate to N. Korea-US relations,' Hankyoreh, May 27, 2020.

48. 'Moon has done more for inter-Korean peace than any other president, US professor says,' Hankyoreh, June 29, 2020.

49. Hass, Benjamin, 'Train project linking North and South Korea stopped in its tracks by US,' The Guardian, August 21, 2018.

50. Asmolov Konstantin, 'South Korea: "They Do Nothing Without Our Approval!,"' NEO, October 27, 2018. Choe, Sang-Hun, 'South Korea Backtracks on Easing Sanctions After Trump Comment,' New York Times, October 11, 2018.

51. Shim, Elizabeth, 'Report: North Korea weapons could be flown to France,' UPI, May 11, 2018.

52. Kim, Suk Hi, The Survival of North Korea: Essays on Strategy, Economics and International Relations, Jefferson, NC, McFarland, 2011 (p. 46). Funabashi, Yoichi, The Peninsula Question: A Chronicle of the Second Korean Nuclear Crisis, Washington D.C., Brookings Institution Press, 2007 (p. 143).

53. Miller, Judith, 'U.S. Says Libya Will Convert Missiles to Defensive Weapons,' New York Times, April 11, 2004.

54. 'Is John Bolton Playing Right into North Korea's Hands? How a Hard Line Against Pyongyang Could Alienate Allies and Undermine the U.S. Led International Front,' Military Watch Magazine, May 2, 2018.

55. Rampton, Roberta and Brunnstrom, David, 'Upbeat Trump welcomes U.S. prisoners released by North Korea,' Reuters, May 10, 2018.

56. Kim, So-hyun, 'Korean American pastor says he was spying in NK,' Korea Herald, July 30, 2019.

57. Lee, Taehoon, 'North Korea Detains Fourth U.S. Citizen,' CNN, May 8, 2017.

58. Park, Ju-min, 'North Korea says American was detained for "attempted subversion,"' Reuters, May 3, 2017.

59. Page, Jeremy, 'Damage to North Korea's Nuclear Test Site Worse Than Previously Thought,' Wall Street Journal, May 10, 2018.

60. Sabur, Rozina, 'North Korea's "dismantling of ballistic missile test site facilities" draws wary response from experts,' Telegraph, July 24, 2018.

61. Press Conference by President Trump, Capella Hotel, Singapore, June 12, 2018.

62. Brunnstrom, David, 'China appears to relax North Korea sanctions: report to U.S. Congress,' Reuters, November 15, 2018.

63. Press Conference by President Trump, Capella Hotel, Singapore, June 12, 2018.

64. Donald J. Trump on Twitter, 'Just landed— long trip, but everybody can now feel much safer than the day I took office. There is no longer a Nuclear Threat from North Korea. Meeting with Kim Jong Un was an interesting and very positive experience. North Korea has great potential for the future!,' June 13, 2018.

65. Donald J. Trump on Twitter, 'Before taking office people were assuming that we were going toWar with North Korea. President Obama said that North Korea was our biggest and most dangerous problem. No longer—sleep well tonight!,' June 13, 2018.

66. Jackson, Van, On the Brink, Cambridge, Cambridge University Press, 2018 (p. 187). Crowley, Michael and Nelson, Louis, '"Ludicrous": Pompeo Snaps at Reporters Seeking Clarity on North Korea Deal,' Politico, June 13, 2018.

67. Shinkman, Paul D., 'China's "Freeze for Freeze" Plan for North Korea Gets Chilly Reception in U.S.,' U.S. News, September 5, 2017.

68. Panda, Ankit, 'Exclusive: North Korea Has Continued Ballistic Missile Launcher Production in 2018, Per US Intelligence,' The Diplomat, June 30, 2018.

69. Panda, Ankit, 'US Intelligence: North Korea Is Continuing to Produce ICBMs,' The Diplomat, July 31, 2018.

70. Cheng, Jonathan, 'North Korea Expands Key Missile-Manufacturing Plant,' Wall Street Journal, July 1, 2018.

71. Joseph Dempsey on Twitter, 'For reference this #NorthKorea 300mm MRL system conducted three separate multiple firings in March 2016, the latter two including reported ranges of ~200km (124miles),' May 27, 2018. Choi, Ha-young, 'North Korea reveals pictures of multiple rocket launch test,' NK News, March 22, 2016.

72. Oberdorfer, Don, The Two Koreas: A Contemporary History, Boston, Addison-Wesley, 1997 (p. 352).

73. Shorrock, Tim and Richards, Kathleen Ok Soo, 'The Trump-Kim Talks Ended Abruptly—ut Negotiations Will Continue,' The Nation, February 18, 2019. 정세현 "합의문괄호만에우면됐는데. 볼턴때문에사달난듯" [Jeong Se Hyun, All I had to do was fill in the parenthesis of the agreement], 노컷뉴스, February 28, 2019.

74. Taylor, Adam, 'Nukes and sanctions: What actually went wrong for Trump and Kim Jong Un,' Washington Post, March 1, 2019.

75. Wroughton, Lesley and Brunnstrom, David, 'Exclusive: With a piece of paper, Trump called on Kim to hand over nuclear weapons,' Reuters, March 29, 2019. Byrne, Leo, 'North Korean FM says Pyongyang asked for "partial" sanctions relief,' NK News, February 28, 2019.

76. LeTourneau, Nancy, 'Kim Jong Un Played Trump Like a Fiddle,' Washington Monthly, February 28, 2019.

77. Rampton, Roberta, 'Trump decides against more North Korea sanctions at this time—ource,' Reuters, March 22, 2019.

78. Ward, Alex, 'A top Trump official may have just doomed US-North Korea talks,' Vox, March 8, 2019. Johnson, Jesse, 'North Korean denuclearization possible during Trump's first term: U.S. official,' Japan Times, March 8, 2019.

79. Wroughton, Lesley and Brunnstrom, David, 'Exclusive: With a piece of paper, Trump called on Kim to hand over nuclear weapons,' Reuters, March 29, 2019.

80. Smith, Josh and Lee, Joyce, 'North Korea's Kim Jong Un gives U.S. to year-end to become more flexible,' Reuters, April 12, 2019.

81. 'North Korea Sets Ultimatum for U.S. to Return to Negotiating Table; Continues to Modernise Military,' Military Watch Magazine, April 13, 2019.

82. Bermudez Jr., Joseph S., 'Is North Korea Building a New Submarine?,' 38 North, September 30, 2016.

83. Roblin, Sebastian, 'Coming Soon: North Korea's Nukes Could Go Underwater,' National Interest, July 29, 2018.

84. Friedman, Uri, 'How an Elaborate Plan to Topple Venezuela's President Went Wrong,' The Atlantic, May 1, 2019.

85 Cook, Steven A., 'The Syrian War Is Over, and America Lost,' Foreign Policy, July 23, 2018.

86 Krugman, Paul, 'Trump Is Losing His Trade Wars,' New York Times, July 4, 2019. 'Trump's Tariffs Have Fully Kicked In—Yet China's Exports Grow,' Wall Street Journal, November 8, 2018.

87 'New North Korean Projectiles Could Reach Japan Without Being Intercepted—ilitary,' Sputnik, July 27, 2019.

88 'Radar Evading Ballistic Missiles from North Korea? AEGIS Air Defence System Fails to Track New Projectiles,' Military Watch Magazine, May 15, 2019. Shim, Elizabeth, 'Report: Radar in South Korea network could not track missiles,' UPI, May 13, 2019.

89 'Japanese radar stations and MSDF crews failed to track recent North Korean missiles launches,' Japan Times, September 23, 2019.

90 Gale, Alasdair, 'Bolton Says North Korea Missile Tests Broke U.N. Ban,' Wall Street Journal, May 25, 2019.

91 Mullen, Mike and Nunn, Sam and Mount, Adam, A Sharper Choice on North Korea: Engaging China for a Stable Northeast Asia, Council on Foreign Relations, Independent Task Force Report No. 74, September 2016.

92 Remarks by President Trump and Prime Minister Abe of Japan in Joint Press Conference, Akasaka Palace, Tokyo, Japan, 3.02PM. JST, May 27, 2019.

93 Byrne, Leo, 'North Korean FM says Pyongyang asked for "partial" sanctions relief,' NK News, February 28, 2019.

94 McGraw, Meridith and Scott, Rachel, 'Trump backs Kim Jong Un's attacks on Biden, dismisses North Korea missile tests,' ABC News, May 27, 2019.

95 Johnson, Jesse, 'North Korea calls Bolton "warmonger" and says halting missile tests means giving up right to selfdefense,' Japan Times, May 27, 2019.

96 Gale, Alasdair, 'Bolton Says North Korea Missile Tests Broke U.N. Ban,' Wall Street Journal, May 25, 2019.

97 Johnson, Jesse, 'North Korea calls Bolton "warmonger" and says halting missile tests means giving up right to selfdefense,' Japan Times, May 27, 2019.

98 Shin, Hyonhee, 'North Korea says time running out for talks as U.S. envoy due in South,' Reuters, June 27, 2019.

99 Bowman, Michael, 'US Senate Approves New North Korea Sanctions,' Voice of Asia, June 27, 2019.

100 'North Korea rejects Pompeo from nuclear dialogue: KCNA,' Reuters, April 18, 2019.

101 'Tick Tock: Pyongyang Warns Time is Running Out For Denuclearization Deal with US,' Sputnik, June 27, 2019.

102 Donald J. Trump on Twitter, 'After some very important meetings, including my meeting with President Xi of China, I will be leaving Japan for South Korea (with President Moon). While there, if Chairman Kim of North Korea sees this, I would meet him at the Border/DMZ just to shake his hand and say Hello(?)!,' June 28, 2018.

103 McCurry, Justin, 'Donald Trump invites Kim Jong-un to US after entering North Korea,' The Guardian, June 30, 2019.

104 Friedman, Uri, 'The Day Denuclearisation Died,' The Atlantic, July 2, 2019.

105 Maresca, Thomas, 'Report: North Korea economy developing dramatically despite sanctions,' UPI, December 4, 2019.

106 Oprysko, Caitlin, 'Clinton predicts Trump's North Korea deal will be like putting "lipstick on a pig,"' Politico, February 26, 2019.

107 Oprysko, Caitlin, 'Biden dings Trump for his handling of North Korea and Iran,' Politico, July 1, 2019.

108 DePetris, Daniel R., 'How Joe Biden Became John Bolton on North Korea,' National Interest, July 15, 2019.

109 DePetris, Daniel R., 'Watch the Video: Would Joe Biden Launch a War Against North Korea?,' National Interest, May 7, 2019.

110 Sganga, Nicole and O'Keefe, Ed, 'Potential 2020 Democratic hopefuls are biggest skeptics of North Korea deal,' CBS, June 13, 2018.

111 Panda, Ankit, 'North Korea Tests New Type of Short-Range Ballistic Missile,' The Diplomat, August 12, 2019.

112 'North Korea Tests New "Super Large" Multiple Rocket Launcher,' KCNA, August 25, 2019.

113 Elleman, Michael, 'North Korea's New Short-Range Missiles: A Technical Evaluation,' 38 North, October 9, 2019.

114 Regan, Helen and Ripley, Will and Browne, Ryan and Kwon, Jake, 'North Korea says it test fired a new type of submarine-launched ballistic missile,' CNN, October 3, 2019.

17장
협상의 기술

데탕트의 종료

북한의 최후통첩에 따라 미국이 합의점을 찾아야 하는 2019년 말이 다가오자, 북한은 국제적으로[1] 자국의 입장을 지지하는 여론이 높아가는 상황을 즐기는 것 같았다. 특히 이웃한 중국의 지지는 더 확고해졌다. 지상 발사 전략무기 시스템을 시험 발사하지 않은 동결 기한이 25개월째를 기록했다. 초반 17개월은 탄도 미사일 시험조차 없었다. 설사 북한이 전략무기 시험을 재개했더라도, 모스크바와 베이징을 비롯한 다른 나라들은 갈수록 더 워싱턴을 비난하는 경향을 보였을 것 같다. 북한이 2년간 시험을 동결했고, 몇 차례 합의에 이를 수 있었던 기회도 있었던 데다, 새해가 오기 전에 일부 제재 완화는 반드시 있어야 한다는 수많은 경고에도 불구하고, 미국이 상호 양보에 대한 요구를 거부했기 때문이다. 중국과 러시아가 유엔 안보리를 통해 2018년[2]과 2019년[3]에 도입된 제재를 완화해 보려 했지만, 미국을 비롯한 서방 동맹국들이 단호히 거부했다. 서방은 평양이 제재 체제를 위반했다며 비난하는 결의안을 기안했고, 두 나라는 차례로 결의안 통과를 저지했다.[4] 모스크바와 베이징이 북한의 입장에 대한 지지를 보다 확고하게 표명하면서, 서방 분석가들은 이제 과거 수준의 최대 압박이 가능하지 않고,5) 중국과 러시아가 서방이 기안한 유엔 제재를 실행에 옮기지 않을 징후가 더 많이 나타나고 있다고 결론지었다.6)

중국은 평양에 점점 더 노골적 지지를 보냈다. 2019년 8월 중국 중앙군사위원회는 인민해방군(PLA)이 북한과 방위 연대를 강화할 것이라며, 양측이 "함께 그 지역의 평화와 안정을 위해 이바지할 준비가 되어 있다.7)"고 발표했다. 조선인민군과 PLA 지도부 간 고위급 회동이 베이징에서 열린 후 발표가 나왔다.8) 2019년 1월 베이징에서 시진핑이 참석한 콘서트 가운데 하나인9) 북한 예술가들의 대형 콘서트에서부터 6월에 수상과 영부인의 평양 방문에 이르기까지, 다른 분야에서도 유대 강화의 조짐이 확인되는 가운데 나온 발표였다. 시진핑은 세계에서 가장 큰 경기장에서 상연된 최대규모의 특집 공연인 중국판 아리랑 매스게임을 지켜보았고, 중국의 고전 노래와 의상, 오성홍기가 등장하는 공연을 북한 지도자와 함께 귀빈석에서 관람했다. 그들을 기념하기 위해 오성홍기와 시진핑의 모습을 담아낸 대형 인간 콜라주가 북한의 세 지도자의 특이한 콜라주와 더불어 펼쳐졌고, 양국의 유대를 한층 더 증진해 줄 화합에 관한 여러 가지 성명들이 발표되었다.10) 중국은 이같은 지지와 더불어 상당한 투자의 신호도 보여주었다. 이런 분위기는 워싱턴이 합의에 이르지 못해 새롭게 긴장이 높아지는 경우 평양의 입지에 훨씬 이로워 보였다.

새해 북한의 최종시한은 다가오고, 워싱턴이 협상 태도 변화를 보여주는 어떠한 조치도 취하지 않으면서 긴장이 고조되는 징후들이 보이기 시작했다. 북한 외무성의 미국 사무국은 9월 16일 지속적인 미국의 압박과 "제재가 북한을 대화로 이끌었다는 왜곡된 관점"을 거세게 비난하고, 이런 전제로부터 관계의 돌파구가 마련될 수 있을지 심각한 의문이 든다고 경고했다.11) 9월 27일 외무성은 미국이 정상 간 합의를 마무리하지는 못했지만, 트럼프 대통령이 개인적으로 현명하고 용감한 결정을 내리기를 기대한다고 밝혔다.12) 사흘 후 유엔총회에서 북한 대사는 선의를 갖고 출발한 협상이 실패한 책임은 온전히 미국에 있다고 비난하면서, 이렇게 말했다. "한반도의 상황은 긴장이 고조되는 악순환에서 벗어나지 못하고 있고, 이는 미국의 정치적·군사적 도발에 전적으로 기인한다."13)

거의 아무것도 호전되지 않는 것 같았고, 두 적대국 간 긴장은 새해 직전에도, 새해를 맞이하고도 계속 고조되었다. 12월 4일 국방부 동아시아 부차관보 하이노 클링크가 미국은 평양과의 협상 테이블에 군사적 선택지를 계속 유지할 것이며, 나아가 국무부가 아니라 국방부가 적의 무장을 해제하는 임무를 맡게 될 수 있다고 공식화했다.14) 4일 후, 북한 국방과학원 대변인은 북한의 서해 위성 발사장에서 "매우 중대한" 시험 발사가 있었다고 발표했다. "최근 실시한 중요한 시험 결과는 가까운 시일 내에 다시 한번 북한의 전략적 지위를 변화시키는 데서 중대한 역할을 할 것"이라고 밝힘으로써, 신형 장거리 탄도 미사일이 개발 중이라는 추측을 낳았다. 북한이 위성 발사를 준비해 왔을지도 모른다는 추측도 나왔다. 위성 발사는 전략무기 시험 발사로 수준을 높이지 않은 채 미국을 한층 더 압박하는 방안이었다.15) 위성 사진들은 "3.16 공장"에서 장거리 탄도 미사일을 위한 작업이 동시에 진행 중임을 보여주었고, 그것은 곧 있을 시험 발사를 위한 준비일 수 있었다.16)

북한에 더 강경해야 한다는 양당 상원의원들로부터 무시할 수 없는 압박을 받게 되자, 12월 20일 트럼프 대통령은 새로운 일방적 제재안에 서명했다.[17]

양국 다 새해를 기념할 수 있게 되어 북한이 중요한 전략무기 시험 발사[18]로 크리스마스를 기념할 수도 있다는 서방의 공포가 차츰 가라앉자,[19] 북한의 태도에서 보이는 변화는 갈수록 더 분명해졌다. 12월 21일 평양은 김정은 위원장 주재로 조선인민군 고위급 회의를 열어 안보 강화를 논의했고,[20] 28일에는 드물게 소집되는 조선노동당 전원회의가 이어졌다.[21] 조선인민군과 노동당의 고위급 회의- 중요한 두 지도기관에 의해 그 나라의 새로운 방향이 세워졌을 것이다 -후, 김 위원장은 신년 연설에서 북한의 새로운 정책 노선을 밝혔다. 김 위원장은 마지막 날 당 전원회의에서 3백여 명의 고위 관리들에게 연설하면서, 자진해서 실행한 전략무기 시험 발사의 일방적 동결을 해제한다고 밝혔다. "우리가 더 이상 그 약속에 일방적으로 구속받을 근거가 없습니다… 세계는 조만간 공화국이 보유하게 될 신형 전략무기를 목도하게 될 것입니다."[22] 그 같은 조치는 위원장[23]과 외무성[24]이 이미 경고한 바 있었다.

김 위원장의 2020년 연설은 집무실에서 카메라를 향해 바로 했던 지난해와 달리, 노동당 본부 대회의장에서 당원들에게 보내는 연설이 TV로 방송되는 객관적 형식을 취했다. 그는 조국을 위한 "새로운 길"을 약속했고, 미국이나 남한과의 관계 진전에 대한 희망을 공식적으로 포기한 것처럼 보였다. 이는 지난 2년간의 연설과 극명한 대조를 보임으로써 서방이 기안한 제재가 무기한으로 유지될 수 있음을 시사했다.

그는 "우리가 눈부신 변신에 대한 기대로 지금껏 우리가 생명만큼이나 소중하게 지켜온 우리의 존엄을 팔아넘길 수는 없다… 대를 이어 계속되어 온 북—미 간 교착 상태는 이제 자력갱생과 제재 사이에서 분명한 대치 상태로 압축되고 있다"고 밝혔다. 이는 특히 경제전에 중점을 두고 긴장이 높았던 시절의 표현과 일치했다. 그리고 이렇게 이어갔다. "우리가 경제 건설에 매진하면서 동시에 핵무력을 구축하는 병행 노선을 견지하던 시절과 지금 우리가 미국의 깡패 같은 행동으로 인해 우리의 노력을 경제 건설에 쏟아부으며 분투 중인 현재 사이에서 변한 것은 아무것도 없다. 미국이 제재를 해제하리라는 어떤 기대를 품고 머뭇거릴 필요가 없다."

그 다음 주 월요일, 국영 〈로동신문〉은 북한의 "새로운 방향"의 특징에 대해 이해를 돕는 다음과 같은 글을 실었다.

> 표범이 반점을 바꿀 수 없듯, 제국주의의 공격적 본성은 결코 바뀔 수 없다. 오늘날 미국의 행위도 마찬가지다. 미국의 진짜 의도는 대화와 협상이라는 간판을 내걸고 시간을 허비하면서 자신들의 정치적·외교적 이익을 취함과 동시에 우리의 힘이 점점 더 쇠약해지도록 제재를 그대로 지속하려는 것이다. 현실은 우리 체제를 질식시키려는 적의 야망이 변함없이 그대로인 지금, 상황이 완화되어 제재가 해제되기를 꿈꾸는 것은 어리석은 일임을 보여준다.[25]

북한의 태도 변화는 공연 예술에도 눈에 띄게 반영되었다. 삼지연 관현악단의 유명한 신년 전국 연주회에서는, 특히 "평화는 총검 위에 있다"가 가장 중요한 시점에 연주되었다. 클래식을 새로운 형태로 리믹스한 그 노래의 후렴구는 이렇다. "**평화가 아무리 소중해도/ 우리는 그것을 구걸하지 않는다/ 우리의 총검 위에/ 우리의 총검 위에/ 평화— 평화는 그곳에 있다.**" 분명한 메시지는 바로 힘을 통한 평화였다. 이 곡은 2017년, 특히 최초의 ICBM 시험 발사 후에 유행했지만, 이후 텔레비전 공연에서는 눈에 잘 띄지 않던 것이었다.

1월 10일 국영 매체인 조선중앙텔레비죤(KCTV)이 지난해 6월 정상 간 회동 중에 트럼프 대통령에게 했던 김 위원장의 발언을 공개했다. 평양은 대등한 조건에서만 협상을 받아들일 것이라는 점을 강조한 내용이었다.

> 우리는 대화와 협상을 통해 문제를 해결하는 것이 중요하다고 여기고, 진정한 평화가 가능한 한 조속히 다가오기를 바랍니다. 하지만 자신들의 요구를 일방적으로 밀어붙이는 미국식 대화에 응할 수는 없습니다. 우리는 평화를 구걸하고 싶지도 않고, 다른 무엇과 평화를 교환하고 싶지도 않습니다. 우리의 미래는 우리가 선택하고 우리가 만드는 것이지, 당신들이 보장하거나 가리키는 것이 아닙니다. 분명한 것은 미국이 현재의 정치적 계산법을 고집하는 경우, 해결 전망이 흐리고 매우 위태로우리라는 것입니다.[26]

1월 3일 미 국방장관 마크 에스퍼는 북한의 전략무기 시험 재개 가능성과 관련해 미국은 필요하다면 북한을 상대로 군사행동에 나설 준비가 되어 있다는 경고로 대응했다.[27] 이 경고는 그 시점을 고려할 때 특히 심각해 보였다. 이란의 쿠드스(Quds) 사령관이자 혁명수비대 중장인 카셈 솔레이마니를 암살하기 위한 공습을 CIA가 지휘한 지 불과 몇 시간 후였고,[28] 트럼프 대통령이 직접 승인한 작전이었기 때문이다.[29] 카셈 솔레이마니는 이란에서 두 번째 실세로 여겨지는 이란 최고 군부 지도자였다.[30] 그 공격은 정당한 이유 없이 이루어졌고,[31] 바그다드 국제공항 인근에서 발생했다. 사령관은 합법적으로 이라크에 있었고, 당일 늦게 이라크 총리와 회동이 예정되어 있었다.[32] 널리 미국 내외의 분석가들이 그 암살을 불법으로[33] – 전쟁범죄는 아니라 해도[34] – 결론지었다.

솔레이마니 암살은 적어도 어느 정도는 미국의 다른 적들에게, 미국은 "4대 강적들" – 이란, 중국, 북한, 러시아 – 로 선포한 4개국도 공격 목표로 삼을 수 있고, 심각한 확전의 위험을 무릅쓰더라도 국제법의 한계를 완전히 벗어나 기꺼이 행동에 나섰겠다는 경고의 차원에서 벌인 것으로 보였다. 국무장관 마이크 폼페이오가 그 공격이 "억지력의 회복"을 포함한 "더 큰 전략"의 일부라고 경고하면서 이를 강조했다. 이것이 이란에 한정되지 않고 잘 알려진 미국의 다른 적들과 관계가 있다는 점도 언급했다.[35] 전직 CIA 국장이면서 미 중앙사령부 사령관인 데이비드 퍼트레이어스도 마찬가지로 그 공격을 "억지력의 재구축"을 의도한 것이라고 말했다. 또한, 만약 테헤란이 미국의 조건을 충족시키지 못하는 경우 이란의 유정을 비롯한 핵심 기반시설을 타격하겠다는 위협의 전조가 될 수도 있다고 했다.[36] 트럼프 대통령은 이란의 문화유산이 미국의 공격에서 차기 목표물이 될 수 있다 – 또 하나의 심각한 전쟁범죄다[37] – 고 경고했다. 훗날 미국이 이란의 민간 선박들을 공해(公海)상에서 반복적으로 징발함으로써 보여주었듯이, 미국이 표적 국가들의 기반을 약화시키기 위해서라면 법이나 국제 규범의 위반도 불사하겠다며 보여주는 뻔뻔함의 정도는 지금껏 전례가 없는 것이었다.38) 많은 분석가들이 논평한 대로, 그 암살은 북한을 비롯해 미국의 다른 적국들의 안보에 갖는 함의가 상당했다.39) 즉, 워싱턴이 국제법의 제약에 개의치 않고 기꺼이 공격적으로 행동할 것이며, 그럴 준비가 되어 있다는 강력한 신호였다. 과거 폼페이오가 미국 본토를 겨냥한 핵 타격 능력을 보유한 북한에 대해서는 완전히 다르게 대해야 한다고 밝힌 바 있다. 따라서 그런 능력을 갖추지 못한 적을 향해 미국이 보이는 태도와 위협에서, 그 같은 억지력을 추구한 평양의 정당성이 입증된다.40)

그다음 주에 평양은 협상에서 미국의 비타협적 태도가 확인되었다며 거세게 비난했다. 외무성 제1차관 김계관은 이렇게 밝혔다.

> 우리는 1년이 넘도록 미국과의 대화에 휘말렸고, 미국에 속아 왔으며, 그것은 우리에게 잃어버린 시간이었다… 비록 김정은 위원장이 트럼프 대통령에게 개인적으로 좋은 감정이 있다 해도, 그것은 말 그대로 "개인적인" 것이다… 베트남에서와 같은 그런 협상은 결코 없을 것이다. 당시 우리는 평화를 사랑하는 인민들의 고통을 조금이라도 덜어보고자 일부 유엔 제재의 해제를 위해 핵심적인 핵 시설을 교환하자고 제안한 것이었다.41)

북한 측은 협상에 임하는 자신들의 태도는 시간이 갈수록 엄격해져 갈

뿐이라고 경고함으로써 워싱턴에 압박을 가하려고 했던 것 같다. 제재 아래서 생활 수준과 경제성장을 유지할 수 있는 능력이 있고, 전투 행위 없이 비폭력적 강도를 높일 수 있으며 전략무기 시연을 포함한 다양한 선택지를 갖고 있다는 것은 북한이 유리한 입지를 갖게 해주었다. '국제위기그룹' 수석 고문이자 북한 전문가로 활동 중인 두연 킴(Duyeon Kim)은 이렇게 논평했다. "평양은 심지어 대화 재개에조차 가격을 올렸다… 설사 재개된다고 하더라도, 협상은 훨씬 더 어려울 것이다. 그들은 마치 자신들이 회담에 절박하지 않고 워싱턴의 도움 없이도 생존할 수 있는 것처럼 보이려고 애쓰고 있다. 불행하게도, 이것은 꽤 사실이다. 북한은 회복탄력성이 매우 높다는 사실을 입증했고, 경제에서도, 핵에서도 목표를 향해 뚜벅뚜벅 걸어갈 수 있다."[42]
남한의 문재인 정부는 대북 관계에서 가시적 성과를 만들어내는 데 실패했고, 워싱턴과 평양의 관계가 악화되지 않도록 그들이 할 수 있는 일이라면 무엇이라도 하려는 것처럼 보였다. 김정은 위원장의 2018년과 2019년 신년 연설에서는 남한이 두드려지게 등장했지만, 2020년 연설에서는 그렇지 않은 점이 눈에 띄었다. 이는 평양이 미국과의 관계 정상화를 위한 경로로나 아니면 독자적인 경제적 동반자로나 서울을 포기했다는 신호로 분석가들에 의해 널리 해석되었다.[43] 2019년 말경 필자가 북한 관리들과 나눈 대화는 서울과 문 대통령에 대한 실망감이 만연한 상황을 보여주었다. 평양이 전략무기 시험을 수행하는 경우 북–미 데탕트가 조속히 끝날 가능성이 커지면서, 문 정부의 부산한 행동이 뒤따랐다. 김정은 위원장의 서울 방문,[44] 트럼프 대통령의 생일 축하 서한의 전달,[45] 남북한 프로젝트에 대한 유엔 제재 면제를 위한 고려,46) 남한 국민의 북한 여행의 허용 고려47) 등이 이어졌다. 이 모든 일이 2020년 1월의 첫 두 주 동안에 일어났다.

남북 교역관계의 전면적 개방은 유엔 제재로 가로막혔다. 서울의 일방적 제재 완화를 통한 부분적 개방도 엄격히 금한다는 워싱턴의 강력한 경고를 받으면서, 경제협력을 위한 선택권이 사실상 사라졌다. 남북한 철도 프로젝트도 미국에 의해 가로막혔다. 남북한 국경은 여전히 미국이 주도하는 유엔사령부 통제 아래 있다. 미군은 문 대통령의 비행기를 외교적 방문을 위한 북한 입국자 블랙리스트에 올리기도 했다.48) 문 대통령은 유엔 제재로부터 제외될 수 있도록 노력해 보겠다고 했지만, 안보리의 서방 상임이사국들이 승인할 가능성은 별로 없었다. 유엔 제재에 포괄되지 않고 유일하게 남은 북한 경제의 주요 영역인 관광 사업의 재개만이 평양에 어떤 형태로든 경제적 이익이 될 수 있는 유일한 수단이었다. 북한이 계속 데탕트를 유지하기 위해 전념할 수 있도록 경제적 이익은 반드시 보장되어야 하는 것이었다. 그 밖에는 거의 완전히 북한의 일방적 양보였다. 제재가 무기한이 되는 일은 없어야 한다고 평양이 거듭 강조하는 것이 바로 그 때문이었다. 북한의 관광 산업은 급속히 발전했고,49) 제재 대상이 아닌 단 하나의 경제 분야를 활용하기 위해 관광 활동을 더 많이 확대하고, 해양 리조트,50) 스키 리조트51)를 비롯한 여타 시설들52)에 상당한 투자가 이루어졌다. 항공사들이 수많은 북한행 비행 노선을 신설하려 할 정도로 수요가 있었고, 성수기에 평양은 점차 호텔 부족 사태를 겪었다.53) 남한인들의 북한 관광 금지를 해제하면 북한의 관광 산업 경기 부양에 큰 잠재력이 될 수 있었다.54) 특히 나중에 단체 관광뿐 아니라 개인들에게도 허용하겠다고 발표했던 계획이 실행에 옮겨졌다면 효과가 컸을 것이다. 서울이 워싱턴의 승낙 없이 그 금지를 해제할 능력이 있을지, 그것이 장기적으로 평양을 달래기에 충분했을지는 둘 다 여전히 의심스럽다.

평양은 KN-24 탄도 미사일과 함께 교전 사거리에서 상당히 여유롭게 세계 기록을 깬 신형 KN-25 로켓포 시스템[55]- 둘 다 남한 전역의 미군기지들을 사정거리 내에 두고 있다[56] -을 포함해, 그들의 전술 억제력을 개량하기 위한 기록적인 수준의 시험을 계속해 나갔다. 더 진보한 잠수함 발사 미사일 능력을 발전시키기 위한 노력이 계속되고 있다는 징후[57]가 있었고, 미군 지도부와 저명한 분석가들은 북한의 전략무기 시험이 있을 거라고 경고했다.[58] 이는 그해 선거를 앞두고 난처한 처지에 몰린 도널드 트럼프 행정부를 압박할 선택지들이 평양의 수중에 있음을 가리켰다. 미국의 보수 정부가 점점 더 협상에서 유연한 입장을 선호하고 타결 상황을 조성할 수 있는 제재 체제의 완화 가능성을 보이면서, 연초에 보낸 신호들은 북한의 압박이 성과를 산출할 수 있다는 것을 보여주었다. 그렇게 되면, 북한은 트럼프에게 절실히 필요한 대외정책의 승리를 보장해줌과 동시에 새로운 장거리 미사일 시험 발사를 중단함으로써 그들의 선거를 위기에서 구해줄 것이었다.[59] 미 행정부의 강경노선으로 남한이 소외되면서 더 큰 우려를 불러왔고, 이는 다시 한번 자극을 주어 방향을 틀게 하는 계기가 되었다.[60] 워싱턴의 대북 태도 변화를 더 보여주는 지표가 있었다. 유엔에서 평양의 전술 무기 시험에 대한 미국의 비판이 상당히 부드러워졌을뿐더러, 트럼프 행정부가 유럽이 지원하는 북한의 인권침해 혐의에 관한 청문회를 막은 데서도 나타났다. 〈뉴욕타임스〉는 그 같은 움직임을 "외교적 돌파구를 지키기 위해 애쓰는" 행정부라고 묘사했지만, 미국의 좌파 매체들과 유럽 관리들은 대대적인 비판에 나섰다. 도널드 트럼프 집권 시 미국은 주요 서방 세력 가운데 평양과의 외교와 데탕트에 가장 큰 관심을 보였고, 평양에 훨씬 더 강경한 태도를 보인 유엔 안보리 내 유럽 국가들*과 불화를 빚었다.(61)

국내에서는 점점 불만이 커가고 있었고, 제2차 세계대전 이래 전례 없는 경제 위기가(62) 계속되고 있었다. 설사 전례 없는 정도는 아닐지라도,(63) 11월 선거를 앞둔 트럼프 행정부로서는 북한 문제에 관한 조속한 합의 또는 일정하게 진전된다는 신호가 점점 더 절실해졌던 것으로 보였다. 미국 관리들은 과거와 달리 빈번하게 대화 재개를 요구했고, 거의 모든 경우,(64) 평양은 거듭 냉담한 대응으로 과거 미국의 외교적 노력을 양보 없이 시간을 벌기 위한 술책이라고 부르며,(65) 자신들은 또 하나의 "쓸모없는" 정상 간 회동에는 아무런 관심이 없다는 것을 강조했다.(66) 평양은 다가오는 선거에 자신들이 미치는 상당한 영향력을 암시하면서, 정상 간 회동을 국내에서 트럼프 행정부의 평판을 뒷받침하기 위해 의도된 홍보성 과시 행위라고 부르고,(67) 구체적인 양보 및 완전히 달라진 대화 형식을 기대한다는 분명한 메시지를 보냈다.

---

* 전술한 트럼프 행정부와 유럽의 동맹들을 비롯해 미국의 정보·대외정책·국방 관련 지배층 사이 분열은 트럼프 행정부가 원한다 하더라도 실제로 유엔 제재를 완화할 수 있을지 여부에 대해 의문을 불러일으켰다. 내부의 전폭적인 지지 없이 트럼프 행정부가 유럽의 유엔안보리 상임이사국들이 그들의 정책에 따라올 수 있도록 싸워나갈 수 있을지 의심스러웠다. 다시 말해, 설사 서방 세계 전체의 이해관계에는 어긋난다고 여겨질지라도, 유럽 국가들이 미국의 지도부 내 분파들의 동의를 얻어 트럼프 행정부의 보증 아래 안보리가 제재 완화를 발의하는 것을 비토하겠다고 위협할 수 있다는 것이다.

북한은 트럼프 대통령의 가장 성과적인 대외정책 기획의 결과를 결정짓는 데서 제 역할을 함으로써 트럼프 행정부에 대한 대중의 인식에 상당한 영향력을 갖는 방책이 무엇인지 정확히 인식하고 있었다. 이 점이야말로 핵심을 관통하는 인식이다. 7월 10일 북한 노동당 중앙위원회 제1부국장 김여정은 전에 언급한 "크리스마스 선물"은 "미국이 아직 받지 않은" 것이라며, "대통령 선거 이브에" 도착할 수 있다고 경고했다. 김여정의 경고는 평양이 ICBM이나 핵탄두 시험 발사로 트럼프 행정부를 곤란하게 할 수 있다는 암시로 널리 받아들여졌다. 즉, 트럼프 대통령이 자신의 레드라인을 지켜내서 북한의 열핵 공격에서 미국을 방어하는 데 실패했음을 강조해줄 선물이었다.[68] 최소한 몇 가지 유엔 제재를 철폐하는 등으로 차기 행정부가 되돌릴 수 없도록 하는 것이 평양이 얻으려는 의미 있는 양보였고, 평양은 그것을 얻기 위해 그들의 영향력을 행사하고자 했다. 선거 직전 몇 개월이 그런 거래를 위해 밀어붙일 기회를 제공한 것은 분명했다.

북미 협상

미국과 북한 사이에서 비핵화는 협상의 최종 목표로서 크게 중점이 두어졌지만, 양국이 충분히 양보하는 단계에서 합의에 이를 전망은 현실적으로 매우 어두운 상태이다. 2016년 10월 오바마 행정부의 국가정보국장 제임스 클래퍼는 이렇게 말했다. "북한을 비핵화시키겠다는 생각은 아마도 승산이 없을 것이다." 미국이 불만스러워도 받아들여야 하는 최대치는 북한이 발사할 수 있는 핵무기 유형을 합의하는 것이다.69) 미국 고위 관리로서는 처음으로 그 같은 사실을 인정한 것이었다. 물론 그 엄연한 현실을 그 당시에 자신의 결론으로 기꺼이 공공연하게 인정할 의향은 없었다 해도 결국 그는 시대를 한참 앞서간 것으로 판명되었다. 무기한 핵무기 보유국으로 존속할 채비를 갖춘 북한은 핵무기를 헌법에 성문화하고 핵무기 보유를 국가의 독립과 자위권에서 분리할 수 없는 것으로 간주했다. 그것을 가장 엄중하게 반대하는 서방 세계와 국제 사회가 북한의 핵 능력을 정상화하는 과정에 어떻게 들어설 수 있을지 여전히 두고 볼 일이다.

서방의 심리(Western Psyche)는 지금껏 북한을 핵무기 보유국으로 받아들이는 데서 곤란을 겪었고 앞으로도 어려움은 계속될 것이다. 어쩌면 이런 현실이 등장하는 것이야말로 서방의 경제력과 군사력을 중심에 두는 새로운 세계 질서라는 개념에 대한 가장 직접적인 반박에 해당할지도 모른다. 서방이 주도하는 새로운 질서 아래서는 서방의 가치가 나머지 세계에 대한 전 지구적 승리를 거두는 것이 필연으로 여겨졌다. 북한은 서방의 형상으로 구축된 세계 질서에 대한 가장 격렬한 반박이었다. 심지어 중국과 이란조차 그 옆에서는 얼마간은 서방친화적으로 보였다. 북한의 정치 철학과 사회 시스템은 아시아적 가치에 굳게 뿌리내리고 있었다. 유수의 미국 비평가들이 "세계 질서 내 최후의 국외자(outlier)"70)이자 "지구적 질서의 기반이 되는 도덕체계"71)의 눈 앞에 다가온 위협이라고 묘사한 북한은 규모는 미미해도 열핵 타격으로 서방 세계 곳곳의 도시들을 완전히 파괴할 수 있는 군사력을 확보했다. 이런 핵 억지력의 보호 아래서, 서방과의 교역이나 투자에 기대지 않고 성장하는 경제와 서방 가치에 거의 영향받지 않은 사회가 끊임없이 현존하고 어쩌면 무한히 더 강해지는 것 같다.

국익센터의 코리아 연구 센터장 해리 J. 카자니스는 핵무기 보유국 북한과 타협에 이르는 과정에서 미국 사회가 직면하게 될 어려움과 관련해 이렇게 논평했다.

> 온 세계 어디서나 모든 것을 우리 위주로 거듭 강화해가는 우리의 국가 심리와 우리의 "예외적" 특성 때문에 우리는 핵무기 보유국 북한을 용인할 수 없다. 따라서 우리는 이렇게 단언한다. 우리는 평양을 우리 뜻에 따르게 할 수 있고 김 정권은 우리의 요구를 거부할 길이 없다고. 그러나 모든 정보 보고서들이 불사신이라는 우리의 집단의식에 균열을 낸다. 북한처럼 경제적으로 뒤떨어진 나라가 미국인 수백만 명을 죽일 수 있다는 그런 보고서들이 뼛속까지 우리를 뒤흔들고, 우리가 알고 있는 우리의 모습이 진짜가 아니라고 이의를 제기한다. 어쩌면 그것이야말로 이곳 워싱턴의 우리들 가운데 – 바로 당신을 포함해 – 그토록 많은 이들이 2017년 북한의 핵무기와 미사일 시험에 대해 그토록 심한 충격과 분노로 반응하는 이유를 설명해줄지도 모른다. 북한처럼 인권 수준이 낮은 나라가 위험한 대량파괴무기를 만들었고 앞으로도 계속 만들 거라는 끔찍한 사실을 알게 되었고, 일련의 사건들이 우리의 안전감과 우리의 국가가 막강하다는 우리의 믿음을 산산이 부숴버렸다. 그것은 21세기 "스푸트니크" 위기였고, 지금도 여전히 그 위기는 계속된다. 우리는 이것이 아니라고 믿고 싶다. 그러나 팩트가 그렇지 않다고 말해준다.

카자니스 국장은 현저한 인지부조화 상태를 넌지시 일컬어, 북한의 능력과 새로워진 북한의 유리한 입지에 대해 끊임없이 부정하는 태도를 "대외정책 유토피아(foreign policy fantasyland)"72)라고 불렀다.

클린턴 행정부 시절 북핵 특사였던 로버트 갈루치는 북한과 미국 간 합의가 어떤 형태가 될지 관련해 통찰력 있는 논평을 했다. "상대측이 보상대책을 받아들일 거라고 가정하면서 큰 보폭을 내딛기에는 충분한 신뢰감이 없었다. 일련의 작은 조치들이 있어야 했다."73) 북한은 핵물질 생산을 동결하고 무기의 확대나 신형 전략 시스템의 시험을 포함해 핵 활동을 중단했다. 따라서 북한으로서는 이처럼 핵 활동을 제한한 대가로 경제 제재의 부분적 해제를 모색하고 있는 것으로 보인다. 두 번째 단계로, 탄도 미사일의 일부 유형은 더 포괄적인 제재 완화, 아마도 초기 유엔 제재를 해제하면 그 대가로 폐기될 수 있었을 것이다. 하지만, 아래서 살펴보는 대로, 서방 진영의 일방적 경제 제재는 무기한 유지될 것으로 보이고, 이런 제재들은 협상 과정에 포함될 가능성이 별로 없다.

북한이 대륙간 탄도 미사일 능력을 포기할 것 같지는 않다. 그것은 역사적 이유에서만은 아니다. 앞서 언급한 국가안보에도 특별히 사활적이기 때문이다. 하지만 대륙간 미사일의 사거리 제한은 가능성으로 남아 있다. 그것은 과거 미국과 러시아 간 중급 사거리(intermediate-range) 핵무력(INF) 협정과 흡사하다. 예컨대 화성-12호와 무수단을 실전 배치에서 배제한다면, 태평양 지역 내 미국의 전쟁 활동에 대한 큰 위협 중 하나 즉, 그 지역에서 미군의 허브로서 2020년대에 점점 더 중요해질 괌에 대한 위협이 제거된다. 괌은 여전히 탄도 미사일 잠수함의 표적이 될 수는 있겠지만, 중상급 사거리(upper-intermediate range) 지상 미사일을 제거한다면 그것은 중요한 양보에 해당한다. 만약 동북아시아에 그와 유사한 중급 사거리 미사일을 배치하겠다는 계획을 미국이 간파한다면, 그런 양보 가능성은 줄어들 수도 있다.74)

북한의 엄격한 안보 시스템과 대부분의 무기를 지하에 보관하는 조선인민군의 경향을 고려할 때 감시는 극히 어렵겠지만, 배치된 ICBM과 핵탄두 숫자에 한계를 설정한다는 것은 북한의 일부 핵무기를 인도하고 파기하겠다는 의사 표현일 수 있다. 따라서 제재 완화의 대가로 큰 양보를 할 수 있다. 이런 양보들은 모두 북한의 안보를 크게 위태롭게 하지 않는 것들이고, 완전한 비핵화를 강요할 수 없는 조건에 미국이 타협할 수 있게 해줄 것이다. 그렇게 함으로써 유엔 제재를 철폐할 수 있게 해준다.

향후 합의 가능성을 고려할 때 - 설사 매우 유망한 조건들이 제시되더라도 - 평양이 제시하는 큰 양보에 지장을 주는 핵심적인 요소를 주시할 필요가 있다. 바로 미국 정치 시스템의 특성이다. 행정부가 전임자들이 맺은 약속을 무효로 하거나 폐기하거나 무시해 버리는 한결같은 경향이다. 실제로, 냉전 종식 이래 모든 행정부가 야당 출신의 직전 전임자가 맺은 중요한 안보 관련 협정을 폐기했다. 그리하여 과거 미국에 어느 정도 신뢰를 준 나라의 이익을 심각하게 손상시켰다. 1990년대 빌 클린턴 행정부**는 전임자가 모스크바와 맺었던 "철통같은 확약

** 클린턴 행정부도 마찬가지로 베오그라드가 '데이턴 협정'에 합의하고 4년 만에 유고슬라비아를 상대로 대규모 폭격 작전을 개시했다. 데이턴 협정도 베오그라도가 서방의 이익에 부합해 큰 양보를 했던 평화 협정이었다.

(iron clad guarantees)", 즉 나토가 "동쪽으로 1인치도" 더 확장하지 않겠다는 약속을 묵살했다. 소련의 신뢰와 동유럽 내 세력권에 대한 포기 선언을 이용해, 미국 주도의 동맹을 급속히 확대하고 적대적 병력을 모스크바에 더 근접시킨 것이다.75) 2000년대 초반에는 조지 W. 부시 행정부가 레짐체인지라는 강경노선을 내걸고 제네바 북미 합의(Agreed Framework)와 당시 북한과 진행 중이던 비핵화 회담을 포기했다. 만약 평양이 클린턴 행정부 시절에 그들의 핵 활동과 관련해 쉽게 되돌릴 수 없는 양보를 했다면, 북한은 부시 시절에 훨씬 더 불리한 처지에 놓였을 수 있다.

2010년대 초반 버락 오바마 행정부는 결국 자신의 전임자가 리비아 정부에 제공한 안보 보증을 완전히 무시했다. 리비아는 미사일과 대량 파괴무기를 해체하고, 심지어 군사 시설들에 대한 침입적 조사도 허용했다. 그 대가로 서방의 제재가 해제되었고 관계가 일시적으로 정상화되었다. 오바마 시절에 제재가 다시 가해졌고, 서방 세계 곳곳의 리비아 자산들이 몰수되었다. 이제 무방비나 다름없는 상태가 되어버린 리비아는 서방의 공습으로 완전히 파괴되었다. 미국과 미국의 유럽 동맹국들에 준 신뢰는 리비아 몰락의 원인이라고 리비아 관리들이 바로 인용했다.76) 과거 안정적이고 부유한 아프리카 국가 리비아가 가까운 미래에 회복될 것 같지는 않다. 서방의 공격에 따른 결과로는 이슬람 테러리즘의 부흥과 내전, 공개 노예 시장 등도 포함된다.77) 2018년 도널드 트럼프 행정부는 제재 완화의 대가로 핵 프로그램을 제한하기로 한 이란이슬람공화국과의 다자간 협정인 포괄적공동행동계획(JCPOA)에서 일방적으로 탈퇴했다. 미국의 신임 행정부는 가혹한 경제 제재를 가하고 군사행동을 위협하면서 합의 조건에 대한 재협상을 요구했다. 만약 이란 최고지도자가 직접 나서서 어떤 협상도 탄도 미사일 능력을 포함해서는 안 된다고 버티지 않았다거나[78] 북한의 지원을 받아 미사일 억지력을 대거 확충하는 사업을 직접 감독하지 않았다면, 미국이 비핵화된 이란을 상대로 군사행동에 착수할 가능성이 훨씬 컸을 것이다.

미국의 정치와 외교를 이해하고 나면, 설사 전면적인 제재 완화와 완전한 관계 정상화가 제시된다 해도 평양이 그들의 억지 프로그램을 철회할 여지는 크게 제한된다. 많은 분석가들이 미국이 협정을 탈퇴한 개개의 사례들 때문에 북한과 포괄적 합의에 이를 전망이 어둡다고 지적했다.[79] 하지만 그런 탈퇴 사례들이 더 큰 흐름 속에 있고 미국 정치 시스템 자체가 그런 정책을 실제 뒷받침한다는 사실은 거의 지적되지 않았다. 북한 지도부와 외무성이 낸 성명들을 분석해 보면, 그들의 적이 어떤 특성을 가졌는지, 미국 및 서방 진영과의 평화 협정을 신뢰해 안전을 보장받고자 한 국가들이 어떤 운명에 처했는지 뼈저리게 통감하고 있다는 것을 알 수 있다.[80] 평양의 정책은 이런 이해에 근거한 일관성을 확인해 준다.

북한 외무성은 협상을 통한 무장해제가 얼마나 위험한지 우려하면서, 트리폴리 사례로부터 배운 소중한 교훈과 관련해 이렇게 밝혔다. "미국이 과거에 크게 자랑한 리비아의 핵 폐기는 결국 미국이 '안전 보장'과 '관계 개선' 같은 달콤한 말로 무장해제 시킨 다음 무력으로 집어삼키기 위해 리비아를 속인 공격 유형이었던 것으로 드러났다." 리비아는 제재 해제와 외교 관계 정상화의 대가로 "경제적 미끼를 물고 어리석게도 그들의 무장을 해제했고, 일단 그들이 무방비 상태가 되자 서방의 무자비한 응징의 대상이 되었다."[81] 북한 외무성은 무장을 일부 해제하고 자국 시설에 대한 서방 조사관들의 광범위한 접근을 허용했던 이라크 사례를 먼저 언급하면서, 별도로 이렇게 밝혔다. "이라크 전쟁은 서방의 조사를 통해 무장해제를 수용하는 것이 전쟁을 피하게 해주기보다는 오히려 전쟁을 촉발한다는 것을 보여주었다."[82] 몇몇 다른 사례를 통해 포괄적 군축이 가져올 위험성에 대해서도 마찬가지로 인식하고 있음을 드러냈다.

아마도 북한을 직접 겨냥한 가장 불길한 경고 중 하나는 리비아 지도자 무아마르 카다피의 아들 살리프 알 이슬람 카다피에게서 나왔을 것이다. 그는 리비아의 몰락과 트리폴리의 실수를 둘러싼 정황을 "모두에게 주는 좋은 교훈"이라고 일컬으며, 구체적으로 북한과 이란을 거명했다. 평양의 경고에도 불구하고 리비아가 무장해제에 합의한 사실에 주목한 그는 자기 나라가 서방의 폭격을 받고 있던 2011년에 텔레비전 인터뷰를 통해 이렇게 말했다.

> 당신들이 대량파괴무기를 단념하고, 당신들이 장거리 미사일 개발을 중단하고, 당신들이 서방과 아주 친밀해지면, 결과는 이것이다. 그렇다면 이것은 무엇을 의미하는가. 이것이 모두에게 주는 메시지는, 당신들이 강해야 한다는 것이다. 절대 그들을 믿어서는 안 되고, 늘 방심해서는 안 된다. 그 사람들[서방 진영], 그들에게 친구란 없다. 하룻밤 사이에 마음을 바꾸고 우리를 폭격하기 시작한다. 똑같은 일이 다른 어떤 나라에도 일어날 수 있다… 우리의 중대한 실수 중 하나는 신형 무기 구매를 미룬

것이다. 특히 러시아로부터 신형 무기 구매를 미룬 것, 그것이야말로 중대한 실수였다. 또한, 우리는 강한 군대를 일으키는 것을 지연시켰는데, 그것은 다시는 싸우지 않을 것이라고, 미국인들과 유럽인들이 [2003년 무장해제와 관계 정상화 이래] 우리의 친구라고 생각했기 때문이다.83)

트럼프 행정부의 국가정보국장 다니엘 R. 코츠 또한 무장해제는 북한의 국가안보에 강하게 반대되는 것이라고 단언함으로써, 리비아인들이나 북한인들과 마찬가지로 같은 결론에 도달했던 것 같다. 그는 이렇게 말했다.

> (북한 지도부는) 핵 능력을 보유한 나라들에 관해 세계 곳곳에서 일어나는 일들과 그들이 가진 영향력을 주시해 왔고, 수중에 핵 카드를 가진 것이 큰 억지력으로 작용한다는 사실을 알고 있다… 자신들이 가진 핵을 포기한 리비아로부터 우리가 얻은 교훈은… 불행하게도 이것이다. '만약 당신이 핵을 갖고 있다면, 절대 포기하지 말라. 만약 갖고 있지 않다면, 가져라.'84)

버락 오바마 시절 코츠의 전임자인 제임스 클래퍼 역시 같은 맥락에서 북한의 억지력을 "그들의 생존 티켓(ticket to survival)"― 평양이 현실적으로 양보할 수 없었던 것85) ―이라고 불렀다. 북한이 억지력의 양보를 두고 협상할 의향이 있는 것처럼 보인다 해도 그것은 제한적일 것이고, 1994년의 '제네바 북미 합의' 아래서 합의된 사항들과 마찬가지로 불가역적이지 않을 것이다. 미국의 정치 시스템의 특성과 함께, 그 특성이 특정 행정부와의 합의에 믿음을 가졌던 당사국들에 종종 극도로 끔찍한 결과를 가져다준 사실을 평양이 잘 인식하고 있다는 것이 그것을 보증한다. 북한은 미국과 두 가지 중대한 합의- 한국전쟁 휴전협정과 제네바 북미 합의 -에서 그것을 직접 경험함으로써, 그런 인식에 이르렀다. 미국이 한반도를 핵무장하기 위해 합법적 구실도 없이 한국전쟁 휴전협정의 13(d) 조항을 일방적으로 폐기한 사실과 행정부가 바뀌고 나서 제네바 북미 합의에서 탈퇴하고 합의한 조건들을 충족시키지 않았던 사실을 모두 잊지 않고 있다.

궁극적으로 북한의 군축 과정에서 시험 발사 중지 외에 유일하게 현실적으로 입증될 수 있는 것은 북한 핵시설에 대한 감시를 통해 핵탄두의 추가 생산을 중단하는 것- 1994년부터 8년간의 동결처럼 -뿐이다. 북한은 세계 최대규모의 지하 군사기지 망을 갖추고 있고, 핵탄두를 보관하고 더 많은 미사일을 생산하거나 기존 미사일들을 탐지당하지 않은 채 보관할 수 있는 능력이 있다. 그렇기에, 조선인민군이 발사할 수 있는 핵탄두 숫자나 미사일 유형의 상한선에 대해 아마도 절대적으로 검증될 수는 없을 것이다. 미국 관리들이 거듭 언급한 대로, 북한에 대한 침공과 파괴 외에 그 무엇도 평양이 이미 가진 자산에 대한 완전한 무장해제를 충분히 검증할 수는 없다. 설사 북한의 소형화된 핵탄두나 중거리탄도미사일을 파괴하기 위해 넘겨받는다고 해도, 그 나라의 안보 시스템이나 서방 정보기관들이 직면한 "정보의 블랙홀"은 그 나라가 애초에 보유한 – 추정치조차 매우 다양한 – 총계는 알 수 없는 상태 그대로 남아 있게 될 것이다.

북한이 제재 완화를 위한 협상에서 사용할 수 있는 카드가 하나 더 있다. 그것은 북한의 안보에 직접적으로 영향을 미치지 않으면서 양보를 압박하기 위해 행사할 수 있는 잠재된 능력으로, 첨단 미사일과 핵 기술을 확산할 수 있는 능력이다. 실제로, 2018년 4월 김정은 위원장이 북한이 새로운 기술을 확산시키지 않겠다고 발표한 것은 서방 진영이 아무리 꺼리더라도 북한을 핵무기 보유국으로 인정하게 만드는 방안이었던 것 같다. 그렇기에 혹자는 그 함의를 핵 지위의 인정을 향한 행동이고, 적어도 부분적 제재 해제가 준비되어 있지 않다면 이 약속들 가운데 일부는 어기겠다는 암시로 해석했다.

특히 이란은 북-미 회담이 완전히 깨지는 경우 현재 이란 무기고 내 장비들의 능력을 훨씬 앞서는 북한 최첨단 시스템의 잠재적 수요자로 여전히 남아 있다. 석유 부국에 주요 무기들을 판매해서 확보한 자금은 서방의 제재가 북한에 초래한 경제적 손실을 보상하는 방안으로 볼 수 있다. 2000년대 중반 무수단이 이란에 판매되었을 때, 그것은 북한 무기 중 최첨단 탄도 미사일에 해당했고, 현재도 이란 수중에 있는 무기로는 여전히 상당한 수준의 최고 성능을 자랑한다. 똑같은 설명이 로동-1호와 그 이전 화성-6호와 화성-5호에도 해당한다. 이들은 무수단과 마찬가지로 추후 이란의 탄도 미사일 억지력의 사거리와 정밀도를 점점 더 높여갔다.

이란과 미국 간 관계가 당분간 적대적 상태로 유지된다고 볼 때, 이란을 무장시키는 북한의 기술력은 지난 수십 년과 마찬가지로 여전히 중동 내 힘의 균형에 게임체인저일 수밖에 없다. 이란의 지체된 재래식 무기 능력을 고려할 때, 북한 미사일은 가장 중요한 억지력을 이란에 제공하게 된다. 이란이 화성-12호, 북극성-2호 혹은 ICBM까지 갖춘

다면, 또는 국내에서 유사한 시스템들을 생산하는 데 필요한 기술, 부품, 지원이 제공된다면, 그것은 그 지역의 힘의 균형을 서방 진영의 이익에 불리하게 근본적으로 바꿔놓을 것이다. 2019년 이란이 우라늄 농축을 늘리고 미국의 압박에 대한 대응으로 NPT 탈퇴를 수차례 위협했다는 사실86)은 이란이 잠재적으로 그 미사일들에 핵탄두를 탑재할 수 있다는 것을 의미한다. 그런 측면에서도, 북한의 기술과 경험은 소형화된 탄두 개발을 조기 달성하게 해줄 것이고, 눈에 띄는 핵무기 시험을 감쪽같이 피하게 해줄 수 있게 될 것이다.

궁극적으로 두 나라 간의 기술 이전은 감시가 어렵고, 세질(Sejil)과 같은 이란의 신형 미사일 설계는 북한에서 제공받은 기술과 부품에 계속 크게 의존하게 되어 있다. 그럼에도 무수단이 그랬던 것처럼 이란에 완성된 형태의 첨단 미사일을 판매하지 않거나 핵 기술을 이전하지 않겠다는 약속은 평양이 제재 완화를 대가로 제시할 수 있는 가치 있는 양보안으로 여전히 남아 있다. 북한 무기 판매에 관한 미국인 전문가 브루스 E. 벡톨 교수는 북한에서 이란으로 ICBM과 핵탄두를 포함한 새로운 능력의 확산 가능성이 매우 크고, 이것은 중동에서 이란의 힘에 유리한 게임체인저라고 지적했다. 벡톨 교수는 유명한 다수의 소식통을 인용해, 완성된 결과물이거나 일련의 구성 기술이거나 어떤 형태로든 결국 이란의 수중에 들어갈 가능성— 만약 그렇게 된다면 서방의 이익에는 재앙일 것이다87) —이 있는 것으로, 특히 화성-15호 ICBM을 지목했다. 서방의 일부 양보만이 그런 무기 이전을 막을 수 있는 사실상 유일한 수단이 될 수 있다.

과거 미국과 북한 간 협상에서 주요 걸림돌로 위성 발사 이슈가 있었다. 따라서 이 문제에 대한 미국의 양보를 예상할 수 있다. 과거 서방은 북한의 위성 발사를 반대하면서, 은하 로켓이 ICBM 프로그램을 진전시키는 기술적 증거 장치라는 구실을 들었다. 오늘날 로동-2호에 기반을 둔 엔진을 사용한 이 발사장치들은 현존하는 북한 ICBM 기술에 비해 거의 30년이나 뒤떨어져 있다. 그런 엔진 시험은 현재의 북한 억지력 강화 프로그램 형태에 도움이 되지 않는다. 위성 발사장치들이 대기권 재진입 시 그런 엔진의 폭발력에 기대지 않는다는 것은 그 엔진들이 재진입 장치 기술 시험에 사용될 수 없다는 것을 의미한다. 북한의 훨씬 더 진보한 미사일 기술에 비해 위성 발사 로켓의 초기 특징은 그 로켓들이 처음 시험 발사된 이래 발전을 이룸으로써, 위성 발사가 미사일 시험을 위한 위장이라는 주장은 이제 가치를 잃었다. 그 주장은 과거 북한에 대해 우주 조약에 따른 정당한 권리를 부정하기 위한 구실로 활용되었을 뿐이다. 그러므로, ICBM(대륙간 탄도탄)과(이나) IRBM(중거리탄도탄) 시험 발사를 금지한다는 합의가 이루어진다면 위성 발사가 용납될 가능성이 여전히 남아 있다.

레짐체인지의 긴 그림자 : 미래에 대한 전망

궁극적으로 세계 질서를 자신들의 형상대로 개조하려는 서방 세계는 북한과 같이 어느 정도의 정치적, 군사적, 경제적, 이념적으로 독립성을 가진 아시아의 민족주의 국가를 용납하지 못한다. 서방 진영의 최종 목표는 북한의 레짐체인지다. 하지만 한국전쟁에서 조선인민군이 이룬 성과에서부터 1990년대 '고난의 행군'을 통한 생존과 2000년대 중반부터 복합적인 억지력의 급속한 개발에 이르기까지 북한의 능력이 서방의 모든 예상을 거듭 뛰어넘으면서, 레짐체인지를 강제하려는 전략과 시간표는 거듭 변경되었다.

현재 진행 중인 협상 과정에서 북한을 겨냥한 서방의 경제 제재를 완전히 해제하는 것은 사실상 불가능하다. 모든 당사국이 그 사실을 잘 알고 있다. 가령, 완전히 검증 가능한 비핵화와 군축이 이루어진다고 하더라도, 경제전에 계속 전념할 다른 구실을 찾아낼 것이기 때문이다. 실제로, 핵무기와 탄도 미사일 시험은 장기적으로 서방의 제재가 늘어나기보다는 오히려 줄어드는 결과를 가져올 수도 있다. 북한이 제재 완화를 추구할 수 있도록 영향력을 제공하기 때문이다. 장거리나 중거리 미사일 능력 또는 대량파괴무기를 보유하지 않은 다른 많은 서방의 표적 국가들이 힘을 축적하지 못한 결과, 서방 진영의 가혹한 제재를 받고 있다. 베네수엘라, 시리아, 짐바브웨, 미얀마, 쿠바가 많은 사례 중 일부에 해당한다. 만약 북한이 완전히 핵무장을 해제한다면, 북한의 내정이나 경제 체제, 혹은 시리아나 러시아 같은 서방의 적들과 관계를 유지하고 교역을 하겠다는 의지, 그 모든 것이 서방의 경제 제재를 위한 구실로 이용될 수 있다. 실제로 과거에 다른 나라들을 상대로 제재 구실로 활용된 바 있다.[88]

향후 서방의 대북관계 전망을 보여주는 중요한 지표가 외교협회(CFR)의 특별전문위원회가 낸 2016년 9월 보고서에 기술되었다. 만약 북한이 완전히 비핵화하는 경우 대북관계 전망과 관련해 이렇게 썼다.

관계의 완전한 정상화와 제재 완화에는 북한의 인권 상황에서 중대한 진전이 필요하다. 여기에는, 정치범과 그 가족들의 석방, 외국에서 납치된 모든 사람에 대한 완벽한 설명과 자발적 송환, 전국적으로 완전한 접근권이 보장된 구호 활동가들이 감시하는 가운데 실행되는 차별 없는 원조 식량 분배, 처벌받지 않고 출국하고 귀국할 수 있는 자유, 정부의 북한 주민들에 대한 정보 차단의 종식이 포함된다.89)

이런 조건들은 2016 대북 제재 및 정책 강화법(Sanctions and Policy Enhancement Act, HR 757) 402항에 열거된 것들과 대체로 일치했다. CFR의 서술은 2016 대북 제재 및 정책 강화법의 표제 Ⅲ에 빈틈없이 의거했던 것 같다. 비현실적인 내부 변화에 대한 요구를 이행할 것과 미국의 일방적 제재의 완화를 위한 필수 전제로서 서방의 북한 진출이 미국 법률에 명시되었다. CFR과 대북제재법이 제기한 주장들 다수가 사실을 뒷받침하는 증거가 별로 없고 매우 미심쩍은 탈북자 진술에 근거한 것이다.(19장을 볼 것) 이런 주장들과 이 같은 서사를 유지하는 것은 서방 진영이 무기한으로 – 아니면 적어도 북한 영토가 서방의 이익에 부합되게 통치될 때까지 – 북한에 대한 지속적인 제재와 압박을 가하는 구실이 된다. 서방 세계는 자신들을 지구적 사법권을 가진 인권의 수호자로 묘사함으로써, 서방이 이끄는 질서를 따르지 않는다면 어떤 나라도 자신들이 적법성을 박탈하고 경제적으로 옥죌 수 있는 권리를 가졌다고 주장할 수 있다.

CFR의 문서는 나아가 – 비핵화를 넘어서는 – 서방 진영의 최종 목표를 역설했다.

마지막으로, 북한 핵 위협의 본질에 대해 분명히 하자. 위협은 북한 정부 자체다. 현재의 북한 정부가 지배하는 한, 그 위협은 계속될 것이다. 따라서 북한을 포함하지 않는 성공적인 한반도 통일을 구상할 의무가 미국과 그 동맹국들에 있다.[90]

굴지의 싱크탱크들과 저명한 분석가들 가운데서, 북한을 향한 적대적 의제가 북한의 억지 프로그램을 훨씬 넘어서 있으며 서방 진영의 최종 목표는 북한을 강제로 변화시켜 자신들의 비전과 이익에 부합되게 개조하는 것이라고 노골적으로 명시한 집단이 CFR만은 아니었다. 예컨대, CIA의 코리아센터(북한의 핵과 탄도 미사일 위협을 담당하는 CIA 내 부서) 본부장 앤드류 킴은 트럼프-김 하노이 정상회담 직후인 2019년 2월 이렇게 말했다. "갈등은 비핵화에 관한 것만이 아니다. 북한과 관련된 지정학적·지리경제학적 지도를 변경하는 것이기도 하다."[91] 외교정책연구소 선임 연구원이자 예일대 교수인 폴 브라켓 역시 마찬가지로, 과거 침략적 조사를 부과하고 비핵화를 강제하기 위한 미국의 행동은 "북한이라는 나라 전체를 개방하기 위한 첫 번째 조치에 불과한 것으로 간주해야 한다"고 논평했다. 그는 이와 관련한 추가 목표를 이렇게 단언했다.

> 한반도에서 벌어지고 있는 "게임"은 두 가지다. 첫 번째 게임은 성격상 제로섬 게임이 아니다. 그것은 한쪽의 이득이 반드시 상대의 희생을 대가로 하지는 않는 것으로, 군사와 핵 협상을 둘러싼 협상에 해당한

다. 두 번째로 더 중요한 게임은 제로섬 게임이다. 그것은 지배의 게임이고, 오직 한 나라만이 전체 한반도에 대한 지배권을 가질 수 있다… 그것은 비확산과 무기 통제와 관련된 경쟁이 아니라, 모든 관련 당사국들 사이에서 국가 간 역학을 형성하는 국가 생존 경쟁(state-survival competition)이다.92)

평양과 워싱턴의 데탕트 시기이자 전략무기 시험이 중단된 기간이었던 2019년 9월 또 하나의 사례가 나왔다. 전략국제연구센터(CSIS)가 북한의 인권침해 혐의에 대해 미국에 유엔 안보리를 통한 추가 제재를 추진하라고 강력하게 요구하는 논문을 발표했다.93) 마크 피츠패트릭은 북미 지역 국제전략연구소(IISS)의 연구원이자 상임이사이면서 IISS 비확산과 군축 프로그램 담당국장이다. 그는 레짐체인지와 친서방 정부 아래서 한반도의 강제적 재통일이 대북 정책의 최종 단계라고 역설하는 영향력 있는 수많은 인사 중 하나다. 하지만 그는 북한의 억지 프로그램과 긴장의 성격은 레짐체인지가 더 이상 "즉답"이 아닐 수 있으며, 그것은 오히려 장기적 목표라는 데 주목했다. 그는 "북한: 레짐체인지가 답일까?"라는 제목의 영향력 있는 논문에서 이렇게 주장했다. "장기간 계속되는 이 비극에는 단 하나의 유일한 해피엔딩이 있다. 핵무기 없는 민주적이고 자유기업 체제에 기반한 공화국으로서 한반도의 통일이 그것이다."94)
피츠패트릭 국장은 북한 제거가 최종 목표라고 제시한 초기 서술과는 다소 모순되게, 평양은 – 그렇게 표적이 되고 있음에도 불구하고 – 핵무기가 없으면 더 나을 것이라며, 이렇게 근거를 제시했다. "북한의 슬

픈 아이러니는 전략무기 프로그램이 정권의 생존을 약화시킨다는 점인데, 그 이유는 그 무기들이 경제 개발에 대한 전망을 방해하기 때문이다. 북한을 빈곤의 덫과 중국에 대한 의존에서 탈출하게 해줄 수 있는 남한, 일본, 서방과의 교역과 투자는 평양이 핵 위협을 휘두르는 한 다가오지 않을 것이다."[95] 다른 누구보다도 피츠패트릭 자신에 의해 증명된 바와 같이, 핵무장한 북한이든 그 반대의 북한이든 북한을 향한 서방의 의제 설정방식을 평가해 볼 때, 정확히 그들 주장과는 반대임을 보여준다. 다수의 다른 표적들을 겨냥한 서방의 제재 체제가 반복적으로 보여주고 있듯, 북한이 핵무장을 해제한다고 해서 제재의 전면 해제에 가까운 뭔가라도 기대한다면 그것은 상당히 현실성 없는 판단이다.[96] 서방 세계가 서방의 형상대로 북한을 완전히 개조하는 것이 아닌 한, 그 무엇을 희생하더라도 북한에 대한 경제 제재를 해제하고 압박을 중단할 것이라는 생각은 면밀하게 검토 할수록 허점들이 드러난다. 북한에 경제적 압박을 가하고 그 나라의 존재를 부정하기 위해, 핵무기 말고도 십여 가지 구실을 찾아낼 수 있고 찾아낼 것이다. 이 점에서, 이데올로기에 기반한 서방의 지배적 지위(18장을 볼 것)로 인해, 데탕트가 오래 지속된다 하더라도 완화 분위기가 미칠 수 있는 영향에는 한계가 있다.

북한도 이런 현실을 잘 알고 있지만, 그들이 가진 상당한 힘을 행사함으로써 설사 일시적이라고는 해도 적대행위의 단계적 축소를 끊임없이 압박해 왔고, 그것은 북한과 미국 양쪽의 이익에 부합하는 것이다. 사업가이면서 미국의 외교정책 지배층에는 국외자인 트럼프 대통령은 개인적으로 북한에 대한 레짐체인지 강요가 옳지 않다고 생각했을지도 모른다. 하지만 레짐체인지는 정보기관들에서부터 국무부, 그리고 행정부 관리들에 이르기까지 여전히 지배적인 견해로 남아 있다. 미국의 장기적 목표가 레짐체인지라는 것은 불문가지다. 그러나 최소한 가까운 미래에 군사적 선택지가 현실적으로 배제되었기 때문에, 북한이 단기적으로 경제 제재를 완화하기 위해 미국을 어느 정도까지 압박할 수 있을지는 여전히 남아 있는 문제다.

세계 질서에 나타난 변화

북한과 미국의 갈등에서 힘의 균형은 오랫동안 전 지구적 차원의 힘의 균형에 크게 영향을 받아 왔다. 1950년대 소련이 번창하는 세력이고 중국과 긴밀한 동맹을 맺었을 때, 평양은 상당히 유리한 입지를 누렸다. 북한의 교역 동반자들은 경제 상태가 세계에서 가장 탄탄한 나라들 가운데 일부였고, 소련의 무기는 그들의 서방 적수들보다 더 우수하지는 않더라도 대체로 대등한 수준이었다. 그 후 중-소 분쟁에서부터 소련 경제의 침체, 소련의 최종 붕괴에 이르는 공산주의 진영의 몰락은 평양의 입지를 상당히 약화시켜 극도로 취약한 상태로 남겨두었다. 1990년대 "새로운 세계 질서"와 도전받지 않는 서방의 패권 시대에 북한이 엄청난 압박을 견뎌야 했던 것은 그 직접적 결과였다. 하지만 거의 비슷하게, 2000년대 중반부터 절대적인 서방의 통제권에서 멀어지는 세계 질서의 변화는 북한에 이로운 징조이고 미국에 비해 북한의 입지가 점점 더 유리해지고 있다. 중국과 러시아에서 외교 및 경제에 대한 더 튼튼한 지원에서부터 갈수록 더 감당 능력을 초과하는 미군까지, 세계 경제에 서방이 미치는 영향력이 덜 강력하고 덜 중심적인 세계 질서의 부상은 장기적으로 평양에 승리의 가능성을 훨씬 더 높여준다.

2019년 11월 신종 코로나바이러스(COVID-19)가 등장하자, 처음에 서방 세계에서는 이것이 중국을 비롯한 여타 동아시아의 개발도상 경제를 약화하고 따라서 서방 세력을 비교적 강화함으로써 세계적으로 힘의 균형을 "바로잡을" 도구로 널리 해석되었다. 초기에 트럼프 대통령은 자신만만한 모습이었다. 1월 30일 트럼프는 더 이상의 설명도 없이 그 바이러스가 미국에 "아주 좋은 결말"이 될 것이라고 말했다. 같은 날 미 상무장관 윌 로스는 중국 내 바이러스의 여파로 중국이 봉쇄 아래 놓인 시점에 "북미 지역으로" 수백만 개의 "일자리의 귀환이 가속화될 것"이라고 말했다.[97] 〈뉴욕타임스〉에서 〈포브스〉와 〈가디언〉에 이르기까지 서방의 간행물들은 바이러스를 수십 년간의 급속한 중국 경제의 성장과 세계의 선도적 제조업 강국으로서 중국의 입지에 종말을 가져올 것으로 묘사했다.[98] 중국이 주요 도시들을 봉쇄하는 동안, 1월 22일 북한은 국경을 닫았다. 서방은 이것이 북한의 중국 및 러시아 간 국경횡단 교역을 끝내게 만들어 서방 세력이 오래도록 추구해온 북한 경제에 대한 압박이 될 것이라고 묘사했다. 3월 13일 〈뉴욕타임스〉는 이렇게 썼다.

> 트럼프 대통령은 코로나바이러스를 "보이지 않는 적"이라고 불렀다. 하지만 북한에 대한 제재에 관한 한, 그 병원균은 트럼프 행정부에 가장

효과적인 동맹으로 판명될지도 모른다. 북한의 코로나바이러스에 대한 감염 공포는 북한의 핵과 미사일을 겨냥한 트럼프 씨의 "최대 압박" 작전이 해내지 못한 것들을 달성한 것처럼 보인다. 그것은 바로 북한 경제의 질식사이다…99)

나중에 밝혀진 대로, 동아시아의 경쟁자들을 약화시킴으로써 세계 권력의 중심을 서방 쪽으로 "재조정"하기보다는, 서방 세계가 그 위기에 대한 회복탄력성이 훨씬 더 저조하고 그 여파의 직격탄을 맞게 된 것으로 판명되었다. 4월이 되자, 코로나 바이러스의 가장 큰 피해자들은 모두 서방 국가들로, 특히 미국, 스페인, 이탈리아에서 통제 불가능한 확산과 하루 사망자 수천 명을 나타냈다. 미국은 다른 나라로부터 마스크와 인공호흡기를 확보하는 방향으로 눈을 돌렸다.100) 국내 마스크 비축분 상당수가 사용할 수 없는 것들로 채워져 있다고 확인되었기 때문이다.101) CNN은 이 혼돈을 일컬어 "마스크 전쟁"102)이라고 불렀다. 서방 세계를 통틀어, 오직 뉴질랜드만이 동북아시아와 겨우 비교할 수 있는 결과를 내놓으면서 바이러스에 대처하는 성공 사례로 불렸다. 한편, 점차 중국, 남한, 베트남 등이 그 위기에 대처하는 데서 세계의 훌륭한 모델로 – 높은 일반 위생 기준과 우수한 준비를 포함한 문화적 요인들에도 기인한 것으로103) – 세계보건기구104)와 전 세계의 언론 매체가 묘사했다. 예상대로, 서방 언론매체들은 남한, 대만, 홍콩과 같은 서구화된 정치 시스템을 가진 아시아 지역들의 대응을 칭찬하는 한편, 중국과 베트남에서의 대응은 비판하거나 무시했다. 하지만 그 나라들을 성공으로 이끈 요인들은 매우 유사했다. 북한은 동북아시아의 일반적 추세를 따르는 것처럼 보였고, 바이러스로 인한 여파는 미미했다. 바이러스로 인한 사망이 없다는 보고가 믿기 어렵기는 하지만, 국경의 조기 폐쇄와 다른 동아시아 국가들에서 보이듯 아주 많지는 않은 사망자- 베트남은 없었고 대만은 10명 정도 -는 그 주장을 적어도 어느 정도 믿을 만하게 했다. 북한은 6월과 7월에 집중적인 검사를 시행했고, 세계보건기구는 7월 말에 COVID-19 사례가 없다고 확인했다.[105]
팬데믹 기간 중 북한과 같은 표적 국가들에 대한 서방의 경제 제재를 인도적 차원에서 일시적으로 완화하자는 광범위한 요구들이 딱 잘라 거부되었다. 게다가 그 기간 중 추가 제재가 통과되는 일마저 있었다는 사실은 주목할 만하다. 그런데 서방 분석가들은 북한이 의약용품에 접근하지 못하도록 막아야 한다고 끊임없이 경고했다. 그런 경고의 근거는, 설사 북한에 생물 무기 프로그램에 대한 증거가 없다는 사실을 받아들인다고 해도, 혹시 있다고 밝혀지는 경우 의약용품이 그런 무기 프로그램에 이바지할 수 있다는 것이었다.[106]
코로나바이러스 위기는 특히 동아시아와 중국에 비해 미국[107]과 유럽[108]의 힘이 감소하는 추세를 가속화할 가능성이 매우 높고, 그것은 결국 북한의 입지를 장기적으로 강화하는 원인이 될 것이다. 서방 세계가 더 약화됨으로써, 타이베이와 서울에서 델리와 리야드에 이르는 잠재적인 북한의 교역 상대들에게 북한과 교역하지 말라는 압박의 영향력이 훨씬 줄게 될 것이다. 그리하여 서방이 주도한 질서의 종말은 북한의 세계 경제로의 통합과 함께, 과거에 목도했던 것보다 훨씬 더 인상적인 경제성장을 보게 될 가능성이 크다. 서방이 동아프리카와 동아시아처럼 그들의 영토에서 멀리 떨어진 곳에서 전력을 투사하고 전쟁을 벌이는 능력은 주로 상대 세력보다 그들의 경제가 얼마나 더 큰지에 좌우되었다. 그들이 긴 보급선을 유지하고 고국에서 그토록 멀리 나와 싸우는 부담을 지면서도 여전히 우위를 점할 수 있었던 원인은 경제에 있었다. 이 경제적 격차의 감소로 서방이 쉽게 "원정 경기(away game)" – 특히 동북아시아 –에서 싸워 이기기는 어려울 것이다. 중국인민해방군 해군이 2030년이 오기 전에 전반적인 전투 능력에서 미 해군을 추월할 것으로 예견되고, 이미 동북아시아에 배치된 미군 자산을 능가한 가운데[109] 최소한 18세기 이래 서방 세계가 이 지역에서 전쟁을 일으킬 능력은 오늘날 그 어느 때보다 더 낮다. 이러한 추세는 모두 평양에 매우 유리하다.

코로나바이러스 위기가 서방의 쇠퇴를 초래하는 데 미치는 영향을 과장해서는 안 된다. 그 추세는 바이러스 위기가 시작되기 전에 이미 현저하게 나타났지만, 바이러스는 동아시아가 정치적·사회적으로 얼마나 유리한지 드러내는 데 상당히 큰 역할을 했다.[110] 또한, 세계 경제의 새로운 중심으로서 동아시아 지역이 부상하는 전조를 보여주었다. 냉전이 종식되자, 미국을 비롯한 서방 세계는 충분한 시간과 경제적 압박과 일관된 정보 전쟁 활동으로 북한이 붕괴할 것이라고 확신했다. 또한, 서방의 경제적·정치적 시스템이 도입되고 서방의 군대가 38선 이북에 병사들의 기지를 설치할 수 있다고 믿었다. 그런 희망이 무너지고 2010년대 중반부터는 갈수록 더 평양이 위기에서 벗어나 경제와 방위를 눈에 띄게 현대화하기 시작하면서, 북한은 이제 승리할 태세를 갖추었다. 소련 붕괴 후 널리 언급되는 것처럼, "역사의 흐름"은 군사와 경제 양 측면에서 세계적 힘의 균형이 그들의 적들을 떠나 이제 확고히 북한 쪽에 있다.

서방 세계는 군사적으로나 외교적으로나 그들의 목표를 달성하기가 점점 더 어려워지고 있다. 또한, 경제 제재에 극단적으로 의존하게 되어, 인도와 인도네시아에서부터 중국과 러시아에 이르는 국가들을 위협하는 데서 경제 제재의 활용이 지탱할 수 없을 정도로 급속히 확대되었다. 이런 현실은 전 세계 무역에서 서방의 개입을 배제하고[111] 점점 더 정교해지는 회피 수단이 늘어가도록 부채질하면서[112] 장기적으로 그 효용성이 크게 제한될 것으로 보인다. 한편, 평양은 생활 수준 향상을 위해 중국과 같은 우호적인 비서방 공급자로부터 제공되는 비용 효율적인 가용성이 – 수직농법에서부터 태양에너지까지 – 커짐으로써, 오래도록 좌절되었던 경제 현대화의 목표를 실현하는 수단을 점점 더 갖추어 가고 있다. 따라서 지구적 차원에서 경제적 추세와 힘의 흐름은 북한의 입지에 유리하다.

서방은 수많은 고급 기술의 주요 분야에서 우위를 점하고 세계 경제에서 중심적 지위를 차지해 왔다. 그 덕택에 그들은 수십 년에 걸쳐 끊임없이 북한의 생활 수준을 끌어내리려는 활동에 매진할 수 있었다. 그런 우위와 중심성이 급속히 감퇴하면서, 이제는 북한 경제의 호황을 기대할 수 있다. 주민들이 이용할 수 있는 현지 소비자 브랜드의 급속한 증가 추세에서부터 주요 건설과 기반시설 프로젝트에 이르기까지, 호황의 징후는 해마다 눈에 띄는 변화들을 통해 분명히 드러나고 있다. 북한은 서방 세계가 권력의 정점에 있던 시절에 가장 극단적인 압박을 견디고 살아남았고, 핵을 탑재한 ICBM을 개발함으로써 2017년부터 공격의 위협을 상당히 감소시켰다. 이제 적들이 계속 쇠퇴하고,

세계 경제와 세계 질서의 미래를 결정하는 데서 비서방 국가들의 역할이 갈수록 더 두드러지면서, 북한의 경제와 안보 상황은 더 나아질 수밖에 없다.

1. 'Lee Jong-seok calls for easing of sanctions under "snapback" provision,' Hankyoreh, January 21, 2020. Bernama, 'Dr M hails Seoul's "Look South" policy; affirms rapprochement with Pyongyang,' New Straits Times, November 26, 2019.

2. Alexander, Harriet, 'Russia and China's calls to lift North Korea sanctions rejected by Mike Pompeo,' Telegraph, September 27, 2018. Smith, Josh, 'U.S.-led pressure fractures as China, Russia push for North Korea sanctions relief,' Reuters, December 17, 2019.

3. 'U.S. rejects sanctions relief for North Korea as Trump says he will 'take care of' Pyongyang's plans,' Japan Times, December 17, 2019.

4. Lederer, Edith M., 'Russia, China block UN from saying N Korea violated sanctions,' Associated Press, June 19, 2019.

5. Smith, Josh, 'U.S.-led pressure fractures as China, Russia push for North Korea sanctions relief,' Reuters, December 17, 2019.

6. Watanabe, Shin, 'Sanctions on North Korean migrant workers undermined by "interns,"' Nikkei Asian Review, November 15, 2019. 'N Korean workers in China and Russia look set to defy sanctions,' Financial Times, December 18, 2019.

7. 'N. Korea, China demonstrate military ties in high-level talks,' Yonhap, August 18, 2019.

8. 'Top. Chinese, North Korean generals meet in Beijing,' Associated Press, August 18, 2019.

9. Shin, Elizabeth, 'North Korean performers feted after China concert, state media says,' UPI, January 31, 2019. Lee, Jeong-ho, 'What Xi Jinping attending North Korean pop concert signals to Donald Trump,' South China Morning Post, January 28, 2019.

10. Goldman, Russel, 'In Pictures: For Kim Jong-un and Xi Jinping, Small Talk and Mass Games,' New York Times, June 21, 2019.

11. 'N. Korean foreign ministry advisor calls on Trump to make "bold decision,"' Hankyoreh, September 30, 2019.

12. Ibid.

13. Peltz, Jennifer, 'North Korea complains at UN about US "provocations,"' Associated Press, September 30, 2019.

14. Lee, Haye-ah, 'U.S. has never abandoned military options for N. Korea: Pentagon official,' Yonhap, December 5, 2019.

15. Panda, Ankit, 'North Korea Announces Completion of "Very Important" Test at Satellite Launching Ground,' The Diplomat, December 8, 2019.

16. Dilanian, Ken, 'Satellite photos show work on North Korean site linked to long-range missiles,' NBC News, December 22, 2019.

17. Nakamura, David, 'Senators ramp up pressure on Trump over North Korea, warning that his policy of engagement is "on the brink of failure",' Washington Post, December 18, 2019.

18. Fredericks, Bob, 'US spy planes fly near North Korea after "Christmas gift" missile threat,' New York Post, December 25, 2019.

19. Elbaum, Rachel, 'Christmas Day passes with no sign of "gift" that North Korea warned of,' NBC News, December 26, 2019. Frazin, Rachel, 'Christmas Day passes with no sign of North Korea "gift" to US,' The Hill, December 25, 2019.

20. 'North Korea's Kim holds military meeting as tension rises under looming deadline,' Reuters, December 22, 2019.

21. 'North Korea's Kim convenes party plenary as deadline looms,' Al Jazeera, December 29, 2019.
22. Millward, David, 'Kim Jong-un says North Korea ending moratoriums on tests—nd touts "new strategic weapon,"' Telegraph, January 1, 2020.
23. Martin, Timothy W., 'North Korea's Kim Gives U.S. End-of-Year Deadline on Nuclear Talks,' Wall Street Journal, April 13, 2019.
24. 'North Korea suggests it might lift weapons test moratorium,' Politico, July 16, 2019.
25. Jo, Hak Chol, 'Basic Idea and Spirit of the 5th Plenary Meeting of the 7th C.C., WPK,' Rodong Sinmun, January 6, 2019.
26. 'In June summit, Kim told Trump he won't make unilateral concession: N.K. TV,' Yonhap, January 10, 2020.
27. Manning, Ellen, 'US says it's ready for conflict with North Korea if necessary,' Yahoo News, January 3, 2020.
28. Read, Russ, 'World's most feared drone: CIA's MQ-9 Reaper killed Soleimani,' Washington Examiner, January 3, 2020.
29. 'New details about Soleimani killing further undercut Trump's lies,' Washington Post, January 13, 2020.
30. Nakhoul, Samia, 'U.S. killing of Iran's second most powerful man risks regional conflagration,' Reuters, January 3, 2020. Burgess, Sanya, 'The second most powerful person in Iran: A profile of Qassem Soleimani,' Sky News, January 8, 2020.
31. 'New details about Soleimani killing further undercut Trump's lies,' Washington Post, January 13, 2020.
32. Tawfeeq, Mohammed and Humayun, Hira, 'Iraqi Prime Minister was scheduled to meet Soleimani the morning he was killed,' CNN, January 6, 2020.
33. Nebehay, Stephanie, 'U.N. expert deems U.S. drone strike on Iran's Soleimani an 'unlawful' killing,' Reuters, July 6, 2020. Brennan, David, 'Killing Soleimani was a "Violation of National and International Law," Former Nuremberg War Crimes Prosecutor Says,' News Week, January 17, 2020. 'Consequences of America's Assassination of General Qasem Soleimani: Everything That Has Happened Since,' Military Watch Magazine, January 4, 2020. Korso, Tim, 'Putin, Erdogan See US Actions in Persian Gulf, Soleimani Assassination as Illegal—avrov,' Sputnik, January 8, 2020.
34. Gamp, Joseph, 'Iran has a 'shockingly strong' war crimes case against Trump over Soleimani's killing, NATO military attache warns,' The Sun, January 15, 2020.
35. Pamuk, Humeyra and Landay, Jonathan, 'Pompeo says Soleimani killing part of new strategy to deter U.S. foes,' Reuters, January 14, 2020.
36. Seligman, Lara, 'Petraeus Says Trump May Have Helped "Reestablish Deterrence" by Killing Suleimani,' Foreign Policy, January 3, 2020.
37. Levenson, Eric, 'Trump's threatened attack on Iranian cultural sites could be a war crime if carried out,' CNN, January 6, 2020.
38. 'US Seizes Ship Carrying Zeolite for Production of Oxygen Concentrator for Coronavirus Patients in Iran,' Fars News, August 5, 2020. 'Freedom of Navigation? Why is America Seizing Civilian Tankers in International Waters,' Military Watch Magazine, August 16, 2020.
39. Borowiec, Steven, 'As Iran-US drama plays out, North Korea leader Kim Jong Un takes notes,' Channel News Asia, January 11, 2020. Friedman, Uri, 'A New Nuclear Era Is Coming,' The Atlantic, January 9, 2020. Chandran, Nyshka, 'What do tense US-Iranian relations mean for China, North Korea?,' Al Jazeera, January 13, 2020. Johnson, Jesse, 'How the U.S. killing of a top Iranian general rekindled Kim Jong Un's worst fears,' Japan Times, January 7, 2020.

40 'Pompeo calls Iran more destabilizing than N. Korea,' France 24, February 14, 2019.

41 Panda, Ankit, 'Trump-Kim Relationship No Longer Sufficient for US-North Korea Diplomacy: NK Official,' The Diplomat, January 14, 2020.

42 Berlinger, Joshua, 'North Korea says US "deceived" Pyongyang on nuclear talks after Trump sends Kim birthday letter,' CNN, January 11, 2020.

43 'Kim Jong-un makes no mention of inter-Korean relations in 2020 vision,' Hankyoreh, January 2, 2020.

44 'South Korea's Moon seeks Kim Jong Un visit to Seoul,' Bankok Post, January 7, 2020.

45 'South Korean president takes heart from Trump's birthday wishes to North Korea's Kim,' Reuters, January 14, 2020.

46 Kim, Hyung-Jin, 'SKorea's Moon could seek exemption of UN sanctions on NKorea,' Associated Press, January 14, 2020.

47 'South Korean Leader Considers Letting Its Tourists Visit North Korea,' New York Times, January 14, 2020.

48 Joyce, Kathleen, 'South Korea president's plane blacklisted by US after North Korea flight, reports say,' Fox News, December 14, 2018.

49 O'Carroll, Chad, 'How a massive influx of Chinese visitors is changing North Korean tourism,' NK News, November 1, 2019. 'North Korea enjoying tourism boom after summit between Kim Jong-un and Moon Jae-in in April,' South China Morning Post, July 29, 2018. Jang, Seul Gi, 'Has thriving Chinese tourism emboldened North Korea?,' Daily NK, October 28, 2019. O'Carroll, Chad, 'As Chinese tourism to North Korea soars, local operators feel the strain,' NK News, October 31, 2019.

50 'North Korea's new beach resort will soon be ready for tourists,' South China Morning Post, January 17, 2019.

51 Choe, Sang-Hun, 'North Korea Touts New Resort, Seeking to Blunt U.N. Sanctions,' New York Times, December 3, 2019.

52 Choe, Sang-Hun, 'Kim Jong-un Orders "Shabby" South Korean Hotels in Resort Town Destroyed,' New York Times, October 23, 2019.

53 Zwirko, Colin, 'Qingdao Airlines awaiting approval to run three new routes to Pyongyang,' NK News, January 16, 2020. Zwirko, Colin, 'North Korean airline begins twice-weekly Pyongyang-Macau route following delay,' NK News, October 1, 2019.

54 Marcus, Lilit and Seo, Yoonjung, 'South Korea says it may be open to solo travel for its citizens to North Korea,' CNN, January 15, 2019.

55 'Thanksgiving Warning: North Korea Confirms Successful Test of Superheavy Rocket Artillery System,' Military Watch Magazine, November 29, 2019.

56 Smith, Josh, 'North Korea fires more missiles than ever amid coronavirus outbreak,' Reuters, March 28, 2020. Dempsey, Joseph, 'Assessment of the March 9 KN-25 Test Launch,' 38 North, March 10, 2020.

57 Makowsky, Peter, 'North Korea's Sinpo South Shipyard: Probable Ejection Testing,' 38 North, April 8, 2020.

58 Lee, Haye-ah, 'N. Korea may be ready to test more advanced ICBM: U.S. general,' Yonhap, March 13, 2020. Cotton, Shea, 'Expect a surge in North Korean missile tests, and of greater range,' Defense News, March 10, 2020.

59 Shorrock, Tim, 'Washington Hawks Are Softening Their Hard Line on Sanctions Against North Korea,' The Nation, March 5, 2020.

60 Ibid.

61. Nichols, Michelle, 'Europeans, Britain raise North Korea missile launches at U.N. Security Council,' Reuters, March 5, 2020. Lederer, Edith M., '6 European nations condemn North Korean missile launches,' Associated Press, April 1, 2020. Wong, Edward and Choe, Sang-Hun, 'Trump Officials Block U.N. Meeting on Human Rights Abuses in North Korea,' New York Times, December 9, 2019. Lynch, Colum and Gramer, Robbie, 'Desperate to Save Diplomacy, White House Blocks U.N. Meeting on North Korean Atrocities,' Foreign Policy, December 9, 2019.

62. Cox, Jeff, 'Second-quarter GDP plunged by worst-ever 32.9% amid virus-induced shutdown,' CNBC, July 30, 2020. Cox, Jeff, 'Goldman says downturn will be 4 times worse than housing crisis, then an 'unprecedented' recovery,' CNBC, April 14, 2020.

63. 'COVID-19 to Plunge Global Economy into Worst Recession since World War II,' The World Bank, June 8, 2020.

64. Ahn, Sung-mi, 'Trump says open to third summit with Kim: report,' The Korea Herald, July 8, 2020. Kim, Jeongmin, 'U.S. committed to renewed diplomacy with North Korea, envoy says,' NK News, July 9, 2020.

65. Johnson, Jesse, 'North Korea says U.S. is seeking December nuclear talks, warns of "trick" to buy time,' Japan Timies, November 15, 2019.

66. Zwirko, Colin, 'North Korean leader's sister rules out another "useless" summit with U.S.,' NK News, July 9, 2019. 'New Department Director General of DPRK Foreign Ministry for Negotiations with U.S. Issues Statement,' KCNA, March 30, 2020. Hotham, Oliver, 'North Korea has no interest in more talks with the U.S., senior diplomat says,' NK News, July 4, 2020.

67. 'North Korea says no more photo ops for Donald Trump,' Nikkei Asian Review, November 19, 2019. Taylor, Adam, 'North Korea says it doesn't want Trump meeting if it's just something to brag about,' Washington Post, November 18, 2019.

68. 'Press Statement by Kim Yo Jong, First Vice Department Director of Central Committee of Workers' Party of Korea, KCNA, July 10, 2020.

69. Brunnstrom, David, 'Getting North Korea to Give Up Nuclear Weapons Probably "Lost Cause": U.S. Spy Chief,' Reuters, October 26, 2016.

70. Lindsey Graham on Twitter, 'North Korea is the ultimate outlier in world order. It is a country built around the philosophy of the divinity of a family. And the person who's inherited the mantle is, on a good day, unstable,' December. 15, 2017.

71. Mullen, Mike and Nunn, Sam and Mount, Adam, A Sharper Choice on North Korea: Engaging China for a Stable Northeast Asia, Council on Foreign Relations, Independent Task Force Report No. 74, September 2016 (p.xiii).

72. Kazianis, Harry J., 'America Must Move Past Its "Sputnik" Moment on North Korea—r Else,' National Interest, March 4, 2019.

73. Oberdorfer, Don, The Two Koreas: A Contemporary History, Boston, Addison-Wesley, 1997 (p. 352).

74. 'US considers intermediate-range missiles in Asia,' Financial Times, August 3, 2019. Karlik, Evan, 'Where Will the US Base Intermediate-Range Missiles in the Pacific?,' The Diplomat, August 30, 2019. 'Rumors of S. Korea hosting the US' intermediate-range missiles are hopefully false,' Hankyoreh, January 2, 2020.

75. Itzkowitz Shifrinson, Joshua R., 'Op-Ed: Russia's got a point: The U.S. broke a NATO promise,' Los Angeles Times, May 30, 2016.

76. 'Gaddafi's son: Libya like McDonald's for NATO—ast war as fast food,' RT, Interview with Saif Al Islam Published on July 1, 2011.

77 'African migrants raped & murdered after being sold in Libyan "slave markets"—N,' RT, April 11, 2017. Osborne, Samuel, 'Libya: African refugees being sold at "regular public slave auctions,"' The Independent, April 11, 2017.

78 Karami, Arash, 'Rafsanjani missile tweet draws fire from Khamenei,' Al Monitor, March 31, 2016.

79 Toosi, Nahal, 'Nixed Iran nuclear deal looms over Trump's North Korea talks,' Politico, June 10, 2018. Schwarz, Jon, 'Trump Intel Chief: North Korea Learned From Libya War to "Never" Give Up Nukes,' The Intercept, July 29, 2017.

80 'North Korea cites "tragedy" of countries that give up nuclear programs,' Reuters, February 21, 2013. 'North Korea cites Muammar Gaddafi's "destruction" in nuclear test defence,' Reuters, January 9, 2016.

81 Bandow, Doug, 'Thanks to Libya, North Korea Might Never Negotiate on Nuclear Weapons,' The National Interest, September 2, 2015.

82 French, Howards W., 'A Nation At War: Nuclear Standoff; North Korea Says Its Arms Will Deter U.S. Attack,' New York Times, April 7, 2003.

83 'Gaddafi's son: Libya like McDonald's for NATO—ast war as fast food,' RT, Interview with Saif Al Islam Published on July 1, 2011.

84 Schwarz, Jon, 'Trump Intel Chief: North Korea Learned From Libya War to "Never" Give Up Nukes,' The Intercept, July 29, 2017.

85 Snaith, Emma, 'Trump claim Obama begged for Kim Jong Un meeting dismissed by former US intelligence chief: "I don't know where he's getting that,"' Independent, July 1, 2019.

86 Goodenough, Patrick, 'Zarif: Iran May Withdraw From Nuclear Non-Proliferation Treaty,' CNS News, April 29, 2019. 'If nuclear issue is referred to U.N., Iran will pull out of the NPT: Iran foreign minister,' Reuters, January 20, 2020. 'Iran Threatens Withdrawal from Nuclear Non-Proliferation Treaty Unless West Reduces Pressure,' Military Watch Magazine, February 10, 2019.

87 Bechtol Jr., Bruce E., North Korean Military Proliferation in the Middle East and Africa, Lexington, University Press of Kentucky, 2018 (pp. 27, 92–94).

88 Cox, Christopher Nixon and Arnold, James, 'Threatening foreign states with sanctions can backfire,' The Hill, November 24, 2019.

89 Mullen, Mike and Nunn, Sam and Mount, Adam, A Sharper Choice on North Korea: Engaging China for a Stable Northeast Asia, Council on Foreign Relations, Independent Task Force Report No. 74, September 2016.

90 Ibid. (p. 46).

91 Kim, Andrew, Remarks delivered at Stanford's Shorenstein Asia-Pacific Research Center, February 22, 2019 (https://aparc.fsi.stanford.edu/news/transcript-andrew-kim-north-korea-denuclearization-and-us-dprk-diplomacy).

92 Bracken, Paul, The North Korean nuclear program as a problem of state survival, in: Macck, Andrew, Asian Flashpoint: Security and the Korean Peninsula, Canberra, Allen and Unwin, 1990

93 King, Robert R., 'New U.S. Ambassador to the UN Should Press for Security Council Discussion of North Korean Human Rights,' CSIS, September 5, 2019.

94 Fitzpatrick, Mark, 'North Korea: Is Regime Change the Answer?,' Survival, vol. 55, no. 3, May 29, 2013

95 Ibid.

96 'U.S. Threatens Oil Embargo on Caracas: Venezuela's Example Sends a Strong Message to North Korea,' Military Watch Magazine, February 15, 2018.

97 Staracqualursi, Veronica and Davis, Richad, 'Commerce secretary says coronavirus will help bring jobs to North America,' CNN, January 30, 2020.

98 Bradsher, Keith, 'Coronavirus Could End China's Decades-Long Economic Growth Streak,' New York Times, March 16, 2020. Rapoza, Kenneth, 'Coronavirus Could Be The End Of China As A Global Manufacturing Hub,' Forbes, March 1, 2020. Davidson, Helen, 'Coronavirus deals China's economy a "bigger blow than global financial crisis,"' The Guardian, March 16, 2020.

99 Koettl, Christoph, 'Coronavirus Is Idling North Korea's Ships Achieving What Sanctions Did Not,' New York Times, March 26, 2020.

100 'US Seizes Ventilators Destined for Barbados,' Telesur, April 5, 2020. Willsher, Kim and Holmes, Oliver and McKernan, Bethan and Tondo, Lorenzo, 'US hijacking mask shipments in rush for coronavirus protection,' The Guardian, April 3, 2020.

101 Chandler, Kim, 'Some states receive masks with dry rot, broken ventilators,' Associated Press, April 4, 2020.

102 Lister, Tim and Shukla, Sebastian and Bobille, Fanny, 'Coronavirus sparks a "war for masks" as accusations fly,' CNN, April 3, 2020.

103 Inkster, Ian, 'In the battle against the coronavirus, East Asian societies and cultures have the edge,' South China Morning Post, April 10, 2020. Cha, Victor, 'South Korea Offers a Lesson in Best Practices,' Foreign Affairs, April 10, 2020. 'Once the biggest outbreak outside of China, South Korean city reports zero new coronavirus cases,' Reuters, April 10, 2020. Graaham-Harrison, Emma, 'Coronavirus: how Asian countries acted while the west dithered,' The Guardian, March 21, 2020. Magnier, Mark, 'Asians in the US least likely to get coronavirus infection despite racist assumptions of many, data suggests,' South China Morning Post, May 18, 2020. Kim, Youn-Jong, 'Kimchi protects against COVID-19, a study says,' Donga, July 17, 2020.

104 'WHO Says China Actions Blunted Virus Spread, Leading to Drop,' Bloomberg, February 24, 2020. Nebehay, Stephanie and Farge, Emma, 'WHO lauds Chinese response to virus, says world "at important juncture,"' Reuters, January 29, 2020. Lau, Stuart, 'Coronavirus: WHO head stands by his praise for China and Xi Jinping on response to outbreak,' South China Morning Post, February 13, 2020.

105 Kim, So-hyun, 'N. Korea has zero confirmed cases of COVID-19: WHO,' Korea Herald, July 21, 2020. Kim, Jeongmin, 'North Korea conducted more than 1,000 COVID-19 tests: All results "negative",' NK News, July 21, 2020. Kim, Jeongmin, 'North Korea has now tested 922 people for COVID-19: World Health Organization,' NK News, June 30, 2020.

106 Ralph, Elizabeth, 'How Covid-19 Could Give Kim Jong Un a Doomsday Weapon,' Politico, July 28, 2020.

107 Blyth, Mark, 'The U.S. Economy Is Uniquely Vulnerable to the Coronavirus,' Foreign Affairs, March 30, 2020. Schulze, Elizabeth, 'The coronavirus recession is unlike any economic downturn in US history,' CNBC, April 8, 2020. Schwartz, Nelson D., 'Coronavirus Recession Looms, Its Course "Unrecognizable,"' New York Times, April 1, 2020. Davies, Rob, 'Coronavirus means a bad recession—t least—ays JP Morgan boss,' The Guardian, April 6, 2020. Lowrey, Annie, 'Millennials Don't Stand a Chance,' The Atlantic, April 13, 2020. Holcombe, Madeline, 'Expert warns the US is approaching "one of the most unstable times in the history of our country",' CNN, July 11, 2020.

108 Neinaber, Michael and Wagner, Rene, 'German economy could shrink by as much as 20% due to coronavirus: Ifo,' Reuters, March 25, 2020. Horobin, William, 'French Economy Shrinks Most Since WW II,' Bloomberg, April 8, 2020. Sylvers, Eric, 'Italy's Economic Pain Shows Burden of National Coronavirus Lockdowns,' Wall Street Journal, April 7, 2020. Mammone, Andrea, 'The European Union will be destroyed by its immoral handling of the coronavirus crisis,' The Rohac, Dalibor,

'Coronavirus Could Break the EU,' Politico, March 16, 2020. Crisp, James, 'Will the coronavirus crisis tear the European Union apart?,' Telegraph, March 21, 2020. Chapman, Ben, 'UK plunges into deepest recession on record, as economy shrinks 20 per cent in second quarter,' The Independent, August 12, 2020.

109 Goldstein, Lyle J., 'Naval Gazing as the World Economy Goes Up in Flames,' National Interest, March 29, 2020. The Military Balance, Volume 120, International Institute for Strategic Studies, 2020. Evans, Michael, 'US "would lose any war" fought in the Pacific with China,' The Times, May 16, 2020.

110 Chalabi, Mona, 'Coronavirus is revealing how broken America's economy really is,' The Guardian, April 6, 2020. Wallace-Wells, David, 'America Is Broken,' New York Magazine, March 12, 2020. Inkster, Ian, 'In the battle against the coronavirus, East Asian societies and cultures have the edge,' South China Morning Post, April 10, 2020. Reuters on Twitter, 'The first coronavirus case in the U.S. and South Korea was detected on the same day. By late January, Seoul had medical companies starting to work on a diagnostic test—one was approved a week later. Today, the U.S. isn't even close to meeting test demand,' March 18, 2020.

111 Seib, Gerald F., 'The Risks in Overusing America's Big Economic Weapon,' Wall Street Journal, May 13, 2019. Gilsinan, Kathy, 'A Boom Time for U.S. Sanctions,' The Atlantic, May 3, 2019. Burns, William J. and Lew, Jacob J., 'U.S. Treasure Secretary Jacob J., Lew on the Evolution of Sanctions and Lessons for the Future,' Carnegie Endowment for International Peace, March 30, 2016. 'U.S. Treasury Warns Sanctions "Overreach" Will Lower Dollar's Status,' Radio Free Europe, March 31, 2016. Ignatius, David, 'A grim warning against America's overuse of sanctions,' Washington Post, March 29, 2016.

112 Gale, Alastair, 'After Losing Cargo Ship to U.S., North Korea Found Another in Vietnam,' Wall Street Journal, March 5, 2020. Gibney, James, 'Trump's Sanctions Are Losing Their Bite,' Bloomberg, April 2, 2020. Brett, Jason, 'Trend Continues For Countries Looking To Evade U.S. Sanctions Using Crypto,' Forbess, January 29, 2020. 'Russia, China & India to set up alternative to SWIFT payment system to connect 3 billion people,' RT, October 28, 2019. Lee, Liz, 'Muslim nations consider gold, barter trade to beat sanctions,' Reuters, December 21, 2019. 'Iranian businesses devise creative ways to evade Trump sanctions,' Financial Times, February 21, 2019.

Part. 4
새로운 전선과 분쟁의 성격 변화

18장. 이데올로기 대결 : 북한의 회복탄력성
19장. 정보 전쟁(Information War) : 마지막 접경
20장. 경제전쟁

18장
이데올로기 대결 : 북한의 회복탄력성

북조선 공화국의 이념적 기반

미국을 비롯한 서방 세계와 북한, 양자 간 갈등의 본질은 무엇일까? 그리고 평양에 향한 서방의 적대감과 압박을 이겨내는 북한의 능력은 어디에서 나오는 것일까? 그 근본 원인을 이해하려면 이데올로기가 지닌 가치를 검토해야 한다. 다시 말해, DPRK가 어떤 이데올로기와 철학에 뿌리내리고 있는지, 북한을 향한 적대감으로 표현되는 서방의 지배적 패러다임이 어떤 이데올로기에 기반해 있는지 모두 검토해야 한다. 두 이데올로기의 서로 다른 특징이야말로 서방이 처음부터 북한을 적대시하고, 북한의 사회·정치·이데올로기를 서구화하고 나아가 완전히 무너뜨린다는 목표로 평양에 그처럼 압박을 가한 주된 원인이었다. 그런 압박에 북한이 독보적이라 할 만큼 회복탄력성을 보인 것 역시 북한 사회가 뿌리내린 이데올로기에 기인한다.

냉전기 동안 수많은 강경파 공산주의 그룹들은 마르크시즘— 혹은 마르크시즘에 대한 그들의 특정한 해석 —의 승리를 역사적 필연으로 여겼다. 미국 대통령 리처드 닉슨이 회고록에서 언급한 대로, "마르크스–레닌주의의 역사관은 결정론이다. 마르크스–레닌주의 신봉자들은 역사는 필연적으로 세계 공산주의로 나아갈 것이고 그들이 할 일은 역사를 앞당기는 일이라고 믿는다. 따라서 그들은 도덕에 대한 모든 숙고에서 한 발짝 비켜서는데, 자신들이 저지르는 모든 죄가 역사 발전에 필요하다고 여기기 때문이다." 닉슨은 나아가 수많은 신봉자들이 자신들의 승리가 역사적 필연이라는 태도를 견지한 결과, "무자비한 잔인성"에 "익숙해지게" 되었다고 지적했다.[1] 이것은 보다 급진적인 수많은 유명한 공산주의자들에게 적용될 수 있는 이야기였다. 그런데 1990년대 부상한 서방 주도 질서는 세계적으로 정치·사회·경제·이데올로기의 서구화가 역사적 필연이라는 근본주의 이데올로기에 기반해 있었고, 그 같은 서방 주도 질서는 마르크스-레닌주의보다 더하지는 않아도 다를 바가 없었다.[2] 북한의 회복탄력성은 당시 서구화를 향한 세계적 추세와 대비되는 것이었고, 이는 북한을 제1의 표적이자 친서방 종속국가에 대한 반정립으로 특징지었다. 일부 서방 분석가들은 북한을 "우리가 기꺼이 혐오하고 싶은 나라"[3]로 묘사했다.

강경파 마르크시스트들이 그들의 체제를 그렇게 여겼던 것처럼, 서방에서는 역사 과정과 인류의 본성에 기반해 서방의 경제적·정치적 이데올로기가 반드시 승리한다고 여겼다. 강경파 마르크시스트들이 자본주의의 파멸을 역설했듯이, 서방의 이데올로기에서도 모든 경쟁 체제의 파멸은 필연이었다. 1997년 당시 남한의 개발주의 국가자본주의를 비롯한 여타 아시아의 호랑이 경제들[4]- 신자유주의 경제학자들이 신이 나서 "2차 베를린 장벽의 붕괴"로 일컬었던[5] -이 됐건, 서방 중심주의를 거부하고 새로운 질서가 부당하다고 인식한 북쪽 코리아의 민족주의 국가가 됐건 파멸의 대상이기는 마찬가지였다.

모든 대안적 정치·경제 시스템이 몰락하고 서방의 정치·경제 시스템이 전면적으로 승리를 거두어 전 세계에 도입되면서 서방을 중심에 둔 서방 주도의 세계 질서가 유럽과 북미 지역 대부분에서 널리 자리 잡기 시작했다. 정책입안자들에서부터 개인에 이르기까지 이를 불가피하다고 받아들였고, 그것은 오늘날에도 여전하다. 싱가포르의 정책 전문가이자 저명한 교수인 키쇼어 마부바니가 지칭했듯, 이런 세계관은 세계를 자신의 형상대로 개조하려는 서방의 "메시아적 욕망"6)에 기인한다. 서방의 정보 분석가, 싱크탱크 전문가, 학자, 민군 관리들은 지속적으로 북한이 무너질 것이라고 예견해 왔다. 따라서 그들이 DPRK의 생존을 "역사의 패턴을 깬 것"이라며 주목할 때, 그 또한 서방의 이데올로기에 근거한 것이다.7) 또한, 서방의 승리는 필연적일 뿐 아니라 자비로운 것으로 간주되었다. 이는 북한 지도부처럼 전면적 서구화를 가로막고 대안을 제시하는 이들에게는 필연적으로 위험한 대상이라는 꼬리표가 붙게 된다는 것을 의미했다. 옥스퍼드 대학 국제관계 전문가 톰 파우디가 서방의 자유주의 이데올로기에 대해 논평한 대로, "서방의 정치사상에는 단순한 이분법"이 존재한다. "자유주의는 경험적 진실과 진정성을 대변하고, 자유주의에 반대하는 이들은 속임수와 가짜, 나쁜 목적을 대변한다. 달리 말하면, 자신들의 이데올로기에 동조하지 않는 사람 중에 교묘한 조종이나 사악한 의도나 야심적인 책략으로 의심받지 않을 자는 아무도 없다."8)

언젠가는 확실히 일어날 북한의 파멸이 서방의 세계 제패를 촉진할 것이라는 서방의 담론은 오래도록 만연했고 여전히 계속된다. 주한미군 사령관 겸 유엔군 사령관인 게리 럭 장군은 1990년대 중반 미 의회에서 북한의 붕괴는 필연적이라고 보고했다. 그런 결론에 도달한 것이 그 혼자만은 아니었다.[9] 2003년 국제안보정책 담당 국방부 부장관이자 대북정책 검토 수석 고문이었던 애슈턴 카터는 역사 과정과 인간 본성을 끌어들여 북한이라는 나라와 양립 불가능하다고 말하고, "그 정권을 역사에서 서둘러 몰아내는"[10] 과정에서 북한의 파멸을 언급했다. 더 최근인 2015년에는 대서양위원회의 저명한 선임연구원이자 미 국가안보회의, 국무부, 상원 대외관계위원회 위원인 제이미 메츨이 북한이 "혐오의 대상"이자 "역사적 유물"이라며 필연적으로 서방이 주도하는 질서 안으로 사라져 통합될 것이라고 말했다. 그는 북한이 십 년 안에 사라진다고 예견했다.[11] 같은 해, '윤리 및 공공정책 센터' 연구원 엠마뉴엘 고브리도 "북한은 틀림없이 세계에서 가장 악마적 정권이다"라는 문장으로 시작해 역시 같은 결론에 도달했다.[12]

'브루킹스 연구소'와 '랜드 연구소(LAND Corporation)'도 북한의 붕괴가 필연적이라고 단언하는 많은 기사와 논문을 발표한 수많은 굴지의 싱크탱크 가운데 하나였다.[13] 브루킹스 연구소의 유명한 기사는 "북한 내 레짐체인지는 필연적이다."라는 예언적인 문장으로 시작했다. 그리고 그런 상황이 발생할 때 미 지상군의 북한 투입이 요구될 것이라고 덧붙였다.[14] 그렇기에, 역사의 필연은 단지 북한의 붕괴만이 아니다. 미군이 38선 이북에 주둔하는 것, 즉 북한이 70년간 그토록 엄중히 저항해 왔고 마지막 점령 시에 그토록 야만적이었던 미군의 주둔 또한 역사적 필연일 것이다. 2019년 3월 외교협회(CFR)와 국제전략연구소(IISS) 소속으로 널리 알려진 파라그 칸나 박사가 한 싱크탱크 행사에 저자로 참여했다. 그는 북한을 침공해 대규모 전쟁을 통해 무력으로 정부를 무너뜨리든, 아니면 미국이 다른 수단으로 북한을 개방함으로써 정부를 무너뜨리고 결국 대한민국에 동화시키든, 10년 내에는 똑같이 당연한 결과일 것이므로 어느 쪽을 선택하느냐는 중요하지 않다고 말했다. 10년 안에 "한때 북한이었던 곳은 더는 그곳에 있지 않을 것이다."[15] 세계를 더 나은 곳으로 만들기 위해 북한 지도부의 처형을 요구한 〈블룸버그〉[16]에서부터[17] 세계정책저널[18]에 이르기까지 서방의 간행물들에는 똑같은 사고방식이 만연하다.

미국 소식통들은 북한이 비록 공산주의 이데올로기의 영향을 받았지만, 이념적으로 온건한 공산주의 국가 가운데 하나라고 여겼다. 아마도 중국, 베트남, 동유럽을 비롯한 다른 나라들과 달리, 북한이 혁명의 정점에도 지주들을 자비롭게 대우함으로써 그런 특성을 잘 보여주었던 것 같다.[19] 그러나 그 온건함이 그들의 자위권과 주권에 대한 타협으로 나타나지는 않았다. 한국전쟁 후로 평양은 그 점에서 굴복한 적이 없다. 이는 북한이 지배하는 사회주의 체제에서 명백한 운명이나 세계 질서의 역사적 필연성과 같은 이데올로기적 근본주의를 보인 적이 없다는 것을 의미한다. 실제로, 평양은 남북의 통일과 관련된 요구를 하면서도, 북한의 경제나 정치 시스템의 도입이 아니라 연방을 요구했다. 연방 국가에서는 남과 북의 코리아가 자유롭게 각자에 맞는 경제와 내치를 수행할 수 있다.[20] 김일성 주석은 이 점을 여러 차례 강조했고, 일찍이 이렇게 말했다. "우리 당이 생각하는 조국 통일의 가장 현실적이고 합리적인 방법은 자주적이고 평화적으로 민족대단결의 원칙에 따라 북과 남이 함께 연방 국가를 만들고 북과 남의 기존 신념과 사회 시스템을 있는 그대로 남겨두는 것이다."[21] 그다음 정부들도 유사한 입장을 거듭 내세웠다.22) 남북 사이에 데탕트시기였던 2019년 1월, 평양은 다시 이렇게 밝혔다. "남과 북의 기존 이데올로기와 시스템을 인정하고 허용하는 것을 바탕으로, 민족의 의지와 요구에 따르는 통일을 거족적으로 제안하기 위해 [우리의] 지혜와 노력을 모을 필요가 있다."23)

김일성 주석이 통치하는 북한에서 ROK 대통령 노태우의 1989년 "한민족 공동체 통일" 방안- 동격의 남과 북이 한반도를 통치하는 방안-을 통일을 위해 협상할 수 있는 기준으로 수용한 사실에 주목할 필요가 있다. 훗날 ROK 대통령 김대중이 제시한 낮은 단계의 연방 방안도 김정일 체제에서 마찬가지로 받아들여졌다. 이로써 평양은 그들의 주권이 존중되는 한 ROK가 제안한 틀에 따른 통일 방안을 그다지 문제시하지 않는다는 것을 보여주었다.24) 이처럼 서방이 세계를 개조하려는 강렬한 "메시아적 욕망"을 과시한 데 반해, 북한은 남한이 자체 사회·정치·경제 체제를 유지할 권리를 비롯해 타국의 주권을 침해하려는 의향을 보이지 않는다.

북한은 미국과 서방 세력의 요구가 주권을 침해하지 않는 한 그들과 기꺼이 협력하겠다는 의지를 보였다. 반면에, 서방 세계는 북한의 존재, 즉 자신들의 영향력이 거의 절대적인 세계에서 "혐오의 대상"이면서 예외적인 북한의 존재를 용인할 수 없었다. 2016년 외교협회의 논문이 이를 증명한 수많은 자료 중 하나다. "최종적으로, 북한 핵 위협의 본질에 대해 분명히 하자. 그 위협은 바로 북한 정부 자체다. 작금의 북한 정부가 지배하는 한, 그 위협은 계속될 것이다. 따라서 미국과 동맹국들은 북한을 포함하지 않는 성공적인 한반도 통일을 위한 계획을 세울 책임이 있다."25) 이를 위해 평양에 가하는 지속적인 압박은 역

사적으로 필연일 뿐 아니라 도덕적 의무이기도 하다는 것이 서방에서 널리 공유되는 견해다.[26]

북한은 서방이 때로는 극단적 압박을 가하는 가운데서도 수십 년간 이를 견뎌내면서 상당한 군사적 능력을 성공적으로 완성해 냈다. 그 열쇠는 북한이 내적으로 취약하거나 분열되어 있지 않고, 주민들이 공동의 전선을 폄으로써 내부로부터 불안정을 조성하기가 쉽지 않다는 점에 있다. 리비아와 시리아에서부터 유고슬라비아와 아프가니스탄에 이르기까지 서방의 적들에게 치명적인 타격이 된 불안정화 전략이 북한에서는 효과를 거두지 못했다. 클린턴 행정부 시절 북한과의 협상에 깊이 관여한 애슈턴 카터는 클린턴 행정부가 애초에 레짐체인지를 지지했지만 결국 그 수단을 찾지 못했다고 밝혔다. 2003년 카터는 이렇게 말했다. "북한 정권의 기반을 위태롭게 하거나 제거할 수 있는 어떤 방법이 없을까? 우리는 그 가능성을 열심히 탐색했다, 아주 열심히. 그러나 잘 될 것 같지 않았고, 결국 단념했다. 하지만 그 이유가 무엇인지 물을 가치는 있다."[27] 훗날 카터는 이렇게 회고했다. "나는 레짐체인지를 상세히 검토했고, 정복이 일어나지 않는 한… 북한 정권을 무너뜨리기 위해 그들의 갑옷에 쇠지레를 비집어 넣을 틈새나 어떤 사태를 보여줄 만한 증거가 없다. 내가 아는 한, 북한 정권을 실각시키는 전략이 현실적이라는 증거는 없다. 그저 희망 사항일 뿐이다. 대통령이 원한다면, 희망할 수는 있다. 하지만 희망과 전략은 다르다. 만약 이루고자 한다면 계획이 있어야 한다."[28] 서방의 다른 소식통들은 북한 정부 내 파벌 싸움이 없다는 점이 안정성을 확고히 해준다고 평가한다. 그로 인해 적들의 불안정화 전략이 힘을 잃는다는 그들의 논평

또한 카터의 견해를 뒷받침한다.29)

카터는 DPRK의 이데올로기가 지닌 힘에 주목했다. 그것이 어떻게든 변화를 강제하려는 미국의 시도에 탄력적으로 대응할 능력을 부여한다면서, 이렇게 말했다. "북한인들은 자신들을 축소된 소비에트연방으로 여긴다. 그들은 사회주의에 대한 믿음이 있다. 하지만 그들이 더욱 더 믿는 것은 민족 집단으로서 코리안의 자부심이라는 점이다. 북한의 역사관에서 '자부심 강한 코리안 민족'이란, 그들이 중국, 일본, 러시아, 미국에 의해 늘 시달려 왔다는 것을 의미한다. 그것이 북한의 이데올로기를, 그들의 표현대로, 완벽하고 총체적인 철의 주체사상으로 이끈다… 그들이 정의하는 국가가 적대적인 세계 앞에 전투 대형으로 정렬된 국가일 때, 그것은 만만치 않은 존재다." 계속해서 그는 북한 사회의 단결력과 3세대에 걸친 정치교육의 영향력에 관해 말했다. "모의도 없고, 무시무시한 공포도 없다… 북한 어린이들은 매일 여러 시간의 정치교육을 받는다. 그들의 부모 세대가 그랬고, 조부모 세대가 그랬다… 예컨대, 다른 쪽 극단으로는 아프가니스탄을 들 수 있다. 그곳에 가서 아주 작은 갈등을 조장해 보라. 모두가 탈레반에 맞서 일어설 것이다. 북한에서는 그럴 수 있다고 전망할 만한 증거가 보이지 않는다."30)

70년 넘도록 세계를 주도하는 초강대국의 막대한 압박을 견뎌낸 북한의 능력과 회복탄력성에는 수많은 요인이 이바지했다. 우선, 북한이 세계 공산주의나 다른 어떤 정치적·경제적 이데올로기의 이익을 최우선에 두고 있지 않다는 점을 인식해야 한다. 오히려, 북한은 그들이 민족 집단으로서 코리안의 현재와 미래를 지키는 보호자라고 인식한다. 애슈턴 카터는 그것을 이렇게 표현했다. "그들은 사회주의를 신봉한다. 하지만 그들이 훨씬 더 믿는 것은 자부심 강한 민족 집단으로서 코리안이라는 사실이다." 소련과 중국에서 일어난 좌파 혁명이 특정 단계에서 민족 정체성보다 이데올로기를 앞세워 민족의 문화유산을 공격하고 전통적인 "러시아적" 혹은 "중국적"인 것들을 숙청하려 했던 반면, 북한에서는 그처럼 이데올로기적으로 경도된 민족 유산에 대한 숙청이 일어난 적이 없을뿐더러 그것은 상상할 수도 없는 일이었다. 소련은 혁명 중에 정교회 신앙과 관련된 귀중한 문화유산을 파괴했고,31) 중국은 문화혁명 중에 유교를 비롯한 철학과 종교적 보물들을 유실했다.32) 그러나 북한은 한국전쟁 후 그런 유산을 오래도록 보호했고 그 복구에 상당한 자금을 할당했다. 11세기로 거슬러 올라가는 보현사 불교 사찰이 대표적 사례다. 한국전쟁 당시 미군의 폭격을 받은 후, 보현사 재건을 위해 국가 기금이 우선 할당되었다. 필자가 찾아본 남한 전문가들의 견해는 그 사찰의 재건 상태가 정교하고 질적으로 우수하다는 점에서 남한에서 재건된 사찰들을 능가한다는 것이었다. 이것은 평양이 그들의 문화유산에 부여하는 가치가 상당하다는 지표다. 그런 유적지와 유산이 외면당하고 때로는 파괴되기도 했던 나머지 대다수 공산주의 세계와는 크게 대비되는 모습이다.

북한은 이데올로기의 형성 과정에서부터 전통문화의 영향, 특히 유교의 영향을 받았고 또 그 일부를 융합했다. 공산주의 국가에서 이런 경우는 드물다. 1955년 12월 28일 김일성 주석은 조선노동당의 선전원과 운동가 들을 상대로 북한의 이념적 방향을 개괄하는 연설을 했다. 김 주석의 혁신주의 '주체' 연설은, 특히 코리아 혁명의 사상 사업을 위해 민족의 문화, 역사, 전통으로부터 영감을 얻어야 할 필요성을 강조했다. 그것은 마르크스, 엥겔스, 레닌, 마오, 심지어 스탈린도 언급하지 않은 것이었다. 그러나 북한 지도자 김일성은 "외래 사상"으로 인해 "코리아 역사를 부정하지" 않아야 한다고 경고했다. 북한은 소련의 비약적 산업화에 이바지한 스탈린주의 경제 모델을 대체로 채택하면서도, 그들의 문화와 양립할 수 있도록 해석하고 적용했다. 공산주의 이념의 "본질"과 "원칙"은 김일성 주석이 구상한 대로 민족 집단으로서 코리아의 요구에 부응해 "창의적으로 적용"되었다. 즉, 전자가 후자에 굽히는 것이지 그 반대는 아니었다. 그리하여, 그는 사상 활동에서 "독단주의와 형식주의"를 강하게 비판하면서 이렇게 권고했다. "우리가 소련의 방식을 따라야 한다는 정해진 원칙은 없습니다. 누구는 소련식을, 또 누구는 중국식을 옹호하지만, 우리끼리 해야 할 때가 아닙니까?"33) 그리하여, 북한 혁명에서는 코리아의 민족주의가 처음부터 중심에 있었다.

김 주석은 북한의 이념적 기초와 관련해 이렇게 말했다.

코리아에서 혁명을 하려면 코리아의 역사와 지리를 알아야 하고 코리아 인민의 관습을 알아야 합니다. 그래야만 우리 인민에게 알맞고 그들에게 고향과 조국에 대한 열렬한 사랑을 불러일으키도록 교육할 수 있습니다. 최우선으로 그것을 공부해야 합니다. 무엇보다도 먼저 노동자들 사이에 우리나라의 역사와 우리 인민의 투쟁을 널리 알려야 합니다. 오래전인 1945년 가을, 즉, 해방 직후에 우리는 우리 민족의 투쟁 역사를 공부하고 훌륭한 전통을 계승해야 한다고 강조했습니다. 우리 인민이 역사에서 인민들의 투쟁과 전통에 대해 배워야 합니다. 그래야만 인민들의 민족적 자부심이 자극되고 광범위한 대중이 혁명 투쟁에 떨쳐 일어날 수 있습니다.

김일성 주석은 북한 정부 안에서 모스크바의 노선을 굳게 따르는 인사들, 특히 소련계 조선인 박창옥 부주석이 코리아의 독특한 문화적 정체성을 무시하고 북한에 전면적인 소련 모델을 도입하려 시도한 점을 비판하면서 이렇게 말했다. "수많은 우리 관리들이 우리 조국의 역사를 모르기 때문에 우리의 훌륭한 전통을 전수하고자 분투하지 않습니다. 이것이 고쳐지지 않는 한, 결국에는 코리아 역사의 부정으로 이어질 것입니다." 김일성과 김일성의 이데올로기는 국제주의적이지 않았다. 그 대신, 민족 집단으로서 코리아를 우선에 두고 사회주의 이념을 다음에 두었다. 민족 집단으로서 코리아의 정체성을 침해하는 외국의 영향을 매우 경계했던 김 주석은 당원들을 향한 연설에서 이렇게 말했다.

만약 우리 인민이 투쟁해온 역사가 부정된다면, 혁명을 계속해 나가기 위해 우리가 가진 자산은 무엇입니까? 만약 우리가 이 모든 것들을 없애버린다면, 그것은 우리 인민이 한 일이 아무것도 없는 게 됩니다. 하지만 최근 우리 신문들에는 그런 것들을 다루는 기사들이 등장하지 않습니다. 학교에서도 코리아의 역사에 대한 강의들을 경시하는 경향이 있습니다. 전쟁 중 중앙당 학교 교과목은 세계 역사 수업에 연 160시간을 할당하고 코리아 역사에는 매우 적은 시간이 주어졌습니다. 당 학교에서 일이 어떻게 진행되는지 보여준 일이었고, 그렇기에 우리 관리들이 조국의 역사에 무지할 수밖에 없는 것입니다. 우리 당의 선전과 선동 활동에서, 우리 것은 무시하면서 외국의 것들만 극찬하는 수많은 사례가 있습니다.

인민군 별장을 방문한 적이 있었는데, 그곳에 시베리아 대초원 사진이 걸려 있었습니다. 그 풍경은 아마도 러시아인들의 마음에 들었을 것입니다. 하지만 코리아 인민들은 우리가 사는 나라의 아름다운 풍경을 더 좋아합니다. 우리나라에는 금강산과 묘향산 같은 아름다운 산들이 있습니다. 맑은 개울이 있고, 파도가 넘실거리는 파란 바다와 곡식이 익어가는 들판이 있습니다. 만약 우리가 우리 인민군 병사들에게 고향과 조국을 향한 사랑을 불러일으키려면 그들에게 우리나라의 그런 풍경들을 담은 수많은 사진을 보여줘야 합니다. 올여름 어느 날 어느 지역 민주주의 홍보관에 들렀을 때, 소련의 5개년 계획을 보여주는 도표는 보였는데 우리의 3개년 계획을 설명하는 도표는 하나도 보이지 않았습니다. 게다가, 외국의 거대한 공장을 찍은 사진들은 있었는데, 우리가 복원 중이거나 짓고 있는 공장들은 보이지 않았습니다. 그들은 우리나라의 역사 공부는 고사하고, 우리의 경제 건설과 관련된 어떤 도표나 사진도 붙이지 않습니다. 나는 한 초등학교에서 벽에 걸린 초상화의 주인공들이 마야콥스키, 푸시킨처럼 모두 외국인이고, 코리안은 한 명도 없다는 사실을 알게 되었습니다. 만약 어린이들이 이런 식으로 교육받는다면, 그들에게서 어떻게 민족적 자부심을 기대할 수 있겠습니까?

북한이 장려하는 권위, 관료제, 위계질서, 가족주의, 효도, 남성 중심성, 유심론, 교육과 가부장제 체제는 다른 많은 사회주의 국가들과 크게 대비되는 것으로, 모두가 동북아시아 유교 전통의 강한 영향을 보여준다.34) 그렇기에, 브루스 커밍스는 북한의 이념적 입장을 "공산주의 병에 담긴 주자학(Neo-Confucianism in a Communist Bottle)"35)이라고 부르면서, 몇 가지 근거를 들었다. 혁명 중의 중국과 소련에서는 전통적인 종교 관습을 강력히 단념시킨 반면, 북한 사람들은 유교 전통에 따른 조상 숭배가 계속해서 널리 행해졌다. 추석 "한가위 전야" 명절에 북한의 어느 대도시든 방문해 보면 알 수 있는데, 관리들과 대중들이 널리 제단과 산소에서 성묘를 드린다. 북한의 전몰자 제단에는 군 간부들의 방문이 이루어지고, 이런 전통적 유교 관습에 따른 의식은 텔레비전으로 널리 방송된다. 필자는 북한에서 추석을 보낼 때 다른 공산주의 국가들과 선명하게 대비되는 이 같은 유고 전통이 지켜지는 장면을 직접 목격했다. 공산주의 유럽의 경우, 예배 참석과 같은 종교 전통들을 지키지 말라고 권유할 뿐 아니라 아예 금지하는 경우도 많았다.

DPRK의 토대에 사회주의 국가보다 민족주의적인 코리아 국가(Korean state)가 우선이라는 점이 북한 역사에서 전통과 민족 정체성에 대한 존중이 일관되게 나타나는 현상을 자연스럽게 설명해준다. 중국과 같은 다른 사회주의 국가에서는 한참 후에야 그런 현상이 시작되는 것을 볼 수 있다.36) 이런 이데올로기적 토대가 세계에서 가장 오래된 사회주의 체제로서 가장 오래된 집권 여당을 갖고 있는 북한의 회복탄력성을 설명해 준다. 어떤 나라가 특정한 경제적 혹은 정치적 이데올로기, 특히 국제주의적 이데올로기를 단념하라는 압박에 시달릴 수는 있겠지만, 그들의 민족주의를 억지로 단념시키기는 훨씬 더 힘들 수밖에 없다.

리처드 닉슨 대통령이 중국의 저우언라이 수상을 존경한다고 말할 때, 저우언라이가 중국을 더 번성하는 미래로 이끌 수 있다고 믿는 이유로 전통과 역사를 우선하고 정치 이념을 둘째로 놓는 사람과 그와 정반대인 이데올로그들 사이의 차이점을 강조했다. 그는 회고록에서 이렇게 말했다.

언젠가 한 기자가 저우언라이에게 질문했다. 중국인 공산주의자로서 중국인이 더 중요한지 아니면 공산주의자가 더 중요한지 묻자, 저우가 이렇게 대답했다. "나는 공산주의자라기보다는 중국인이다." 당연히 저우의 동료들도 중국의 국민들이었다. 하지만 그들 대다수는 공산주의자가 먼저였고 중국인이 두 번째였다. 저우 역시 자신의 이데올로기를 깊이 신봉했지만, 이 신념을 극단으로 가져가는 것은 그의 성정이 아니었다. 저우의 관료 출신 배경 또한 그를 동료들과 다르게 만들었다. 그의 집안은 옛 중국의 방식과 태도에 뿌리를 두고 있었고, 가족들은 수 세기 동안 중국의 고전들로 자식들을 훈련하고 제국의 관료제에 자리 잡게 함으로써 사회적 지위를 지키게 했다. 저우언라이는 청소년 시절에 중국 사회의 철학적 토대를 거부했지만, 그 문화적 각인에서 결코 벗어날 수 없었고 자신도 그걸 원하지 않았다. 그는 늘 중국의 과거 즉, 보존할 만한 가치가 있는 "옛 사회"의 요소들에 대한 존경심을 다소 간직했다. 그는 대부분의 중국인 공산주의자들과 달리, 자신의 과거와 가족에게 은혜를 입었다고 시인했다… 중국의 공산당 지도자가 공자를 권위자로 언급하는 것이 어울리지 않을 수도 있지만, 저우에게는 그것이 평상시 모습 그대로였다. 그는 가정교육을 통해 공자가 사회를 통치하는 "양반

(gentleman)" 혹은 "군자"에 부여한 자질— 지성, 품위, 은혜, 친절, 결단력, 강인함 —을 함양했다.37)

중국에 관한 닉슨의 관찰, 보다 구체적으로 말하면 아시아 공산주의 국가의 두 가지 경로— 민족 우선이냐 이데올로기 우선이냐 —에 관한 닉슨의 통찰은 북한에 상당한 함의를 갖는다. 다시 말해, 북한이 보여주는 회복력과 단결력, 더불어 북한이 엄청난 압박을 견디며 지속한 성공에 대해 많은 설명이 되어준다. 닉슨이 중국에 관해 말한 대로, "저우언라이가 그랬듯이, 현재 중국의 공산당 지도부가 공산주의자보다는 중국인이 되겠다고 판단할지 아닌지에 따라 중국이 살아남을지, 궁극적으로 실보다는 득이 될지 결정될 것이다. 만약 그들이 그렇게 한다면, 21세기의 중국은… 세계에서 가장 인구가 많을 뿐 아니라 가장 강력한 나라가 될 수도 있다." 닉슨은 강력한 반공주의적 경향에도 불구하고, 유교 문화와 동아시아 문명의 잠재력에 대한 믿음이 있었다. 그것이 닉슨으로 하여금 설사 공산주의 국가라도 정체성의 뿌리를 그런 사상에 둔 나라들에 큰 기대를 걸게 했다.38)

북한의 헌법상 국가수반 김영남 상임위원장은 1998년부터 권력의 정상에 있었고 2019년 91세로 은퇴한 인물로, 만나본 사람마다 그의 모습을 일관되게 묘사했다. 그것은 닉슨이 저우를 유교식 양반으로 묘사한 그대로였다. 필자와 대화를 나눈 서방 출신 두 사람— 김 상임위원장과 친분이 있는 사람들로 한 사람은 실업가, 다른 한 사람은 공산주의자였다 —도 이런 인물평에 동의했다. 북한 지도부 내 고위급 인사들에 대해서도 다양하게 유사한 관찰이 이루어졌다.

많은 측면에서 38선 이북의 국가는 근대적 유교 국가로 간주할 수 있다. 북조선노동당의 상징물이 좋은 예가 될 것이다. 산업 노동자와 농촌 노동자를 대표하는 망치와 낫과 함께, 중앙에는 유교 사회에서 깊이 존경하는 학자와 지식인을 대표하는 붓이 자리 잡았다. 동아시아에서 학자들의 전통 필기구인 붓을 당기 한복판에 배치한 것은 북한의 국가 성격을 강하게 암시한다. 그것이 문화적, 역사적 뿌리를 부각시킨다는 점에서 중국이나 소련과 상당히 다르다. 집권한 공산주의나 사회주의 정당들이 채택한 적 없는 이런 상징물은 처음부터 자리 잡은 북한 이데올로기의 독특한 측면을 보여준다. 유교는 5백 년 넘도록 조선 왕조의 지도 철학이었다. 남한과 달리 북한은 특히 이 왕조와의 연관성을 계속 강조한다. 남쪽이 미군 점령기에 "한국(Hanguk)"으로 명칭을 바꾼 데 반해, 북한은 자신들을 "조선(Choson)"으로 불렀다. "한국"이라는 이름은 유사한 뿌리를 갖고 있지 않다. 유교는 코리아의 대중들에게 쉽게 수용되었고, 4세기부터 그 민족의 사고와 생활방식에 깊이 영향을 끼쳐 왔다. 틀림없이 이웃의 중국, 일본, 베트남보다 훨씬 큰 영향을 받았을 것이다. 그리하여 중국조차 코리아를 유교적 미덕의 전형이자 "동방예의지국"[39]으로 인정했다. 코리아 사회에서 유교적 사고는 문치와 사법제도, 교육과 예법에 이르기까지 포괄적으로 영향을 미쳤다. 오늘날 북한에서도 배움에 대한 경외심, 문화적·사회적 안정성, 역사에 대한 존중까지 모든 것을 관찰할 수 있다.

국제정책센터 선임연구원이자 미국의 아시아 외교정책 전문가인 셀리그 S. 해리슨은 북한을 여러 차례 방문해 고위 관리들과 회동한 후, "유교적 전통"이 북한 체제의 강점을 뒷받침하고 있으며 소비에트 진영 붕괴 후 오래도록 북한의 지속적인 생존에 핵심적 요소라고 결론지었다.[40] 미국인 학자 브루스 커밍스도 마찬가지로 탈냉전 세계에서 북한이 서방의 압박을 이겨내고 살아남을 수 있었던 것은 "주자학, 자력갱생의 원칙(주체), 군사 우선 정책(선군)을 포함한 문화적·역사적 요인들이 결합"[41]된 결과라고 보았다. 주체와 선군이라는 두 가지 정치 이념은 각각 냉전 상황과 탈냉전 상황에 기반해서 채택되었고, 북한의 유교 철학의 근간에 저촉되기보다는 오히려 그것을 완성시켰다. 두 가지 이념 모두 사회주의뿐 아니라 북한의 민족주의에도 깊이 뿌리내려 있고, 다른 나라에 의지하지 않는 자립의 중요성과 튼튼한 경제적 방위와 군사적 방위의 구축을 강조해 왔다.

주체 사상의 세 가지 원칙은 다음과 같다. 1) 정치에서 독립성(자주) 2) 경제에서 자급자족(자립) 3) 국가방위에서 자기방어(자위). 1955년에 채택된 이 사상은 소비에트 진영으로부터도, 중국으로부터도 북한의 자립을 공고히 해주면서, 이웃 공산주의 강국들의 호의적이지 않은 영향력으로부터,[42] 즉, 전자의 수정주의와 후자의 교조주의(혹은 김일성의 표현에 따르면 "믿을 수 없을 만큼 바보 같은 행위")로부터 지켜주었다.[43] 돌이켜보면 매우 효과적인 방침이었던 것으로 판명되었다. 소련과 중국이 한국전쟁 후 20년간 채택한 경로들은 전자의 침체와 후자의 심각한 불안정으로 이어졌고, 1980년대 말 즈음에는 양국 다 붕괴가 목전에 다가와 있었다. 반면에 DPRK는 안정세를 유지했다. 돌이켜보건대, 이웃 나라들과 차별적인 이념을 창안한 것이야말로 아마도 북한의 생존과 북한 정치·경제 체제의 생존의 비결이었을 것이다. '주체'는 특히 일본과 미국의 정복, 즉 민족 집단으로서 코리아가 겪은 최근 역사적 기억에 깊이 뿌리내린 사상이었다. 주체사상이 자주, 자립, 자위를 강조한 것은 그로 인한 직접적 결과였다.

'주체'가 냉전이라는 환경에 대한 대응이었다면, '선군' – "군사 우선"의 이념 –은 탈냉전기에 북한이 서방이 지배하는 세계 질서 아래서 갈수록 더 고립을 겪는 가운데 극도의 안보 위협과 경제 위협에 직면해 새롭게 채택한 것이었다. '선군'은 1995년 새로 지명된 김정일 지도자가 군부대를 방문한 시점으로 거슬러 올라간다. 북한 매체에 따르면, '선군'은 제국주의 일본에 맞선 김일성의 게릴라 투쟁의 이념적 유산에 기댄 것이다. 1990년대는 북한에 1930년대 이래 거쳐온 그 어떤 상황보다 더 고립되고 취약한 상태로 외세의 정복에 맞선 저항의 시기였다. 본래의 독립 투쟁의 이데올로기로 복귀하는 것이 국가 생존에 근원적으로 불가피하다는 판단에서 탄생한 것으로 보인다. '선군'은 최대 압박을 통해 북한 국가를 붕괴시키려는 서방 진영의 시도에 대한 직접적 대응으로 간주할 수 있다. 서방의 많은 연구 결과에 따르면, '선군' 정책의 채택은 그 어려운 시기 동안 국가 안보와 안정을 유지하는 데서 핵심적으로 이바지했다.44)

서방에서는 "군사 우선"이라는 이념이 특히 1990년대 북한의 공격적 의도의 증거로 널리 묘사되었다. 그러나 '선군'은 민족의 독립을 지키기 위한 수단으로서 외부의 압박에 맞선 저항에 단단히 뿌리내려 있다. 김정일 지도자가 빌 클린턴 전 대통령의 '선군'에 관한 질문을 받고 답한 대로, 그 이념은 "적대행위와는 아무런 관련이 없고", 오히려 억지력과 관련되어 있다. 그는 민족 집단으로서 코리아에 대한 외세의 정복과 관련된 역사적 사례를 언급하며, 이렇게 말했다. "DPRK는 열강에 둘러싸인 작은 나라입니다… 선군 정책의 목적은 다른 나라를 공격하려는 것이 아니라 다른 나라가 북한을 공격하지 못하도록 막으려는 것입니다."[45]

'선군'의 특질은, 그 의미에서 알 수 있듯, 조선인민군의 힘이 날로 더 커지는 데 있었다. 앞선 김일성 주석이 당원들에 둘러싸여 있는 모습을 흔히 볼 수 있었던 데 비해, 김정일 총서기는 군 관리들과 나란히 다니는 모습이 자주 보였다. 1997년 국영〈로동신문〉은 이 새로운 이념에 대해 이렇게 썼다. "인민군의 지위와 역할이 오늘날처럼 비범하게 승격된 적이 없었"고, 군은 이제 "인민, 국가, 당과 동의어"[46]가 되었다. 이런 이념적 변화에 따라, 1998년 국방위원회가 북한 최고의 기관이 되었다. 북한이 가장 힘든 시절에서 벗어나면서 '선군'에 대해 덜 강조하는 것으로 보인다. 2010년대 초중반부터 조선노동당이 다시 북한을 통치하는 가장 중요한 조직이 된 것 같다. 다시 말해, 군의 실효적 통치가 끝난 것 같다. 이를 위해 김정은 위원장은 그의 할아버지처럼, 군 관리들보다는 주로 당에 측근 집단을 구성하고 자신을 둘러싸도록 눈에 띄는 위치로 복귀시킨 것으로 보인다.

북한이 민족 집단으로서 코리아의 역사를 존중하고 동일시하는 원칙은 소련을 비롯한 다른 냉전기 동맹국들과 그들을 구별 지었다. 또한, 서방의 적들 중 그 나라만이 가진 독특한 성격이 북한의 생존을 보장하는 데 이바지했다. '주체'와 '선군'은 중국과 소련을 비롯한 다른 나라들이 특정한 단계에서 감축하거나 대체하려 한 것과 달리 민족 문화의 유산을 완성했다. 이런 사상 덕분에 북한은 그들의 이웃들보다 더 실용적이고 효과적인 이데올로기적 기초를 다졌다.

닉슨 대통령은 저우언라이(Zhou Enlai)가 "과거의 방식과 태도에 뿌리를 두고 있으며, 고대 사상과 고대 사회의 철학적 토대에 감화를 받았기에 과거에 대한 존중과 보존해야 할 '옛 사회'의 요소들에 대한 존경심을 간직하고 있다"고 언급했다. 이것은 오늘날의 북한 지도부에도 해당하는 적절한 설명이다. 북한 지도부가 유교 사상을 명목상으로는 신봉하지 않지만 그들의 행동과 태도를 통해 드러난다는 점에서 존경받는 중국 수상과 매우 흡사하다. 북한에서 유교 사상이 중요한 토대를 이루는 이데올로기로서 영향을 미치고 있다는 것은 분명하다. 그리고 그것은 북한의 혁명 경험에 기반해서 발현되고 채택된 '주체'와 '선군'의 현대적 영향력으로 보완되어 완전해진다. 서방이 북한의 레짐체인지나 붕괴를 예견하는 분석은 계속 오류로 판명될 것이고, 북한은 계속 승리할 것이다. '주체'와 '선군'은 더 새로운 정책이나 사상으로 대체될 수도 있고, 북한의 조건이 변함에 따라 조정될 수도 있다. 하지만 그 나라의 유교적 뿌리는 현대적인 문명국으로서 북한의 정체성을 이루는 중심에 남아 있을 것이다.

'충격과 공포'는 없다 : 심리전과 북한의 항쟁 문화

1940년대부터 서방은 전형적인 식민지 시대 개념인 "아시아적 전제주의"에 기대어 일관되게 북한을 일인 독재 혹은 소련의 꼭두각시로 묘사해 왔다.[47] 앞서 언급한 대로, 이것은 북한이라는 국가의 본질을 이해하지 못하는 결과를 낳았다. 그 결과, 한국전쟁 개시 후 초기 며칠간 보인 전투 성과들에서부터[48] 작금의 기술적 성취들에 이르기까지[49] 줄곧 북한에 대한 거듭되는 과소평가로 이어졌다. 북한의 민족주의 국가는 코리아의 역사와 문화에 단단히 뿌리내려 있고, 그 나라의 "항쟁 문화"는 정복당했던 강력한 역사적 기억 위에 구축된 것이다. 이와 더불어 중앙집권적 당에 대한 확고한 맹세가 이차적 요소로 작용함으로써, 북한은 서방의 다른 적들과 차이를 보였다. 북한이 그토록 오랫동안 압박을 받는 가운데서도 대결을 지속할 수 있었던 데는 종종 간과되곤 하는 이런 요소들이 있었다.

서방이 코리아의 저항을 제대로 이해하지 못한 것은 이미 한국전쟁이 발발하기도 전에 시작된 것 일이었다. 서방은 코리아의 인민들과 인민들이 내건 대의를 편견으로 바라보고 프로프간다 차원에서 묘사했기 때문에 그들을 제대로 이해할 수 없었다. 미국은 남쪽 코리아를 점령한 동안 조선인민공화국을 강제로 해체했다. 얼마 지나지 않아 미 군정 당국은 그들의 통치에 반대하는 남한인들이 진심으로 저항하는지 파악할 수 없다고 판단했다. 대표적 사례로 1946년 인민위원회가 조직한 대중봉기, 즉 가을 봉기가 있었고, 미국인들은 이것을 모스크바의 지시를 받은 세포들이 조직한 것으로 묘사했다. 입증할 증거가 전혀 없었던 데다 이데올로기적으로도 공산주의적인 동기가 없다는 정황이 강하게 드러나고 있었지만, 미국인들로서는 그들의 자비로운 통치에 맞서는 어떤 저항도 소련의 음모여야 했다.[50] 전쟁 발발 후 끊임없이 미국인 조사관들을 놀라게 한 것은, 자신들이 싸우는 이유가 조선인민군이 민족 집단으로서 코리아의 대의를 위해 투쟁하기 때문이라는 북한군 포로들의 주장이었다.[51] 따라서 40년이 지나 소련이 붕괴한 후 북한이 같은 길을 가지 않았을 때, 서방 분석가들로서는 이 또한 이해할 수 없었다.

한반도 전문가 브루스 커밍스 교수는 서방 세계에서 공통되게 나타나는 북한에 대한 묘사와 관련해 이렇게 논평했다.

> 대다수 서방 문헌에서 북한은 전형적인 소련의 위성국가이자 꼭두각시로 그려져 왔다… 근래에도 북한이 독립적 힘을 크게 획득했다는 사실을 거의 인정하지 않았고, 1980년대 후반까지도 북한은 판에 박힌 듯 소련의 위성국가로 불렸다. 북한에 대해서는, 1989년 소련 동맹 체제의 종말 이후를 주시해야 하는 이유가 있다. 북한의 내정은 유럽의 모든 사회주의 정권과 다름없이 소련의 영향을 받은 "동양의 스탈린주의"의 순수한 형태로 여겨졌다. 스탈린주의 자체가 "동양적인 것"이라는, 가장 흔한 암묵적 가정을 자극제로 추가한다면, "김일성주의"는 동양의 스탈린주의 과격파의 형편없는 과잉 표출이 된다.[52]

1991년부터는 북한을 더 이상 소련의 꼭두각시로 묘사할 수 없었는데도, "아시아의 폭군"에 관한 환상적인 이야기들이 갈수록 더 부상하기 시작했다. 북한이 "역사의 흐름"을 되돌리기 위해 극단적 행동에 착수한 것으로 묘사되었다. 서방 이데올로그들이 보기에는, 전 세계 모든 인민이 가게 되어 있는 길, 즉 서방 주도의 질서에 합류해 서구화되고 친서방 체제 아래서 통치받는 길을 북한 인민이 가지 못하게 가로막는 것이었다. 평양은 붕괴하거나 아니면 서구화를 향한 과감한 선회가 필연적이라는 서방의 주장이 틀렸음을 끊임없이 입증했다. 남한의 부산

대학교 부교수인 로버트 켈리는 그런 주장들과 함께 그들이 수십 년에 걸쳐 허를 찔려 왔다고 언급하면서, 그 자신도 당황한 듯 이렇게 말했다. "북한은 우리가 제대로 이해하지 못하는 숨겨진 힘의 원천을 갖고 있다."53) 그런 의견을 표명한 사람이 켈리 교수 혼자만은 아니다.

북한의 항쟁 문화가 그 나라의 정책에 미친 영향은 오늘날에도 볼 수 있다. 항쟁 문화는 북한이 경제·군사·정보 전선에서 외국의 압박에 저항할 수 있게 해주는 비축된 힘이었다. 이는 파나마와 과테말라에서부터 시리아, 이라크, 리비아에 이르는 여타 미국의 적들과 크게 대비되는 점이다. 이런 나라들에서 정부 안에는 물론이고 주민들 사이에도 제3지대와 친서방 정서가 만연한 것과 달리, 북한 주민들의 서방에 대한 인식은 서방의 연성 권력(soft power)과 대중매체를 통한 긍정적 묘사를 통해서가 아니라 한국전쟁에 대한 역사적 기억과 현지 언론 매체의 영향을 받았다.* 이것이야말로 북한의 "숨겨진 힘의 원천"에 대한 가장 적절한 설명일 수 있고, 애슈턴 카터를 포함해 수많은 소식통들이 그 중요성을 시사한 바 있다.54) 서방의 압박 아래서도 북한이 주민들의 전면적 지지에 힘입어 저항할 수 있었고, 주권을 양보하지 않는

---

* 북한의 이데올로기적 강점과 흥미로운 대비를 보이는 것이 2010년대 시리아였다. 시리아 정부가 서방에 적대적 관계를 유지했지만 시리아 주민들은 대중매체 등을 통해 서방의 연성 권력에 크게 영향받고 있었다. 유럽인들이 지원하는 반군과 대적하는 최전선의 시리아 병사들마저 이렇게 외쳤다고 보도되었다. "우리나라가 얼마나 아름다운가 보라! 마치 유럽 같지 않은가!" 그리고 그런 감성들은 전시에도 일상적이었다. 서방의 우월성과 서방이 최고라는 관념은 전 세계에서 수백 년에 걸친 식민지 시대를 관통해 오래도록 뿌리내려 왔다. 이것이 북한에서는 보이지 않는다는 점이 눈에 띈다. 그것이야말로 서방의 압박에 저항할 수 있는 북한의 힘과 능력에서 가장 중요한 요인이다. (인용 출처: Vltchk, Andre, "How Come the World is Suffering from Stockholm Syndrome," NEO, February 15, 2019.)

강경노선을 채택하고 자체 압박을 행사할 수 있었던 것도 그 때문이었다.

전략연구센터에서 방위 및 전략 연구를 담당하는 반 잭슨은 미국과 북한의 목표가 정면으로 충돌하는 시점에 북한 외교정책에 나타나는 항쟁 문화와 관련해 이렇게 언급했다. "미국이 북한에 더 많은 압박을 가할수록, 북한은 더 큰 저항과 훨씬 더 거창한 위협으로 대응했다."[55] 나아가 이렇게 논평했다. "북한인들은 그들이 보기에 실존적으로 중대한 문제에 대한 외부의 압박에 굴복하기- 혹은 굴복한 것으로 보이기 -보다는 차라리 전쟁을 감내할 것이다."[56] 잭슨에 따르면, 북한이 기꺼이 저항하겠다는 의지를 강조하는 이유는 "적의 공격을 단념시키기 위해서는 적개심과 결의(즉, 위험을 감수하고 기꺼이 죽을 수 있다는 의지)를 분명하게 보여줄 필요가 있다"는 평양의 판단이 늘 들어맞기 때문이다. 북한은 또한 '적의 평판'이 매우 중요하다고 믿는다. 북한이 예상하기에, 적들은 현시점의 행위에 어느 정도 근거하여 미래의 결의를 판단할 것이다. 따라서 강인함과 허약함을 나타내는 작은 행동도 미래에 지나치게 큰 결과를 불러올 수 있다."[57]

북한의 가공할 만한 항쟁 문화의 중요성이 특히 빛을 발할 때가 있다. 그것은 서방이 그들의 패권적 야망을 실현해줄 핵심 요소로서 심리전의 중요성과 적들에 대한 협박을 숙고할 때다. 정보국 참모차장실에서 미래 전쟁에 대한 역할을 담당하는 유라시아 해외지역담당관 랄프 피터스 소령은 매우 통찰력있는 유명한 논문에서 심리전이 1991년의 걸프전에 미친 영향을 강하게 암시했다.

할리우드는 "전장을 대비하고 있다"… 세계 곳곳의 미군과 미국의 힘은 단지 억지력에 그치지 않는다. 실제의 적과 잠재적인 적들의 마음을 공략하는 심리전의 도구이기도 하다. 사담[후세인, 이라크 대통령]은 허풍을 떨었지만, 이라크군은 제대로 싸워보지도 못했다. 미군이 만들어낸 이미지 덕분에 사막에 폭탄이 떨어지기도 전에 우리의 지상 공격 앞에서 무기력해지고 말았다. 모두가 우리를 두려워한다. 그들은 우리가 영화 속에 나온 모든 것들을 할 수 있다고 믿는다. 만약 트로이인들이 전투에서 아테나가 그리스인들을 이끄는 것을 "본" 거라면, 이라크인들은 맥카프리의 탱크보다 먼저 루크 스카이워커를 본 것이다. 문화의 무의식적 동맹이 살상력과 결합될 때, 우리 정부를 포함해 그 어떤 정부도 기획하거나 감당할 수 없는 전력 승수(combat multiplier)로 작용한다. 우리는 마력을 발휘한다. 그리고 우리는 그런 식으로 계속 나아갈 것이다.[58]

불굴의 힘으로서, 때로는 무자비한 힘으로서 서방의 이미지는 걸프전이 있기 훨씬 전에도, 그 후 한참 후에도 서방의 공세적 전쟁에서 승리를 견인하는 핵심 요소였다. 만약 철저한 결의가 있었다면 우세했을 수도 있었을 적들이 조급히 양보할 수밖에 없게 하는 데서, 그 이미지는 결정적이었다.** 바스쿠 다 가마는 아시아의 주민들을 충격과 공포

** 필자가 직접 이 효과를 목격했다. 필자가 거주한 어떤 아프리카 국가에서 한 민병대가 미제 M16 소총을 구했다고 소문이 났다. 민병대가 미제 소총을 사용한다는 생각은 그들의 잠재적 표적들 사이에서 큰 공포를 불러일으켰다. 필자는 M16의 능력에 대해 반복적으로 질문을 받았다. M16의 실제 성능을 아는 사람이 거의 없었지만, 그것이 미제라는 사실만으로 공포를 촉발하기에 충분했다. M16은 1964년에 처음 사용되었는데 특출한 전투 성적과는 거리가 멀었고, 그 지역에서 라이선스 생산된 동아시아와 유럽의 소총 모델

에 빠트렸고, 그가 민간인들을 상대로 저지른 만행들은 그 후로 수백 년 동안 기억되고 있다. 포르투갈 제국의 요구에 감히 반대한 모든 이들에게 두려움을 심어준 그가 어쩌면 그 점에서는 유행을 선도했을지도 모른다. 포르투갈 제독 바스쿠 다 가마가 저항하면 대가를 치를 거라는 경고로 공격 대상 도시들에 포로들의 훼손된 시체를 보낸 그 전략은 의도된 것이었다.[59] 6년 후 인도의 무역 도시 다불(Dabul)을 향해 포르투갈의 습격을 이끈 프란시스코 드 알마이다는 공격에 앞서 휘하 선장들에게 "너희들이 지금 뒤쫓고 있는 적들에게 처절한 정신적 충격이 남도록 공포를 심어주라"[60]고 말했다. 포르투갈인들은 민간인들에 대한 무차별적 학살을 이어갔고, 그 도시를 불태워버렸다. 식민지 시대 내내 유럽 열강은 유사한 전략을 펼쳤다. 적들이 총도 쏘지 않은 채 서방에 패배해 굴복하게 되면서, 이런 심리전이 얼마나 중요한지 입증되었다.

이라크를 상대로 벌인 "충격과 공포" 작전은 그 전략의 현대판으로 볼 수 있다. 이라크의 백만 군대가 사실상 저항도 못한 채 굴복하는 모습으로 나타났다. 유사한 경향이 유고슬라비아에서도 나타났다. 그런 작전을 쓸 수는 없을 거라는 데 수많은 분석가들의 견해가 일치했음에도 불구하고, 나토의 침공 엄포는 베오그라드를 굴복시키기에 충분했다. 유고슬라비아 지도부는 나토의 집중적이고 무차별적인 폭격 작전이 불러온 처절한 파괴 상황을 목격한 후, 지상 침공은 어쩌면 더 야만

들이 전반적으로 우월한 능력을 자랑하고 있었다. 하지만 미제 무기로 싸운다는 생각은 무기 자체보다 훨씬 더 강력해서 그 민병대에 대한 지지로 이어졌다.

적일 수도 있다는 공포에 빠져버렸다.61) 그러나 이 "충격과 공포" 작전의 가장 잔혹한 경우는 아마도 1945년 3월 9일 도쿄를 대상으로 한 폭격이었을 것이다. 3백 대가 넘는 B-29 중폭격기가 도쿄 상공을 날면서 소이탄으로 가장 밀집된 주거 지역들을 공격했다. 그것은 서방 역사가들이 일본 주민들에게 "충격적인 정신적 트라우마"를 가했다고 말한 공격이었다.62) 도쿄 공격을 기획한 커티스 르메이 장군은 그 작전이 일본인들에게 극단적인 잔혹함을 겪게 하는 심리전으로서 중요하다고 강조했다. 그는 일본인들이 저준위 대규모 소이탄 공격을 경험한 적이 없다는 사실을 알고 있었고, 그 공격의 주된 목표를 간담이 서늘해져 일본이 굴복하도록 하기 위한 심리전 작전으로 삼았다. 보수적 추정으로 10만 명이 죽었고, 전쟁 역사상 가장 피비린내 나는 밤이었다. 일부에서는 사망자 수를 몇 배 더 높게 추정한다. 미국 전략폭격조사에 따르면, 그런 공격의 목표는 "일본의 기본적인 경제와 사회 구조"를 파괴하는 것이고63) 일본인들을 공포에 떨게 만들어 굴복시키는 것이었다. "마치 도쿄가 세계의 바닥을 뚫고 내려가 지옥의 입속으로 떨어진 것 같았다."64) 이것이 르메이의 결론이었다.

한국전쟁에서 서방 소식통들이 거의 만장일치로 조선인민군이 미군 병사들을 보자마자 도망가리라고 예측한 것은 대체로 비서방 세계가 서방 세력을 두려워하도록 조건화된 상황에 근거한 것이었다.65) 조선 인민군 부대들의 훈련된 상태와 실력은 북한의 적들에게 큰 놀라움으로 다가왔지만, 가장 의외로 다가온 것은 그들의 정신적 결의, 무적의 서방 이미지에 대한 그들의 회복탄력성과 더불어 그 결과로서 압도적인 불리함을 무릅쓰고 서방 진영의 무력에 기꺼이 대적하겠다는 그들의 의지였다. 결과는 전쟁 초반 수개월 동안에 조선인민군이 거의 완전한 승리에 다가간 것이었고, 미군에게는 역사상 가장 긴 여정이었다.

오늘날 북한의 가장 큰 힘은 틀림없이 주민들의 단결력이고, 그들의 사고에 영향을 주거나 저항의 기반을 흔들고자 했던 서방의 시도는 거의 완벽하게 실패했다. 서방이 스스로를 자비로운 문명화와 민주화로 묘사하든, 아니면 "역사의 흐름"을 선도하는 가차없는 무적의 상대로 묘사하든 그것은 상관이 없었다. 이처럼 서로 다르면서도 보완적인 형태의 프로파간다 자산들이야말로 전 세계에서 서방이 주도하는 질서를 유지하는 데서 핵심이었다. 그리고 북한이 그런 영향으로부터 차단되어 있다는 점에서, 북한의 저항이 가진 특징은 유례없이 만만치 않다. 이것이 현재까지 미국과 서방 세계가 대결하고 있는 가장 오래된 적이 북한인 이유를 잘 설명해주는 것일지도 모른다. 그것은 북한의 독보적인 물적 자산으로 인한 것이 아니라, 바트당의 이라크, 소련(1953 이후), 공산주의 중국을 비롯해 이들 모두가 가지지 못한 결의와 불굴의 의지 때문이다.

궁극적으로 70년 동안 미국과의 대결에서 버틸 수 있었던 북한의 능력에 대해 충분히 이해하려면, 그 나라의 문화적, 이데올로기적 뿌리와 그들이 이 갈등을 바라보는 패러다임에 대해 파악해야 한다. 남한 중앙정보부(KCIA)의 수장이었던 김형욱 준장이 1977년 미 의회에서 한 증언은 북한의 "항쟁 문화"와 사상적 강점이 그 나라의 힘과 안정에 미치는 영향과 관련해 주목할 만한 평가 중 하나로 볼 수 있다. 당시 대한민국은 더 큰 인구 규모와 더 나은 해외 시장과 투자에 대한 접근성 덕분에 더 큰 규모와 더 많은 자금이 지원되는 군대를 비롯해 상당한 이점을 누리고 있었다. 하지만 김 부장에 따르면, 이런 것들이 북한에는 더 강력한 이념적 기반과 정권의 정당성에 대한 인식으로, 또 어떤 측면에서는 더 우월한 생활 수준으로 상쇄되었다. 김 부장은 이렇게 말했다.

> 북한 인민들은 높은 수준의 국제적 과시 효과로 고통받지 않는다. 남한 내 국제적 과시 효과는 극도로 높다. 북한에는 가진 자와 못 가진 자 사이에 눈에 보이는 격차가 없다. 따라서 북한 주민들은 대부분 남쪽 동포들보다 상대적으로 박탈감을 덜 느끼는 것 같다. 북한 내 보통 사람들의 생활 수준은 남한에서보다 더 높을 것으로 추측한다. 설사 북한 내 평균 생활 수준이 남한 사람들의 생활 수준보다 낮다 하더라도, 북한 주민들은 더 큰 만족감으로 산다고 생각한다… 북한 공산주의자들의 절제력과 이념적 열정은 남한 사람들보다 훨씬 더 강하다. 사실, 나는 비교가 안 된다고 생각한다. 북한 사람들의 의지는 남한 사람들의 거의 백 배는 더 강할 테니까.

사기와 정권의 정당성에 대한 인식에서 나타나는 차이가 군 현장에 미치는 영향과 관련하여, 김 부장은 이렇게 말했다.

> 비록 북한군이 수적으로는 열세(즉, 43만 명의 육군, 2만 명의 해군, 4만5천 명의 공군, 따라서 도합 50만 명)라 해도, 전장에서는 남한 병사들보다 훨씬 더 강하다. 그들이 군사적으로도 이념적으로도 매우 잘 훈련되어 있기

때문이다… 베트남 전쟁을 잠시 살펴보고 나의 관점을 입증해 보겠다. 베트남 몰락 직전에, 남베트남과 북베트남의 군 병력 비율은 3대 1이었고 무기와 장비는 7대 1이었다. 하지만 이와는 현저히 다르게, 남베트남의 지배 엘리트는 부패하고 병사들은 이념적 능동성이 없었다. 북베트남은 강한 이념적 확신이 있었기 때문에, 그들이 남베트남을 이겼다.

김 부장의 진술은 한국전쟁 중 북한군의 성과와도 매우 일치했다. 따라서 그는 비록 박정희 재임 중에 상당한 향상과 쇄신이 이루어지기도 했지만, 남한 내 부패 상태는 새로운 전쟁이 발발할 경우 효과적으로 싸울 수 없을 정도로 사기가 약해져 있다고 내다봤다.[66]

압박에는 압박으로

북한이 수십 년에 걸쳐 대외정책 전략의 핵심 요소로 견지해 온 것이 있다. 북한은 서방의 압박에 압박으로 대응한다는 원칙이다. 그 원칙을 중요시하는 것이 국가 생존의 비결이었고, 이것이 미국을 비롯한 서방과 대결한 대다수 적들과 다른 점이었다. 미국과 긴장이 고조된 시점에 북한 관리들이 한 발언에 그 원칙에 대한 북한의 태도를 이해하게 해줄 실마리가 있다. 1969년 조선인민군 공군이 미국의 EC-121 정찰기를 격추한 후, 리처드 닉슨 행정부는 북한 내 공격 목표들을 겨냥해 대규모 공습과 핵 공격 준비에 착수했다.[67] 당시 미국이 궁극적으로 타격을 단념하게 된 것은 평양이 대규모 반격에 나설 것이고 그 경우 전면전이 될 수밖에 없을 것이라는 워싱턴의 자각이 있었기 때문이다.[68] 북한 외무성 부상 허담이 북한 주재 소련 대사에게 말한 대로, 북한은 "보복에는 보복으로, 전면전에는 전면전으로 대응할 태세"가 되어 있었다. 그는 미국의 행동에 영향을 줌으로써 그들이 "푸에블로호[미 해군 전함의 몰수]로부터 적절한 교훈을 도출"[69]하게 할 것이라고 말했다.

나아가 북한 외무상 박성철도 같은 취지로 소련 대사 수다리코프에게 그 격추 사건과 관련해 이렇게 말했다.

> 만약 미국인들이 당시[EC-12기가 격추되었을 때] 싸우겠다고 결정했다면, 우리는 싸웠을 것이다… 우리는 38선 구역에서 거의 매일 미국인들과 총격을 벌인다. 그들이 쏘면, 우리도 쏜다… 하지만 그것으로 특별한 도발이 발생하지는 않는다… 우리는 이전에도 미국 비행기들을 격추했고, 유사한 사건들은 앞으로도 가능하다… 우리가 팔짱 끼고 앉아 있지 않을 거란 사실을 그들이 안다는 건 좋은 일이다… 만약 침입자가 우리 땅으로 침투했을 때 우리가 팔짱 끼고 앉아 있으면, 내일은 두 대의 비행기가 등장할 것이고, 그다음에는 넷, 다섯, 등등. 이는 전쟁 위험의 증대로 이어질 것이다. 하지만 만약 단호하게 거부하면, 그것은 전쟁 발발의 위험을 감소시킬 것이다. 미국인들은 그들 앞에 허약한 적이 있다고 여기면, 곧바로 전쟁을 시작할 것이다. 하지만, 만약에 그들 앞에 강한 상대가 있다는 것을 안다면, 그것이 전쟁이 시작되는 것을 지체시킬 것이다.[70]

이런 근거는 한국전쟁 이래 북한에 고루 퍼져 있었고, 그것이 서방 진영이 군사행동과 경제 제재를 비롯한 다른 형태의 압박을 통해 북한을 강압할 수 없도록 제약하는 기능을 할 수 있었다. 1960년대 DMZ 분쟁에서 북한이 적극적으로 공세를 취한 것과 관련해서도, 북한 관리들은 이를 미국에 북한의 결의를 전달하는 수단으로 여겼다. 그들은 이것이 향후 미국의 침공 가망성을 미연에 방지했다고 믿었다.[71] 1980년대 미국의 SR-71 정찰기의 북한 영공 침입과 관련해 평양이 거듭 항의한 후, 조선인민군은 그 정찰기 중 한 대에 S-71 미사일 시스템을 발사했다. 1981년 8월 26일 이루어진 타격은 근접 폭격이기는 했으나 목표는 달성했다. 그 후로 미 공군은 북한 영공이나 인근에서 운항 시험을 할 때면 훨씬 더 신중해졌다.[72]

소련 붕괴 후로는 아시아-태평양 지역에 미국 자산의 배치전환을 포함해 어떤 도발을 하더라도 신속한 대응에 직면하게 됨에 따라,[73] 클린턴 행정부는 전 세계 어디서든 공격적이고 개입주의적인 정책을 펼치면서도 북한을 상대로는 전쟁을 개시할 생각을 접었다. 1990년대와 2000년대 초반에 "악의 축" 국가들 가운데서 북한 영공의 독특한 지위가 이를 입증한다. 미군 비행기들이 이란과 이라크 영공 깊숙이 급습하는 일이 다반사였지만 대응은 거의 없었다. 반면, 북한 영공 인근에서 작전 중인 비행기들은 빈번히 요격되었다. 조선인민군 전투기들은 미국이 더는 압박하지 못하도록 단념시키겠다는 의도를 뚜렷이 보이며 때로는 공격적으로 요격에 나섰다.[74] 조선인민군은 일관되게 드높은 사기와 전문성— 이는 북한에 비판적인 미국과 대한민국의 군 소식통들조차 전적으로 신뢰했다[75] —을 과시했을뿐더러, 압박에는 압박으로, 공격에는 반격으로 대응하겠다는 의지를 보여주었다. 특히 린든 존슨, 리처드 닉슨, 빌 클린턴, 도널드 트럼프 행정부는 북한에 대한 제한적 공격을 고려할 때 북한의 반격이 필연적이라는 사실을 잘 알고 있었다.

북한의 국가 주권과 서방의 전 지구적 패권이 격돌하다 :
북한 핵무기의 필요성

조선민주주의인민공화국과 미합중국이 대결하는 가장 큰 원인은 그들의 세계관 사이에서 보이는 뚜렷한 충돌이었다. 그것은 자본주의와 사회주의 이념의 충돌에 기인하지 않는다. 오히려 국제관계의 본질에 관한 것이고, 세계 질서와 국가의 자결권에 대한 두 국가의 인식에 관한 것이다. 제2차 세계대전의 여파로 독립을 달성한 동아시아의 다른 나라들과 마찬가지로, 북한도 자위권과 자결권, 내정에 대한 강압적 외부 개입의 금지를 포함해 동등한 주권을 가진 민족국가들로 구성된 지구적·지역적 질서에 대한 강한 믿음을 표명했다. 이것은 유엔 헌장에 정식으로 명기된 이치 그대로다. 주권과 자결권의 신성함에 대한 인식은 제국주의 일본에 맞섰던 북한의 저항 운동의 기원으로 거슬러 올라가 그 나라의 이데올로기적 토대의 핵심 요소가 된다.

미국을 포함한 서방 진영이 오랫동안 추구해 온 국제관계는 서방의 지배를 중심에 둔 세계 질서와 지역 질서를 말한다. 그것이 서방 세계가 다른 모든 나라의 내정에 영향을 미치고 아시아-태평양 지역을 포함한 전 세계에 대한 무기한의 지배를 유지하게 했다. 실제로, 20세기 초가 되기 전에는 그런 질서가 광범위하게 존재했고, 일본과 뒤이은 소련의 산업화로 비서방 국가들에 자신들의 이익을 지키는 데 필요한 경제력과 군사력이 제공되기 시작했다. 그 지위를 복원하는 것이 서방의 대외정책에서 오래도록 중심을 차지했고, 그것은 일본 제국에서부터 소련과 오늘날의 중국, 북한에 이르기까지 서방 지배로부터 자유로운 근대국가들을 상당한 경제적·군사적 압박 아래 놓이게 했다. 로널드 레이건 시절 미 재무부 부장관이었고 〈월스트리트저널〉 편집인이자 독립언론인인 폴 크레이그 로버츠는 이렇게 말했다. "미국은 세계 패권이라는 이데올로기를 갖고 있고 어떤 나라에 대해서도 독립적이거나 자신의 힘으로 행동할 수 있는 지위를 용납하지 않는다. 당신들은 미국의 속국이어야만 한다." 로버츠에 따르면, 미국은 스스로 극단적인 이데올로기적 입장에 좌우되기 때문에, 진정한 주권을 유지하려고 하는 나라들을 "파멸시키려 한다."[76] 이 같은 세계관의 본질적 충돌이 평양과 워싱턴의 투쟁에서 근본 원인이자 기본 요소였다. 그들은 각자 자신들의 입장을 지키는 데 열중하고 완고한 데다 각자의 대의가 가진 미덕을 확신하고 있다.

서방 군대가 전 세계에 주둔하고 있으며, 서방은 정치적·경제적으로 전 세계 국가들에 깊게 영향을 미친다. 학자들은 이것을 "역사적으로 전례가 없는 반독립국 체제(system of semi sovereign states)"[77]라고 개념화했다. 이것은 제2차 세계대전의 여파로 서방의 직접적 제국주의 통치를 대체해 등장했다. 서방 세계에 대한 종속적 지위를 계속 보장하는 조건으로 형식에 불과한 독립이 수많은 국가들에 허락되었다.78) 미국의 〈네이션〉지에 따르면, 미국은 해외에 대략 8백 개의 군사기지를 갖고 있고,79) "역사상 어떤 국민, 민족, 제국보다 더 많은 기지를 외국 땅에" 가지고 있으며, 이는 전 세계 군사 시설의 95%를 차지한다. 나머지 5% 중 거의 전부가 동맹인 영국과 프랑스 같은 서방의 군사 강국들의 군사 시설이다. 미 특수부대는 훨씬 더 광범위해서, 2016년에는 138개국에 배치되어 있었고, 눈에 띄는 예외 사례가 중국, 러시아, 북한, 이란, 남아공이다.80) 해외에 배치된 특수부대들은 과거 직접적 식민통치가 망치였다면, 이제는 외과용 메스가 되어 미국이 갈수록 더 의지하는 "세계 지배를 유지하는" 수단이 되었다.81) 미국과 서방의 해외 군부대 보급은 서방 주도의 질서에 도전하거나 아니면 그 질서를 위태롭게 하려는 국가들에 맞서 전 세계에서 서방 세계의 능력과 의지를 투사할 수 있는 가장 중요한 대들보이고, 거의 모든 국가에 주둔하는 서방 군대는 주권과 전 세계의 합의가 아니라 서방의 패권을 전제한 질서를 보여준다.

서방이 북한의 존재를 용납할 수 없다고 여기는 이유는 북한이 서방의 지도력에 굴복하거나 서방이 주도하는 질서의 일부가 되기를 거부하기 때문이다. 평양이 서방의 입장을 용납할 수 없다고 생각하는 이유는 서방의 입장이 국가의 자결권을 침해하기 때문이다. 더구나 북한의 경우에는, 국제법과 유엔 헌장에 위배될 뿐 아니라 생존권 자체와 충돌한다. 북한의 수사에서 서방 진영이 "제국주의자들"로 빈번히 불리는 이유는 서방이 그들의 가치, 그들의 이데올로기, 그들의 경제 및 정치 시스템을, 특히 그들의 군대와 그들의 거버넌스를 북한 인민들에게 직간접적으로 강요하려 하기 때문이다. 서방의 지배를 도입한 결과를

보여주는 많은 것들이 남한에 있다.(11장을 볼 것)

실체적 국가로서 북한을 파괴하고 그 나라의 주민과 영토를 서방 주도 세계 질서로 강제 통합하려는 서방의 요구는 광범위하고 끈질겼고, 그 요구에 대한 행동 개시를 정당화하기 위해 온갖 핑계들이 제시되어 왔다. 국익센터의 코리아연구센터장이자 〈내셔널인터레스트(National Interest)〉의 편집인인 해리 J. 카자니스가 그런 취지로 말했다. "명백히 북한은 지워져야 할 인류 역사의 오점이다."82) 서방인들 가운데 그런 정서를 가진 것이 카자니스 혼자만이 아님은 물론이다. 아시아정책연구소의 연구원 벤 포니도 마찬가지로 "이제 '한반도에 평화'는 김 정권이 종식될 때 시작된다는 사실을 세계가 받아들여야 할 때이다."83)라고 주장하면서, 분쟁의 유일한 해결책은 북한이라는 국가를 강제로 전복하기 위한 서방의 행동뿐이라고 단언했다. 유엔 대사 존 볼턴84)이나 버락 오바마 대통령처럼 직접적으로 언명했든 간접적으로 암시했든, 이것은 적어도 도널드 트럼프 전까지는 탈냉전 시기 미국의 모든 행정부의 정책이었다. 서방의 위협이라는 실존적 특성 때문에 북한은 그들의 존재를 끝장내려는 시도에 맞서 보복할 수 있는 더 효과적인 수단을 추구할 수밖에 없었다. 그리고 최근 가장 눈에 띄는 것이 열핵탄두를 장착한 ICMB이다.

1. Nixon, Richard, Leaders, New York, Simon & Schuster, 2013 (Chapter 7: Zhou Enlai The Mandarin Revolutionary).
2. Lukin, Alexander, China and Russia: The New Rapprochement, Cambridge, Polity Press, 2018 (pp. 5, 6, 15). Fukuyama, Francis, 'The End of History?,' National Interest, no. 16, Summer 1989 (pp. 3–18). Slater, Philip and Bennis, Warren, 'Democracy is Inevitable,' Harvard Business Review, September-October 1990.
3. Napoleoni, Loretta, North Korea: The. Country We Love to Hate, Perth, UWA, 2018.
4. Abrams, A. B., Power and Primacy: The History of Western Intervention in the Asia-Pacific, Oxford, Peter Lang, 2019 (Chapter 14: Economic War on Asia).
5. Pinera, Jose, The 'Third Way' Keeps Countries in the Third World, Prepared for the Cato Institute's 16th Annual Monetary Conference cosponsored with The Economist, Washington D.C., October 22, 1998. Pinera, Jose, The Fall of a Second Berlin Wall, October 22, 1998.
6. Mahbubani, Kishore, 'Has the West Lost it?,' (Lecture), Lee Kuan Yew School of Public Policy, June 26, 2018.
7. Kim, Suk Hi, The Survival of North Korea: Essays on Strategy, Economics and International Relations, Jefferson, NC, McFarland, 2011 (p. 29).
8. Fowdy, Tom, 'How U.S. pressure is changing Silicon Valley social media firms,' CGTN, January 14, 2020.
9. Harrison, Selig S., 'Promoting a Soft Landing in Korea,' Foreign Policy, No. 106, Spring 1997 (p. 57).
10. 'Interview: Ashton Carter,' Frontline, March 3, 2003.
11. Metzl, Jamie, 'Why North Korea Is Destined to Collapse,' National Interest, September 18, 2017 (first published in 2015).
12. Gobry, Pascal-Emmanuel, 'Why North Korea's collapse is inevitable,' The Week, August 21, 2015.
13. Trifunov, David, 'North Korea collapse inevitable, new report says,' PRI, September 20, 2013.
14. O'Hanlon, Michael E., 'North Korea Collapse Scenarios,' Brookings Institute, June 9, 2009.
15. The Coming Asian Century: challenges for the West, Event Hosted by LSE Ideas, March 5, 2019.
16. Lake, Eli, 'Preparing for North Korea's Inevitable Collapse,' Bloomberg, September 20, 2016.
17. CNN, 'Warning over N. Korea collapse,' CNN, November 4, 2003.
18. World Policy Journal, Fall 1993 Issue.
19. Cumings, Bruce, Korea's Place in the Sun: A Modern History, New York, W. W. Norton & Company, 1997 (pp. 428– 429). Lee, Mun Woong, Rural North Korea under Communism; A Study of Sociocultural Change, Houston, Rice University Studies, 1976 (pp. 30–32).
20. Donahue, Ray T. and Prosser, Michael H., International Conflict at the United Nations—Addresses and Analysis, London, Greenwood, 1997 (p. 128).
21. Kim, Il Sung, Let Us Reunify the Country Independently and Peacefully, Report to the Sixth Congress of the Workers' Party of Korea on the Work of the Central Committee, October 10, 1980.
22. 'Federalizing the Korean Peninsula: North Korea Calls for Unifying Confederation with South Korea,' Xinhua, July 7, 2014.
23. Da-min, Jung, 'North Korea calls for unification under two regimes,' Korea Times, January 24, 2019.
24. Harrison, Selig S., 'Promoting a Soft Landing in North Korea,' Foreign Policy, no. 106, Spring 1997 (p. 74).

25 Mullen, Mike and Nunn, Sam and Mount, Adam, A Sharper Choice on North Korea: Engaging China for a Stable Northeast Asia, Council on Foreign Relations, Independent Task Force Report No. 74, September 2016 (p. 46).

26 Fitzpatrick, Mark, 'North Korea: Is Regime Change the Answer?,' Survival, vol. 55, no. 3, May 29, 2013. Mounk, Yascha, 'Before Making Peace With North Korea, Let's Not Forget the North Koreans,' Slate, May 3, 2018.

27 'Interview: Ashton Carter,' Frontline, March 3, 2003.

28 Ibid.

29 Park, Kyung-Ae, 'Regime Change in North Korea?: Economic Reform and Political Opportunity Structures,' North Korean Review, vol. 5, no. 1, Spring 2009 (p. 37).

30 'Interview: Ashton Carter,' Frontline, March 3, 2003.

31 Guzeva, Alexandra, 'How did the Soviets use captured churches?,' Russia Beyond, January 29, 2019.

32 Lu, Xing, Rhetoric of the Chinese Cultural Revolution: The Impact on Chinese Thought, Culture, and Communication, Colombia, University of South Carolina Press, 2016 (p. 61–62).

33 David-West, Alzo, 'Between Confucianism and Marxism-Leninism: Juche and the Case of Chŏng Tasan,' Korean Studies, vol. 35, 2011 (pp. 93–121). Kim, Il Sung, On eliminating dogmatism and formalism and establishing Juche in ideological work, Speech to Party Propagandists and Agitators on December 28, 1955, Kim Il Sung Selected Works, vol. 1 (pp. 582–606).

34 Armstrong, Charles K., 'Familism, Socialism and Political Religion in North Korea,' Totalitarian Movements and Political Religions, vol. 6, no. 3, 2005 (pp. 383–394).

35 Cumings, Bruce, Korea's Place in the Sun: A Modern History, New York, W. W. Norton and Company, 2005 (p. 423).

36 Wang, Xiangwei, 'Xi Jinping endorses the promotion of Confucius,' South China Morning Post, September 29, 2014.

37 Nixon, Richard, Leaders, New York, Simon & Schuster, 2013 (Chapter 7: Zhou Enlai The Mandarin Revolutionary).

38 Ibid. (Chapter 7: Zhou Enlai The Mandarin Revolutionary).

39 Yoo, Yushin, Korea the Beautiful: Treasures of the Hermit Kingdom, Los Angeles, CA, Golden Pond, 1987 (p. 137).

40 Harrison, Selig S., 'Promoting a Soft Landing in North Korea,' Foreign Policy, no. 106, Spring 1997 (pp. 60–61).

41 Kim, Suk Hi, The Survival of North Korea: Essays on Strategy, Economics and International Relations, Jefferson, NC, McFarland, 2011 (pp. 49–50).

42 'Conversation between Aleksei Kosygin and Kim Il Sung,' 12 February 1965, Archive of the Central Committee of the Czechoslovak Communist Party, Collection 02/1, File 96, Archival Unit 101, Information 13, 1962–66.

43 Radchenko, Sergey S., The Soviet Union and the North Korean Seizure of the USS Pueblo: Evidence from Russian Archives, Woodrow Wilson International Center for Scholars, Washington D.C. (p. 11).

44 Kim, Suk Hi and Roehrig, Terrence and Seliger, Bernhard, The Survival of North Korea: Essays on Strategy, Economics and International Relations, Jefferson, NC, McFarland, 2011 (p. 35). Park, Han S., 'Military-First Politics (Songun): Understanding Kim Jong Il's North Korea,' 2008 Academic Paper

Series on Korea 1, 2009 (pp. 118–130).

45 Jackson, Van, On the Brink, Cambridge, Cambridge University Press, 2018 (p. 40). Osnos, Evan, 'The Risk of Nuclear War with North Korea,' The New Yorker, September 18, 2017.

46 Byung, Chul Koh, 'Military-First Politics and Building a "Powerful and Prosperous Nation" In North Korea,' Nautilus Institute Policy Forum, April 14, 2005.

47 Koo, Hagen, State and Society in Contemporary Korea, Ithaca, Cornell University Press, 1993 (p. 198).

48 Princeton University, Dulles Papers, John Allison oral history, April 20, 1969. United States Army in the Korean War: Volume 4, Washington D.C., Government Printing Office, 1961 (p. 84).

49 Warrick, Joby and Nakashima, Ellen and Fifield, Anna, 'North Korea now making missile-ready nuclear weapons, U.S. analysts say,' Washington Post, August 8, 2017.

50 Cumings, Bruce, Origins of the Korean War: Liberation and the Emergence of Separate Regimes, 1945–1947, Volume 1, Yeogsabipyeongsa Publishing Co, 1981–1990 (pp. 367, 375).

51 Kim, Monica, The Interrogation Rooms of the Korean War: The Untold History, Princeton, NJ, Princeton University Press, 2019 (pp. 201, 203).

52 Koo, Hagen, State and Society in Contemporary Korea, Ithaca, Cornell University Press, 1993 (p. 198).

53 Power, John, 'The Long History of Predicting North Korea's Collapse,' The Diplomat, January 27, 2017.

54 'Interview: Ashton Carter,' Frontline, March 3, 2003.

55 Jackson, Van, On the Brink, Cambridge, Cambridge University Press, 2018 (p. 29).

56 Ibid. (p. 37).

57 Ibid. (p. 37).

58 Peters, Ralph, 'Constant Conflict, Parameters,' U.S. Army War College Quarterly, Summer 1997 (pp. 4–14).

59 Gady, Franz-Stefan, 'How Portugal Forged an Empire in Asia,' The Diplomat, July 11, 2019.

60 Ibid.

61 Stigler, Andrew L., 'A Clear Victory for Air Power: NATO's Empty Threat to Invade Kosovo,' International Security, vol. 27, no. 3, Winter 2002–2003 (pp. 124–157). Dixon, Paul, 'Victory by Spin? Britain, the US and the Propaganda War over Kosovo' Civil Wars, vol. 4, issue 6, Winter 2003 (pp. 83–106).

62 Fox, Senan, 'Tokyo and the Night of the Firewind,' The Diplomat, February 24, 2016.

63 'United States Strategic Bombing Survey, Summary Report (Pacific War),' Washington DC, U.S. GPO, 1946, vol. 1 (p. 16).

64 Ham, Paul, Hiroshima Nagasaki: The Real Story of the Atomic Bombings and their Aftermath, New York, Doubleday, 2012 (pp. 59–60). Wilson, Ward, 'The Bomb Didn't Beat Japan ⋯ Stalin Did,' Foreign Policy, May 30, 2017.

65 Cumings, Bruce, The Korean War: A History, New York, Modern Library, 2010 (p. 27). Halberstam, David, The Fifties, New York, Ballantine Books, 2012 (p. 71).

66 Hearing Before the Subcommitteee on International Organisations of the Committee on International Relations, House of Representatives, Ninety-Fifth Congress, First Session, Part 1, June 22, 1977 (pp. 13–14).

67 McGreal, Chris, 'Papers reveal Nixon plan for North Korea nuclear strike,' The Guardian, July 7, 2010.

Foster, Peter, 'Richard Nixon planned nuclear strike on North Korea,' Telegraph, July 8, 2010.

68 Nixon, Richard M., RN: The Memoirs of Richard Nixon, New York, Warner Books, 1978 (pp. 473–475).

69 'Record of Conversation between N.G. Sudarikov and Heo Dam, the Leader of the Ministry of Foreign Affairs of DPRK,' April 16, 1969, History and Public Policy Program Digital Archive, RGANI: fond 5, opis 61, deloo 462, listy 71–74, obtained by Sergey Radchenko and translated by Gary Goldberg.

70 'Record of Conversation between N.G. Sudarikov and Pak Seong Cheol, a Member of the Political Committee of the Workers' Party of Korea,' April 16, 1969, History and Public Policy Program Digital Archive, RGANI: fond 5, opis 61, delo 466, list 199–127.

71 Jackson, Van, On the Brink, Cambridge, Cambridge University Press, 2018 (p. 22). Jackson, Van, 'The EC-121 Shoot Down and North Korea's Coercive Theory of Victory,' Wilson Centre, April 13, 2017.

72 Graham, Richard H., Flying the SR-71 Blackbird: In the Cockpit on a Secret Operational Mission, Beverly, MA, Quarto Publishing, 2019 (p. 140).

73 Jackson, Van, Rival Reputations: Coercion and Credibility in US-North Korea Relations, Cambridge, Cambridge University Press, 2016 (p. 161).

74 Schmitt, Eric, 'North Korea Migs Intercept U.S. Jet on Spying Mission,' New York Times, March 4, 2003.

75 Schobell, Andrew and Sanford, John M., North Korea's Military Threat: Pyongyang's Conventional Forces, Weapons of Mass Destruction, and Ballistic Missiles, U.S. Army War College Strategic Studies Institute, April 2007 (pp. 63–64). Dreazen, Yochi, 'Here's what war with North Korea would look like,' Vox, February 8, 2018.

76 'The U.S. govt bent on world hegemony, Russia stands in its way—eagan economic ex-advisor,' RT, December 4, 2014.

77 Stone, I. F., Hidden History of the Korean War, Amazon Media, 2014 (Foreword).

78 Abrams, A. B., 'Power and Primacy: The History of Western Intervention in the Asia-Pacific,' Oxford, Peter Lang, 2019 (Chapter 5: America in the Philippines: How the United States Established a Colony and Later Neo-Colony in the Pacific). Ibid. (Chapter 13: Modern Japan and Western Policy in Asia).

79 Vine, David, 'The United States Probably Has More Foreign Military Bases Than Any Other People, Nation or Empire in History,' The Nation, September 14, 2015.

80 Durden, Tyler, 'U.S. Special Forces Deployed To 70 Percent of The World In 2016,' Ron Paul Institute for Peace and Prosperity, February 11, 2017. Turse, Nick, 'Special Ops, Shadow Wars, and the Golden Age of the Grey Zone,' Tom Dispatch, January 5, 2017.

81 Philips, Michael M., 'New ways the U.S. projects power around the globe: Commandoes,' Wall Street Journal, April 24, 2015.

82 Kazianis, Harry J., 'A U.S. Invasion of North Korea Would Be Like Opening the Gates of Hell,' National Interest, May 13, 2019.

83 Forney, Ben, 'Peace in Korea Begins with Regime Change,' National Interest, February 1, 2018.

84 Kim, Suk Hi, The Survival of North Korea: Essays on Strategy, Economics and International Relations, Jefferson, NC, McFarland, 2011 (p. 46). Funabashi, Yoichi, The Peninsula Question: A Chronicle of the Second Korean Nuclear Crisis, Washington D.C., Brookings Institution Press, 2007 (p. 143).

19장
정보 전쟁(Information War) : 마지막 접경

북한을 겨냥한 정보 전쟁과 레짐체인지

북한에 대한 서방의 정책과 전략이 어떤 방향으로 나아갈지 생각해보면, 정보 전쟁이 갈수록 더 핵심적 역할을 하게 될 것 같다. 정보 전쟁에서는 표적이 자신도 모르는 사이에 자신의 이익에 반하는 결정을 내리게 되고, 그 결정은 작전을 벌이는 적을 이롭게 한다. 이처럼 정보전은 표적이 신뢰하는 정보를 조작하는 일이라고 정의할 수 있다. 국가 간 정보 전쟁에서는 적국이 자신들에게 이롭게 여론을 조작하는 일이 종종 일어난다. 당대 가장 주목할 만한 사례로 서방 세계에 만연한 주장 하나를 들어보겠다. 모스크바의 지원을 받는 소셜미디어 계정을 포함한 러시아 매체들이 서방 세계 대중의 인식에 악의적 영향을 미친다는 주장이다. 그 주장에 따르면, 모스크바는 러시아 친화적(Russophilian) 서사를 고취하고 표적이 된 서방 국가의 제도, 정치 시스템, 이데올로기에 대한 신뢰를 무너뜨리기 위해 반계몽주의적(obscurantist) 수단을 이용한다. 목표는 모스크바의 이익을 증진하는 것이고, 최종 목표로 표적 국가를 전복하려 한다.1) 러시아의 정보 전쟁 활동에 관한 이 같은 보도들이 눈에 띄기 시작한 게 2016년부터였다. 그러나 서방 국가들이 북한을 포함한 적들을 상대로 소셜미디어 등 매체 활용에 나선 것이 적어도 2010년부터였다는 점에 주목할 필요가 있다.

정보 전쟁이 북한과의 계속되는 충돌의 전면에 내세워진 시점은 2010년대 초반 버락 오바마 행정부 시절이었다. 조선인민군의 능력이 갈수록 커가는 데다, 서방의 제재에도 불구하고 평양의 경제 회복에 속도가 붙음으로써 미군의 선택지가 점점 더 좁아져 가던 사정도 어느 정도는 정보 전쟁의 부상을 부추긴 요인이었다. 그 후 서방 전문가들은 평양에 결정적 승리를 거둘 수단으로서 정보전에 대한 믿음을 줄곧 표명해 왔다. 북한의 억지력이 강화되면서 압박할 군사적 선택지는 점점 더 제한을 받았고, 2017년부터는 사실상 사라졌다. 게다가 제제를 통한 최대 압박(maximum pressure)에도 불구하고 북한 경제는 성장하고 현대화했다.[2](20장을 볼 것) 그러자, 북한의 적들은 앞으로 북한을 압박할 수 있는 제3의 전선에 기대를 걸게 되었다. 정보 전쟁은 과거 서방의 표적 국가들을 상대로 성공이 입증된 바 있으므로, 그런 제3의 전선을 여는 수단을 마련해 준다.

정보 전쟁은 버락 오바마 행정부 시절 미국의 대외정책 전략에서 중심을 차지했고, 군사적 선택지와 경제 전쟁이 현실적으로 가능하지 않을 때 종종 성공을 거두기도 했다. 서방의 목표를 지지하는 반계몽주의적 정치 서사의 적극적 보급에 초점을 두는 것 또한 정보전에 포함된다. 그것은 서방의 표적 국가들을 악마화하고 그들의 제도와 정치 시스템의 정당성을 훼손하면서, 표적 국가 안에서 친서방적 서사나 서방이 지원하는 정치 세력의 입지에 유리한 서사를 고취하는 것이었다. 소셜미디어는 그런 서사를 홍보하는 핵심 수단으로 부상했고, 서방의 정부들은 종종 그런 활동을 직접 지원하는 구글과 트위터 같은 인터넷과 소셜미디어 기업들과의 긴밀한 협력을 유지했다.3) 이것은 CIA를 비롯한 서방 정보 당국과 긴밀하게 협력하는4) 서방 비정부기구들을 통해 친서방·반국가(pro-Western and anti-state) 활동가와 단체 들에게 필요한 자금과 훈련을 제공하는 일과 결합했다. 나토 협동조합 사이버방위 우수센터(Cooperative Cyber Defence Centre of Excellence)의 정보 전쟁에 관한 2015년 논문은 러시아 소식통을 인용해 이렇게 언급했다. "정보는 거버넌스를 해체하고, 반정부 시위를 조직하고, 적을 속이고, 여론에 영향을 미치며, 상대의 저항 의지를 약화시키는 데 사용될 수 있다." 이것은 다른 형태의 전쟁과 결합하는데, 아마도 지상 침공에 앞서 사용되기 쉽겠지만 그 자체로도 유사한 효력을 발휘할 수 있다.5) 오바마 시절 크게 확대된 서방의 정보 전쟁 활동은 우크라이나,6) 홍콩,7) 리비아,8) 중동 여러 나라9)에서 성과를 보였다. 서방의 세력권 밖에 있는 정부들을 약체화하고, 많은 경우 무너뜨렸다. 2011년 상하원 합동 서비스위원회 의장 존 매케인은 정보전을 통해 아랍 세계 내 서방의 적들에 성공을 거둔 후 이제 수많은 적들을 상대할 수 있게 된 정보의 무기화(weaponization of information)를 일컬어 "모스크바와 베이징을 공격할 바이러스"라고10) 언급했다. 조선연구원(Joseon Institute) 의장이자 북한 해방과 페가수스 전략 설립자인 아드리안 홍 – 훗날 그는 스페인 주재 북한 대사관에 대한 폭력적 공격을 주도했고 미 정보기관과 긴밀하게 협력하며 활동했다.11) – 도 거의 같은 맥락에서 서방의 지원을 받은 그룹이 자주적인 아랍 정부들을 연이어 신속하게 전복한 것은 "북한을 위한 총연습"[12]이라고 단언했다. 이런 잇따른 성공 직후, 북한의 엄격한 보안 시스템을 뚫고 침투하려는 시도 또한 크게 늘었다는 점에 주목할 필요가 있다. 그들은 서방 국가의 자금 지원을 받은 프로파간다 활동으로 서방에 유리한 정치 서사를 뒷받침했다. 북한어 라디오 방송과 정치적 내용을 담은 USB의 밀반입도 모두 그 목적으로 지원받았다.[13]

오바마 대통령은 명확하게 북한을 표적으로 자신이 믿는 바를 가속화할 무기로서 정보를 활용하라는 강한 암시를 주었다. 최소한 임기 만료 18개월 전까지, 그는 국가 붕괴는 필연적이라고 믿었다. "시간이 지나면 여러분은 북한과 같은 정권이 붕괴하는 것을 보게 될 것이다. 우리가 압박을 계속해서 가하고 있지만, 현재 일어나고 있는 일들이 말해주는 것은 시간이 흐름에 따라 인터넷이 그 나라를 뚫고 들어갈 것이라는 점이다. 그리고 이 현대사회에서 그런 잔인한 권위주의 정권은 유지되기 힘들다. 결국에는 시간이 지나면 정보가 스며들어 변화를 일으킬 것이다. 우리가 '가속화할 방법을 쉼 없이 찾고 있는 것'이 바로 그것이다."[14] 조지 W. 부시 행정부 시절의 공격적 행동들이 수십만 명의 지상군과 두 차례의 대규모 침공으로 특징지어질 수 있다면, 오바마 행정부는 대통령이 직접 살해 명단(kill list)을 제의했고, 그 명단에 따라 드론이 미국 시민들을 포함한 세계 곳곳의 미국의 적들을 법적 절차도 거치지 않은 채 암살한 것으로[15] 특징지어질 수 있다. 그리고 아마도 더 중요하게는, 정보 전쟁에 대한 대규모 투자로 오바마 행정부를 특징지을 수 있다.

서방이 승인한 정치적·역사적 서사에 따라 북한 주민들의 인식을 형성하고 북한 정부에 대한 신뢰와 지지를 훼손하기 위해 국가기금이 지원하는 자산을 사용해 정보 전쟁에 초점을 맞출 것을 요구한 사람이 오바마 대통령 혼자만은 아니었다. 외교협회는 그런 전략의 이점을 거듭 암시했다. 주민들 사이에서 서방이 지지하는 정치적·역사적 서사가 퍼져 나간다면 단결의 기반을 흔들고 북한의 전반적 토대를 위태롭게 하여 레짐체인지를 위한 초석을 놓을 수단이 될 수 있다는 것이었다. 특히 점점 커가는 비공식 시장 체제가 그런 정보를 퍼뜨리는 잠재적 매개체로 언급되었다. 외교협회는 상당한 영향력을 가진 2016년 논문에서 이렇게 말했다. "점점 커가는 내부 시장은 말할 것도 없거니와, 북한 주민들이 외부 세계의 정보에 더 많이 접근할수록 전체주의 체제에 변화를 가져올 수 있는 기반이 점진적으로 형성될 수 있다… 미국의 정책입안자들은 북한 주민들에게 외부 세계에 관한 정보가 도달할 수 있도록 정부 및 비정부 차원의 노력이 가능하게 만들어야 한다."16) 그 보고서는 북한의 강점 및 엄격한 보안 시스템의 강점을 고려할 때, 그런 전복을 기획하는 데는 즉각적 성과보다 장기적 계획이 필요하다고 강조했다.17)

서울의 싱크탱크로 남한 정부가 자금을 대는 통일연구원의 한 논문은 북한의 기반을 흔들기 위한 새로운 전략에서 정보 전쟁이 차지하는 중심적 역할과 그것을 수행하기 위한 수단과 관련해 이렇게 언급했다. "만약 북한 경제가 쇠퇴하고 그에 대한 평양의 장악력이 느슨해지면, 장마당과 같은 비공식 시장이 한층 더 번성할 수도 있다. 장마당의 인기는 외부 정보의 확산을 수월하게 해줄 수 있다. 따라서 인민들의 고통은 국제적 제재가 아니라 핵에 사로잡힌 지도자들이 초래한 것이고,

그 고통은 정권의 사고방식과 정책의 변화가 없다면 상당 기간 벗어날 수 없다는 것, 또한 지도자들의 잘못된 결정의 결과는 그 정권이 아니라 인민들을 엄습할 것이라는 정보가 장마당을 통해 확산될 수 있을 '뿐 아니라 확산되어야' 한다."[18]

그들은 그런 서사를 통해, 서방의 제재가 북한 주민들을 직접 겨냥함으로써 발생한 결과의 책임을 서방의 일방적 무장해제 요구에 굴복하지 않은 북한 정부에 전가하려고 했다. 하지만 그들은 DPRK를 상대로 제재 체계를 강하게 밀어붙이기로 한 것이 전 세계 8대 핵강국- 그들 중 북한과 동등하게 제재가 부과된 나라는 없었다 -의 행동보다도 도발적이지 않은 평양의 행동이 아니라, 바로 서방 세계였다는 사실은 언급하지 않았다. 이것은 반정부 및 친서방 정서를 조장하기 위해 활용된 수많은 반계몽주의적 서사 가운데 하나다. 정보 전쟁 작전에 적극적으로 참여한 요원들의 보고서를 살펴보면, 한국전쟁 발발의 책임이 북한에 있다는 서사도 외국의 정보 당국들이 퍼뜨린 정보들 사이에서 흔히 볼 수 있었다는 것을 알 수 있다.[19]

정보 전쟁 활동에서는 한국전쟁과 '고난의 행군', 서방 제재 체제의 영향을 포함한 북한 주민의 고난에 대한 책임과 관련하여 외부 세력들을 제쳐두고 평양의 정부에 전가하는 데 집중했다. 그러나 북한 주민들로부터 그들의 정부에 대한 "제대로 된 결론"을 끌어내는 데서 "실패"함에 따라, 서방과 남한의 보고서들은 당혹감이 점점 더 커지는 모습을 보인다. 북미 코리아연구소 대표인 북한 정치 전문가 박경애는 대중 시위 시기(a period of popular protests)가 지나고 북한 주민들 사이에서 반정부 정서가 보이지 않는 것과 관련해 이렇게 논평했다.

시위는 대체로 인민들의 정치의식이나 참여적인 가치의 요구 때문이 아니라 식량 부족에 의해 촉발되었다. 연길의 한 조선족 호텔 직원은 이렇게 말했다. "아무리 굶주려도 북한의 [경제적] 난민들은 여전히 '위대한 지도자'를 계속해서 찬양합니다." 북한 사람들은 그들의 경제적 곤경의 탓을 김정일의 지도력보다는 사회주의 시장의 붕괴와 미국에 의한 경제 제재, 자연재해와 같은 외부의 힘에 돌리는 것 같다.

박경애는 탈북자 가운데 북한을 떠나는 이유로 정치적 불만을 언급한 비율이 10%에도 못 미치는 소수에 불과하다는 사실에 주목했다. 박경애는 레짐체인지에 이르는 길로서 서방과 남한이 북한 내 정치적 반대와 불만을 인위적으로 만들어내기 위해 어떤 행동을 취하는가가 중요하다고 강조했다.[20]

북한 내에서 늘어가는 비공식 시장을 정보 전쟁을 수행할 매체로 활용하자는 요구를 가장 떠들썩하게 외친 사람 가운데, 이명박 대통령 시절 국가안보보좌관이자 6자회담 당시 남한 측 수석대표였으며 한반도미래포럼 설립자인 천영우가 있었다.[21] 서방과 남한이 주창하는 이 전략이 평양에는 딜레마를 겪게 한다. 안보를 위해 시장을 단속한다면, 자유 시장 경제로 일부 이행한 결과로 얻은 경제적 이익이 손상될 것이고 장기적으로 북한의 입지를 위태롭게 하여 서방의 경제 전쟁 활동에 더 취약한 상태가 될 것이다. 하지만 전복을 목적으로 시장을 활용하는 외부 세력에 대응하지 못한다면, 다른 형태의 즉각적 위험이 제기될 수도 있다. 이 상황이 일부 경제를 점진적이고 통제된 시장 경제로 이행하게 두면서 동시에 적들이 전복의 수단으로 시장을 활용하려는 시도를 좌절시키기 위해 광범위한 노력을 결합해 시행하고 있는 현재 북한의 방침을 설명해준다.

국제전략연구소(IISS) 연구원이자 실장이면서 IISS 비확산 및 군축 프로그램 담당자인 마크 피츠패트릭은 외국 매체의 북한 침투를 "변화를 위한 환경을 조성하는 비용 효율적이고 비운동적인(non-kinetic) 방식"이라고 불렀다. 이것은 그가 국가 붕괴를 지칭하는 방식이었다. 그는 "북한: 레짐체인지가 답인가?"라는 논문에서 단호하게 찬성이라고 결론짓고, 미국이 정보 전쟁을 통해 "코리아의 통일의 날을 앞당길" 수 있다고 강조했다. "정보 소책자를 실은 풍선은 밤에 조용히 발사될 수 있다. 국내 주파수를 사용하면 지역 방송이 포착할 수 있는 강력한 전파 신호를 보낼 수 있다. 해외의 북한 노동자들은 정치적 개종의 표적이 될 수 있다."[22] 피츠패트릭 국장은 통일과 관련해서도 합의에 의하거나 호혜적인 것이 아니라, 조선민주주의인민공화국의 약체화를 통해 서방의 노선을 따르는 국가 시스템이 38선 이북에 강제적으로 도입되는 일방적 통일을 언급했다.

2009년 유명한 북한 전문가이자 '한반도위기그룹'의 안드레이 란코프 국장이 작성해 외교협회가 발표한 논문은 정보 전쟁을 북한 국가를 무너뜨리는 수단으로 인정하고 강력히 주창했다. 그 논문에서 란코프는 라디오 방송을 지원하고, 북한 주민 대상의 정치적·역사적 이슈 관련 친서방 서사의 다큐멘터리 제작에 자금을 지원하며, 서방 대중매체를 침투시키는 등, 그 모든 것들을 미국이 북한을 약화시켜 궁극적으로 종말을 불러올 방안으로 강력하게 주창했다. 또한, 북한 내 "공인되지 않은(unauthorized) 정보가 더 빠르고 더 쉽게 퍼져 나갈 수 있는 환경을 만들어낼" 정책을 주장하고, 최종적으로 이렇게 조언했다. "미국은 훗날 전복된 김 정권을 대체할 수 있는 정치적 반대파와 대안적 엘리트를 양성해야 한다."[23]

2012년 워싱턴 D.C. 소재 연구 자문 인터미디어(Intermedia) 부국장 냇 크레춘(Nat Kretchun)과 뉴욕 소재 엔지오 '동서 연합(EastWest Coalition)'의 코리아 프로젝트 진행자 제인 킴이 북한 내 언론 매체와 주민들에게 서방 매체가 미치는 영향력에 관한 포괄적이고 상세한 연구를 수행했다. 다른 보고서들과 마찬가지로, 그 연구 또한 북한의 기반을 위태롭게 하기 위한 작전의 장기적 성격을 역설했고, 특히 정보 전쟁 활동을 통해 북한에 변화를 가져오는 데서 미국 정부의 역할을 강조했다. 그 연구는 또한 북한에 언론 매체를 침투시키기 위해 적극적으로 활동하는 엔지오들의 중요성을 강조했고, 장기적 목표로 "북한 정권에 대한 중대한 반발"을 만들어내고 "더 개방된 북한을 위한 기반을 마련해야 한다"고 언급했다. 또한, 다른 형태의 미디어보다 드라마와 같은 대중매체의 이점을 강조했다. 그는 북한 주민들 사이에 미국과 남한을 향한 긍정적 태도가 나타나고 그들의 정부와 정치 시스템에 대한 부정적 태도가 등장하는 것을 진보 혹은 발전과 동일시하기도 했다. 논문은 오랜 시간에 걸쳐 정보 전쟁이 성공할 수 있도록 점검할 수 있는 다양한 방안들을 만들어 북한 내 사회적 변화를 추적하는 것에 관심을 보이고 그 중요성을 강조하기도 했다.[24]

북미 코리아연구소장 박경애는 북한 경제가 시장 경제로 부분적으로 이행함으로써 레짐체인지를 위해 외부에서 압박할 수 있는 틈이 열렸다는 사실을 강조했다. 그녀는 그것이 정치적 변화를 일으켜 줄 잠재적 "트로이 목마"라고 부르면서 이렇게 주장했다. "많은 이들이 북한의 레짐체인지는 전쟁을 통해서가 아니라 내파를 통해 일어날 수 있다고 주장한다." 나아가 박 씨는 경제적 곤경이 북한의 전복을 불러오도록 영향을 줄 수 있다는 사실에 주목했다. 그리고 그 가능성을 시사하면서 이렇게 주장했다. "국가 경제의 실패는 권위주의 정권의 정당성을 훼손하고 민주주의로 나아가는 변화를 촉발하여, 전제주의나 사회주의의 종식에 이르게 한다. 경제 위기는 정권 붕괴의 촉매로 널리 받아들여진다." 박 씨는 지도자들인 김일성과 김정일 시절의 정책이 연속성을 갖는다고 말하면서, 비군사적 수단을 통한 강제적 레짐체인지에 이르기 위해 서방 주도의 대공격이라는 최종 목표의 필요성을 이렇게 강조했다. "북한 정권을 변화시키고자 하는 모든 노력은 김 정부의 근본 가치와 구조를 파괴하고, 사회주의적 가치와 '주체'(자주)를 포함한 통치 원칙과 규범을 바꾸기 위한 활동을 반드시 포함해야 한다." 박경애는 서방 세계에서 합의에 이른 것으로 보이는 의견을 전달했다. 그에 따르면, 레짐체인지 의제는 국가수반의 제거에 그치는 것이 아니라, 완전한 데벨라티오(debellatio, 정부 소멸에 의한 전쟁 종결-역자)에 해당하는 것으로, 북한의 이데올로기, 경제, 사회, 문화를 철저하게 서방의 형상대로 개조하는 것이었다.[25)]

일찍이 1997년에 정보국 차장실에서 미래 전쟁을 담당하는 유라시아 해외 지역 담당관 랄프 피터스 소령이 매우 탁월하고 통찰력 있는 논문을 작성했다. 그는 서방 진영에서 세계 곳곳의 비서방 사회로 침투하는 정보가 어떻게 적들을 약화시키고 서방의 지속적 우위를 보장하는 효과적 수단으로 기능하는지 상세하게 서술했다. "다가올 수십 년 동안 비서방 정부들에게 최우선 과제는 그들 사회 안에 정보가 계속해서 잘 공급되고 흐를 수 있는 조건을 찾는 일이 될 것이다." 나아가 그는 비서방 국가의 시민들이 직면하게 될 현실을 이렇게 묘사했다.

> 정보의 홍수는 그에게 서방이 얼마나 잘 사는지를 과장되고 부정직하게 알려준다. 텔레비전 시리즈와 비디오, 위성 방송 수신 안테나 시대에, 격분한 이 젊은 남성은 '다이내스티'와 '댈러스'의 재방송에서, 해변의 섹스심볼들(Baywatch)을 비추는 위성 링크를 통해, 우리가 세계정세에 영향을 미치기에는 터무니없고 진지하게 고려할 가치가 없다고 서둘러 일축해버리는 소식들을 통해 왜곡된 시각을 얻는다. 그러나 그런 것들이 미치는 영향은 말로 설명할 수 없을 정도로 파괴적이다. 할리우드는 하버드가 결코 뚫지 못하는 곳을 가고, 미국의 현실에 접촉할 수 없는 외국인들은 미국의 무책임한 환상에 접촉한다. 그는 악마처럼 매혹적이고, 노골적으로 성적이고, 자신은 배제된 무서운 세상을, 자신이 가난하다는 것에 관해서만 판단할 수 있는 부의 세계를 본다.

피터스는 서방이 정보의 우위를 무기화하는 것에 대해 이렇게 논평했다.

> 문화(혹은 군사) 분야에 "동료 경쟁자(peer competitor)"는 없다. 우리의 문화 제국에는 더 달라고 아우성치는 중독자들이 있다. 나이를 불문하고 어디에나 있다. 그리고 그들이 환상에서 깨어나는 특전을 누리기 위해서는 대가를 치른다. 미국 문화는 전염성이 있는 쾌락의 역병이다.

미국 문화가 온전한 모습을 유지하지 못하거나 경쟁력에 방해를 받더라도 멈춰설 필요는 없다. 왜냐하면 미국의 문화적 침입에 저항하기 위한 다른 문화들의 투쟁이 숙명적으로 그들의 에너지를 다른 방향으로 돌려줄 것이기 때문이다. 우리는 근본주의 정권 혹은 타협을 거부하는 강경파 정권의 도래를 두려워해서는 안 된다. 그들은 우리의 상대적인 장점을 한층 더 증폭시키는 반면, 자기네 인민들의 실패를 보장할 뿐이기 때문이다… 할리우드는 "전장을 준비하고" 있고, 햄버거가 총알보다 빠르다.

나아가 피터스는 정보 전쟁의 표적인 비서방 국가들을 대처하는 난제와 관련해 이렇게 언급했다. "정보는 당장 우리에게 가장 중요한 상품임과 동시에 우리 시대 최고의 불안정 요인이다. 여태까지의 역사가 정보를 획득하기 위한 원정이었다면, 오늘날 숙제는 정보를 관리하는 데 있다… 미래를 규정하는 분기점 가운데 하나는 정보에 대한 지배권을 가진 자들[미국]과 정보 희생양들의 충돌일 것이다." 그는 미국의 정보 전쟁에 "희생되는 자들"의 운명에 관해 상세히 논하면서, 이렇게 말했다. "우리의 정보 제국에 합류할 수 없거나 경쟁할 수 없는 개인과 문화에는, 오로지 필연적 패배만이 있을 뿐이다… 정보는 인터넷에서부터 록 비디오에 이르기까지 봉쇄될 수 없을 것이다. 우리의 희생자들이 자발적으로 나설 뿐이다."[26]

오바마 대통령이 북한을 상대로 정보 전쟁 활동을 확대하라고 요구한 2015년에 뉴욕에 첫 국제 사무소를 설립한 북한전략센터(North Korea Strategy Center)는 피터스 소령이 제시한 것과 매우 유사한 체계를 따라 북한 사회를 변화시키고 그 나라의 단결력을 파괴하기 위한 활동을 주도했다. 그들은 레짐체인지라는 공식 목표를 내세운 반북 엔지오로서 북한에 플래시 드라이브를 밀반입하고 암시장을 통해 배포하는 사업에 크게 투자했다. 북한전략센터는 서방에 유리한 정치적 서사를 홍보하는 위키미디어 재단이 공동개발한 백과사전과 함께, 주로 '프렌즈(Friends)', '수퍼배드(Superbad)', '섹스앤더시티(Sex and the City)'와 같은 서방의 대중매체에 초점을 맞추었다. 그런 매체들은 피터스 소령이 "미국의 무책임한 환상. 그[비서방인─표적]는 악마처럼 매혹적이고, 노골적으로 성적이고, 자신은 배제된 무서운 세상을 본다."27)라고 언급한 것들에 해당한다. 북한전략센터는 특히 남한에 거주하는 탈북자들에게 남한 내 다양한 유형의 매체들에 대한 반응을 분석하고 어떤 매체가 심리적 효과가 가장 큰지 검토했다. 그들은 그런 심사의 대표적 사례로, '슈퍼배드'를 시청한 북한 시청자에 대해 이렇게 보고했다. "그녀는 나중에 자신이 '그 정도로 상스러운 영화를 지금까지 본 적이 없다'고 말했고, 자신의 반응에 숨김이 없었다. 그녀는 청소년기의 성적 불안정과 성기 농담들이 빗발치는 113분 동안 마치 자신의 붉어진 뺨을 식히려는 듯 거의 계속 두 손등으로 얼굴을 덮고 있었다… [그녀는] 북한의 관점에서 가장 놀라운 요소들을 열거하기 시작했다. 솔직한 성적 대화, 끊임없는 성기 언급, 청소년 음주, 청소년들의 차를 들이받는 경찰들, 총을 난사하는 십대 소년 맥로빈. 모든 게 다 형언할 수 없이 생경해 보인다고 말했다. 그녀는 '그걸 지금 시청하는 것만으로도 천박하고 충격적인 것 같다'며 이렇게 말했다. '내가 만약 아직 북한에 있다면, 충격에 빠졌을 것이다.'" 바로 그 "충격

적 요소"가 서방이 북한에 강압적으로 사회 변화를 가져오기 위한 활동에서 핵심이었다.28)

피터스는 "극단적 폭력과 극단적 섹스를 특색으로 하는" 서방 대중매체가 "거의 어디서나 매매되고 밀매되는 우리의 가장 인기 있는 문화적 무기"29)라고 주장했다. 그의 주장은 그런 매체들이 북한 침투를 위해 반북 조직들이 시도하는 전략에 정확히 부합한다. 그런 매체들은 포르노그래피가 금지되고 대중매체는 보수적이며 텔레비전 폭력도 절제되는 나라에서 살아가는 북한 주민들에게 그들에게 익숙하지 않은 성과 폭력의 이미지를 제공한다. 북한을 표적으로 삼은 단체들은 그것을 사회 변화를 강제하고 혁명을 개시할 잠재적 기반으로 여긴다. 그것은 정치적 혁명은 아닐지라도, 중장기적으로 매우 중요한 정치적 함의를 가진 사회문화적 혁명이다.30) 그와 같은 엔지오들은 그런 매체들에 노출된 북한 주민들을 "계몽된 사람들"이라 부른다. 그것은 그런 프로파간다 작전의 독선적이고 자기만족적 특성에 대한 증거일 뿐이다.31)

북한전략센터는 북한을 겨냥한 정보 작전에 개입한 몇몇 서방 엔지오들 가운데 하나일 뿐이었다. 뉴욕 소재 인권재단(Human Rights Foundation)은 북한을 타도하기 위해 대중적 반대 의견을 조성한다는 명시된 목표를 내걸고 북한에 정보를 침투시키고자 했다.32) 그 재단은 그들의 활동을 "대북 교란" 프로그램에 따른 "북한 정권을 교란하는 운동"으로 묘사했다.33) 인권재단의 더 주목받는 프로그램 중 하나는 영화 '인터뷰(The Interview)' 1만 부를 풍선에 실어 북한에 떨어뜨린 일이다.34) 랜드 연구소 싱크탱크의 열렬한 반북 전문가 브루스 베네트는 소니픽처스에 그 영화의 후반부에 김정은 위원장의 유혈 낭자한 처형을 유지할 것을 강력히 권고했다. 그 장면이 38선 양쪽의 "코리안들이 반드시 보아야 할 중요한 것"이라는 정치적 이유 때문이었다.35) 그는 이렇게 말했다. "나는 김씨 일가 정권의 제거와 북한인들(최소한 엘리트들)에 의한 새 정부의 창출에 대해 남한 내에서 어느 정도 현실적으로 생각하게 될 거라고 믿는다. 그리고 내가 믿는 바로는, 일단 DVD가 (거의 확실하게) 북으로 들어간다."36) 따라서, 그 영화가 분명히 북한에 정치적 충격을 불러올 것이므로, 적개심을 가진 활동가들이 그것을 전파하기 위한 활동에 나서리라는 것은 충분히 예견되는 일이었다.

서방의 지원을 받는 일부 반북 엔지오들과 자칭 인권단체들은 심지어 북한에 음란물을 실은 풍선을 떨어뜨리기까지 했다. 2020년에는 전단지에 과거 인기가 높았던 가수이자 국가적 아이콘이었던 영부인 리설주가 남한 정치인들에게 성적 행위를 하는 모습을 전문적인 포토샵 작업으로 담아서 풍선에 띄워 올리기도 했다. 2020년 6월 손꼽히는 반북 캠페인 조직가 홍강철은 남한의 언론 매체와 인터뷰하면서, 인권단체들이 미국에 있는 후원자들로부터 그런 활동에 대한 상당한 기금을 받는다고 말했다. "한 개의 풍선을 날릴 때마다 150만 원(1,234 미국 달러)가량 지급된다. 하지만 풍선 하나의 가격은 8만 원에서 12만 원 사이(65.81~98.21달러)다. 이 단체들은 비용의 열 배 수익을 가져오는 풍선들을 날려 보내는 일로 공적을 인정받고 있다." 그는 이 같은 풍선 띄워 보내는 활동에 대해 북한이 위협을 느끼는 현실과 관련해, 회원들이 "COVID-19 환자들이 입김을 분 물건들로 문지른 달러 지폐들을 북한에 보내는 풍선에 채우자고 제안했다"고 말했다. 그는 북한이 바이러스 발생을 억제하기 위해 애쓰던 시점에 그런 방안들이 적극적으로 논의되었다고 말했다.37) 당시 풍선 발사가 확대되자 남한 정부는 그 활동을 제한된 구역들로 한정했다.38) 이는 평양의 거친 반응을 낳았다. 평양은 서울과의 관계를 격하시켜 남북연락사무소를 파괴했고 그런 행동을 절대 용납하지 않겠다고 경고했다.

그리하여, 인권단체들과 미국의 후원자들은 자신들의 행동이 워싱턴과 서울 양쪽의 강경파들이 모두 엄중하게 반대해 왔던 남북 간의 데탕트를 훼손했다는 점에서 성공했다고 여겼을지도 모른다. 2017년 아틀라스 네트워크 엔지오의 공동 설립자이자 국제국장인 케이시 라티그가 필자에게 직접 전한 바로는, 서방의 시각에서는, 북한 내 인권 증진이라는 목표는 다름 아닌 북한의 정치 시스템의 완전한 파괴, 북한 사회의 개조, 지도부 처벌― 미국에 의한 집행으로 예견된다 ―과 동일시된다고 말했다. 라티그는 〈노쓰코리아 투데이(North Korea Today)〉의 진행자로, 그의 엔지오는 미 국무부와 미 의회의 기금을 지원받는다. 또한, 반북 서사를 홍보하기 위해 직접 박연미(아래 참조)와 같은 탈북자와 탈북자 집단에 기금을 지원한다. 그렇기에, 도전적인 비서방 국가들을 겨냥한 서방의 다른 캠페인들에 비해 현저하게 열의에 차 있고 독선적인 그 캠페인들은 북한 사회를 향한 서방의 대대적인 공격으로 보일 수 있다.

북한을 공격하기 위해 정보 전쟁을 활용하는 유명한 엔지오들로는 '북한지식인연대'와 '자유북한을위한투사들'이 있다. 두 단체 모두 강제적 레짐체인지를 강력하게 주창하고 서방의 정보기관들과 긴밀한 협조를 통해 활동한다고 전해진다. 라디오 방송의 북한 침투는 그런 노력을 배가하는 수단을 제공했고, 서방 국가들이 자금을 댄 활동이 시작된 것은 레짐체인지라는 목적을 위해서였다. 그중에서도 '자유조선 라디오', '북한개혁 라디오', '자유북한 라디오', '북한개발연구소', '북한을 구하라'가 유명하고, 모두 민주주의를위한국가기금(NED)을 통해 미 의회에서 직접 기금을 지원한다.39) NED 자체가 설립 이래로 CIA와 밀접한 관계를 맺어 왔다. 과거에 CIA가 단독으로 더 은밀하게 했던 활동을 이제 NED가 공공연히 수행하고 있다.40) 그 외 주목할 만한 방송국으로, '미국의 소리'41)와 '자유아시아 라디오' – 국가기금 지원을 받는 미국 글로벌미디어국에 속한다 – 영국 BBC가 있다.

서방 대중매체를 통해 북한 사회의 서구화를 강요하는 것은 문화 제국주의의 궁극적 형태로 간주될 수도 있다. 북한은 이를 잠재적 위협으로 느낀다. 서방 국가들의 자금을 지원받아 역사 문제와 정치 문제에 대한 서방의 서사를 선전하는 방송들이 북한에 잠입하고, 서방인들이 북한 지도자를 처형하는 모습을 보여주는 영화를 침투시키는 것은 외국 정보기관들에 의한 프로파간다 활동이라고 부를 수 있다. 이것은 북한 주민들이 〈로동신문〉과 같은 국영 매체에 노출되는 국가 차원의 선전과 대비된다. 하나는 민족 집단으로서 코리아의 이익을 보호하는 임무를 가진 북한 국가의 기금으로 운영되고 있고, 다른 하나는 그들을 상대로 극심한 전쟁범죄의 역사를 포함해 누차 북한 인민들을 향해 악의를 과시해 온 적대적인 서방 국가들이 기금을 댄다는 점에서 차이가 있다. 서방의 선전 매체가 국가기금의 지원을 받는 책임을 다한다는 것은 그들 각자의 정부 이익을 한층 더 증진해야 한다는 것을 의미한다. 방송을 북한에 침투시키는 경우에 정부의 이익을 증진한다는 것은 선전 활동의 표적이 된 비서방 당사국의 기반을 위태롭게 하는 일에 참여하는 것이다. 그리고 최종 목표는 그 당사국의 파멸과 그들의 영토와 주민을 서방의 세력권으로 병합하는 것이다.

반격 : 정보 전쟁에 대한 평양의 대응

북한의 보안 시스템이 침투해 들어오려는 세력들을 잘 방어해 냄으로써, 오늘날 북한은 서방의 정보 전쟁의 표적 중 가장 안전하게 유지되고 있다고 볼 수 있다. 민족 집단으로서 코리아의 확고한 문화적·민족적·종족적 정체성이 주민들을 촉발시켜 행동에 나서게 하는 데서 크게 작용하는 것은, 서방이 북한 인민들에게 저지른 만행에 대한 역사적 기억이 북한 주민들에게 작용하는 기능과 마찬가지다. 그리고 그 기억은 최근까지 계속된 서방의 군사적 위협과 경제 전쟁으로 더욱 강화되었다. 홀로코스트를 겪은 후 이스라엘에서 25년 동안 그랬던 것처럼,42) 그 역사적 기억과 함께 목전에 닥친 위기감이 북한의 국가와 사회가 엄청난 외부 압박을 이겨내게 해주었고 이념적 단결을 촉진했다. 랄프 피터스 소령이 "동아시아의 문화"에 대해 "경쟁 상대의 문화에 가장 파괴적인 현대 미국 문화"의 "맹공격에서도 살아남을 만큼 강력해 보이는" 소수파로 지목한 점은 주목할 만하다. 그는 미국의 "가장 대중적인 문화적 무기"가 중동과 이슬람 세계의 적들을 혼돈 상태에 빠뜨려 필연적으로 그들의 패배를 초래할 것이라고 믿었다. 반면, 동아시아의 문명국들은 회복탄력성이 더 뛰어나서 결국 살아남을 수 있

는 능력을 입증해 보일 것이라고 강하게 암시했다.[43]

평양은 정보 전쟁에 맞서 방위를 강화하는 활동에 결코 소극적이지 않았다. 게다가, 2010년대에 이런 형태의 정보 전쟁이 점점 더 중요해질 것이고 분쟁에서 결정적일 것이라는 점을 인식했던 것도 오바마 행정부만은 아니었다. 평양은 김정은의 새로운 지도력과 2011년부터 재편된 조선노동당 아래서, 그들의 이념적 단결력을 강화함과 동시에 번영을 도모하는 데 역점을 두기 시작했다. 그 한 가지 방안이 북한의 자체 대중매체의 질과 매력을 높이는 데 크게 투자하는 것이었다. 2012년 7월에 데뷔한 모란봉 악단과 3년 후 결성된 청봉 악단이 이를 가장 잘 보여주었다. 두 악단 모두 고전 가요를 완전히 새로운 스타일로 도입하는 한편, 새로운 노래들을 내놓았다. 두 악단은 조국을 위해 열심히 공부하는 일이 얼마나 고귀한 일인가 하는 것에서부터 위성 발사와 미사일 시험에 대한 자부심에 이르기까지 많은 테마를 홍보했다. 한편 대중적 음악과 예술 공연들은 새롭고 더 현대적인 스타일을 채택했을 뿐 아니라, 훨씬 더 대규모에 야심적이고 화려했다. 그중에는 2015년 평양 중심부 대동강에 특별히 세운 수상 무대에서 1천 명이 넘는 예술가들이 참여한 대규모의 "위대한 당, 찬란한 조선(Great Party Rosy Korea)" 공연도 있다.

북한은 늘 음악과 예술을 소중히 여겼지만, 이처럼 새로운 공연들은 예년의 것들보다 한층 더 호소력이 있었고 "사람의 마음을 끌었던" 것 같다. 그 경향은 2010년대 내내 더 강화되었다. 핀란드의 위베스퀼레 Jyväskylä 대학 정치학 교수 페카 코르호넨은 당시 북한의 음악 양식에 나타난 큰 변화와 관련해 분석한 몇 안 되는 서방 전문가 중 한 사람이다. 2014년 그는 특히 모란봉 악단에 대해 논평했다. "모란봉 악단은 새 시대의 상징으로 여겨야 한다… TV 세트에 접근할 수 있는 전 주민이 사실상 청중이 되었다. 화제와 감탄의 대상인 그 악단은 북한 주민들에게 즉각적으로 엄청난 인기를 얻었다. 모란봉 악단은 스타일이 있었고, 뭔가 새로운 조짐이 보였다. 친숙한 군대행진곡을 연주할 때조차 이국적 느낌을 주었고, 사람들에게 진정으로 영감을 주는 음악을 만들었다. 관광객들은 모란봉 악단 DVD를 켜놓은 채 함께 춤을 추는 사람들에 관해 대화를 나누기도 하고 그 악단의 콘서트가 국영 TV에서 방송될 때면 가게들이 문을 닫고 거리가 텅 비는 현상에 관해 얘기하기도 한다." 그는 "곡조가 기억하기 쉬우면서도 정교한 모란봉 악단의 독특한 스타일"을 언급하면서, 그 음악이 더 오래된 북한 작품들보다 "대중적 수준에서" 작업이 이루어지고 있다고 논평했다. "이 시적 창작은 계속 이어진다. 비록 여기에 윤리적 사회주의의 사실주의적 이성은 없을지라도, 사실상 그들의 애국가 버전은 모두 다르다. 그들은 그야말로 예술을 창조한다."44)

김정은 위원장은 처음부터 주민들의 단결력을 높여 정보 전쟁에 대응하는 데 집중하려고 했던 것으로 보인다. 이것은 아마도 2014년 2월 25일 조선로동당의 사상 일꾼들 앞에서 한 연설에서 가장 강조되었던 것 같다. 김 위원장은 "모든 수단을 동원해 사회주의를 밟아 뭉개려는 제국주의 반동 세력들을 이념적으로, 도덕적으로 압도할 수 있는 정보 공세"의 중요성을 강조하고, 서방 진영이 "우리나라를 대상으로 제재를 쓰려고 책동해 질식시키려고 매달리는 한편, 우리의 복무 요원들과 젊은이들을 표적 삼아 타락한 반동적 이념과 문화를 침투시키려는 시도도 집요하게 계속하고"[45] 있다고 경고했다.

정보 전쟁의 미래를 상당히 정확하게 설명한 랄프 피터스 소령의 논문에 대한 응답이라고 생각할 때, 김 위원장 연설의 함의는 의미심장해 보인다. 또한, 오바마 행정부의 대북 전략에서 정보 전쟁의 중심성을 고려하더라도 마찬가지다. 그 연설이 나온 시점은 미국에서 유수의 전문가들과 수많은 유력 싱크탱크 논문들이 정보 전쟁을 북한 전복 전략의 중심에 두어야 한다며 앞서 언급한 요구들을 내건 때였다.

북한 지도자 김정은은 이렇게 주장했다.

> 외부적으로는 전진하는 우리의 운동을 가로막으려는 제국주의자들에게 정치적·이념적 우위를 점하기 위해, 그리고 내부적으로는 혁명적 이념과 문화라는 수단으로 비사회주의적 관행 및 타락한 이념과 문화를 쓸어버리기 위한 공세적 작전입니다. 사상 일꾼들은 우리 사상과 대의의 타당성을 널리 알리고 제국주의자들의 취약성과 더러운 본성을 발가벗기는 것을 목표로 하는, 적에 대항하는(anti-enemy) 미디어 전쟁, 라디오 전쟁에 솜씨 좋게 착수함으로써 적의 기를 꺾어 놓아야 합니다. 사상 일꾼들은 적에게 큰 타격을 주고 복무 요원들과 인민들에게 승리에 대한 확고한 자신감을 심어줄 수 있는 대규모의 사상적 "미사일"을 만들어야 합니다. 사상적 및 문화적 침투를 위한 제국주의자들의 움직임이 헛되이 끝나게 하기 위한 작전에 착수하는 데서 주도권을 잡는 한편, 적이 끈질기게 퍼뜨리려 하는 자본주의 사상의 바이러스가 우리 국경을 넘어 침투하지 못하도록 방지하기 위한 이중 삼중의 "모기장"을 쳐야 합니다.
> 본래, 노동 대중들은 돈이 전능이라는 원리와 정글의 법칙을 설교하는

부르주아 이념을 거부합니다. 인민들이 자발적으로 부르주아 사상과 문화에 등을 돌리게 하기 위해서는, 우리가 대중의 아름다운 꿈과 이상을 담고 민족의 정취가 넘쳐 흐르는 우리 스타일의 건전하고 혁명적인 예술과 문학 작품, 논문, 그리고 공연을 만들어 전파해야 합니다. 인류가 만들어낸 최신의 과학 및 기술적 성취를 오용함으로써 그들의 반동적 사상과 문화를 널리 전파하려는 적의 움직임에 대처하기 위해 우리 사상과 문화를 알리는 매체로서 인터넷을 활용하기 위해 결정적인 조치가 취해져야 합니다.

사상 사업 부문과 관련 단위들은 대중매체와 외부 홍보 수단들을 현대적이고 IT에 기반해 작동할 수 있도록, 그리고 그것들을 지속적으로 실행할 수 있도록 치밀한 계획을 세워야 합니다. 당의 사상 사업은 공격적 태도로 수행되어야 합니다. 사상 사업에서 우리 당의 전략은 사상 공격의 화염이 모든 역경을 무릅쓰고 전진하는 공격 정신으로 맹렬하게 불타오르게 함으로써 온 나라가 혁명적 도약으로 끓어오르게 해야 합니다. 우리 당의 사상적 태도는 방어를 위해서가 아니라 공격을 위한 형태로 준비되어야 합니다.

우리는 또한 로동당의 붉은 사상으로 온 사회를 물들인다는 목표로 사상 교육을, 최전선에서는 모든 복무 요원들과 인민들의 정신력을 불러일으킨다는 목표로 정치 사업을, 그리고 온갖 사악한 사상과 정신을 번개 같은 속도로 일소하기 위한 투쟁을 주도적으로 수행해야 합니다. 사상 사업을 공격적으로 수행하기 위해서는, 무엇보다도 사상 일꾼들 사이에 드러나는 패배주의적 견해를 뿌리 뽑아야 합니다. 그런 관점에 사로잡힌 사상 일꾼들은 설사 그들이 사상 공격의 선두에 내세워진다 해

도 단 한 걸음도 스스로 내딛지 못합니다.46)

북한은 실제로 새 정부가 출범한 첫해, 정보 전쟁에 대응해 "사상 공세"에 나섰던 것으로 보인다. 특히 북한 밖에서는 "사상 사업"을 정량화하거나 평가하기가 매우 어려운 일이지만, 사상 사업을 위해 새로운 매체에 크게 투자했다는 것만으로도 당시 그 활동의 중요도를 알 수 있다. 2013년 평양 능라도에 자리 잡은 세계 최대 규모의 능라도 5.1 경기장47)은 평양 마라톤과 같은 미래의 대형 행사에 대비해 2년에 걸쳐 광범위한 개축 공사가 이루어졌다. 아리랑 매스게임뿐 아니라, 전 세계에서 모인 선수들에게 북한의 현대성을 보여주겠다는 생각에서였다. 필자는 2019년 6월 21일 그 경기장에서 김정은 지도자와 시진핑 주석이 중국의 예술가들과 자리를 함께한 가운데 펼쳐진 매스게임 공연 영상을 본 적이 있는데, 중국 예술가들이 시 주석에게 중국에서도 그만큼 매혹적인 공연이 무대에 올려진 적이 없다고 전했다고 하는 공연이었다.

북한의 새로운 세대에게 역사적 기억을 전하는 일, 특히 혁명과 미국의 침공에 맞선 투쟁의 기억을 전하는 일의 중요성도 새로운 캠페인 아래 강조되었다. 2013년 한국전쟁의 성과를 기념하는 '조국해방전쟁 승리기념관'이 확장되어 완전히 새롭게 단장을 마쳤다. 2015년 7월 '신천 학살박물관'이 재건되었다. 과거 구조가 단조롭고 보잘것없었던 반면, 위엄 있고 장관을 이루는 기념관으로 달라졌다. 과거 사건들과 적의 본성에 대해 주민들, 특히 군인들에 대한 교육을 염두에 둔 것이었다.* 11개월 후인 2016년 6월, 주민들에게 "침략의 역사"를 교육하고자 '중앙계급교양관' 이 문을 열었다. 북한 젊은이들이 한국전쟁이나 일제 강점기를 직접 경험하지 않아 그들을 노리는 적들의 본성을 잘 알지 못하고 군과 노동당이 왜 투쟁해야 하는지 그 필요성을 직접 느끼지 못하는 현실에서, 특히 그들을 염두에 둔 시설이었다. 북한 언론들은 그 시설이 인민들에게 그들의 적이 누구인지 확실히 알려주는 역할을 해줄 것으로 기대했다.48) 현재적 위협에 맞서 사회에 활력을 불러일으키고 똑같은 가해자들의 똑같은 만행이 반복되지 않게 하려면, 서방의 서사를 통해서가 아니라 주민들의 직접 경험을 통해 자기 민족의 역사를 자각하는 일이 필수적일 것이다. 중앙계급교양관 개관 직후 김형철 관장은 "만약 우리가 침략의 역사를 잊는다면, 그것은 반복될 수 있다. 우리는 새로운 세대가 그것을 망각하지 않도록 가르쳐야 한다."고 설립 목적을 밝혔다.49)

2010년대 북한 정부는 정보 전쟁에 대응하는 차원에서, 사상과 대중매체를 통한 활동을 보완하려면 경제를 현대화하고 주민들의 삶의 질을 높이는 것이 중요하다는 점을 더욱 강조했다.50) 농업,51) 전자,52) 기간시설53)에 대한 새로운 형태의 투자와 외국인 투자 유치를 위해 다시

---

* TV로 방송되는 폭력에 익숙해진 사회에서는 화면에 나타나는 정보들에 빠져들게 된다. 필자가 처음 그 박물관에 방문했을 때, 앞서가던 20여 명쯤 되는 몇몇 투어 그룹이 미국인들이 고문과 처형에 사용한 도구들을 전시해 놓은 것을 보고 나서 화장실로 달려가 토하는 것을 보았다. 나중에 필자는 남한과 서방의 공식 소식통들을 통해 그 박물관에서 제시한 주장들의 거의 전부가 사실이라는 것을 확인할 수 있었다. 전반적으로 그 주장들은 조작되거나 과장된 것이 아니었다.

시작된 활동들이 주민들의 생활 수준 향상에 이바지했다. 청결한 수상 공원, 테마파크, 해상 유원지가 나라 곳곳에서 새롭게 개장해 저렴한 가격에 이용할 수 있었고, 건축에서부터 꽃꽂이와 경찰복에 이르기까지 질 높은 심미감을 강조했다. 이것은 소련의 마지막 10년간 모스크바에서 완벽하게 보여준 모습, 즉 칙칙한 소비에트 양식의 전형적인 사회주의 국가의 이미지와는 정반대였다. 평양과 개성, 북한 시골 지역의 모습은 과거 소련을 방문했거나 살았던 사람들, 그리하여 북한에서 유사한 양식을 기대한 사람들을 거듭 놀라게 했다. 나라를 아름답게 꾸미고 생활 수준을 높이기 위한 발전이 그런 영역들에서 나타났다. 이로써, 피터스 소령이 "과장되고 부정직하게 서방이 얼마나 잘 사는지 말해주는 정보의 홍수"[54]라고 부르는 수단을 통한 정보 전쟁이 북한 주민들에게는 큰 효과를 낼 수 없을 것처럼 보였다.

김정은 위원장은 2014년 2월 연설에서 국내에서 적대적인 정보 전쟁 활동에 대응할 수 있는 조치들을 개괄하고, 특히 북한에 대한 해외의 부정적 보도에 대응하기 위한 계획에 대해서도 언급했다. "인류가 만들어낸 최신의 과학 및 기술적 성취를 오용함으로써 그들의 반동적 사상과 문화를 널리 전파하려는 적의 움직임에 대처하기 위해 우리 사상과 문화를 알리는 매체로서 인터넷을 활용하기 위해 결정적인 조치가 취해져야 한다."[55] 이후 북한은 중국과 일본의 서버에 의존하기보다는 평양에 자신들이 직접 새롭게 구축한 서버에 웹사이트들을 운영하기 시작했다. 국가가 관리하는 웹사이트가 늘고 콘텐츠의 질과 양도 급속이 성장하기 시작했다.[56] 영화, 뮤직비디오, 예술 공연, 다큐멘터리와 같은 친북한 자료들을 인터넷에 홍보하기 위한 활동은 유튜브와 같은 소셜미디어 채널의 광범위한 활용으로 나타났다.

앞서 언급한 감독 네트 크레춘과 진행자 제인 킴이 수행한 연구에서는, 2010년대 초반 북한이 새로운 형태의 매체를 활용하는 데서 점점 더 세련되어 가는 것과 관련해 이렇게 언급했다.

> 북한이 더 정교한 인터넷 전략, 특히 인터넷의 경제적 잠재력과 전략적 마케팅의 중요성을 명확히 이해했다는 것을 반영하는 전략을 개발하기 시작했다. 북한의 웹사이트들을 면밀하게 검토한 결과, 구매력이 각기 다른 소비자들을 상대로 한 양면 전략이 보인다. 상업적 웹사이트들은 투자자들을 유치하고 외국 자본을 끌어들이려는 강한 의지를 보이는 반면, 비상업적 웹사이트들은 개인들을 대상으로 북한의 사상과 문화를 홍보하려는 것으로 보인다.57)

북한의 해외 홍보 활동은 국내에서 서방의 공격적인 정보 전쟁에 대한 대응 활동보다 전반적으로 성공적이지 못했던 것 같다.** 이것은 여러 요인에 기인했을 수 있다. 여기에는 그런 프로그램에 대한 북한의 자금 지원이 보잘것없는 데다 언어와 문화적 장벽도 컸다. 반면에, 서방 매체들은 그 분야에 대한 수십 년간의 투자 위에 국제적으로 구축되어

** 필자가 서방의 활동을 "경제 전쟁"이라고 부르면서도 DPRK에 대해서는 그렇게 부르지 않는 이유는 서로 해외에서 서사와 이미지를 홍보하기 위한 활동의 의제가 근본적으로 다르기 때문이다. 서방 진영에서 캠페인을 벌이는 목적으로 내걸고 있는 것은 북한이라는 국가의 파멸과 서구화를 불러오겠다는 것이다. 반면에 DPRK가 해외에서 그들의 이미지를 홍보하기 위한 활동은 투자와 관광을 유치하고 적대적인 서사를 약화하려는 것이다. 문화나 사회의 변화를 강제하거나 해외의 정부들을 전복하려는 것이 아니다.

있었고, 압도적으로 막강한 문화 권력을 누리고 있었다. 게다가, 유튜브 같은 서방의 소셜미디어들이 "친북한"으로 분류되는 인기 높은 채널과 페이지 들을 금지하고 콘텐츠를 삭제하는 적극적 움직임도 나타나고 있다. 이는 설명도 없이 여러 차례에 걸쳐 일어난 일이고, 일부 분석가들은 이를 일종의 검열로 분류한다. 그런 공격이 북한에만 한정된 것은 아니어서, 구글이나 트위터 같은 서방의 소셜미디어 기업들에 의한 유사한 조치들이 러시아,[58] 중국,[59] 쿠바,[60] 시리아,[61] 이란[62]과 같은 서방의 적들과 연관된 정보 계정들을 독단적으로 표적으로 삼는 일이 빈번하게 일어나고 있다. 제1서기 라울 카스트로[63]와 최고지도자 알리 하메네이[64]와 같은 지도자들의 트위터 계정들에서부터 RT와 같은 국영 언론 매체들에 이르기까지, 이런 계정들은 검색 엔진에 의해 완전히 혹은 인위적으로 "순위가 하락"하는 경우가 많다.

이란 대사관과 미국 대사관이 중국의 소셜미디어 플랫폼들과 관련된 다양한 이슈들로 논쟁을 벌이는 데는 이유가 있다. 트위터나 페이스북 같은 널리 퍼진 서방 플랫폼들이 이란 외무장관을 비롯해 서방이 표적으로 삼은 관료들의 생각과 견해를 표현하는 게시물과 계정들을 삭제할 수 있도록 검열을 도입하라는 압력을 받고 있다.[65] 해외 매체들의 존재감을 만들어내려는 북한의 활동도 마찬가지로 영향을 받을 수밖에 없다. 북한 채널들로는 특히 조선 TV, KCTV, 조선의 소리(StimmeKoreas), 동포메일, 우리민족끼리를 들 수 있다.[66] 후자의 세 가지 채널은 북한이 직접 운영하지 않고 해외의 북한 지지자들이나 북한의 이산 공동체들이 운영하는 것으로 추정된다. 따라서 그 채널들이 표적이 되었다는 것은 검열의 이유가 콘텐츠가 아니라 친북한 메시지

자체임을 시사한다. 정치와 무관한 북한의 시골 지역, 건축, 풍경 장면들을 올린 북한에 관한 페이스북 페이지 'Beauty of DPRK'는 최고조에는 동영상 조회가 수십만 회에 달했으나 2019년 10월 마찬가지로 불가해하게 종료되었다. 게다가 이 또한 별개의 사건이라 할 수 없는 것이, 2020년 1월 페이스북은 미국의 적성국들에 이로운 콘텐츠를 삭제한다는 방침을 내놓았다.67) 북한 매체들이 운영하는 평양 소재 인터넷 서버들이 수차례 사이버 공격을 당하기도 했다. 이에 북한은 미국을 비난했다. 공격의 출처는 확인되지 않은 상태로, 북한이 자신들의 주장을 입증할 증거를 여전히 제시하지는 못하고 있다.68)

서방인들을 비롯해 서방의 가치가 보편적이라고 믿는 사람들은 자신들의 이데올로기에 보편적 호소력이 있다고 허풍을 떨 수도 있다. 그리하여 플래시 드라이브를 비롯해 정보 전쟁의 여러 수단을 동원한 조용한 혁명을 시도하면서 그 효력을 과대평가할 수도 있다. 그러나 북한으로서는 그것을 여전히 잠재적 위협 요소로 여긴다. 특히 김정은 위원장과 집권 조선노동당 체제의 북한 지도부는 성명과 행동을 통해 그런 위협의 심각성을 잘 인식하고 있음을 보여주었다. 하지만 북한은 국가 차원에서 효과적으로 대응할 수 있는 능력과 북한 사회의 회복력, 아울러 동아시아 문명의 뿌리, 주민들 간 단결을 고취하는 강한 "저항 문화"에 기반한 사상 덕분에, 여전히 서방의 정보 전쟁에서 가장 힘든 상대로 남아 있다. 생존을 위한 끊임없는 투쟁에 대한 역사적 기억이 이런 문화의 기초를 이루는 중요한 요소로서 북한 사회를 계속 형성해 간다. 그럼에도 불구하고, 서방 진영은 경제적·군사적으로 압박할 수 있는 선택지가 갈수록 더 제한되면서, 북한의 방위에 어떤 틈

새라도 뚫고 들어가고자 정보 전쟁에 앞으로도 크게 의존할 것으로 보인다. 그것이 평양을 상대로 미국의 엄청난 무기와 동맹의 군사적 자산을 유지하는 것보다 더 저렴할뿐더러 훨씬 더 위험할 수도 있는 전쟁 수단으로 여전히 남아 있다.

만행, 인권, 선전, 정보, 모든 작전의 실패 :
서방이 북한을 이해하는 방식

워싱턴과 평양의 대결에서 가장 중요한 양상은, 다른 모든 중대한 갈등이 그렇듯이 자신들이 서사를 좌우하고 세계의 지지를 얻고자 하는 투쟁으로 진행되었다. 자국 대중의 시선이 아니라 국제사회의 시선에서도 "역사가 그들의 편"에 서는 투쟁이기를 바란 것이다. 1945년 9월 미군 병력이 한반도에 처음 상륙했을 때, 미국은 세계 경제의 절반을 차지했고 전 세계에서 연성 권력을 강화하기 위해 집중적으로 투자하고 있었다. 그것은 북한의 민족주의 운동을 포함해 전 세계 어떤 세력도 경쟁이 안 되는 규모였다.[69] 한국전쟁 발발 후 미국 내 대중적 지지와 군부 내 사기가 역사적으로 최저점에 이르고 워싱턴의 무력개입에 대한 정당성에 의문이 제기되면서, 프로파간다의 활용이 새롭게 중요성을 띠게 되었다.[70] 미국은 국내외에서 지지가 하락하는 상황에 대응하기 위해 적을 악마화하고 그 적이 내세우는 대의의 정당성을 박탈하는 데 더 큰 강조점을 두게 되었다.[71]

전시 프로파간다 사례 중 가장 많은 비중을 차지한 것이 적국인 북한과 중국에 대해 공개적 지지를 선언한 상당수 병사들의 귀환에 대한 미국의 대응이었다. 그리하여, CIA가 처음 만든 용어인 "세뇌" 신화는 그 병사들과 그들이 한 증언의 정당성을 훼손하려는 의도로 탄생했다. 그 병사들이 자발적으로 미국의 정책을 비판하고 있는 것이 아니며, 신비로운 아시아적 마인드컨트롤에 따라 그렇게 하고 있다는 것이었다. 비록 우스꽝스러워 보이기는 했어도, 동아시아인들을 향한 인종차별적 정서와 당시의 "황화(黃禍, the Yellow Peril)" 분위기가 언론 매체와 정보기관들 사이에서 영향력 있는 소식통들이 보증하는 서사와 결합함으로써 널리 받아들여지게 되었다. 뉴욕대학 역사 교수이자 저명한 한반도 전문가인 모니카 김은 이렇게 논평했다. "'세뇌'는 이 같은 미국인 전쟁포로들의 '요구', 더 정확하게는 그들의 정치적 견해를 미국인들에게 익숙한 인종차별적 서사로 해석해주는 완벽한 비유가 되었다. 다시 말해, 신비로운 '동양인들(Oriental)'에게 순진한 미국인이 모르는 사이 유혹당한 것이었다."[72] "세뇌"는 자국 정부를 비판한 전직 군인들은 물론이고 동아시아 동맹군과 협력했거나 망명한 군인들, 심지어 귀환보다는 "자유 세계"로의 망명을 선택한 중국인과 북한인 포로들의 발언마저 이 서사와 모순되면 효력을 인정하지 않음으로써, 미국과 서방 세계에 자신들의 정당성을 확신시켰다.

모니카 김은 이렇게 기술했다. "미군들의 사건 파일과 – 지휘부에서 막사로 전달되는 – 행정 메모에서, 북한 공산주의자 전쟁포로는 이데올로기적으로 형상화되었다. 다시 말해, '광신도'라고 묘사되었다. '광신도'는 공산주의자 전쟁포로들을 묘사할 때 주로 사용된 관용어였다."[73] 서방인들을 비롯해 그들에 동조하는 사람들은 이 포로들의 행동이 자유 의지에 따른 것이 아니라고 확신했고, 이들의 행동을 설명하기 위해 아시아인 공산주의자들의 마인드컨트롤에 관한 환상적인 이야기들을 동원했다.74) 그리하며, 전쟁을 직접 경험하고 서방을 아시아 공산주의라는 악에 저항하는 선으로 간주하는 서사를 반박하는 사람들은 목소리를 빼앗겼다. 결국, 그들의 이야기는 모두 아시아 공산주의 선전원들의 주장일 뿐이었다. 그들이 석방된 미국인 병사들이건 동아시아인 포로들이건 마찬가지였다.

북한의 민족 자결권을 위한 투쟁의 정당성을 훼손하는 데서도 프로파간다의 활용은 효력을 발휘한다는 것이 확인되었다. 단순히 적국 혹은 상대편이 아니라 "광신적인 동방의 공산주의자"라고 묘사하게 되면, 국경이 존중되어야 한다는 평양의 요구에서부터 서방의 포로수용소 안에서 북한인 포로들이 기본 권리를 요구하는 것에 이르기까지 모든 것이 불합리해 보였다.75) 코리아의 민족주의와 남한 내 남조선인민공화국에 대해 그랬던 것처럼, 미군 점령이나 미국이 세운 이승만 정부의 정책에 대한 반대마저도 인민들의 진심에서 나온 열망이 아니라76) 소련의 꼭두각시로 묘사함으로써 마찬가지로 정당성을 부정했다. 조선의 민족주의 운동과 저항의 뿌리가 소련의 한반도 주둔보다 훨씬 더 앞서 시작되었음에도 불구하고, 북한인들과 DPRK를 모스크바의 대리인으로 묘사한77) 것 또한 마찬가지였다. 그 같은 프로파간다적 묘사 덕분에, 미국과 그들의 동맹세력은 민족 집단으로서 코리아에 대한 자신들의 기획에 반대하는 모든 주장을 묵살할 권리를 갖게 되었다.

"사악한 아시아 공산주의자(Asian Communist Evil)"와 싸우는 "선한 서방(good West)"이라는 서사의 기반을 위태롭게 하는 주장에 대해서는 정당성을 박탈하고 침묵시키기 위한 활동이 한국전쟁이 끝나고도 오래도록 계속되었다. 탈냉전 시기에는 그런 활동이 배가된 것처럼 보인다. 과거 북한을 광적인 꼭두각시로 묘사할 때 활용한 세계 공산주의의 위협이라는 개념이 시들해졌기 때문이다. 그러자, 북한을 악마화하기 위한 근거로 점차 인권 침해 혐의에 집중하기 시작했다. 북한 주민들이 억압받고 있다거나 심지어 노예로도 묘사되었다. 북한이 파멸하거나 서구화되고 서방이 주도하는 질서로 통합되는 것은 단지 필연일 뿐 아니라 북한 인민들이 열망하는 숙명이자 그들을 위한 것으로 간주된다. 그런 서사는 북한을 상대로 자애로운 서방 세계가 벌이는 작전들을 대체로 이타적으로 묘사한다. 즉, 그것이 서방의 정부들을 위해서가 아니라 노예화된 북한 인민들을 위한 것임을 강조한다.

이런 서사를 더욱 조장하기 위해 반드시 필요한 것이 잔혹한 사건들을 조작하고 북한에서 살아가는 일을 공포스럽게 묘사하는 것이다. 남한과 서방에 거주하는 소수 탈북자들의 설명이 그런 이야기들의 가장 기본적인 출처로 기능했다. 가장 큰 영향력을 갖고 가장 널리 알려진 증언들 상당수가 매우 의심스럽다고 판명되고 있음에도 여전히 그런 기능을 수행한다. 몇몇 탈북자들은 그들이 떠나온 나라를 규탄함으로써 상당한 재정적 혜택을 얻을 수 있었다. 그 과정에서 가장 눈에 띄는 일부는 일관되지 않거나 신뢰할 수 없는 증언을 하면서 서방에서 유명인 지위를 획득했다. 신동혁도 그런 탈북자 중 하나로, 극심한 인권 침해에 관한 그의 주장이 증거가 없음에도 불구하고 서방에서 널리 사실로 받아들여졌다. 신 씨의 인생 이야기인 〈14호 수용소 탈출: 자유를 찾아 북한에서 서방까지 한 남자의 놀랍도록 긴 여정〉은 전직 〈워싱턴포스트〉 기자 블레인 하든이 신 씨가 한 이야기에 기반해 써낸 책이다. 특히 그 책의 제목은 "사악한 아시아 공산주의자"에 대항하는 "서방의 선"이라는 의제를 잘 드러내고 있다. 그 책은 서방 국가들 사이에서 북한을 이해하기 위해 가장 중요하게 참조할 자료라는 홍보를 통해 베스트셀러가 되었다. 27개 언어로 번역되어 전 세계에 판매되었고, 그 사이 서방의 인권단체들은 주로 신 씨의 증언에 근거해 북한에 관한 보고서를 작성했다. 그 증언은 당시 북한을 겨냥한 서방의 경제 제재를 강화하는 구실로 활용되었고, 세간에서 "북한에 대한 세계의 담론을 바꿔놓았다"[78]고들 했다. 서방이 주도하는 유엔 '북한인권위원회'는 그들의 보고와 논거를 거의 전적으로 신 씨의 증언에 의지했고, 위원들은 신 씨를 평양의 인권 침해에 관해서는 세계에서 "하나뿐인 강력한 발언권"이라고 불렀다.[79]

저자인 블레인 하든은 신 씨의 증언이 공개되고 몇 년 후, 그 책이 집필되는 동안 신 씨가 자신의 이야기 대부분을 조작했던 것이라고 직접 폭로했다.[80] 훗날 신 씨는 증언의 "세부 내용을 고친" 사실을 시인했다. 하든은 신 씨가 "신뢰할 수 없는 화자"라고 단언하면서도, "신 씨는 그의 젊은 시절에 대한 정보의 유일한 출처"라고 다시 강조하고, 신 씨가 증언을 바꿀 수 있게 함으로써 그의 증언이 증거 확인 절차 없이 받아들여질 수 있도록 했다.[81] 하든은 신 씨가 앞으로 자신의 증언에 뭔가를 더 바꾸더라도 놀랍지 않다고도 말했다.[82] 남한의 언론 매체와 인터뷰한 다른 탈북자들은 특히 신 씨의 증언을 "완전한 거짓말"[83]이라고 했다. 한반도 전문가 안드레이 란코프는 자신이 평양의 레짐체인지를 요구하는 강력한 비판자임에도 불구하고,[84] 탈북자들이 현실이 자신들의 사연을 과장하라는 상당한 압박에 내몰린다는 점에 주목하면서[85] 신 씨의 증언을 신뢰할 수 없다고 단언했다. 신 씨의 증언에 기반해 부과된 평양에 대한 제재와 마찬가지로 그에 기반해 작성된 유엔 보고서들은 제대로 검토되지 않았고, 하물며 변경되지도 않았다.[86] 북한의 적들에게는 반드시 검증 가능한 이야기가 필요한 것이 아니었다. 오히려 전 세계에 북한이라는 국가를 악마화하기 위해 활용할 수 있는 감정적이고 끔찍한 이야기, 북한을 상대로 한층 더 적대적인 행동에 나서기 위한 구실이 되어줄 이야기가 필요했다. 신 씨의 증언은 이 몫을 완벽하게 해냈으므로, 그것이 사실일 필요조차 없었다.

신 씨의 명성을 능가하는 아주 유명한 또 다른 탈북자는 박연미였다. 그녀는 신 씨의 증언에 결함이 드러난 직후, 전임자 신 씨와 거의 유사한 방식으로 서방에서 강력하게 보증하고 널리 홍보되었다. 북한에 대한 기본 정보를 알고 있는 다른 탈북자들과 저명한 일부 서방 기자들 사이에서도 박 씨의 이야기들이 현실과 일치되지 않고 때로는 터무니없는 것으로 널리 공유되었다. 수상 경력이 화려한 다큐멘터리 제작자 메리 앤 졸리는 박 씨와 몇 차례에 걸쳐 인터뷰한 다음, 그녀의 이야기가 계속 바뀐다고 지적했다. 〈디플로매트 The Diplomat〉에 쓴 기사에서 졸리는 박 씨와 했던 인터뷰 내용이 그녀가 언제 자신의 이야기를 하느냐에 따라 완전히 달라진다고 상세히 기술했다. 또한, 박 씨가 말한 몇몇 사실들은 이치에 맞지도 않는다고 지적하면서, 이렇게 썼다. "북한을 탈출하는 이야기를 할 때, 박 씨는 종종 자신이 밤중에 서너 개의 산을 가로질러 국경에 도착했다고 말하고, 신발에 구멍이 나 있었기 때문에 고통을 견뎌야 했다고 묘사한다. 하지만 박 씨가 살았던 혜산은 두 나라를 구분하는 강가에 자리 잡고 있어, 그곳에는 가로질러야 하는 산들이 아예 존재하지 않는다."[87] 이것은 박 씨가 주장한 성립할 수 없는 이야기들 가운데 하나에 불과하고, 그녀의 각기 다른 인터뷰들 사이에 나타나는 심각한 모순들의 목록에 하나를 추가하는 것일 뿐이다. 마이클 바셋 기자를 포함한 다른 몇몇 관찰자들은 북한에 관한 박 씨의 진술들이 북한의 현실과 다르다고 판단했다. 또한, 그녀가 명성을 얻기 위해 명백한 거짓을 활용하고 있고, 그 과정에서 북한의 이미지를 손상한다고 결론지었다. 한편 박 씨는 "선정적인" 연설로 약간의 재산을 모았고, 에이전트에 따르면 그녀는 연설 당 12,500달러 이상을 벌고 있다.[88]

탈북자 이제선은 박 씨의 이야기에 관한 몇몇 사실들이 명백히 조작된 것이라고 지적했다. 박 씨의 일부 주장과 관련해, "바보가 아니라면 이것을 믿을 사람은 아무도 없다"[89]고 혹평했다. 대한민국의 탈북자 처리 분야에서 활동하는 유신은 교수와 김현아 교수는 박 씨의 몇몇 발언들을 강하게 반박했다. 그들은 "그것은 가능하지 않습니다."라며, 노골적으로 논평했다.[90] 7년간 북한에서 사업을 하면서 많은 곳을 여행한 스위스 기업가 펠릭스 앱트는 다수의 중대한 불일치들에 주목하면서 박 씨의 주장을 "분명하게 과장했거나 명백한 허위"라고 반박했다.[91]

신 씨나 박 씨와 같은 이야기들은 서방의 대북 의제와 부합하기 때문에 승인되고 홍보되고 있다. 그 이야기들이 그런 견인력을 얻을 수 있는 이유는 북한에 대한 전반적 무지가 전 세계에 만연하기 때문이고, 그런 그릇된 설명에 대처할 수 있는 세계적인 언론 매체가 북한에 없기 때문이다. 하지만 북한에 대한 기본적인 이해력을 가진 이들 가운데는, 서방에서 승인된 서사들과 그들의 증언에 기반하고 있는 서방의 인권단체들과 보도들이 신뢰할 수 없을뿐더러 종종 터무니없는 소리에 가깝다는 합의가 전반적으로 존재한다.

명성과 부가 가져다주는 매력이 어떤 사람들에게는 유명인의 지위를 추구하도록 동기를 부여할 수도 있다 하지만 대한민국에서 탈북자들이 차별에 직면하고 남한인들보다 훨씬 적게 벌면서 삶에 적응하기 위해 분투하며 연명해야 하는 처지 또한 그런 동기를 부여하는 또 다른 요인이다. 서울에 거주하는 탈북자들과 자녀들이 극단의 경우 홀로 굶어 죽는다는 사실은 그들의 곤경에 관해 많은 것을 말해준다.[92] 탈북자들의 실업률에서부터 그들의 아이들 가운데 고등학교 중도 탈락률에 이르기까지 통계 수치들은[93] 이 점을 한층 더 보여준다. 그로 인해 그들은 가난을 탈출하고 자신과 가족들에게 더 나은 삶을 제공할 수 있는 몇 안 되는 방안으로서 선정적 보도에 의존하는 처지에 놓이게 된다. 콘스탄틴 아스몰로프 박사는 탈북자들이 가능한 한 섬뜩한 증언들을 날조하려는 강력한 재정적 유인— 서방과 남한의 언론 매체들이 그런 이야기들에 가치를 부여한다 —을 갖고 있다는 사실에 주목하는 학자들 가운데 한 사람이다. 그는 이렇게 말했다. "미디어는 그들이 남한에 적응하는 길을 찾기가 얼마나 어려운지 알고 있고, 그곳에서 그들을 이등 시민으로 간주하는 현실에 관한 충분한 자료들을 갖고 있다. 더 많은 것을 얻는 몇 안 되는 길 중 하나가 실제로 일어나고 있는 일을 너무 많이 말하지 않고 대중들이 듣기 원하는 것들을 들려주면서, 북한에 적대적인 선전에 적극적으로 참여하는 것이다. 치열한 경쟁 때문에 특별히 끔찍한 뭔가를 말할 필요가 있고, 그렇게 '독점적인 유언비어'의 입안자가 된다."94) 서울에 사는 탈북자들의 인터뷰에 담긴 현실은 북한 내 삶에 관한 특별히 섬뜩하고 끔찍한 증언을 날조하고자 하는 강력한 흐름이 있고, 그렇게 만드는 경제적 유인이 상당하다는 것95)을 시사한다.

탈북자들은 북한 내 삶에 관한 끔찍한 이야기들의 중요한 출처이지만, 서방의 언론 매체들과 인권단체들이 북한을 악마화하기 위해 이야기들을 완전히 날조한 사실도 반복적으로 확인된다. 몇몇 서방 기자들이 북한에 대한 주요 매체들의 보도를 신뢰할 수 없음을 입증했다. 〈텔레그래프〉는 이렇게 썼다. "'은자의 왕국(Hermit Kingdom)'에 관한 뉴스 취재에 관해서라면, 마치 때로는 규정집(rule book)을 창밖으로 내던져버리는 것처럼 보인다."96) 〈비지니스인사이더〉의 보도에서도 같은 결론에 도달했다.97) 〈워싱턴포스트〉의 맥스 피셔는 북한과 관련해서는, "아무리 기이하고 출처가 빈약해도, 거의 모든 기사가 대체로 믿을 만하다고 처리된다."98) 아이작 스톤피시는 〈포린폴리시(Foreign Policy)〉에 이렇게 썼다. "미국인 기자로서 우리는 북한에 대해서라면 우리가 원하는 거의 모든 것을 쓸 수 있고, 사람들은 그것을 그대로 받아들일 것이다." 그는 자신도 같은 일을 했다고 시인하면서, 나중에 완전히 허위로 판명되었고 증거도 없는 심각한 "북한의 마약 확산" 문제에 대해 상세히 설명했다.99) 북한을 부정적으로 묘사하는 거의 모든 기사가 대체로 받아들여진다고 볼 수 있다.

코리아학 교수이자 북한에 관한 탁월한 전문가인 찰스 암스트롱은 서방 세계는 북한의 고립을 "때로는 서로 모순되는 수많은 공포와 환상이 투영된 텅 빈 화면으로 취급해 왔다"100)고 말했다. 대표적인 예가 김정은의 지도자 취임 직후, 북한 내 모든 남자가 그와 똑같은 이발을 하도록 법으로 강제한다는 보도였다. 이것은 자유아시아라디오(RFA)가 처음 보도했다.101) RFA는 "미국 대외정책의 목표를 증진한다"102)는 명시적 목표를 가진 미국 소재 정부 출연 비영리 방송법인이다. RFA는 설립 시부터 미국의 정보기관과 긴밀한 관계를 유지했다. 〈뉴욕타임스〉가 "CIA 방송 벤처"라고 부른 RFA는 냉전기에 자유유럽 라디오, 해방 라디오, 자유쿠바 라디오 등의 몇몇 방송과 더불어 후한 자금을 댄 CIA 선전 망의 일환으로 설립되었다.103) 말도 안 되는 법률이 시행된다는 소문을 실어 평양의 이미지를 압제적이고 우스꽝스럽게 만든 그 기사를 BBC와 같은 대형 뉴스 매체들이 증거나 사실 확인도 하지 않은 채 재보도했다.104) 그런 기사들이 종종 그렇듯 그 기사 역시 완전히 허위로 드러났다. 특히 RFA 기사들이 주로 그랬다.105) 당시 평양에 있던 외국인 기업가들과 엔지오 활동가들이 날조되었을 게 분명한 그 기사를 반박했다. 싱가포르에 본부를 둔 엔지오 조선익스체인지(Choson Exchange, 북한의 청년들을 위한 경제 정책, 사업 및 법률 교육에 중점을 둔 싱가포르 등록 사회기업-역자) 국장의 표현대로 그것은 "엉터리 소문"이었다.106)

〈자유아시아 라디오〉는 북한을 악마화하기 위해 허위 정보를 활용함으로써 정부 기금을 받는 목적을 달성한다. 즉, 그들은 북한을 국제사회의 부랑아로 묘사하고 나라 전역에 긴장을 고조시킴으로써 미국 대외정책의 목표를 증진한다. 2017년 RFA는 북한과 미국의 군사적 긴장이 높아가던 시점에, 중국 외교부가 모든 중국인 시민들에게 그들의 안전을 위해 당장 북한을 벗어나라고 권고했다고 보도했다.107) 그 방송을 들은 일부 중국인 시민들이 탈출했지만, 그런 경고 기록은 존재하지 않았다.[108] 중국 외교부는 그것을 '가짜 뉴스'라고 부르면서, 그 보도를 부정하는 성명을 발표해야 했다.[109] 이런 사건이 드물지 않았고, 북한에 관한 서방의 보도에서는 만연한 경향의 일부일 뿐이었다. 다른 유명한 사례로는, 김정은 위원장이 "삼촌을 개들의 먹이로 던져 주었다"[110]는 기사가 서방 매체에 널리 보도되었고, 완전히 날조된 것으로 판명된 일이 있다.[111] 평양이 "유니콘 살던 굴(unicorn lair)"을 발견했다고 주장했다는 보도[112]도 있었다. 이것은 다시 뉴스 매체들에서부터 〈뉴욕타임스〉가 보증한 북한에 대한 베스트셀러 안내서인 〈북한, 광인 3대를 폭로하다(North Korea, Unmasking Three Generations of Madmen)〉에 이르기까지 서방 소식통들에 의해 널리 재보도되었다. 원래 북한이 낸 성명은 고구려 동명왕의 고대 도읍지와 관련된 고고학적 유적지를 발굴했다는 발표였다. 따라서 유니콘이 살던 굴(unicorn lair)은 동명왕 전설에 나오는 "기린굴"의 시적 표현이었다. 그 보도는 문화적 무지와 북한을 부정적으로 묘사하려는 의지가 조합되어 나온 것이었다.

북한의 처형에 관한 조작된 보도들 또한 마찬가지로 흔했다. 북한 국가대표팀을 훈련한 세르비아 배구 코치 브라니슬라브 모로는 현실에서 동떨어진 서방의 보도 사례를 제시했다. 서방의 주요 언론 매체들이 국제대회에서 부진한 성적을 이유로 북한 선수들이 처형되었다고 보도했다. 모로는 이렇게 말했다. "예컨대, 나는 '살해된' 선수 가운데 한 선수 옆에 앉아 있었다. 나는 너무 창피해서 그 선수에게 그런 말을 전할 수도 없었다. 심지어 나는 휴대전화를 열어 인터넷에서 그 선수 본인이 맞는지 확인까지 했다. 기본적으로 그런 보도들에는 믿을 만한 정보가 거의 없다." 모로 코치는 그 사건이 더 만연한 현상, 즉 북한을 악마화하려는 의도로 오보를 내는 현상을 보여주고 있다고 말했다.113) 실제로, 일류 대중 가수들114)에서부터 장군들115)에 이르기까지 북한의 고위급 인사들의 "처형" 관련한 서방 보도들116)은 바로 그 죽었다던 인사들이 카메라에 다시 등장함으로써 대개는 완전히 허위로 드러나곤 했다. 서방 기자들은 세간의 이목을 끄는 인사들이 회의나 텔레비전에서 잠시 사라지면, 이를 변덕스러운 지도부가 야만적인 숙청을 했다고 선정적인 기사를 쓸 기회로 삼는 경우가 흔하다.

서방의 인권단체들은 신뢰할 수 없는 정보원들을 빈번히 인용한다. 신동혁의 증언은 경제 제재 도입의 근거로 삼은 유명한 사례이지만, 그런 단체들이 끔찍한 이야기들을 직접 조작한 사실이 밝혀지기도 했다. 주목할 만한 사례로 다수의 서방 단체들이 낸 보고서들이 있다. 워싱턴에 소재한 '국경 없는 인권(Human Rights without Frontiers)'에서 발표한 북한 탈북자 유태준의 운명과 관련된 보고서가 대표적이다. 유 씨는 북한을 떠나 남한 시민권을 받았지만, 나중에 아내를 찾기 위해 되돌아갔다. 보고서는 이렇게 설명했다. "작년 6월 그가 북한의 함경남도에서 처형되었다고 한다. 북한 정부가 북한 시민이었던 수많은 사람을 처형했지만, 희생자의 신원이 실제로 확인된 것은 최초였다고 전해진다. 게다가, 유 씨가 남한 시민권자였다는 사실로 인해 이 사건이 미칠 파장은 클 것으로 예견된다. 유 씨는 일단의 북한 시민들 앞에서 공개적으로 처형되었다. 그는 남한에 가서 평양 정부에 대한 반역죄를 저질렀다는 혐의로 기소되었다."117) 영국의 한반도 전문가 에이던 포스트-카터는 이렇게 말했다. "누구에게 들어도, 이제 그는 죽었다. 불과 서른세 살이었다."118) 서방과 남한의 언론 매체들은 이 처형에 관해 신속하게 접수했고, 특히 유명한 〈조선일보〉가 그 사건을 각각 열 차례에 걸쳐 보도했다.

서방 언론에서 그의 공개 처형이 몇 달에 걸쳐 회자된 후, "이제 그는 죽었다"던 유태준이 2001년 6월 12일 북한에서 기자회견을 열었다.119) 그 후 평양이 그의 귀순을 전면 사면한 2002년에 그는 남한으로 돌아갔다. 유 씨의 어머니 안정숙은 그의 귀환 상황과 관련해 이렇게 말했다. "아들한테서 작년 4월 30일에 북한 지도자가 자신의 아내를 사랑하는 남자는 조국 또한 사랑한다고 말하면서 내 아들의 사면을 지시했다고 들었다." 그럼에도 불구하고, 그녀는 아들에게 귀환 과정에 대해 거짓말을 하라고 경고했다. 사실대로 말하면 "그것이 김정일을 이롭게 할 수도 있기 때문"120)이었다. 유 씨 사건이 예외적인 경우는 아니었다. 서방의 인권단체들의 그런 보고서가 북한에만 국한된 것도 아니어서, 그런 단체들이 서방의 다른 표적 국가들에 대한 보고서들도 마찬가지로 조작한 사실이 확인되었다.

서방 언론과 서방 인권단체들이 서방이 표적으로 삼은 국가들을 악마화하고 그 나라들을 상대로 행동에 나설 구실로 삼기 위해 잔혹 행위를 날조한 사례들은 수없이 많다. 따라서 북한을 겨냥한 조작 역시 훨씬 더 폭넓은 현상의 일부라고 볼 수 있다. 서방 정보기관들은 표적 국가들을 향한 경제 제재와 군사행동을 정당화하기 위해 그런 이야기들을 흘리는 데서 역할을 해 왔다. 최근 사례로 독일인 저널리스트이자 편집자인 우도 울프코테의 증언이 있다. 그는 정보기관들이 빈번히 기자들에게 기관이 승인한 기사들을 기자 자신의 이름으로 게재하도록 강요했다고 말했다. 그는 이렇게 증언했다.

> 나는 결국 CIA를 비롯한 여러 정보기관, 특히 독일 첩보기관의 요원들이 쓴 기사들을 내 이름으로 게재하게 되었다… 어느날 BND(독일연방정보부)가 프랑크푸르트에 있는 〈프랑크푸르터 알게마이네〉의 내 사무실로 찾아왔다. 그들은 내가 리비아와 무아마르 카다피에 관한 기사를 쓰기를 원했다… 그들은 내게 그에 관한 모든 비밀 정보를 준 다음, 그 기사에 내 이름으로 서명만 해주면 된다고 했다. 그 기사는 카다피가 어떻게 독가스 공장을 비밀리에 세우려 했는지에 관한 것이었고, 이틀 후 전 세계에 보도되었다.

이어서 울프코테는 서방 정보기관들이 저널리스트들을 접촉하고 그들을 이용해 기사들을 배치하기 위해 활용하는 수단과 요구에 응하지 않을 경우의 위험성, 그들의 기사를 지지함으로써 오는 특전과 관련해 한층 더 상세한 이야기를 전했다.121) 리비아의 독가스 공장과 같은 기사들은 그 나라를 향한 적대적 정책을 결정하는 데서 중요한 구실을 제공했다. 경제 제재와 궁극적으로는 미국과 유럽의 집중적인 폭격 작전, 서방이 강요하는 레짐체인지가 그런 정책들에 해당한다. 영국 정보기관을 포함한 다수 소식통을 인용한 보도들은 리비아 정부가 전복되고 카다피가 암살된 후에야 대체로 조작된 정보였다고 밝혀졌다.122) 울프코테가 주장하는 내용은 단발성도 아닐뿐더러 전례가 없는 것도 아니었다. 과거 냉전기 유명한 작전 중 하나가 CIA의 마킹버드 작전

(Operation Mockingbird)이다. 그 작전에 따라 미국 기자들이 고용되어 그들이 불러주는 대로 기사를 썼다.123) CIA는 학생, 문화단체, 잡지 들에 자금을 지원함으로써 프로파간다 확산에 필요한 전선으로 활용했다.124) 1970년대 초반 의회 조사 보고서는 그런 작전이 어떤 규모로 이루어지고 세계적으로 얼마나 영향을 미치는지 폭로했다. 미국 대외정책 목표에 부합하는 보도들이 국내만이 아니라 전 세계 거의 모든 곳에 영향을 미친다는 사실이 확인되었다. 그 보고서 특히 해외 언론 매체에 미치는 영향력과 관련해 이렇게 결론지었다.

> CIA는 현재 세계 곳곳에 외국인 수백 명으로 이루어진 네트워크를 유지하고 있다. 그들은 CIA를 위해 정보를 제공하고 때로는 전략 선전의 활용을 통해 여론에 영향을 미친다. 이러한 개인들은 CIA에 상당수의 신문과 정기간행물, 보도기관과 통신사, 라디오와 텔레비전 방송국, 상업성 있는 출판사를 비롯한 여타 해외의 언론 매체들에 대한 직접 접근할 수 있게 해준다.125)

보고서는 나아가 출판물들이 CIA의 의제에 반드시 부합할 수 있도록 요원들이 미국 내 주요 언론 기관의 핵심적인 운영진으로 위장 근무한 사실을 언급했다. 이는 냉전기에 여론에 영향을 미치는 핵심 자산이었다.126) CIA 전 직원 윌리엄 베이더는 보고서의 결론을 지지하면서, 하나의 사례로서 CIA가 미디어에 영향을 미친 방법에 대해 이렇게 말했다. "예컨대, 당신은 시사 주간지 〈타임〉을 조종할 필요가 없다. 왜냐하면, 운영진 지위에 요원들이 있기 때문이다."127)

〈워싱턴포스트〉는 CIA의 프로파간다 활동을 "세계를 미국식 사고방식으로 바꾸기 위한 매혹적인 권모술수 활동"으로 묘사했다. CIA는 수백 개의 언론 매체와 더불어 전 세계적으로 수백 개의 영화와 "최소한 1천 권의 책"의 출판과 배급에 자금을 대고 상당한 영향을 미쳤다. 전 세계 시민들에게 영향을 미치는 반소, 반중, 친서방 콘텐츠와 사상을 만들어내려는 것이었다.[128] 〈뉴욕타임스〉는 더 광범위한 자체 보고서에서 "CIA는 세계 여론을 형성하기 위해 끊임없이 활동하는 가운데, 많은 경우 그들이 통제력을 가진 신문, 보도기관, 잡지, 출판사, 방송사를 비롯한 여타의 기관들로 이루어진 각각 별개이면서 훨씬 더 광범위한 네트워크에 요구할 수 있는 능력이 있었다." 영국 일간 〈더타임스〉는 CIA의 "통신 제국(communicaions Empire)"을 "5백 개 이상의 뉴스와 공공 정보 조직과 개인들을 포괄"한 것으로 언급했다. 한 CIA 임원에 따르면, 그것들은 중요도에서 '자유유럽 라디오(RFE)에서부터 키토(Quito)에 살면서 지역 신문에서 중요한 지시를 받을 수 있는 조력자에 이르기까지' 다양했고… 그 네트워크는 공식적으로 '선전 자산 무기고'로 알려졌다. 보고서는 CIA가 거의 같은 목적으로 전 세계적으로 "학술, 문화, 출판 기관들과 광범위한 재정적 관계"를 유지한 사실에도 주목했다. 쿠바 한 나라의 언론 매체에 영향을 미치기 위해 지급한 장려금만 수백만 달러에 이르렀고, 케냐와 인도에서부터 대만과 남베트남에 이르는 다른 대규모의 장기적 작전들까지 매우 효과적이었고 규모로도 말 그대로 전 세계적이었다.[129]

미디어에 영향을 미치기 위한 전술에는 기존 출판물들도 포함되었지만, "어떤 경우 CIA는 단순히 신문이나 통신사를 만들고 가짜 회사를 통해 돈을 지불하기도 했다." 다수의 일선 그룹들이 CIA가 전 세계 언론 매체들에 자금을 대기 위해 설립되었고, 문화자유회의(Congress of Cultural Freedom)는 〈뉴욕타임스〉에 거명된 하나의 사례일 뿐이다. "미국에서, '아시아재단'은 미국의 대학에 다니는 극동지역 출신 학생들에게 배포되는 〈아시안 스튜던트(The Asian Student)〉를 발간했다." 영국 일간 〈더타임스〉는 이를 사례로 들면서, 전직 CIA 요원들이 이 재단을 설립하고 운영했다고 지적했다.130)

보다 최근에는 비밀리에 운영되는 '전략영향사무소(Office of Strategic Influence)'가 전 세계적으로 여론에 영향을 미치기 위해 기자들에게 허위 기록들을 제공하는 것을 포함해 기사를 배치할 권한을 부여받았다. 국방부는 그 존재가 알려진 직후 그 사무소를 해체할 수밖에 없었지만, 훗날 고위급 관리들의 발언은 그런 작전이 다른 기구들 아래서 계속되고 있음을 시사한다. BBC가 반복적으로 언급했듯이, 이 "흑색선전(black propaganda)"은 미국의 적들을 겨냥하는 수단으로서 가치가 매우 높다.131)

예컨대, "흑색선전"을 활용한 사례로 이라크가 있다. 서방뿐 아니라 전 세계적으로 반-이라크 정서를 조성하기 위해 바트당 국가가 가장 두드러진 잔혹 행위를 저질렀다고 추정했으나 이는 조작으로 밝혀졌다. 이것은 1990년대와 2000년대 초반에 이라크가 대량파괴무기를 개발했다는 혐의와는 별개의 것으로, 그 또한 조작되었다는 사실이 드러났고, 바그다드를 향한 적대적 정책을 결정하는 구실로 매우 유용했던 것으로 판명되었다.132) 이런 "흑색선전"의 유명한 사례가 걸프전 중 이라크 병사들이 수백 명의 쿠웨이트 아기들을 인큐베이터에서 꺼

내서 살해했다는 주장이다. 미 의회 내 인권위원회에서 이루어진 증언에 기반한 이 주장은 대통령과 상원의원들 다수가 인용함으로써 이라크 공격을 위한 또 다른 구실이 되었다. 그 증언은 유명한 영국의 인권단체 국제사면위원회(Amnesty International)가 강력히 뒷받침했다. 영국 및 미국의 정보기관과 긴밀하게 협력해 왔던 이 단체는133) 다양한 소식통들을 인용해 그런 취지의 보고서를 다수 발간했다.134) 전쟁이 끝나고 이라크가 철저히 파괴되고 나서야, 그 사건은 완전히 허위였다는 사실이 확인되었다. 주미 쿠웨이트 대사의 딸이라고 증언했던 소녀는 이라크 침공 후에 쿠웨이트에 간 적도 없고, 부시 행정부의 협조를 얻어 그 이야기를 조작한 것으로 밝혀졌다.135)

미국과 영국이 주도한 2003년의 불법적 침공은 이라크의 대량파괴무기 개발을 중단시키겠다는 구실 아래 이루어졌다. 그런데 이 서사의 정체가 완전히 폭로되었을 때는, 바트당 정부의 열악한 인권 전력이 그 공격을 정당화하기 위해 소급 활용되었다. 그리하여, "사담 정권"에 의해 살해되어 공동묘지에 묻힌 40만 명이라는 이라크인의 숫자가 미국과 영국의 언론 매체에 광범위하게 유포되었고, 이를 수많은 유명 소식통들이 인용했다. 침공에 대해 비판이 나오고 그 침공에는 법적 구실도 도덕적 구실도 결여되었다는 비판이 고조되는 가운데, 영국 수상 토니 블레어는 이렇게 말했다. "40만 구의 시체가 이라크의 공동묘지에서 '발견되었다(had been found)'." 훗날 그는 발견된 시체는 5천 구뿐이었다고 자신의 발언을 수정할 수밖에 없었다. 물론 블레어의 과거 주장이 어느 정도로 진실성을 담보하는지 고려한다면 그 또한 의혹이 남는다. 블레어 총리가 많은 숫자의 시체가 발견 '될 것'(would be found)이라고 주장하지 않고 발견 '되었다(had been found)'고 단정했기 때문이다. 그것은 이라크를 비방하고 워싱턴과 런던의 이익에 부합하도록 그 나라를 개조하기 위한 서방의 무력 사용을 정당화하려는 의도였다는 점에서 매우 고의적인 조작이었던 것으로 보인다.[136]

2003년 이라크 전쟁에 앞서 수개월 동안, 그와 유사한 끔찍한 이야기들이 이라크 국가를 악마화하기 위해 광범위하게 보도되었다. 가장 유명한 것이 아마 "인간 파쇄기"일 것이다. 그것은 사담 후세인 대통령이 특별히 잔인한 처형 방식으로 자신의 적들을 발부터 먼저 기계에 넣었다고 알려진 플라스틱 분쇄용 기계였다. 생생하고 상세한 묘사가 수반되었음은 물론이다. 그 보도들에 따르면, 희생자들의 유해는 그 후 물고기 먹이로 사용되었다. "갈기갈기 찢긴 남자들을 보고 나서, 전쟁을 지지하지 않는다고 말해보라."는 헤드라인이 걸렸다. 그 이야기가 시작된 것은 영국의 하원 연설에서였다. 이 또한 근거가 없다고 입증되었음에도, 침공을 정당화하는 데서 매우 유용했던 것으로 드러났다. 영국 신문 〈선 The Sun〉은 침공에 대한 지지를 얻기 위한 수상의 행동과 관련하여 이렇게 언급했다. "사담이 반대자들을 산업용 파쇄기에 발부터 먼저 집어넣었다는 것이 알려지면서 여론은 토니 블레어를 지지했다." 그 이야기는 미국에서도 마찬가지로 큰 영향을 미친 것으로 드러났다. 그 또한 더 큰 흐름, 즉 서방의 조작이라는 흐름의 일부였다. 이 경우에는 유엔 회원국을 대상으로 정당한 이유 없는 공격을 통해 국제법에 대한 심각한 위반을 정당화하기 위해 활용되었다.[137] 이라크는 서방이 그들의 적을 상대로 공격적인 기획을 한층 강화하고자 잔혹 행위 조작과 악마화를 어떻게 사용하는지 보여주는 하나의 사례에 불과하다. 서방 언론 매체와 인권단체들이 판석을 깔고 나중에 사실이 아니라고 폭로된 이라크의 잔혹 행위에 대해 여기서는 단지 소수의 사례만 언급한다. 유고슬라비아도 훗날 완전히 조작되었다고 판명되는 잔혹 행위들이 적대적 정책을 위한 구실로 활용된 또 다른 유명한 사례였다. 이 경우에는 1999년 서방의 불법적 군사 개입이었다.[138] 서방은 처벌도 받지 않으면서 정치적 이익을 위해 자신들의 적을 악마화할 수 있는 능력이 있다. 북한을 비롯한 여타 표적 국가들에 관한 서방 보도의 본질을 이해하기 위해서는 이것이 빈번하게 외교정책의 도구로 쓰인다는 점을 정확히 간파해야 한다.

서방 보도에서는 북한을 악마화하는 것에 그치지 않는다. 북한의 긍정적 이미지는 허울에 불과하다고 묘사되거나 아니면 철저한 검열을 통해 삭제된다. 앞서 언급한 미국의 소셜미디어 기업들에 의해 북한이 운영하거나 북한에 친화적인 매체가 차단되는 현실은 이런 그림의 한 부분에 해당할 뿐이다. 북한에 대한 서방 세계의 묘사와 관련해, GIGA(함부르크 소재 지역연구소. 아프리카, 아시아, 라틴아메리카, 중동지역의 정치·경제·사회 발전에 대한 연구—역자)의 연구원 데이비드 심과 더크 네이버스의 탁월한 논문은 긍정적 이미지들은 엄격하고 효과적으로 검열된다고 결론지었다. 두 연구원은 북한에 대한 묘사는 북한인들을 소원하게 만들고 동시에 그들을 위협적 존재로 보이도록 한다면서, 이렇게 결론지었다.

> 북한의 군사적 "강점"과 내부의 "약점"을 보여주는 이미지들은 타자성을 강조하기 위해 기이한 측면들로 부각된다. 이미지들을 활용함으로써

"우리"에서 "그들"을 분리하는 특별한 방식으로 북한을 보여준다… 좋은 예시 중 하나가, 북한에 대한 서방의 재현에서는 웃고 있거나 즐거워 보이는 평범한 북한 주민들의 모습을 거의 볼 수 없다는 점이다.[139]

북한에 대한 긍정적 형상화는 거의 항상 무시되고 그렇지 않으면 부정적으로 해석된다("그들은 자기네 지도자를 위해 갈채를 보내도록, 혹은 그의 죽음에 울도록 강요당하고 있다"[140] 등으로).

긍정적 형상화를 막으려는 시도를 보여주는 것으로 사소해 보이는 한 사례를 들 수 있다. 영국인 여행자 루이스 콜의 인기 있는 비디오블로그에 대한 반응은 그런 폭넓은 경향에 대한 의미 있는 지표를 제공한다. 콜의 비정치적인 북한 영상은 즐거운 노래방과 수상 공원, 친절한 지역민들과 같은 명소들의 특징에 초점을 맞추었다. 그가 보여주는 장면들은 북한과 관련해 서방에 널리 퍼져 있는 압도적으로 부정적인 묘사들의 기반을 위태롭게 할 위험이 있다. 콜은 미국의 엔지오 휴먼라이트워치와 같은 단체들로부터 "진짜 북한"을 언급하지 않았다는 심한 비판을 받았다. 그들이 말하는 "진짜 북한"이란 카메라에는 절대 나타나지 않는데도 서방 소식통들이 북한의 진정한 본질을 보여준다고 주장하는, 세상에 알려지지 않은 북한이다.[141] 만약 서방의 보도대로라면,[142] 행복해 보이고 영양이 충분해 보이는 사람들은 닫힌 문 뒤에서 남모르게 굶주리고 비참할 것이다. 심지어 콜은 북한 정부의 유급 요원이라고 널리 비난을 받기도 했다.[143] 또한, 그의 여행과 취재가 정치와 전적으로 무관했음에도 불구하고, 그가 특별히 그렇게 느낀 적 없는 입장, 즉 정치적으로 북한에 적대적 태도를 취하라는 요구를 강하게 받았다.

수십 년간 서방에서 북한이 그런 방식으로 묘사되었다. 또한, 북한은 국제사회에서 부정적 존재라는 합의, 더 극단적 표현으로 "지워져야 할 인류 역사의 오점"[144]이라는 사회적 합의가 서방 세계 전역의 다양한 수준에서 존재하게 되었다. 그 결과, 서방의 분석가들과 정책입안자들에게서는 북한을 객관적으로 분석할 수 있는 능력을 거의 찾아볼 수가 없다. 북한과 이라크 두 나라 사례에 모두 참여한 CIA 분석가 존 닉슨은 미국의 지도부는 설사 그것이 완전한 모순, 즉 극단적인지 부조화에 이를지라도, 그 나라들에 대한 정보와 증거가 가리키는 것들에 자신들의 편견과 선입견을 덮어씌울 거라고 지적했다. 그런 나라들을 "악"으로 여기도록 길들여 있어 객관적으로 분석할 수 있는 능력이 없는 정책입안자들의 모습과 관련해, 닉슨은 백악관에서 군과 정보기관 관리들과 몇 차례 회동한 후 이렇게 말했다. "미국의 정책입안자들은 그들이 알고 있다고 믿는 것의 포로들이고… 길항하는 (countervailing) 정보는 혹평을 받는다고 결론지을 수 있다." 정책입안자들은 그런 국가들에 대한 편견과 관련해, "정보가 보여주는 것과 무관하게, 그것이 옳다고 확신했다."[145]

닉슨은 이라크나 북한에 관한 정보 보고서들 가운데 광적인 정권 혹은 근본적으로 악한 정권이라는 이미지에 어울리지 않는 것들은 계속 묵살되었다고 말했다. 북한의 경우, CIA에서 일할 때 "CIA는 김[정일]에 대한 그들의 해석에 완전히 갇혀 있는 것처럼 보였"고, 그들의 선입견과 충돌하는 증거는 절대 수용하지 않았다.[146] 전직 국무장관 메들린 울브라이트를 통해 서방 정보기관들에서 나타나는 이런 현상이 고위급에 영향을 미친 사례를 확인할 수 있다. 그녀가 2000년에 평양을 방문할 당시, 반-북한 프로파간다와 편견으로 작성된 잘못된 정보를 받은 사실이 알려졌다. 울브라이트는 이렇게 말했다. "북한에 가기 전에 나는 우리 쪽 사람들로부터 그[김정일]가 어떤 유형의 괴짜인지 보고를 받았습니다. 여자친구들이 많고 포르노 영화를 보는 은둔형으로, 기본적으로 매우 기이한 유형의 인간으로 묘사되었죠." 울브라이트는 김정일과 만나고 나서 자신이 들은 것과 완전히 달랐다며 놀라움을 표현했다. "그는 실제로 아주 매력적이었어요… 매우 매우 잘 준비되어 있었고, 메모도 없이 대처했어요. 그는 존경할 만했고, 내가 이야기해야 하는 것들에도 관심이 많았어요." 그 회담은 너무 놀랍게도 성공적이었다.147) 19년이 지난 후 인터뷰에서도, 전직 국무장관의 인상은 여전히 변하지 않은 채였다.

> 내 생각에 흥미로운 점은 김정일이 얼마나 영리하고 얼마나 견문이 넓은지… 그는 엄밀히 말하자면 엄청나게 많은 걸 알고 있었다. 실제로 당시 우리는 미사일 제한에 관해 이야기를 나누었다. 그는 그쪽 전문가들의 견해를 묻지 않았다. 정말로 그는 미사일 프로그램의 다양한 측면들에 관한 이야기를 할 수 있었다. 그리고 그는 그 이야기에 많은 시간을 투여했다. 매우 흥미로웠다. 그는 또한 매우 정중한 사람일 것 같았다. 내 말은, 온갖 종류의 만찬을 비롯해 모든 것들에 대한 것이다. 그런데 내가 보기에 그는 어느 정도 진전시키기로 마음먹은 것 같았다… 나는 전문가답게 유능하고 총명한 그의 모습에 놀랐다.148)

울브라이트는 향후 협상의 성공을 좌우하는 것은 미국 지도부의 인식이라고 보았다. 다시 말해, 북한 지도부가 얼마나 노련하고 얼마나 유능한지, 미국 지도부가 인식하는가 아닌가에 크게 좌우된다는 것이었다. 이는 미국 정보기관의 보고를 근거로 자신이 믿게 되었던 것과 전혀 다른 것이었다.[149]

러시아 과학아카데미 극동연구소의 코리아연구센터 수석 연구원인 콘스탄틴 아스몰로프 박사는 북한에 관한 폭넓은 연구에 기반해 논평하면서, 서방에서 북한의 발전 양상을 분석할 때 나타나는 엄청난 악마화와 인지 부조화를 지적했다. 그것은 북한의 모든 긍정적 측면과 성취를 순전히 추측에 근거해 부정하는 것이었다. 아스몰로프는 이렇게 말했다.

> 필자는 북한을 어둠의 나라로 근본적인 악마화로 연결 짓는 또 하나의 측면을 본다. 결국, 악마화하려는 선전원(propagandist)의 관점에서 볼 때 그런 나라는 기본적으로 긍정적인 것을 만들어낼 수 없다. 특히 주민들의 생활 수준의 향상을 목표로 할 때는 어떤 것도 만들어낼 수 없다… 만약 그곳에서 주민들의 생활 수준 향상에 부응하는 뭔가가 목격된다면, 그것은 선전일 뿐, 실제 상황은 그런 식으로 작동하지 않는다. 만약 그들이 뭔가 유용한 것을 발명했다면, 그것은 실제로는 그들이 발명한 게 아니고 그저 훔쳤을 뿐이다. 만약 그곳에 뭔가가 지어졌다면, 그 건물은 헤아릴 수 없는 수인들의 뼈 위에 세워졌거나 아니면 '포템킨 마을'["진짜 현실"을 대표하지 않는 겉보기 혹은 "전시 도시"를 뜻하는 용어]과 관련된 것이다.[150]

공정한 비서방 소식통들은 서방이 북한을 묘사하거나 이해하고 있는 것과는 크게 차이를 보이면서 북한을 매우 긍정적으로 보도해 왔다. 그런 방식의 보도 행위가 그들이 이미 가진 세계관에 전혀 저촉되지 않기 때문이다. 여름철 평양에서는 수백 명의 재일동포 시민들을 볼 수 있다. 그들은 서방과 대한민국 미디어에 전면 노출되어도, 여전히 북한과 긴밀한 문화적·교육적 유대를 유지하면서 계속 북한을 방문하기를 원한다. 2017년 평양에서 하계 강좌를 수강한 22세의 재일동포 학생이 출국 비행기에서 필자에게 말한 대로, "이곳의 삶이 훨씬 좋고, 음식도 더 좋다. 전통 코리아 문화가 더 많다. 남쪽보다 사회 문제들이 많지 않고 사람들은 훨씬 더 개방적이고 따뜻하다." 그녀는 전에 남쪽을 방문한 적이 있느냐는 질문에 그렇다고 답했다.

세계에서 생활 수준이 가장 높은 곳에 해당하는 나라에서 온 재일교포들은 기간을 연장해 북한 주민들 사이에서 코리안으로 살면서, 다수가 학업, 일, 관광 목적으로 되돌아온다. 만약 서방 매체들이 쉼없이 주장하는 대로 북한의 미덕이 정말로 완벽한 착각이라면, 이런 현상을 설명하지 못한다. 중국계, 러시아계, 중앙아시아 출신의 코리안들이 평양에서 필자와 마주쳤고, 다른 중소 도시들에서도 상당수가 있었다. 그리고 자주 찾는 방문객들 또한 그곳의 삶에 대해 매우 긍정적인 태도를 보였다. 필자가 북한에서 공부하던 시기와 방문 시에 교류했던 유엔 활동가들, 통신사 간부들, 스포츠 코치들, 비서방 출신의 대사관 직원들은 모두가 그곳에서 오랜 시간을 보냈다. 대부분 전에는 거의 몰랐던 그 나라에 대해 그들 사이에서는 칭송이 자자했다. 비동맹 국가들에서 온 대사들이나 방문 중인 정부 관리들도 마찬가지로 비슷한 결론에 도달했다. 북한이 반드시 대한민국보다 더 낫다고 말하는 것이 아니다. 단지 서방에서 묘사되는 지상의 지옥과는 전혀 거리가 멀다는 것이다. 그럼에도 불구하고, 70년간의 효과적인 프로파간다의 결과, 북한에 대한 서방의 평가가 영향을 주는 인지 부조화가 그처럼 극단적이고 때로는 터무니없는 평가로 이어지기도 한다.

1. Richter, Monika L., 'The Kremlin's Platform for "Useful Idiots" in the West: An Overview of RT's Editorial Strategy and Evidence of Impact,' European Values: Protecting Freedom, September 18, 2019. 'America's exposure to Russian information warfare,' Financial Times, December 19, 2018. Putin's Asymmetric Assault on Democracy in Russia and Europe: Implications for U.S. National Security, A Minority Staff Report Prepared for the Use of the Committee on Foreign Relations, United States Senate, One Hundred and Fifteenth Congress, Second Session, January 10, 2018.

2. 'North Korea's Stable Exchange Rates Confound Economists,' Associated Press, November 16, 2018. Dorell, Oren, 'North Korean Economy Keeps Humming Despite Ever-Tighter Sanctions,' USA Today, November 24, 2017.

3. Assange, Julian, 'Google Is Not What It Seems,' Wikileaks.

4. Nixon, Ron, 'U.S. Groups Helped Nurture Arab Uprisings,' New York Times, April 14, 2011. Cartalucci, Tony, 'Twitter Targets Hong Kong in US-backed Regime Change Operation,' Ron Paul Institute for Peace and Prosperity, October 15, 2019. Blum, William, Rogue State: A Guide to the World's Only Superpower, London, Zed Books, 2006 (Chapter 19: Trojan Horse: The National Endowment for Democracy).

5. Geers, Kenneth, Cyber War in Perspective: Russian Aggression against Ukraine, Tallinn, NATO CCD COE Publications, 2015 (Chapter 10: Russian Information Warfare: Lessons from Ukraine).

6. Soloviev, Andrei, 'NED, просто NED. США вложили в "печеньки" на Майдане почти $14 млн,' Sputnik, July 15, 2015. Moniz Bandeira, Luiz Alberto, The World Disorder: US Hegemony, Proxy Wars, Terrorism and Humanitarian Catastrophes, Cham, Springer, 2019 (pp. 191–192).

7. Wei, Xinyan and Zhong, Weiping, 'Who is behind Hong Kong protests?,' China Daily, August 17, 2019. Cartalucci, Tony, 'Twitter Targets Hong Kong in US-backed Regime Change Operation,' Ron Paul Institute for Peace and Prosperity, October 15, 2019.

8. Libya: Examination of intervention and collapse and the UK's future policy options, House of Commons Foreign Affairs Committee, Third Report of Session 2016–17, September 14, 2016.

9. Nixon, Ron, 'U.S. Groups Helped Nurture Arab Uprisings,' New York Times, April 14, 2011.

10. Clemons, Steve, 'The Arab Spring: "A Virus That Will Attack Moscow and Beijing,"' The Atlantic, November 19, 2011.

11. Shorrock, Tim, 'Did the CIA Orchestrate an Attack on the North Korean Embassy in Spain?,' Foreign Policy, May 2, 2019. Cho, Yi Jun, 'Who Is Anti-N.Korean Guerrilla Leader?,' Chosun Ilbo, April 4, 2019.

12. Taylor, Adam and Kim, Min Joo, 'The covert group that carried out a brazen raid on a North Korean embassy now fears exposure,' Washington Post, March 28, 2019.

13. Epstein, Susan B., 'CRS: Radio Free Asia: Background, Funding, and Policy Issues, July 21, 1999,' Wikileaks, February 2, 2009. Graham Ruddick, 'BBC braces for backlash over North Korea service,' The Guardian, August 20, 2017. '30–0% of NK thought to be tuning into pirate radio: how do we reach more?,' Daily NK, September 14, 2015.

14. Foster-Carter, Aidan, 'Obama Comes Out as a North Korea Collapsist,' The Diplomat, January 20, 2015.

15. Becker, Jo and Shane, Scott, 'Secret "Kill List" Proves a Test of Obama's Principles and Will,' New York Times, May 29, 2012. Bauman, Nick, 'The American Teen Whose Death-by-Drone Obama Won't Explain,' Mother Jones, April 23, 2015. Silverglate, Harvey, 'Obama Crosses the Rubicon: The Killing of Anwar al-Awlaki,' Forbes, October 6, 2011.

16. Mullen, Mike and Nunn, Sam and Mount, Adam, A Sharper Choice on North Korea: Engaging China for a Stable Northeast Asia, Council on Foreign Relations, Independent Task Force Report No. 74,

September 2016.

17 Mullen, Mike and Nunn, Sam and Mount, Adam, A Sharper Choice on North Korea: Engaging China for a Stable Northeast Asia, Council on Foreign Relations, Independent Task Force Report No. 74, September 2016.

18 Chung, Sung-Yoon, Implications of North Korea's Nuclear Advancement and Response Measures, Seoul, Korea Institute for National Unification, 2017 (pp. 45–46).

19 Greenburg, Andy, 'The Plot to Free North Korea with Smuggled Episodes of "Friends,"' Wired, March 1, 2015.

20 Park, Kyung-Ae, 'Regime Change in North Korea?: Economic Reform and Political Opportunity Structures,' North Korean Review, vol. 5, no. 1, Spring 2009 (pp. 23–45).

21 Chun, Yung Woo, 'Examining the North Korean Paradox,' International Institute for Strategic Studies, March 26, 2013.

22 Fitzpatrick, Mark, 'North Korea: Is Regime Change the Answer?,' Survival, vol. 55, no. 3, May 29, 2013.

23 Lankov, Andrei, Changing North Korea: An Information Campaign Can Beat the Regime, Foreign Affairs, vol. 88, no. 6, November/December 2009 (pp. 95–105).

24 Kretchun, Nat and Kim, Jane, A Quiet Opening: North Koreans in a Changing Media Environment, Washington D.C., Intermedia, May 2012.

25 Park, Kyung-Ae, 'Regime Change in North Korea?: Economic Reform and Political Opportunity Structures,' North Korean Review, vol. 5, no. 1, Spring 2009 (pp. 23–45).

26 Peters, Ralph, 'Constant Conflict, Parameters,' U.S. Army War College Quarterly, Summer 1997 (pp. 4–14).

27 Ibid. (pp. 4–14).

28 Greenburg, Andy, 'The Plot to Free North Korea with Smuggled Episodes of "Friends,"' Wired, March 1, 2015.

29 Peters, Ralph, 'Constant Conflict, Parameters,' U.S. Army War College Quarterly, Summer 1997 (pp. 4–14).

30 Greenburg, Andy, 'The Plot to Free North Korea with Smuggled Episodes of "Friends,"' Wired, March 1, 2015.

31 Ibid.

32 Flashdrives for Freedom, (website homepage: flashdrivesforfreedom.org) (Accessed August 2, 2017).

33 'Disrupt North Korea,' Human Rights Foundation (website. Politics/Causes), June 21, 2017.

34 Bond, Paul, 'Largest Balloon Drop of "The Interview" Underway Over North Korea,' Hollywood Reporter, April 15, 2020.

35 De Moraes, Lisa, '"The Interview" Release Would Have Damaged Kim Jong Un Internally, Says Rand Expert Who Saw Movie At Sony's Request,' Yahoo News, December 19, 2014.

36 Hornaday, Ann, 'Sony, "The Interview," and the unspoken truth: All movies are political,' Washington Post, December 18, 2014.

37 'Defector groups get paid to launch propaganda balloons, former N. Korean soldier says,' Hankyoreh, June 15, 2020.

38 Asmolov, Konstantin, 'North Korea: What Is and What Should Never Be,' Vladai, June 19, 2020. '"Shocked" S.Korea leader Moon orders probe into extra U.S. THAAD launchers,' Reuters, May 30, 2017.

39 Chun, Susan 'Radio gives hope to North and South Koreans,' CNN, Feb. 27, 2008.

40 Blum, William, Rogue State: A Guide to the World's Only Superpower, London, Zed Books, 2006 (Chapter 19: Trojan Horse: The National Endowment for Democracy).

41 VOA Broadcasting in Korean, Voice of Asia Public Relations (website: https://www.insidevoa.com/p/6438.html), (accessed August 3, 2019).

42 Tidy, Joanna, The Social Construction of Identity: Israeli Foreign Policy and the 2006 War in Lebanon, University of Bristol, Working Paper No. 05-08, 2007.

43 Peters, Ralph, 'Constant Conflict, Parameters,' U.S. Army War College Quarterly, Summer 1997 (pp. 4–14).

44 Korhonen, Pekka, 'Rock Gospels: Analyzing the Artistic Style of Moranbong Band,' SinoNK, March 4, 2014.

45 Kim, Jong Un, Let Us Hasten Final Victory Through a Revolutionary Ideological Offensive, Speech Delivered at the Eight Conference of Ideological Workers of the Workers' Party of Korea, February 25, 2014.

46 Ibid.

47 'Biggest Stadiums In The World By Capacity,' World Atlas (accessed August 3, 2019).

48 'North Korea unveils study facility dedicated to anti-Japan, anti-U.S. education,' Japan Times, August 14, 2016.

49 Ibid.

50 'Kim Jong-un highlights economic development in Supreme People's Assembly,' Hankyoreh, April 15, 2019.

51 Bermudez, Joseph and DuMond, Marie, 'Examining the Modernization and Expansion Project at the Korean People's Army Fishery Station No. 15,' Beyond the Parallel, September 19, 2018. 'Kim Jong-un conducts on-the-spot guidance at agricultural modernization facility,' Hankyoreh, October 10, 2019.

52 Ji, Dagyum, 'North Korean electronics corporation launches new smartphone brand,' NK News, June 7, 2018.

53 'Inside North Korea's shiny new international airport ⋯ but where are all the passengers?,' South China Morning Post, July 2, 2015.

54 Peters, Ralph, 'Constant Conflict, Parameters,' U.S. Army War College Quarterly, Summer 1997 (pp. 4–14).

55 Kim, Jong Un, Let Us Hasten Final Victory Through a Revolutionary Ideological Offensive, Speech Delivered at the Eight Conference of Ideological Workers of the Workers' Party of Korea, February 25, 2014.

56 Kretchun, Nat and Kim, Jane, A Quiet Opening: North Koreans in a Changing Media Environment, Washington D.C., Intermedia, May 2012 (p. 77).

57 Ibid. (p. 78).

58 Sabur, Rozina, 'Google to "de-rank" stories from Russia Today and Sputnik,' Telegraph, November 21, 2017. 'Twitter Suspends Russian Embassy in Syria's Account,' Moscow Times, July 31, 2019.

59 'British scholar tells the truth about deleted social media accounts related to Hong Kong issues,' CTGN, September 18, 2019.

60 'Twitter blocks accounts of Raú Castro and Cuban state-run media outlets,' The Guardian, September 12, 2019. Sweeney, Steve, 'Cuban journalists condemn Twitter's mass blocking of their accounts,' Morning Star, September 12, 2019.

61 'YouTube shuts down pro-Syrian government channels,' Al Jazeera, September 10, 2018. 'YouTube

Offers Cryptic Explanation on Shutdown of Syrian Government Accounts,' Sputnik, September 12, 2018.

62. 'YouTube Censors Iranian Press, HispanTV, Press TV Targeted,' Telesur, April 19, 2019. 'Google "disables" Press TV's YouTube account,' Islamic Republic News Agency, April 19, 2019.

63. Marsh, Sarah, 'Twitter blocks accounts of Raul Castro and Cuban state-run media,' Reuters, September 12, 2019.

64. 'Twitter suspends Iran Leader's accounts,' Press TV, March 31, 2020.

65. Hernandez, Javier C., 'U.S. and Iran Are Trolling Each Other—n China,' New York Times, January 16, 2020.

66. Solon, Olivia, 'YouTube shuts down North Korean propaganda channels,' The Guardian, September 9, 2017. Macdonald, Hamish, 'YouTube continues to terminate North Korea-related channels,' NK News, September 8, 2017. Fifield, Anna, 'YouTube has shut down more North Korean channels—nd researchers are livid,' Washington Post, September 14, 2017.

67. Zimmerman, Max, 'Facebook to Remove Pro-Soleimani Posts on Instagram, CNN Reports,' Bloomberg, January 11, 2020.

68. Kim, Jack, 'North Korea accuses U.S. of cyber attack "sabotage,"' Reuters, March 15, 2013.

69. Parmar, Inderjeet and Cox, Michael, Soft Power and U.S. Foreign Policy, Abingdon, Routledge, 2010.

70. Muller, John E., 'Trends in Popular Support for the Wars in Korea and Vietnam,' The American Political Science Review, vol. 65, no. 2, 1971 (pp. 358–375). Crabtree, Steve, 'The Gallup Brain: Americans and the Korean War,' Gallup, February 4, 2003. Jones, Jeffrey M, 'Who Had the Lowest Gallup Presidential Job Approval Rating?,' Gallup, December 26, 2019.

71. Stone, I. F., Hidden History of the Korean War, Amazon Media, 2014 (Chapter 45: Atrocities to the Rescue).

72. Kim, Monica, The Interrogation Rooms of the Korean War; The Untold History, Princeton, NJ, Princeton University Press, 2019. (p. 335).

73. Ibid. (pp. 205–206).

74. Ibid. (p. 306).

75. Ibid. (pp. 203–204).

76. Cumings, Bruce, Origins of the Korean War: Liberation and the Emergence of Separate Regimes, 1945–1947, Volume 1, Yeogsabipyeongsa Publishing Co, 1981–1990 (pp. 367, 375).

77. Lowe, Peter, The Origins of the Korean War, London, Routledge, 1997 (p. 180).

78. Donghyuk, Shin, Dalhousie University, Academics, Convocation, Ceremonies, Honorary Degree Recipients, Honorary Degree 2014.

79. Pilling, David, 'Lunch with the FT: Shin Dong-hyuk,' Financial Times, August 30, 2013.

80. Fifield, Anna, 'Prominent N. Korean defector Shin Dong-hyuk admits parts of story are inaccurate,' Washington Post, January 17, 2015.

81. Harden, Blaine, Escape from Camp 14: One Man's Remarkable Odyssey from North Korea to Freedom in the West, New York, Viking, 2012 (p. 46).

82. Power, John, 'Author of book on North Korea's founding addresses Shin controversy,' NK News, March 18, 2015.

83. '그는 처음부터 18호 수용소에서 살았다' [He Lived in Camp 18 From the Beginning], Hankyoreh, April 1, 2016.

84 Lankov, Andrei, 'Changing North Korea: An Information Campaign Can Beat the Regime,' Foreign Affairs, vol. 88, no. 6, November/December 2009 (pp. 95–105).

85 Lankov, Andrei, 'After the Shin Dong-hyuk affair: Separating fact, fiction,' NK News, February 3, 2015.

86 Dorell, Oren, 'U.S. puts N. K. leader Kim Jong Un on sanctions list for human rights abuses,' USA Today July 6, 2016.

87 Jolley, Mary Ann, 'The Strange Tale of Yeonmi Park,' The Diplomat, December 10, 2014.

88 O'Carroll, Chad, 'Claims N. Korean defector earns $41k per speech "completely incorrect",' NK News, June 30, 2015.

89 Lee, Je Son, 'Why defectors change their stories,' NK News, January 21, 2015.

90 Jolley, Mary Ann, 'The Strange Tale of Yeonmi Park,' The Diplomat, December 10, 2014.

91 Power, John, 'North Korea: Defectors and Their Sceptics,' The Diplomat, October 29, 2014.

92 Lee, Hakyung Kate, 'North Korean mother and son defectors die of suspected starvation in Seoul,' ABC, September 22, 2019.

93 Go, Myong-Hyun, 'Resettling in South Korea: Challenges for Young North Korean Refugees,' The Asan Institute for Policy Studies, vol. 4, no. 26, September 12–29, 2019. 'Report to Congressional Requesters, Humanitarian Assistance: Status of North Korean Refugee Resettlement and Asylum in the United States,' United States Government Accountability Office (GAO-10-691), June 2010 (p. 44).

94 Asmolov, Konstantin, 'On the Fate of Thae Yong-ho,' New Eastern Outlook, January 28, 2017.

95 Yun, David, 'Loyal Citizens of Pyongyang in Seoul,' (Documentary), October 16, 2018.

96 O'Carroll, Chad, 'North Korea's invisible phone, killer dogs and other such stories—hy the world is transfixed,' The Telegraph, January 6, 2014.

97 Taylor, Adam, 'Why You Shouldn't Necessarily Trust Those Reports Of Kim Jongun Executing His Ex-Girlfriend,' Business Insider, August 29, 2013.

98 Fisher, Max, 'No, Kim Jong Un probably didn't feed his uncle to 120 hungry dogs,' Washington Post, January 3, 2014.

99 Stone Fish, Isaac, 'The Black Hole of North Korea,' New York Times, August 8, 2011.

100 Armstrong, Charles K., 'Korea and its Futures: Unification and the Unfinished War, Review,' The Journal of Asian Studies, vol. 60, no. 1, February 2001.

101 'North Korean University Students Copy Kim Jong Un's Hairstyle,' Radio Free Asia, March 25, 2014.

102 Welch, David, Propaganda, power and persuasion from World War I to Wikileaks, London, New York, I. B. Tauris, 2014. Sosin, Gene, Sparks of Liberty: an insider's memoir of Radio Liberty, University Park, Pennsylvania State University Press, 1999 (p. 257). Radio Free Asia, 'About,' Broadcasting Board of Governors. n.d. (Retrieved June 5, 2016).

103 'Worldwide Propaganda Network Built by the C.I.A.,' New York Times, December 26, 1977.

104 'North Korea: Students required to get Kim Jong-un haircut,' BBC, March 26, 2014.

105 Asmolov, Konstantin, 'How the Radio Free Asia released the whole set of baloney,' New Eastern Outlook, November 26, 2016.

106 Macdonald, Hamish, 'Why men's Kim Jong Un hairstyle requirement is unlikely true,' NK News, March 26, 2014.

107   'China Warns its Citizens in North Korea to Leave as Conflict with U.S. Looms,' Sputnik, May 2, 2017.

108   Ibid.

109   Ministry of Foreign Affairs of the People's Republic of China, Foreign Ministry Spokesperson Geng Shuang's Regular Press Conference on May 2, 2017, USA Today.

110   Dier, Arden, 'Report: Kim Jong Un fed uncle alive to 120 starved dogs,' USA Today, January 3, 2014.

111   Kaiman, Jonathan, 'Story about Kim Jong-un's uncle being fed to dogs originated with satirist,' The Guardian, January 6, 2014.

112   'North Korea Says It's Found a "Unicorn Lair,"' U.S. News, November 30, 2012. 'Unicorns' Existence Proven, Says North Korea,' Time, November 30, 2012.

113   'Serbian Coach Reveals How Mainstream Media "Kills" North Korean Athletes,' Sputnik, September 16, 2017.

114   'Kim Jong Un's Ex-Lover Hyon Song-Wol "Executed By North Korean Firing Squad After Making Sex Tape,"' Huffington Post, August 23, 2018. 'Kim Jong Un's "executed" ex-girlfriend comes back from the dead with appearance on state TV,' Mirror, May 17, 2014.

115   'Former North Korean general believed executed turns up alive,' Fox News, May 10, 2016.

116   Hancocks, Paula, 'North Korean leader ordered aunt to be poisoned, defector says,' CNN, May 12, 2015. Hotham, Oliver, 'Kim Jong Un's aunt, once reported killed, makes first appearance in six years,' NK News, January 25, 2020.

117   'Former North Korean was "publicly executed,"' Human Rights Without Frontiers.

118   Foster-Carter, Aidan, 'They shoot people, don't they?,' Asia Times, March 22, 2001.

119   Seo, Soo-min, 'Video footage shows defector alive in NK,' Korea Times, August 21, 2001.

120   'Defector pardoned by NK leader, mother says,' Korea Times, August 31, 2002.

121   'German journo: European media writing pro-US stories under CIA pressure,' RT, October 18, 2014.

122   Libya: Examination of intervention and collapse and the UK's future policy options, House of Commons Foreign Affairs Committee, Third Report of Session 2016–17, September 14, 2016.

123   Davis, Deborah, Katharine the Great: Katharine Graham and the Washington post, New York, Harcourt Brace Jovanovich, 1979 (p. 137–138).

124   Bernstein, Carl, 'CIA and the Media,' Rolling Stone Magazine, October 20, 1977.

125   Church Committee Final Report, Vol 1: Foreign and Military Intelligence (p. 455).

126   Ibid. (p. 455).

127   Davies, Nick, Flat Earth News: An Award-Winning Reporter Exposes Falsehood, Distortion and Propaganda in the Global Media, New York, Vintage, 2009 (p.228)

128   Bunch, Sonny, 'The CIA funded a culture war against communism. It should do so again.,' Washington Post, August 22, 2018.

129   'Worldwide Propaganda Network Built by the C.I.A.,' New York Times, December 26, 1977.

130   Ibid.

131   Carver, Tom, 'Pentagon plans propaganda war,' BBC, February 20, 2002. Beal, Tim, North Korea: The Struggle Against American Power, London, Pluto Press, 2005 (p. 133). Krakauer, Jon, Where Men Win Glory, New York, Doubleday, 2009 (p.238).

132 Schwarz, Jon, 'Lie After Lie: What Colin Powell Knew About Iraq 15 Years Ago and What He Told the U.N.,' The Intercept, February 6, 2018. Matthews, Dylan, 'No, really, George W. Bush lied about WMDs,' Vox, July 9, 2016.

133 Rubinstein, Alexander, 'Amnesty International's Troubling Collaboration with UK & US Intelligence,' Ron Paul Institute for Peace and Prosperity, January 19, 2019.

134 Cockburn, Alexander, 'Sifting for the Truth on Both Sides: War brings propaganda, all designed to protect government,' Los Angeles Times, January 17, 1991.

135 'Deception on Capitol Hill,' New York Times, January 15, 1992. MacArthur, John R., 'Remember Nayirah, Witness for Kuwait?,' New York Times, January 6, 1992.

136 Beaumont, Peter, 'PM admits graves claim "untrue,"' Observer, July 18, 2004. Beal, Tim, North Korea: The Struggle Against American Power, London, Pluto Press, 2005 (p. 129).

137 O'Neill, Brendan, 'Not a shred of evidence,' Spectator, February 21, 2004.

138 Pilger, John, 'Calling the humanitarian bombers to account,' Counterpunch, December 11–12, 2004.

139 Shim, David and Nabers, Dirk, North Korea and the Politics of Visual Representation, German Institute of Global and Area Studies, GIGA Research Programme: Power, Norms and Governance in International Relations, April 2011.

140 Sifton, John, 'North Korean mourners, crying to survive?,' CNN, December 22, 2011.

141 Robertson, Phil, 'Louis Cole's Merry North Korea Adventure,' Human Rights Watch, September 20, 2016.

142 Anderson, David, 'Useful Idiots: Tourism in North Korea,' Forbes, March 6, 2017.

143 Butterly, Amelia, 'Vlogger Louis Cole Denies North Korea Paid for Videos of his Trip,' BBC, August 18, 2016.

144 Kazianis, Harry J., 'A U.S. Invasion of North Korea Would Be Like Opening the Gates of Hell,' National Interest, May 13, 2019.

145 Nixon, John, Debriefing the President: The Interrogation of Saddam Hussein, London, Bantam Press, 2016 (pp. 204–205, 220).

146 Ibid. (pp. 204–205, 220).

147 'Nuclear Nightmare: Understanding North Korea,' Discovery Times, (Documentary), 2003 (00:35:50–00:37:42). Gender in Mediation: An Exercise for Trainers, CSS Mediation Resources, ETH Zurich Centre for Security Studies and Swisspeace 2015 (p. 59).

148 'Transcript: Securing Tomorrow with Madeleine Albright,' Washington Post, May 31, 2018.

149 Ibid.

150 Asmolov, Konstantin, 'Korea: Large Construction Baloney,' New Eastern Outlook August 21, 2016.

20장
경제 전쟁

경제 제재로 주민들의 생활 수준 저하를 노리다

최근 비운동성 전쟁(non-kinetic warfare)에서도 갈수록 더 중요도가 높아가는 전선이 경제전(economic warfare)이다. 상호 취약성이 도입되고 각 나라가 보유한 무기들이 절대적 파괴력을 갖게 됨으로써 특히 국가 간에는 직접적 군사 대결을 주저하게 되었기 때문이다. 만약 소형화된 열핵 탄두와 장거리 탄도 미사일이 20년 먼저 개발되어 퍼져 나갈 수 있었다면, 제2차 세계대전의 양상은 전혀 다른 형태로 진행되었을지도 모른다. 적들이 해외 교역과 자원에 접근할 수 없도록 봉쇄 작전에 역점을 둠으로써 적국의 경제가 제 기능을 할 수 없게 만들거나 그들의 생활 수준을 끌어내리려 했을 것이기 때문이다. 냉전기 동안 이런 유형의 전쟁이 로널드 레이건 행정부가 소련을 상대로 벌이는 공격의 제일선에 있었다. 이런 공격에 관한 저명한 전문가 푸 뤼훙은 "소련을 공격하기 위한 경제적 수단이었고… 소련 경제와 재무 구조를 무너뜨리려는 공격적이고 파괴적인 경제적 수단[의] 활용"[1]이라고 불렀다. 이 전략의 핵심은 소련을 서방 경제는 물론이고 라틴아메리카, 일본, 아프리카, 아시아의 대다수 국가를 포함한 세계 경제 전반에서 고립시키는 데 있었다. 서방 세력권 내 국가들은 모스크바와는 정치적 관계 및 교역 관계를 삼가라는 경제적 압박을 받았고, 지시를 어기는 국가나 집단은 2차 제재를 포함한 혹독한 조치를 감수해야 했다.[2] 국제 유가를 끌어내려 모스크바의 핵심 수입원을 박탈하려 한 것을 비롯해 그밖에도 공공연한 공격들[3]에 착수해 다양하게 성공을 거두었다. 물론 경제 전쟁이 소련 붕괴의 전적인 요인일 수는 없다.[4] 그러나 국내에서 정책적 실수가 연발하고 이념적 불확실성이 점점 커가는 가운데 정치 지도력의 결함까지 더해져 소련의 대항 능력이 손상된 상황에서, 서방의 군사·정보전 공격이 붕괴에 강력한 영향을 미친 것은 분명했다.

세계 경제의 상호연계성이 점점 더 커가면서, 세계 경제의 중심에 있는 세력들이 나머지 국가들에 전시 파괴에 비길 만한 손상을 줄 수 있는 능력 또한 급속히 늘었다. 실제로, 세계 금융 시스템의 "송금" 태반이 서방 국가들을 거친다. 탈냉전 직후, 경제전을 지속적으로 활용하는 현상이 나타났다. 빌 클린턴 대통령 시절 이라크를 겨냥한 서방의 제재 체제는 당시 행정부를 비롯해 전임 부시 정부나 후임 부시 정부의 군사 작전에 따른 것보다 더 많은 인명을 살해했다. 제재는 하수처리 시설에서부터 의료 체계에 이르기까지 모든 영역을 완전히 파괴했다.[5] 1990년대 중반 당시 떠오르고 있던 아시아-태평양 경제를 겨냥한 경제전은 서방 세계를 더 부유하게 했을 뿐 아니라 표적 대상 국가들의 생활 수준의 붕괴를 초래했다. 〈이코노미스트〉는 그 상황을 "대체로 전면전(full-scale war)에 맞먹는 규모로 예금이 붕괴한 상태"[6]라고 불렀다. 그것은 제재와 고립을 통해서가 아니라 자본에 대한 규제 해제와 같은 경제 개혁을 실시하라는 정치적 압박을 결합한 방식의 전쟁에 해당했다. 곧이어 서방 기업들의 "투기성 공격"이 뒤를 잇고, 마침내 서방이 주도하는 금융기구가 활동에 나서면서 그 전쟁을 완성했다.7)

북한은 냉전 종식으로 전 세계 대다수 경제 주체들과의 교역이 극도로 제한되는 상황에 직면했다. 미국은 북한을 자국의 적성국교역법에 따른 국가 목록에 올리고, 일본과 같은 국가들이 북한과 교역 관계를 정상화하지 않도록 압박을 가하는 등으로 공격을 계속했다.8) 12장에서 다룬 것처럼, 북한 경제는 소비에트 진영 붕괴 후 매우 허약한 상태가 되었다. 북한의 기계화된 농업과 비료 산업은 값싼 석유에 크게 의존해 왔다. 그런데 원유 수입을 비롯해 거의 모든 교역 관계를 상실하게 되어 그나마 미미했던 경제 성장마저도 타격을 받았다. 게다가, 한 세기 넘도록 겪어본 적 없는 최악의 홍수가 두 해에 걸쳐 "엄청난 규모"로 닥쳤고,9) 이듬해 가뭄까지 이어지자 상황은 극도로 악화되었다. 그 결과 발생한 위기는 계속되는 제재로 인해 가중되었다. 특히 미국은 1994년의 제네바 북미 합의(Agreed Framework)에 따라 3년 이내에 제재를 해제하겠다는 약속을 무시하고 제재를 무기한으로 유지했다.10)

북한이 붕괴할 수밖에 없다고 널리 간주되었기 때문에, 경제적 압박은 그 과정을 앞당기는 수단으로 여겨졌다. 북한을 계속 고립시켜 주민들의 생활 수준 하락을 더욱 부추기는 방식이었다. 경제적 압박은 필연적으로 레짐체인지를 불러온다는 인식이 널리 공유되고 있었다. '북미 코리아연구원' 대표로 강제적 레짐체인지를 주창하는 박경애는 이렇게 말했다. "국가 경제의 실패는 권위주의 정권의 정당성을 훼손하고 민주주의로의 전환을 촉발함으로써 권위주의나 사회주의의 종식으로 이어진다. 경제적 촉매는 정권 붕괴의 기폭제로 널리 받아들여진다."11)

국제정책센터의 선임연구원이자 빌 클린턴 행정부 시절 북미 고위급 협상에서 주도적 역할을 했던 셀리그 S. 해리슨은 제재의 영향과 관련해 이렇게 언급했다.

> 북한 체제가 가까운 미래에 "내파" 혹은 "외파"할 것 같지는 않다. 그러나 [개리티] 럭 장군이 예측한 대로, 만약 미국과 그 동맹들이 김정일 정권이 직면한 경제적 문제들을 격화시키는 방침을 계속 고집한다면 5년에서 10년 사이에 서서히 무너질 수 있다. 특히, 경제 제재를 지속하고 평양에 ['고난의 행군' 직후 절실히 필요한] 유엔 식량 원조 프로그램을 지원할 수 없게 된다면, "연착륙"을 전망하기 어려워질 것이다.

"연착륙"은 소련 붕괴와 그 후 이어진 혼란 상태에서 안정적으로 회복하는 것을 말한다.12) 이것은 북한이 김일성 사망 후 권력 이양을 거쳐 경제 위기를 돌파한 1997년에 해리슨이 내린 판단이었다. 당시는 북한 붕괴에 관한 서방의 낙관론이 사그라들기 시작한 시점이기도 했다. 해리슨은 나아가 미국의 제재가 북한이 일본 및 남한과 경제 관계를 정상화할 수 없게 만드는 가장 중요한 요인이라고 강조했다. 특히 일본이 북한 경제에 큰 활력소가 될 것으로 예상했다.13)

조지 W. 부시 행정부 시절에도 경제 제재는 계속 폭넓은 지지를 받았다. 부시 행정부는 제재 확대를 비롯해 적어도 한 차례 이상 북한의 해상운송을 불법적으로 방해하는 등 수차례 위협을 가했다.14) 과거 미국은 유엔안보리를 통해 북한에 대한 경제 제재를 도입하려고 했다. 그러나 안보리를 이용해 자국의 대외정책 목표를 달성하려는 미국에 중국과 러시아가 점점 더 반대 목소리를 높이면서 3세계의 작은 나라들을 겨냥해 서방이 주도하는 결의안을 거부하겠다고 위협했다. 하지만 2006년 북한이 핵실험에 나서자, 두 강국은 동의할 수밖에 없었다. (그 사유는 곧 기술할 것이다.) 그해 10월 4일 1718호 결의안이 채택되었다. 결의안에 따라, 주요 무기의 수출입을 금지하고 무기 프로그램과 관련된 북한의 모든 해외 자산을 강제 동결했다. 북한의 해상운송에 대해서도 무력을 통해 합법적으로 차단할 수 있도록 했다. 또한, 북한에 탄도 미사일과 핵무기 프로그램의 일방적 중단 및 전제조건 없는 6자회담 복귀를 강요했다. 북한에 대한 "사치품" 수출을 추가로 금지하는 조항은 논란의 여지가 있었다. 훈련 장비를 구할 수 없게 된 아이스하키팀에서부터15) 악기를 밀반입하기 위해 불법적 경로에 의존할 수밖에 없는 음악가들에 이르기까지, 북한이 겪게 된 곤란은 세계 전역에 걸쳐 있었다. 최종 결의안이 지연된 것은 결의안의 조건이 조금이라도 완화되어야 승인할 수 있다는 중국의 주장 때문이었다.16)

유엔 헌장 7장이 제재의 구실로 인용되었다. 안보리는 "평화에 대한 위협, 평화의 파괴 또는 침략행위의 존재를 결정하고, 국제평화와 안전을 유지하거나 이를 회복하기" 위해 조치해야 한다고 규정하고 있다. 회원국들이 서로를 공격하지 않도록 예방함으로써 전쟁을 방지한다는 설립 목적의 핵심이기도 했다. 하지만 북한의 핵 프로그램이 전쟁을 일으키게 할 가능성은 거의 없어 보였다. 한편, 유엔은 과테말라와 파나마에서부터 이라크에 이르기까지 정당한 이유가 없을뿐더러 불법적이기까지 한 미국의 침공은 막아내지도 못했다. 그것을 막지 못하면서 국제 관습법과 유엔 헌장 및 조약상의 어떤 의무도 위반한 적 없는 북한에 대한 제재는 심각한 이중 기준과 일방주의로 가는 위험한 선례를 만드는 것이었다. 실제로, 북한이 미국의 공격에 맞서 억지력을 추구하게 된 것은 유엔이 약소국에 대한 강대국의 공격을 방지한다는 유엔의 설립 원칙과 사명을 지켜내지 못한 데 그 원인이 있었다.

중국과 러시아가 주장한 것은 제재는 "북한의 핵 미사일 프로그램을 중단시키는 것에 명확히 국한해야" 하고 북한 주민들을 무차별적으로 공격 대상으로 삼지 않아야 한다는 것이었다. 그리하여 서방 진영은 유엔의 제재 범위를 확대하는 데 실패했다.[17] 러시아와 중국의 안보리 거부권으로 인해 서방이 작성한 북한 제재 결의안은 후속 회의로 미루어졌고, 2009년 5월과 2013년 2월에 핵실험이 있고 나서 통과될 수 있었다. 결의안 1874호와 2094호가 그 핵실험으로 인해 각각 통과되었다. 1874호가 북한에 대한 무기 금수를 더 엄격하게 하고 미사일과 핵 프로그램을 위한 자금의 잠재적 원천을 표적으로 삼았다면, 2094호는 과거 결의안들을 반복하면서 핵 프로그램과 관련된 인사들에게 제재를 가하고 외교관들의 금융 이체를 제한했다. 오바마 행정부는 위성 발사를 구실로 제재 결의안을 추가로 통과시키려고 했다. 위성 발사를 비난하는 결의안이 통과되기는 했지만, 오바마 행정부의 시도는 궁극적으로 성공을 거두지 못했다.

2016년 북한의 억지력 강화 프로그램이 급속히 진전됨에 따라, 오바마 행정부에서 임기 초년의 안일함이 사라지기 시작했다. 처음으로 다른 외교정책 사안들에 우선해서 북한을 표적으로 삼게 된 것이다. 2015년 미국 전략사령부 사령관은 북한의 미사일 프로그램, 특히 무수단의 2단계 변형으로 보이는 새로운 기본형 ICBM 화성-13호(KN-08)를 일컬어 "우리에게 무시할 수 없는 위협이 되는 상태"[18]라고 평가했다. 유사한 평가가 광범위한 소식통들에 의해 이루어지기 시작했고, 심지어 미국 본토 방위를 책임지고 있는 미 북부사령부(NORTHCOM)는 이렇게 언급했다. "우리의 평가는 그들이 KN-08에 핵무기를 장착해서 본국에 쏠 수 있는 능력이 있다는 것이다."[19] 합동참모본부 부의장 헤임스 와인펠드 제독은 과거 그 미사일에 관해 이렇게 말했다. "우리는 KN-08이 미국에 도달할 수 있는 사거리를 갖고 있다고 믿는다… 우리 예상보다 조금 더 빠르게 북한이 위협적 존재가 되었다."[20] 당시 화성-13호가 아직 시험 발사 전이었고 북한이 재진입 장치 기술을 터득했다는 증거도 갖고 있지 않은 상태였다. 따라서 화성-13호와 북한의 억지력에 관해 제시된 이런 의견들은 사거리가 늘어난 무수단의 변형으로서 오로지 이론적 설계 명세서에 기반한 소수 의견을 대표하는 것으로 보였다. 그럼에도 불구하고, 그것은 당시 오바마 행정부가 군사 행동을 고려하면서 동시에 제재 영역에 대한 압박을 강화하던 시점에, 미국 내 우려가 점차로 커가고 있다는 것을 보여주었다. 유엔안전보장이사회(UNSC) 결의 2270호는 2016년 1월 북한의 4차 핵실험이 있고 두 달 후에 통과되었고, 이처럼 긴 시간이 걸린 것은 모스크바와 베이징의 동의 아래 결의안이 통과되어야 하는 과정에서 협상이 복잡하게 진행되었음을 시사한다. 결의안에 명문화된 내용은 전례가 없는 것으로, 제재가 미사일 프로그램을 대상으로 하는

지 북한 경제 전반을 대상으로 삼는지 경계가 모호해 보였다. 서방이 오랫동안 유엔 바깥에서 단독 제재를 실행하면서 규정한 대상들이었기 때문이다. 결의안은 "수입원을 창출하기 위해 북한의 개인이나 단체가 사용하는" 생산물과 활동을 대상으로 특정했다. 오바마 행정부는 북한 문제와 관련해 중국과 러시아를 더욱 압박하려는 의지를 보였다. 만약 서방이 작성한 제재안이 통과되지 못했다면 그 대책으로 일방적인 군사적 선택지가 제시되었을 것이고, 그것이 베이징과 모스크바가 행동에 나서도록 촉발했을지도 모른다. 이듬해 실제로 그렇게 되었다. 결의안은 희토류, 철, 금과 같은 북한의 수출품들을 겨냥했다. 단, "생계 목적"의 거래는 면제했다. 북한의 '국가항공우주개발청'과 같은 기구들도 대상에 들어갔다. 조선인민군에 의한, 혹은 조선인민군을 위한 무기 정비 업무 제공은 금지되었고, 금융 거래, 항공 및 해상 수송도 엄격한 제재를 받았다. 북한의 은행들과 합작 투자, 소유 지분 및 관계 구축이 금지되었고, 기존의 모든 투자는 즉시 종료되어야 했다. 여행 금지 및 자산 동결은 과학, 광업, 해운, 우주 탐사, 무역 및 금융 부문에 관련된 이들을 포함한 개인들을 추가로 대상에 포함했다.

또한, 결의안은 북한이 '화학무기금지조약' 및 '생물무기금지조약'의 당사국이 되어 모든 화학무기와 생물무기를 포기해야 한다고 규정했다. 그러나 근래 유엔안전보장이사회(UNSC)의 의장국이면서 그 결의안에 찬성표를 던졌던 이집트 자체가 전자의 조약 가맹국이 아니었다. 그리고 세계에서 가장 대규모의 화학무기 비축량을 가진 두 나라인 미국과 러시아조차 그저 제한적인 준수에 그치는 상태였다.[21] 북한은 이미 후자의 조약에 가입한 상태였고 생물무기 프로그램은 가지고 있지 않다고 부인했다. 더구나 안보리에는 화학무기금지조약에 평양을 강제로 가입하게 할 아무런 법적 구실이나 일관된 기준조차 없었다. 북한인들에게 "고급 물리학, 고급 컴퓨터 시뮬레이션 및 관련 컴퓨터 과학, 지리 공간 항법, 원자력 공학, 항공 우주 공학, 항공 공학 및 관련 학과목"을 가르치지 못하도록 전 세계 차원의 금지를 포함한 다수의 추가 조항도 마련되었다. 결의안은 일본은 물론이고 미국과 유럽연합을 포함한 여타 서방 국가들이 단독 제재를 확대할 수 있게 하는 내용도 포함했다. 제재가 이미 포괄적이었는데도, 북한 경제에 손상을 가하기 위해 제재할 수 있는 거의 모든 것이 대상에 포함되기 시작했다. 미 재무부는 특히 북한이 국제 금융 시스템에 접근할 수 없도록 엄격한 제한 규정을 통과시키기 위해 '애국자법 Title Ⅲ: 테러방지를위한 반자금세탁 조항'을 활용했다. 물론 당시 평양은 "테러지원국"으로 지정되지도 않은 상태였다.[22]

그 후 서방이 작성한 네 차례의 결의안 2321호, 2371호, 2375호, 2397호가 2016년 11월, 2017년 8월, 9월, 12월에 각각 안보리에서 통과되었다. 결의안 2270호에 기반해 작성된 이 결의안들은 북한 경제를 국제 교역에서 한층 더 고립시켜 수출이 더욱 감소했다. 다양한 분야의 잘 알려진 인사들에 대한 자산 동결도 도입되었다. 가장 중요한 규제 중 하나는 북한의 원유 수입을 연간 50만 배럴(59,172미터톤)까지로 제한한 것이었다. 이것을 북한의 공업과 연료 집약적인 농업 분야의 견지에서 생각해본다면, '고난의 행군'과 소비에트 진영과 교역 관계를 상실하기 전인 1991년 북한의 원유 소비가 380만 미터톤이었고, 이는 서방이 작성한 제재 결의안에 따른 원유량의 64배[23]였다. 북한의 산업계가 1990년대의 위기에서 회복되고 있었지만, 새로운 제재들은 농업 분야를 포함해 북한의 완전한 탈산업화를 의도한 것으로 보였다. 결의안에 따른 일인당 석유 소비는 북한을 세계에서 가장 낮은 소비국 중 하나로 만드는 것이었다. 다시 말해, 북한의 원유 총소비량은 솔로몬 제도처럼 인구 밀도가 희박한 섬나라나 인구가 1백만 명이 채 안 되는 세인트빈센트 그레나딘처럼 세계에서 열두 번째로 원유 소비량이 낮은 나라와 같은 범주에 속하게 되었다. 인구 2,400만 명 이상인 석유 자원이 빈약한 산업 국가에는 사실상 사형 선고였다.[24]

제재 체제의 추가 규정들에는, 북한 기업들과의 모든 합작 투자를 금지하고, 섬유, 식품, 기계, 석탄을 포함한 수출의 90% 이상을 금지하며, 천연가스에 대한 모든 수입과 원유 수입의 거의 전부를 전면 금지한다는 내용이 포함되었다. 북한인들은 해외에서 일할 수 없도록 추가 규제를 받았다. 이로써 제재는 이제 나머지 수단들과 더불어 관광을 제외한 북한 경제의 모든 주요 분야를 포괄하게 되었다. 한편, 서방 국가들은 어떤 형태로도 북한과 거래를 한다고 의심되는 국가들을 상대로 이차적 경제 제재를 적용함으로써 제재를 확대하는 방향으로 움직였다. 2017년, 한 유럽 관리가 필자에게 말한 대로, "그들은 북한을 블랙홀에 빠뜨리고 있었다."

경제 제재를 견뎌내다

서방 국가들 단독으로든 유엔을 통해서든 북한을 겨냥한 서방 주도의 제재 체제가 어떤 영향을 미쳤는지 평가한다면, 북한 경제는 대체로 회복탄력성이 매우 뛰어나다고 판명된 것으로 보인다. 실제로, 북한의 경제적 성과는 훨씬 더 가벼운 제재를 받았으면서도 천연자원은 훨씬 더 풍부한 이란,[25] 이라크,[26] 러시아[27]와 같은 다른 나라들과 크게 대비되는 것이었다. 제재가 혹독하고 무차별적으로 적용된 것은 분명하다. 그러나 제재가 가한 가장 큰 충격이 북한 주민들의 생활 수준의 저하로 나타나지는 않았던 것 같다. 그보다는 수출을 활용해 성장을 자극할 수 있는 북한의 잠재력이 크게 저하된 것으로 나타났다. 이것은 특히 트럼프 대통령이 반복적으로 암시한 것이기도 했다.[28] 똑같이 제재 대상이었지만 북한이 다른 나라들과 크게 차이를 보이면서 경제 성장을 지속하고,[29] 환율[30]과 기본 재화의 가격을 안정적으로 유지한 것은 주목할 만하다.[31] 실제로, 2017년 말 〈유에스에이 투데이(USA Today)〉는 그해 서방 단독으로든 유엔안보리를 통해서든 집중적으로 쏟아진 전례 없는 경제적 압박에도 불구하고, "북한 경제는 회복탄력성을 입증했고, 트럼프 대통령이 북한의 핵 프로그램을 중단시키고자 초래한 재난을 잘 막아낸 것으로 판명되었다."고 보도했다. 그것은 북한의 안정된 생활 수준과 느리기는 해도 꾸준한 성장률에 관한 이야기였다.[32]

서방 소식통들은 북한의 경제 상태에 관해 일관되게 어느 정도 놀라움과 때로는 경탄으로 보도해 왔다. 새로운 경제 제재를 통해 북한을 이란이나 이라크 방식의 경제 위기로 몰아가려 했던 2016년부터는 그런 보도들이 특히 더 눈에 띄었다. 〈로이터〉는 유엔안보리에서 새로운 무차별적 제재 결의안이 실행된 지 3년 후인 2016년 말, "지난해 쌀, 옥수수, 돼지고기, 휘발유와 경유 가격이 비교적 안정적으로 유지되어, 국내외의 사건들에 대한 회복탄력성을 보여주고 있다"고 보도했다. 또한, 격변 상황이 없어 "김의 권력 장악이 강화될 것으로 보인다"고 언급하고, 북한의 원화 가치를 안정시켜 줄 수도 있는 요소로 "치약에서부터 향수에 이르는" 국내 소비재 생산 규모가 점점 커가고 있다고 보도했다.33) 캘리포니아 대학 북한 경제 전문가 스티븐 해거드에 따르면, 미국 달러에 대한 원화 환율의 안정성은 "모두에게 약간의 미스터리"였다.34) 만약 제재가 북한 경제를 더 망가뜨릴 수 있는 시간이 있다면 그 이듬해 경제 상황을 악화시킬 것으로 예견되었다. 전문가 안드레이 란코프가 쌀, 옥수수, 환율과 같은 "쉽게 추적할 수 있는 거시경제 지표"를 인용해 언급했듯이, "경제 상황이 악화되었다는 어떤 조짐도 보이지 않으며… 제재 체제가 모든 주요 경제 지표들에 눈에 띌 만한 영향을 초래하지 않은 것이 여전히 놀라울 뿐"35)이었다.

이듬해 〈로이터〉는 남한의 공식 통계를 인용해 북한의 성장률이 3.9%로 "제재에도 불구하고 17년 만에 최고"라고 보도했다. 그리고 이듬해에는 새로운 제재가 훨씬 더 효과를 보이기 시작할 것이라고 다시 예측되었다.36) 나중에 2017년 11월 〈USA Today〉는 전문가들을 인용해 북한 경제가 "제재를 이기고 있"고 "더욱 엄격해진 제재에도 불구하고 계속 콧노래를 흥얼거린다"면서, "수입재도 부족하지 않고 수입재를 구매하는 데 필요한 외화도 부족하지 않다"37)고 강조했다.

2018년 11월 AP통신은 "북한의 안정된 환율은 경제학자들을 난처하게 한다"는 제목의 기사를 싣고, 표적 국가 중 다른 어떤 나라도 시험받지 않았던 엄청난 경제적 압박을 견뎌낸 북한의 능력을 다루었다.

"이것은 북한 경제 연구자들을 계속해서 괴롭히는 질문이다. 북한이 강도 높은 제재, 정치적 긴장, 늘어나는 무역 불균형에도 불구하고, 어떻게 안정된 환율을 유지하고 초인플레이션을 피할 수 있었을까?" 그런 질문들이 '서방 분석가들 사이에서 널리 제기되었다.[38] 대한민국의 전직 통일부장관 이종석을 포함한 분석가들 다수가 북한의 성장률에 관한 남한의 통계가 "비현실적이고 믿기 어려울 정도"라며 주목했다. 특히 북한 전역에서 대규모 건설 프로젝트와 자동차 숫자가 증가하는 현상을 언급하면서, 보고되었던 것보다 훨씬 더 빠른 성장률을 보인다고 말했다.[39] 시간이 흐름에 따라 제재가 북한 경제에 더 급격한 영향을 미칠 것이라는 기대 또한 좌절되는 것 같았다. 2019년 12월 남한의 싱크탱크 세종연구소가 낸 보고서는 북한 경제가 꾸준한 강세를 유지한다는 것을 보여준 몇몇 보고서 가운데 하나였다. 북한 경제는 건설 호황과 소비재 생산 호황이 계속되고 있고, 안정된 가격과 환율을 유지하면서 향후 수년 내에 실적을 낼 채비가 된 것으로 밝혀졌다.[40] 더 최근인 2018년과 2019년에 북한의 쇼핑센터, 노천시장, 편의점 등을 방문해 보면, 급속도로 성장 중인 국내 생산 소비재의 전시회를 보여주는 것 같다. 위축되거나 침체한 경제에서 늘 보이는 쇠퇴와는 전혀 다른 모습이다.

북한 경제가 제재의 영향을 견뎌낼 수 있는 능력은 여러 요인에 기인한다. 북한 경제는 수출 주도 성장 모델을 전적으로 채택하지 않고 국내 소비에 크게 의존했다. 이것이 자립 능력(self-reliance)을 키우고 수출 감소로 인한 영향을 줄여주었다. 북한의 경제연구소인 사회과학 아카데미 수석 경제학자 이기성은 이렇게 말했다. "우리 경제는 수출에 의존하는 경제가 아니다… 제재로 인해 우리는 다른 나라들과 많은 교역이나 금융 거래를 하지 못하고 있지만, 그렇기에 환율에서 그렇게 많은 변화가 생기지는 않을 것이다."41) 메기와 염소 양식에서부터 부유형 논(floating rice paddies)을 비롯해 넓은 농지가 요구되지 않는 그 밖의 작물 생산 방법들에 이르기까지, 자립적인 국내 제조업에 대한 투자도 2010년대부터 증가해 온 것으로 보인다. 식량 생산이 점점 더 효율적으로 이루어지고, 스마트폰에서부터 바이올린에 이르기까지 질 좋은 소비재를 더 많이 생산함으로써, 해외 무역의 저조에도 불구하고 생활 수준을 유지하고 개선할 수 있는 능력에 향상을 보였다. 경제의 일부 영역이 자본주의 시장 경제로 이행하는 것도 다른 영역의 국가 계획을 보완하면서 효율성을 높이는 방안으로 보인다. 일본의 동북아경제연구소(ERINA) 선임연구원이면서 북한 전문가로 45차례 이상 북한을 방문한 미츠히로 미무라는 그 점이 중요하다고 강조하는 여러 분석가 가운데 한 사람이다.42) 최고인민회의가 "세금 완전 폐지에 관한"43) 법령을 통과시킨 다음부터 국가가 시장 활동에 세금을 부과하지 않음으로써 그 영역이 한층 빠르게 성장할 수 있게 해주는 것 같다. 2016년 외교협회(CFR)는 북한에 관한 논문에서 더 엄격한 제재 체제를 강하게 주장하면서, 이렇게 주장했다. "북한 경제가 갈수록 더 복잡성을 보임으로써, 북한이 국제적 제재 체제를 견뎌내고 피해갈 수 있는 능력을 갖춰 가고 있다."44) 여타 서방의 많은 평가도 유사한 결론에 도달했다. 고학력과 전문성을 가진 노동력과 놀라운 직업윤리를 겸비해 세계 곳곳에서 매우 인기가 높은 북한 노동자들과 수완이 좋고 적응력이 뛰어난 지도력의 결합으로, 북한의 경제 상황은 계속해서 향상될 것으로 보인다.

북한의 생활 수준을 하향 압박하는 제재와 이웃나라 중국이 경제적 지원을 제공하지 않을 수 없게 만드는 서방의 강제적 레짐체인지 기획 사이에서, 평양이 그 긴밀한 연계를 활용할 가능성도 있다. 대출과 직접적 지원, 더 정교하고 야심적인 농업 프로젝트를 위한 기술 지원, 교역 제한 조치의 느슨한 시행, 모두가 가능한 방안들이다. 실제로 중국이 이란45)과 베네수엘라46)의 경제를 직접 지원해 온 것이 확인되었고, 미국은 가혹한 제재 체제와 주민들의 궁핍화를 통해 그 나라들에 레짐체인지를 강제하려는 의도를 숨기지도 않았다. 비록 그들의 석유 기반 임대 경제는 발전이 훨씬 뒤떨어졌고 회복력도 낮은 데다 제재의 영향은 극심한 부패로 격화될 뿐이었지만, 중국의 개입은 미국의 공격으로 인한 영향을 누그러뜨림으로써 경제적 재앙을 막아주었다. 베이징이 북한에 – 덜 노골적이겠지만 – 유사한 접근방식을 취하리라는 것이 전혀 놀랄 만한 일은 아니다.

핵 억지력은 북한 경제에 도움이 되는가?

수많은 서방 소식통들이 핵과 미사일 프로그램이 북한의 경제 성장 잠재력에 가장 중대한 장애라고 언급했다. 도널드 트럼프 대통령도 그중 한 사람이다.47) 핵과 미사일 프로그램이 북한 경제에 미치는 영향을 평가해 본다면 그 결과는 전혀 다르게 나타날 수 있다. 먼저, 이미 17장에서 상술했듯이, 만약 북한이 완전한 비핵화를 받아들여 미사일 억지력을 폐기하는 경우 서방의 경제 제재가 해제될 거라는 생각은 현실적이지 않다. 외교협회에서부터 미국 관리들에 이르기까지 광범위한 소식통들에 의해 반복적으로 언명되었듯, 북한은 그들의 핵 프로그램보다는 하나의 국가와 사회로서 지닌 근본적 속성들로 인해 서방 제재의 표적이 되는 측면이 훨씬 더 크다. 제재는 마치 북한이 완전 핵무장을 하기 60년 전부터 계획되어 있기나 했던 것처럼 이론상으로만 가능한 비핵화(theoretical denuclearization) 후에도 그대로 유지될 수밖에 없다. 대북 제재 옹호자들은 제재는 북한의 비핵화를 강제할 수 있는 실질적 수단이 될 수 없으며, 오히려 북한을 전반적으로 취약하게 만드는 데서 유용한 수단이라고 거듭 언급해 왔다. 예컨대, 유명한 제재 체제 지지자들인 이승윤 교수와 적극적 활동가인 조슈아 스탠튼은 유엔 제재 결의안의 가장 중요한 이점으로 비핵화를 언급하지 않았다. 오히려 그들은 제재가 "북한의 대중을 억압하는 김이 그의 군과 보안부대, 엘리트들에 대한 지불 수단을 전부는 아니라도 상당히 감소시킬 것"이라고 말했다. 이것이 불안정과 국가 붕괴를 낳게 될 것이고, 특히 스탠튼이 "하나의 자유 코리아"라 부르는 서방의 조건에 어울리는 강제적 통일로 이어질 것이다. 서방 세계에 만연한 견해를 대표하는 이런 인사들에 따르면, 제재의 표적은 핵 프로그램이 아니라 북한이라는 국가 자체였다.[48] 외교협회가 수없이 발표하는 북한에 관한 2016년 논문 역시 유사하게 제재의 목표를 특정하여 반핵 조치가 아니라 반국가라고 암시하고, 비핵화 후 제재 완화 가능성에 대해 이렇게 주장했다. "북한 핵 위협의 본질에 대해 분명히 하자. 그 위협은 북한 정부 자체다. 집권 중인 북한 정부가 권좌에 있는 한, 그 위협은 계속될 것이다." 그리고 완전히 비핵화된 북한조차 여전히 서방 제재의 표적이 될 것이며 강제적 레짐체인지는 여전히 최종 목표로 남아 있다고 강조했다.[49] 핵무기는 서방 진영에 북한을 제재하고 북한을 겨냥한 경제 전쟁을 국제적으로 한층 더 확대할 수 있는 유용한 구실이 되지만, 완전한 항복과 서구화로 막을 내릴 북한을 표적으로 삼게 하는 근본 원인은 핵무기가 아니다. 이란에 대한 제재는 중요한 예시를 제공한다. 테헤란이 그들의 핵 프로그램에 관해 중대한 양보를 하자 제재 완화가 뒤따랐지만, 24시간 안에 또 다른 구실을 들어 미국의 제재가 부분 재도입되었다.[50] 또한, 테헤란이 핵 합의를 철저히 준수했음에도 불구하고, 훗날 제재는 전면 재도입되고 강화되었다.[51] 핵 프로그램은 이란을 표적으로 삼은 원인이 아니었고, 오히려 서방 주도 질서라는 기획을 따르지 않는 비-친서방 국가로서 이란의 존재였다.

서방이 제재를 통해 북한 공격에 나선 것이 핵무장 때문은 아니었지만, 핵무장은 제재의 효력을 크게 훼손하는 잠재력이 있다는 점 때문에 북한 경제에 유익하다. 핵무기가 재래식 방위 비용을 절감[52]할 수 있게 했다는 점은 주목할 만한 일로, 결과적으로 북한이 제재를 견뎌낼 수 있는 능력을 키우는 데 이바지한 요인이었다.[53] 2010년대 중반에 부상하기 시작한 보다 작은 규모로 정예화된 최첨단의 군은 장기적 차원에서 그 결과일 것이다. 한편 정부 지출에서 민간 경제 영역으로의 선회는 장기적으로 성장을 촉진할 것이다. 과거 핵으로 무장한 초강대국을 엄청난 대규모의 재래식 무력으로 저지해야 했던 상황은 북한의 국가 예산에 큰 부담을 지웠지만, 핵 억지력의 발전으로 이제 그로부터 점차 벗어나고 있다. 수십 년간의 의무 징집, 의무 군 복무가

2009년에 처음으로 폐지[54]된 것이 그 결과였다. 2009년 2차 핵실험으로 "필요한 자격을 다 갖춘 핵강국"[55]으로서 북한의 지위가 국제적으로 확인된 직후였다.

재래식 무기에 들어가는 비용의 높은 부담을 줄이기 위해 비용 효과가 더 큰 억지력으로 핵무기를 이용한 중요한 역사적 선례가 이미 존재한다. 실제로, 초강대국 두 나라가 냉전기에 그 길을 갔다. 소련은 1945년부터 핵무기가 없었기 때문에 유럽에서 미국이나 서방 동맹국들보다 훨씬 더 큰 규모로 재래식 무력을 유지할 수밖에 없었다. 유럽에서 적들은 첨단 핵 능력과 확실한 장거리 발사 시스템을 과시했다. 따라서 소련은 더 많은 지상 병력을 유지함으로써 이를 보완할 수밖에 없었다. 지상 병력은 억지력 가치의 측면에서는 핵탄두보다 가성비가 훨씬 낮았다.[56] 안보를 위태롭게 하지 않으면서도 막대한 재래식 무력에 대한 지출을 절감할 수 있게 된 것은 소련이 다양한 폭발력과 발사 장치를 갖춘 자체 핵무기를 대규모로 배치하기 시작하고서야 가능했다. 그 후로 그 자금은 소비재 생산 증대에 초점을 맞춘 민간 경제로 선회할 수 있게 해 주었다.[57]

1950년대 중반 내내 미국은 상당한 지출 적자에 직면했고 억지력을 위한 핵 자산에 더 의존함으로써 재래식 전력 비용을 줄이고자 했다. 미국은 한반도만 해도 방대한 남한 군대 72만 명— 조선인민군의 두 배가 넘는 규모[58] —을 지원하면서 30만 명 이상의 병력을 파견했다. 1956년 아이젠하워 대통령은 군비 지출을 축소함으로써 적자를 줄이겠다는 의지를 천명했고, 그로 인해 재래식 전력을 감축하게 해줄 한반도 핵무기 배치가 필요했다. 절대적 조건이 아니라 GDP 규모 대비

방위비 지출의 축소라는 이와 유사한 형태는 1960년대 말 이스라엘이 핵 억지력을 확보한 후 볼 수 있었다. 그 후 이스라엘에 대한 이웃 아랍 국가들의 위협이 감소했다.[59]

북한에서는 핵 억지력의 개발이 경핵 병진 정책— 재래식 군비 지출을 줄여 핵과 경제 발전 두 가지 프로그램의 우선순위를 나란히 매기는 정책 —에 따른 경제 발전 효과와 직접적으로 연관되어 있다. 이 정책은 2013년에 처음 발표되었고, 2016년 5월 7차 노동당 회의에서 특별히 강조되었다. 전반적으로 방위비 지출이 감소했다는 첫 번째 중요한 징후는 그해에 나타났다.[60] 따라서 2010년대 초반부터 북한이 점차 민간 경제 향상에 집중할 수 있었던 데는 핵 억지력 개발이 직접적으로 기여했다.[61]

핵 능력 개발의 비용과 관련해 그 프로그램이 북한의 자체 일꾼 및 자체 제조에 압도적으로 의거했고, 낮은 비용으로 밀고 나갔다는 점이 중요하게 고려되어야 한다. 핵 프로그램이 안전보장에 얼마나 공헌했는지 생각하면 특히 더 그렇다. 이것은 2009년에 망명한 전직 북한 외교관 김민규가 증언한 것이다. 김 씨는 그 프로그램의 비용과 관련해 이렇게 말했다. "사실상, 그들이 쓴 돈은 그렇게 많지 않습니다. 노동력은 대가 없이* 일하고, 몇 가지 주요 수입 부품들을 제외하고 나머지

---

* 북한은 직업을 가질 권리를 보장하고 노동력의 거의 전부가 고용을 보장받기 때문에, 새로운 프로젝트에 전념할 수 있는 임금 노동자가 이미 넘쳐난다. 마치 1990년 이전의 중국에서처럼 병사들이 국가 기간산업 프로젝트에 노동력으로 활용되는 것이 여기에 포함된다. 이로써 정부는 새로운 프로젝트들에 지불할 인건비에 거의 부담을 느끼지 않아도 된다. 어떤 프로젝트가 추진 중이든 아니든 병사들과 노동자들은 국가에 고용된 상태이기 때문이다.

는 모두 그들이 만듭니다."62) 따라서 핵무기는 안보, 낮은 군비 지출, 더 강한 경제를 만들어주는 핵심적인 촉진제가 되어주면서, 말 그대로 재래식 지출보다 더 큰 "비용 대비 효과"를 낸다고 말할 수 있다.

북한의 억지 프로그램, 특히 개량형 탄도 미사일 기술 개발이 주는 두 번째 경제적 이익은 수출로 상당한 수입원을 만들어내는 능력이다. 화성-5호, 화성-6호, 로동-1호 프로그램은 이집트, 이란, 파키스탄, 리비아를 비롯한 여타 국가들에 대한 수출을 통해 실질적으로 도움이 되었다. 다른 나라들이 제공할 수 없는 기술을 제공함으로써, 북한의 미사일 억지 프로그램은 실질적으로 제값을 했다. 이란과 이집트에서는 북한인들이 구축한 시설들을 이용해 그런 미사일들을 생산할 수 있었다. 이란에 대한 기술 이전은 당시 (비핵) 국가를 대상으로 한 서방의 경제 전쟁을 크게 제약하면서 중요하고 지속적인 수입원으로 추가되었다. 북한이 더 진보한 기술을 개발함에 따라, 시리아에 팔린 고체 연료 미사일 독사에서부터 이란에 팔린 무수단에 이르기까지 북한 무기들은 매우 높은 수요를 유지했고, 한편에서 세질63)과 같은 고성능 이란 미사일들은 계속 북한의 기술과 부품을 광범위하게 사용하고 있다. 비록 북한 경제 전반이 수출 주도 성장 모델에 의존하지는 않지만, 북한의 미사일 프로그램은 여러 단계에 걸쳐 그 모델에 의존해 온 것으로 보인다.64)

궁극적으로 북한이 방위에 할당한 국가 예산 비율은 단기적으로는 계속해서 감소하겠지만, 민간 경제에 대한 재투자가 경제 성장을 촉진하고 그로 인해 국가 예산이 전반적으로 상당한 규모로 커지면서 순 방위 지출은 장기적으로는 꽤 늘어날 수도 있다. 따라서 방위비 지출 절감의 촉진제로서 핵무기의 역할은 장기적으로 재래식 능력을 신장시킬 수도 있다.

인도주의에 어긋나는 북한을 겨냥한 경제전쟁

대다수 보고서들이 북한 경제가 상당한 경제 제재에도 불구하고 건강하게 유지되고 있다는 데서 의견 일치를 보고 있었다. 그렇다고는 해도, 유엔을 통해서든 서방 국가들 단독으로든 경제 제재는 국내에서 개발할 수 없는 전문 제품들에 대한 접근을 제한하는 기능을 했다. 그 중 가장 대표적인 것이 화학 제품과 의약품으로, 그런 물품들이 공급되지 못하는 상황은 북한 주민 중 더 취약한 지위에 놓인 다수에게 심각하게 해로운 영향을 끼쳤다. 2013년, 10년 넘게 북한에 대표부를 두었던 유엔식량농업기구(FAO)는 미국 단독의 경제 제재가 엄격해진 후, "교역에 대한 국제적 제재와 결합한 위태로운 외환 거래 상황은 비료, 농약과 같은 매우 필요한 농업 필수품에 대한 적절한 상업적 수입을 허용하지 않았다… 수년간, 비료의 국내 생산은 총 소요량의 10% 정도 수준으로 하락하면서, 수입된 비료에 대한 의존이 늘고 전반적인 사용도 감소했다."고 보고했다.[65] 이를 보완하기 위해 국내 생산자들이 비료 생산을 증대했다는 북한 소식통들의 보도가 있기는 했지만, 비료 문제는 특히 2010년대 중반에 한동안 식량 생산에 영향을 미쳤다.[66]

과거 북한 어린이들에게 비타민 A 보충제와 같은 의약품 지원을 해왔던 유니세프와 세계식량계획(WFP)은 경제 제재의 결과로 수십만 명의 어린이들에게 이를 제공하는 것이 금지되었다. 그 결과, 2,772명으로 추정되는 어린이들이 사망했다. 이라크를 겨냥한 제재의 직접적 결과로 사망한 "50만 명 이상의 어린이들"이라는 숫자와는 크게 다르지만,67) 이는 상당한 숫자다. 한미의료연합의 북한 프로그램국장 박기비는 서방이 주도한 제재 체제로 인해 원조계획 기금이 삭감되고 유엔안보리가 제재 체제에 대한 인도적 면제의 허용을 연기한 현실을 언급하면서, 이렇게 말했다. "여기서 볼 수 있듯이, 5세 이하의 어린이들과 함께 하는 북한 내 보통 사람들의 삶은 정치적 목적을 취하려고 할 때도 결코 위기에 처해서는 안 됩니다. 북한 내 인도적 요구를 위한 유엔의 호소는 전액 지원되어야 합니다."68) 유엔인도주의업무조정국 대변인 피에르 페론도 마찬가지로 제재가 "기금 부족과 인도적 차원의 이체를 위한 은행 경로의 차단, 인도적 물품의 공급 차질"69)을 포함해 인도주의 기구들에 심각한 문제를 야기한다고 언급했다.

2012년 1억1천780만 달러에서 2016년 4천380만 달러로 4년간 63%의 인도적 원조 기금이 감축되면서, 현장에서 제재의 영향을 목격한 수많은 다양한 원조 기구의 활동가들은 제재의 실행을 강력하게 비난했다. 이것의 일차적인 영향은 북한 의료계가 스스로 감당할 수 없는 질병 치료 영역에서 나타났다. 코에이드(KorAid)**의 설립자이자 이사인 카타리나 젤위거는 제재 체제로 북한에서 고통을 받는 사람들은 주로 아프고 나이든 이들이라고 강조한 수많은 사람 가운데 하나였다.

** 홍콩에 본부를 둔 대북지원 단체 (역자)

그녀는 대표적 사례로 결핵 치료를 들어, 이렇게 보고했다. "글로벌 펀드(global fund)는 [결핵] 프로그램을 중단했다… 수천 명이 더 이상 약을 타지 못하고 [결핵이] 훨씬 광범위하게 퍼질 수도 있는 위험성이 높다." 세계보건기구에 따르면, 제재로 인해 치료와 감염 방지에 필요한 약품을 선택할 수 없게 됨으로써 2016년에 13만 명으로 추정되는 북한 주민이 결핵을 앓았다.70) 여타 엔지오 활동가들은 북한으로 공급품들을 보내는 통로가 제재 체제에 의해 봉쇄되었고, 그로 인해 북한 사회에서 가장 취약한 일부가 가장 필요로 하는 지원을 상실하는 결과를 낳았다고 평가했다.71) 유엔개발계획의 2019년 보고서도 유사한 결론에 도달했고,72) 유엔안보리가 설립한 전문가 패널의 같은 해 보고서도 제재 체제에 대해 보고하면서 마찬가지 결론을 내렸다.73) 재생산 건강에 관련된 의료기구에 대한 제재의 영향 하나만 보더라도 72명의 임신부와 1,200명의 유아가 사망한 것으로 추산했다.74)

수많은 분석가들이 유엔을 통한 제재든 서방 단독의 제재든 제재가 미치는 인도적 차원의 영향에 관해 유사한 결론에 도달했다. 2016년 북한을 방문한 노벨상 수상자들도 같은 결론에 도달했다. 이스라엘의 수상자 아론 시카노버는 제재의 성격과 관련해 핵 프로그램에만 분명하게 한정하지 않고 무차별적으로 주민들이 대상이 된 점을 주시했다. "페니실린을 핵폭탄으로 바꿔낼 수는 없습니다… 사람들이 병을 더 앓게 하는 방식으로 압박감을 느끼게 하면 안 됩니다. 그것은 옳지 않은 방식입니다." 영국인 수상자 리처드 로버츠는 가혹한 제재에도 불구하고 북한의 과학적 성취에 "상당히 깊은 인상을 받았다"면서도, "이 금수 조치는 과학자들에게 큰 피해를 주고 있고, 정말 부끄러운 일입니다… 의사들이 하고 싶고, 교수들이 하고 싶은 많은 일들, 이 금수조치 때문에 그들이 그런 것들을 하지 못합니다."라고 말했다.[75]

북한 정부도 이런 불만들에 공명했다. 유엔 주재 북한 대사 한태성은 "비인도적인 경제 제재로 인해, 여성과 어린이와 같은 취약한 사람들이… 희생자들이 되고 있다."고 말하면서 이렇게 덧붙였다. "산모와 어린이 건강을 위한 의료장비와 의약품과 더불어, 어린이들의 자전거를 포함해 일상의 기본 생필품의 공급조차 봉쇄하는 이러한 인도주의에 반하는 제재는 여성들의 권리와 어린이들의 생존권을 보호하고 증진하는 활동마저 위협한다."[76]

북한을 대상으로 한 경제 제재의 함의는 결의안의 본문 내용으로 나타낼 수 있는 것보다 훨씬 더 큰 경우가 많았다. 예컨대, 외교협회(CFR) 프로젝트팀이 수행한 유명한 연구는 북한을 드나들며 이동하는 선박들을 표적으로 하는 침입적인 화물 검사를 위한 조항들은 "북한으로서는 거의 남아 있지도 않은 적법한 수출에… 상당한 난관"을 초래한다고 지적했다. 유엔 제재로 인해 당시에는 포괄되지 않은 수출과 수입에 대해서도, 침입적 검사가 이루어지고 그로 인해 지체됨으로써 제재 대상이 아닌 물질들마저 거래자들과 공급자들이 교역할 수 없도록 가로막을 수 있다.[77] KorAid 젤위거 국장은 이 사실을 증명하면서 이렇게 말했다. "공급자들… 그리고 선박 회사들을 찾기가 훨씬 더 힘들어지고 있는데, 그들이 북한에서 사업을 하고 싶어 하지 않기 때문이다. 모든 상황이 훨씬 더 복잡해지고 있다." 북한에 다수확 옥수수를 제공할 목적을 가진 엔지오를 설립한 김순권도 유사한 의견을 밝혔다. "제재가 도입된 후, 북한을 돕는 것에 대한 부정적 감정이 자리 잡기 시작했고, 기부가 극적으로 감소하는 것을 우리가 직접 목격했다… 엔지오들은 보통 기부자들의 지원으로 운영되고 유지된다." 그는 북한에서 활동 중인 다른 수많은 엔지오들도 같은 경험을 했다고 덧붙였다.[78]

2017년에 조선인민군 병사가 38선을 넘어 망명한 사건이 있었고, 그가 기생충에 감염되었다는 보도가 나오면서 서방 소식통들이 이를 광범위하게 공론화했다. 스위스 사업가 펠릭스 앱트가 이에 응수하면서 그런 상황이 벌어질 수 있었던 원인에 대해 상세히 설명했다. 2002년부터 2009년까지 북한에 거주했던 앱트는 북한의 의료 환경 악화의 원인을 단독으로든 유엔을 통해서든 서방이 주도한 경제 제재 탓으로 돌렸다. 앱트는 북한에서 제약 분야의 최초 외국인 투자 합작회사인 평수합작회사의 전무 이사로 일했기 때문에, 제재의 실질적 효과와 관련해 상당한 정보가 있었다. 앱트는 평수를 처음 운영했을 때 자신이 메벤다졸 – 기생충 감염 치료제 – 생산에 투자했다는 점을 언급했다.

경쟁사들임에도 불구하고, 우리는 북한 전역에서 더 효율적으로 질병과 싸울 수 있도록 도움을 주기 위해 우리의 경영과 생산 노하우를 북한 내 다른 제약회사들과 공유하기도 했다. 북한에는 당시 20개가 넘는 크고 작은 제약 공장들이 있었는데, 그중 절반 정도가 보건부 산하로 운영되고 있었다. 우리가 '우수의약품 제조·관리 기준(GMP)'를 충분히 준수하는 WHO의 인정을 획득한 최초의 제약회사였으므로, 내각(수상이 주재하는 장관들의 회의)은 당시 우리 회사를 북한 최초의 최고 합작투자이자 향후 제약산업 전체의 모범 기업 중 하나라고 공표했다. 그 직후 나는 그 나라 곳곳의 병원에 배포할 메벤다졸 생산을 위해 WHO와 최초의 두 개의 계약을 체결했고, 정규적인 반복 주문을 기대했다.

앱트는 구충제 생산이 매우 낮은 가격에 이루어졌다고 말했다. 그러나 제재가 계속 확대됨에 따라, 투자자들이건 WHO, 적십자사(Red Cross), 적신월사(Red Crescent)와 같은 엔지오들이건 모두가 구충제 생산에 필요한 자신들의 초기 지원을 지속시키고자 분투했다. 앱트는 이런 경제 전쟁의 결과를 "다른 수단에 의해 계속되는 한국전쟁"이라고 불렀다.

지정학적 긴장의 고조와 더불어 북한에서 활동하는 외국 기업들과 엔지오들에 대한 심각한 장해를 포함해 더욱더 무기화되어가는 제재(예컨대, 금융 제재는 그 나라 안팎으로 자금 이체를 불가능하게 만든다)로 인해, 눈에 띄는 기부자 피로 현상이 나타났다. 즉, 기생충 감염에서 호흡기 감염, 결핵과 말라리아에 이르는 중요한 질병들을 최소화하는 데 필요한 양의 약품 구매에 들어갈 예산을 유지하거나 늘리는 대신, 조달 예산이 대폭 줄었다. 실험실 장비와 소모품과 같은 부득이한 품목들(생산 과정과 최종 생산물에서 오염의 식별 및 해결을 위한)의 수입에 전부를 의존하는 북한 내 의약품 및 식료품 제조업자들은 제재로 인해 이러한 품목들 또한 금지되면서 새롭게 획득한 "우수의약품 제조·관리 기준(GMP)"을 유지하지 못했다. 후속 제재는 훨씬 더 많은 품목을 금지했다.

경제 제재의 파괴적 영향을 강조하면서, 앱트는 이렇게 말했다.

그런데 북한에는 생산자가 없었고, 우리 공장은 WHO가 규정한 국제 GMP를 철저히 준수하기 위해 반드시 수입해야 하는 전력 예비 시스템(power back-up system)이나 다단계 정수 시스템처럼 2000년대 중반에는 아직 금지되지 않았던 품목들조차 외국의 공급업체들로부터 직접 구매가 불가능했다. 북한의 악마화와 앞으로 어느 시점에 제재가 또 부과될 수 있다는 우려로 인해 북한의 제약 공장에 장비를 판매하는 중국을 포함한 외국의 공급업체들이 위축될 수밖에 없었다.

제약산업이나 의류 산업 같은 많은 산업이 수입 의존도가 높다. 북한의 제약산업은 제형 산업으로, 이는 수입된 활성 성분 및 기타 성분들을 가공한다는 것을 의미한다. 섬유 산업은 천을 비롯한 기타 물질들과 반제품들을 가공 처리하는데, 그 역시 거의 전부를 수입하고 있다. 북한의 산업과 공업 또한 마모되었을 때 예비 부품이나 교체가 필요한 기계 및 여타 장비들을 수입해서 사용한다.

유엔안보리가 북한 수출의 90%(그 나라 소득의 3분의 1 이상을 창출하는 석탄, 두 번째 경화 벌이인 섬유 제품, 철, 철광석, 납, 방연광, 그리고 해산물)를 금지했기 때문에, 수입을 위해 구매하고 지불할 더 이상의 경화가 남아 있지 않을 것이다. 그 결과, 모든 산업, (생산품 대부분을 수출해 왔고, 이제는 그것이 금지된) 제약 산업과 의류 산업은 확실히 멈추어 설 것이다. 심지어 어부들도 중국 소비자에게 더 이상은 물고기 판매가 허용되지 않고, 화가들은 그들의 그림을 해외에 파는 것이 금지되고, 물고기나 섬유를 운송하는 선원들은 글로벌 항만 금지(global port ban)로 "처벌받고", 북한으로 강제 귀환해야 하는 수십만 명의 해외 노동자들(그들 중 다수가 저축할 수 있었기에 과거에는 귀국하자마자 협력 점포(front store)를 사고 식당을 열고 소규모 의류 사업을 시작했다)은 생계수단을 잃게 될 것이다.79) 제조 산업의 현지 하청 공급업체들과 서비스 제공업체들도 같은 운명에 처할 것이다. 북한의 의류 산업만 20만 명의 노동자들을 고용하고 있다.80)

중국과 러시아가 유엔에서 서방의 제재 결의안을 지지하는 이유

서방 진영은 수십 년에 걸쳐 가혹한 단독 경제 제재로 북한을 압박해왔고, 미국에 관해 말하자면 70년 넘도록 언제라도 제재에 나설 채비를 갖추고 있었다. 그들이 유엔안보리를 통해 서방 주도 경제 제재를 통과시킬 수 있는 능력은 북한을 겨냥한 서방의 경제 전쟁에서 가장 중요한 지지대였다. 서방 소식통들은 오랫동안 안보리 거부권 제도-거부권 제도는 두 개의 비서방 상임이사국 중국과 러시아를 포함한 모두 다섯 개의 안보리 상임이사국이 단 한 표로 어떠한 결의안도 막을 수 있다 -를 비판하는 데 목소리를 높여 왔다. 그런데 2006년부터 비서방 상임이사국 두 나라가 북한을 겨냥한 몇 차례의 제재 결의안을 연이어 승인했다. 베이징과 모스크바는 서방 진영이 유엔을 통해 군사적으로나 경제적으로 수많은 비- 친서방 소국들 -시리아,81) 수단,82) 유고슬라비아,83) 이라크(2003),84) 미얀마,85) 짐바브웨86) 등 -을 공격하려는 것을 막을 수 있었다. 이처럼 거부권이 사용됨으로써 서방 진영은 한발 물러서거나 단독으로 행동을 취할 수밖에 없었다. 그러자, 서방은 거부권 제도를 무효화하여 서방 주도 결의안을 더 쉽게 통과시키게 해줄 안보리 개혁 요구를 들고 나왔던 것이다.87) 중국과 러시아는 전 세계적인 핵확산방지 체제를 훼손한다고 여겨지는 국가들- 이란, 2006년부터는 북한 -을 겨냥한 제재를 지지하라는 압력에 시달려왔다.[88]

핵확산방지조약의 비가맹국에 대해서는 핵 억지력을 추구할 수 없도록 막을 법적 금지 규정이 존재하지 않는다. 한편, 그들에게는 억지력과 군사적 동등성(military parity)을 추구할 권리를 시사하는 유엔 헌장에 따라 자위권이 보장된다. 하지만 베이징도 모스크바도 서방의 작은 적국의 핵무장을 어떤 식으로든 지지하는 것처럼 보일 형편은 되지 않는다. 핵 확산이 세계를 핵전쟁의 벼랑 끝으로 데려간 1960년대 쿠바 미사일 위기 후, 강대국들은 나머지 다른 강대국들을 겨냥할 수 있는 자신들의 방위 동반자들에게 핵무기를 확산하지 않기로 한다는 암묵적인 합의가 등장했다. 모스크바가 쿠바를 핵무장하려던 계획을 번복한 것이 그 합의에 정확히 들어맞는 사례였다.[89]

중국·러시아와 서방 진영의 관계는 2000년대 중반부터 적대적 성격이 점점 더 커가고 있었지만, 그들의 관계는 전면전 상태와는 거리가 멀었고 몇 가지 사안, 특히 핵확산 영역에서는 상호 이해가 유지되고 있었다. 따라서 베이징이나 모스크바가 어떤 식으로든 미국을 겨냥한 북한의 핵 프로그램을 가능하게 하거나 유엔에서 평양이 비난받지 않도록 방어하는 것으로 인식된다면, 그런 암묵적 합의는 틀림없이 깨질 것이고, 이는 서방 진영의 보복으로 이어질 수 있었다. 유엔의 개입이 남한[90]과 대만[91]의 핵 프로그램을 가로막은 원인이라는 것도 주목할 만하다. 두 경우 모두 중국의 안보에 상당한 위협을 제기했기 때문이다. 만약 베이징이 북한의 핵무장을 허용하는 것으로 보일 경우, 미국은 그에 화답해 일본과 남한, 아마도 대만과 호주까지도 핵무장을 하도록 지원할 가능성이 크다.92) 미국은 심지어 러시아와 이웃한 나라들, 아마도 폴란드나 발트 3국의 핵무장을 조장할 가능성이 있고, 이는 결국 당사국들 모두에게 불리한 핵확산의 악순환을 유발할 수 있다.

베이징과 모스크바가 북한을 표적으로 삼은 유엔 결의안을 지지하지 않을 수 없게 된 시점은 북한 이슈가 핵 이슈가 된 다음부터였다. 핵을 보유한 북한 자체에 관해서는 중국이든 러시아든 무슨 특별한 이의가 있어서 제재를 통과시킨 것이 아니었다. 양국은 거듭해서 그것이 자신들의 안보에 위협이 되지 않는다는 태도를 보여 왔다. 오히려 그것은 핵무장을 용납하는 것이 가져올 잠재적인 결과 때문이었다. 2016년과 2017년에 버락 오바마와 도널드 트럼프 두 행정부가 북한을 겨냥한 군사 행동을 심각하게 고려하면서 강수를 두었다. 특히 후자는 중국의 제재 준수 문제를 다른 안보 이익과 연계하는 데서 능숙함을 보였다. 즉, 미국은 베이징이 제재를 준수하지 않는다면 북한을 공격함으로써 북중 국경에서 대규모 핵전쟁을 도발할 수 있고, 그 경우 베이징은 이웃 나라에 대한 제재 준수보다 훨씬 더 위험해질 수 있다며 베이징에 선택지를 내건 것이다.

2016년 4월 중국의 시진핑 주석이 일단의 외국(북한이 아닌 다른) 외교관들에게 중국은 "한반도에서 전쟁이나 혼돈을 절대 용납하지 않을 것"이라고 말했다. 남북한보다는 서방을 겨냥한 것으로 보이는 선언이었다. "중국은 유엔안보리 상임이사국으로서 안보리 결의안을 충실히 실행해 왔다. 우리는 긴밀한 이웃 나라로서 누구에게도 이익이 될 수 없는 한반도 내 전쟁이나 혼란을 절대 용납하지 않을 것이다. 우리는 다양한 당사국들이 자제하고 상호 도발과 긴장의 확대를 피하고 핵 문제를 가능한 한 빨리 대화와 협상으로 원상회복하고 동북아시아에서 평화와 안보를 향해 걸어 나가기를 바란다."[93] 시 주석은 널리 의심되어 오던 것, 즉 평양을 향한 서방의 적대감 분출의 수단인 제재에 대한 요구를 중국이 묵인하고 있으며, 대신에 미국은 장래에 경제적 압박을 계속하겠지만 코리아에서 군사 행동이나 무력 도발을 고려하지는 않기로 했다는 것을 암시하는 것 같았다. 베이징은 협상 테이블에서 군사적 선택지가 제외되는 한에서만 제재를 허용했다. 그것은 그들이 용납할 수 없는 것이었다.

그러지 않는 경우, 중국은 다시 추가 제재를 지지하라는 도널드 트럼프 행정부의 압박을 받게 될 것이었다. 트럼프 대통령은 임기 첫해 4월 3일 〈파이낸셜타임스〉와 진행한 인터뷰에서 중국이 북한에 관한 냉혹한 선택을 하도록 만들겠다는 방침을 시사했다. "중국은 북한에 막대한 영향력을 갖고 있다. 이제 중국은 북한과 관련해 우리를 도울 것인지 아닌지 판단하게 될 것이다… 만약 그들이 그렇게 한다면, 그것은 중국에 매우 좋을 것이다. 만약 아니라면 그것은 누구에게도 좋지 않을 것이다… 만약 중국이 북한 문제를 해결하려 하지 않는다면, 우리가 할 것이다. 그것이 지금 내가 말할 수 있는 전부다."[94] 4월에 시 주석이 마라라고에 있는 트럼프 소유 리조트를 방문하기로 예정되어 있었다. 이 방문을 앞두고, 미국의 신임 대통령이 베이징에 심각한 경고를 내놓을 것이며 만약 중국이 따르지 않는 경우 교역 합의 관련 강경노선으로 인한 것이든, 북한과 거래하는 중국 기업들과 은행들에 점차로 도입되는 이차적 경제 제재로 인한 것이든 중국 경제가 손상을 입을 것이라는 징후들이 나타났다.95) 그 같은 이차적 경제 제재가 2018년부터 중국과 러시아96)의 협력을 제한하기 위해서도 사용되었고, 또 얼마 지나지 않아 이란97)과 교역하는 중국 기업들 상대로도 사용되었다. 모두 서방의 경제전 작전의 표적 국가들이었다. 미국이 제재를 넘어 중국의 이웃나라를 공격할 것이라는 위협이 여전히 남아 있었다.

3월 31일 트럼프 대통령은 "다음주 중국과의 회동은 매우 힘든 일정이 될 것"이라는 글을 트위터에 남겼고, 그 후 회동에서 다룰 북한 문제와 관련해 베이징에 강력한 신호를 계속 보냈다. 시 주석과 트럼프가 마라라고에서 만찬 중이던 시각, 미 해군이 시리아 군사 시설에 59발의 순항 미사일을 발사하는 불법적인 공격을 감행했다. 미국 소식통들은 그곳에 화학무기가 보관되어 있었다고 전했다. 시리아는 중국과 북한 양국과 경제 및 방위에서 긴밀한 동반자 관계였고, 베이징은 유엔안보리에서 서방 주도 결의안에 거부권을 행사함으로써 시리아를 공격하거나 제재할 수 있는 유일한 법적 수단을 거듭해서 막고 있었다. 따라서 그것은 트럼프 대통령이 유엔안보리 승인 없이 바로 뻔뻔하게 국제법을 위반하면서 중국의 방위 동반자들에 대한 공격에 착수하겠다는 의지를 과시한 것이었다. 그 행동의 함의는 미국이 이미 주시하고 있는 한반도를 향해 있었다. 보도에 따르면, 트럼프 대통령은 식사 중간에 시 주석에게 몸을 기울여 자신이 지시한 공격이 이루어지고 있다고 전했다.98)

시 주석은 마라라고에서 최소한 일시적이나마, 중국이 평양에 영향력을 행사할 위치에 있지 않다는 점에 대해 트럼프 대통령을 설득할 수 있었다. 그다음 주에 트럼프는 인터뷰를 통해 이렇게 말했다. "10분

동안 경청한 후, 그게 그렇게 쉬운 일은 아니라는 것을 이해하게 되었다… 나는 그들이 북한에 대해 큰 힘을 가졌다고 강하게 느꼈었다. 하지만 그것은 보통 생각하는 것과는 다른 것이었다."[99] 이것은 트럼프 대통령이 자신이 실제로 잘못 알고 있었다고 인정한 드문 경우였다. 세계에서 가장 강한 나라의 지도자들 사이에 어떤 말들이 오갔건 간에, 중국은 미국이 향후 군사를 증강 배치한다거나 이차적 제재를 사용하겠다는 위협에 직면하는 상황을 피하면서 유리한 입지에 선 것 같았다. 한편, 베이징에 북한에 대한 압박을 즉각적으로 높이라는 요구도 없었던 것으로 보였다.

중국은 자신들은 그런 압력을 행사할 수 있는 선택지를 갖고 있지 않고 평양에 대한 영향력도 제한적이라는 사실을 어떻게든 설득시킴으로써 서방 진영이 원했던 대로 북한을 압박하지 않을 길을 찾아냈다. 중국이 압박에 실패하는 경우라도 미국이 단언한 가혹한 반격을 피할 수 있게 된 것이기도 했다. 하지만 북한을 겨냥한 서방 주도 결의안에 대한 거부권 행사는 공공연하게 북한을 편드는 것으로 간주되어 중국의 입지를 위태롭게 할 수 있었다. 물론, 중국은 그런 결의안이 일단 통과되고 나면 집행하는 수위 조절에서 비교적 자유로웠다. 또한, 북한의 대다수 교역을 중국이 담당하고 있었으므로 제재 체제의 유효성 여부는 압도적으로 중국의 정책에 좌우되고 있었다. 서방이 감시하거나 영향을 미칠 선택지가 거의 없다는 의미였다. 중국은 서방 정보기관들에 북한만큼 "정보의 블랙홀"은 아니었지만, 본토에 대한 꽤 엄격한 보안 시스템을 유지함으로써 서방의 정보 당국들이 정보를 수집하기에 가장 힘든 대상 중 하나라는 사실은 분명했다.[100]

7월 28일 화성-14호 ICBM 2차 시험 발사가 있고 나서, 트럼프 대통령은 다시 눈에 띄게 어조를 바꾸어 7월 말에 이렇게 말했다. "나는 중국에 매우 실망스럽다. 우리의 어리석은 과거 지도자들은 중국이 교역으로 매년 수천억 달러를 벌어가게 두었지만, 그들이 우리를 위해 한 것은 대화뿐, 북한과 '아무것도' 한 게 없다… 우리는 이런 상황이 더 이상 계속되게 하지 않을 것이다. 중국은 이 문제를 쉽게 해결할 수 있다!"[101] 그것은 중국이 대내적으로 제재를 실행했는지와 관련된 문제는 아니었을 것이다. 그 점에서 중국 내 큰 변화는 없었기 때문이다. 그보다는, 베이징이 유엔에서 특별히 더 가혹한 서방 주도의 새로운 경제 제재에 동의하지 않았기 때문이었을 것이다. 이 새로운 제재는 무차별적인 본질을 감추지도 않은 채 북한이 수출과 외화에 접근할 수 없도록 가로막음으로써 북한을 경제 위기에 빠뜨리려는 시도로 보였다. 8월 5일 새로운 제재가 통과되었지만, 서방 세력이 애초에 의도했던 초안과는 달라져 있었다. 중국과 러시아 대표단의 노력으로 가혹함의 수준이 낮아진 상태였다. 새로운 제재로 북한의 교역 범위가 크게 제한할 가능성이 커졌다. 하지만 서방이 북한 경제를 위기에 빠뜨리려고 할 때, 중국과 러시아 국경에서 제재 실행에 대한 확실성이 보장되지 않는 문제는 여전히 핵심적인 약점으로 남아 있었다.

8월 22일 미 재무부는 북한에 대한 경제적 압박을 한층 더 엄격하게 하려는 포괄적 활동의 일환으로 북한과 거래하는 기업들에 대한 이차적 경제 제재(세컨더리 보이콧)를 도입하겠다고 발표했다. 특히 북한의 국외 거주 노동자들이 공격 대상이었다.[102] 중국과 - 그보다는 덜해도 - 러시아는 북한의 가장 큰 교역 동반자로서 그로 인해 정면으로 타격을 받을 수밖에 없었다. 9월 3일 북한의 열핵 탄두 시험 발사에 대한 트럼프 대통령의 대응에서는, 북한 문제에 대한 중국의 태도에 덜 적대적인 어조가 보였다. 트럼프 대통령은 트위터에 이렇게 남겼다. "북한은 불량국가이다. 도움을 주려 하지만 별로 성과를 거두지 못하는 중국에 큰 위협이자 골칫거리가 되었다."103) 3개월 후 국가안보보좌관 맥마스터는 다시 세계 전역의 국가들에 미국을 위해 북한과의 유대관계를 완전히 끊고 북한을 고립시킬 것을 촉구하면서, 그러지 않는 경우 미국은 군사적 선택지를 고려할 것이라고 밝혔다. 기본적으로 북한의 이웃 나라들을 상대로 이처럼 은근한 협박을 함으로써, 그 나라들이 서방 주도의 경제 전쟁 활동에 더 철저히 따르지 않는 경우 그들의 국경에서 전쟁이 발발할 위험을 불러왔다.104)

중국과 러시아를 비롯한 모든 동북아시아 국가들에게 북한의 핵과 장거리 미사일 개발이 가져온 가장 일차적인 문제는 평양과 워싱턴 사이에 긴장이 대폭 고조된 상황이다. 그리고 미국이 군사적 대응에 착수해 그 지역에 전쟁을 일으킬 수 있는 위험이, 아무리 작더라도 매번 야기된다는 점이다. 이런 긴장이 다른 NPT 비회원국인 인도105)와 파키스탄106)이 동시에 매우 유사한 시험을 실행했을 때와는 달리 북한의 무기 시험에만 고유한 어떤 특성에 따른 것은 아니었다. 오히려 워싱턴과 서방 세계가 북한의 시험에 자의적이고 적대적으로 대응한 것일 뿐이었다. 그렇기에, 북한의 핵과 장거리 미사일 시험의 횟수를 축소하거나 시험을 완전히 끝낸다면, 그것은 베이징과 모스크바의 이익에 크게 부합한다. 북한이 억지력 개발 프로그램을 단념할 수밖에 없게 한다면 평양이 그것을 주권에 대한 근본적인 침해로 볼 수 있지만, 억지 프로그램에 속도를 높여 시험에 필요한 횟수를 줄인다면 그것은 시험을 끝내게 해줄 또 다른 수단으로 제시될 수 있다. 북한에 소형화된 열핵 탄두와 탄도 미사일 재진입체, 복합 연료와 관련된 기술을 이전한다면, 다른 무엇보다도 북한의 억지력 개발 프로그램에 중대한 향상을 가져올 수 있고 시험의 지속시간과 빈도도 줄일 수 있다. 물론 이와 관련한 주장들이 사실로 입증되지는 않은 상태이다.[107]

서방 분석가들에게는 북한의 기술적 능력을 과소평가하려는 강력한 심리가 있었고, 특정한 첨단기술을 러시아나 중국이 제공했을 것이라는 혐의는 훗날 전적으로 북한의 토착 기술이었던 것으로 밝혀졌다.[108] 그러나 북한의 억지 프로그램이 속도를 낼 수 있도록 일부 지원이 제공되었을 가능성을 배제할 수는 없다. 화성-14호와 화성-15호, 소형화된 열핵 폭탄이 2017년에 성공적으로 시험 발사되지 않았다면, 혹은 1-2년 후였다면, 미국의 군사 행동 가능성은 더 컸을 뿐 아니라 그 지역 내 긴장이 고조된 기간이 상당히 길어졌을 수도 있다. 따라서 베이징과 모스크바로서는 시험 기간을 단축하기 위해 행동에 나설 만한 강력한 동기가 있었다. 평양이 전략 무기 시험에 대한 자진 유예 조치를 도입하면서 2018년 초 한반도에 데탕트가 시작되고부터, 러시아와 중국은 북한을 겨냥한 경제 제재를 완화할 것을 거듭 요구했다.[109]

1. Fu, Ruihong [付瑞红], 里根政府对苏联的 "经济战": 基于目标和过程的分析 [Reagan Administration's "Economic War" with the Soviet Union: An Analysis Based on Objectives and Processes], Chinese Academy of Social Sciences.

2. Yaqub, Salim. Containing Arab Nationalism, Chapel Hill, University of North Carolina Press, 2004 (Chapter 2). Jameson, Sam, 'Shock Waves From Toshiba-Soviet Deal Still Rattle Japan,' Los Angeles Times, August 11, 1987.

3. Busch, Andrew E., 'Ronald Reagan and the Defeat of the Soviet Empire,' Presidential Studies Quarterly, vol. 27, no. 3, Summer 1997 (pp. 451–466).

4. 'Former Congressman Ron Paul Debates Former CIA Officer Mike Baker,' Fox Business Network, Kennedy, 25 April 2017.

5. 'Sanctions Blamed for Deaths of Children,' Lewiston Morning Tribune, December 2, 1995. Stahl, Lesley, 'Interview with Madeline Albright,' 60 Minutes, May 12, 1996.

6. 'The Weakest Link,' The Economist, February 6, 2003.

7. Abrams, A. B., 'Power and Primacy: The History of Western Intervention in the Asia-Pacific,' Oxford, Peter Lang, 2019 (Chapter 14: Economic War on Asia: South Korea and the Asian Tigers). Klein, Naomi, The Shock Doctrine: The Rise of Disaster Capitalism, London, Penguin, 2008 (Chapter 13: Let it Burn: The Looting of Asia and the 'Fall of a Second Berlin Wall').

8. Cronin, Richard P., 'The North Korean Nuclear Threat and the U.S.-Japan Security Alliance: Perceived Interests, Approaches, and Prospects,' The Fletcher Forum of World Affairs, vol. 29, issue 1, Winter 2005 (p. 54).

9. Park, Kyung-Ae, 'Regime Change in North Korea?: Economic Reform and Political Opportunity Structures,' North Korean Review, vol. 5, no. 1, Spring 2009 (p. 27).

10. Harrison, Selig S., 'Promoting a Soft Landing in North Korea,' Foreign Policy, no. 106, Spring 1997 (p. 65).

11. Park, Kyung-Ae, 'Regime Change in North Korea?: Economic Reform and Political Opportunity Structures,' North Korean Review, vol. 5, no. 1, Spring 2009 (pp. 23–45).

12. Harrison, Selig S., 'Promoting a Soft Landing in North Korea,' Foreign Policy, no. 106, Spring 1997 (p. 60).

13. Ibid. (p. 65).

14. 'Sailing on, the ship with a hold full of Scud missiles,' The Guardian, December 12, 2002.

15. 'Not so jolly for North Korean sports when hockey sticks are banned luxury goods,' Straits Times, August 3, 2017.

16. 'Haggling delays N Korea sanctions vote,' Daily Telegraph, October 15, 2006.

17. Varner, Bill and Green, Peter S., 'UN Votes to Punish North Korea for Nuclear Test,' Bloomberg, June 12, 2009.

18. News transcript: Department of Defense Press Briefing by Admiral Cecil Haney in the Pentagon Briefing Room, March 24, 2015.

19. Capaccio, Tony, 'North Korea Can Miniaturise Nuclear Weapon, U.S. Says,' Bloomberg, April 8, 2015.

20. Crude Oil Consumption by Country, Index Mundi (accessed September 14, 2019).

21. 'Russian Government: Violation by the US of its Obligations in the Sphere of Nonproliferation of WMD,' Global Research, August 7, 2010.

22. 'Treasury Takes Actions to Further Restrict North Korea's Access to the U.S. Financial System,' U.S.

Department of the Treasury (press release), June 1, 2016.

23. Democratic People's Republic of Korea, Food and Agriculture Organization of the United Nations World Food Program Joint Rapid Food Security Assessment, May 2019 (p. 14). 'United Nations Security Council Resolution 2397,' 8151st meeting of UNSC, Adopted on December 22, 2017.

24. Crude Oil Consumption by Country, Index Mundi (accessed September 14, 2019).

25. 'How Sanctions Affect Iran's Economy,' Council on Foreign Relations, May 22, 2012. Peterson, Sabrina M., 'Iran's Deteriorating Economy: An Analysis of the Economic Impact of Western Sanctions,' International Affairs Review, July 1, 2012.

26. Crossette, Barbara, 'Iraq Sanctions Kill Children, U.N. Reports,' New York Times, December 1, 1995.

27. 'Russia Economic Report 34: Balancing Economic Adjustment and Transformation,' World Bank, September 30, 2015.

28. 'Trump says North Korea has "tremendous potential" to become "absolute economic power,"' RT, February 28, 2019.

29. Kim, Christine, and Chung, Jane, 'North Korea 2016 economic growth at 17-year high despite sanctions: South Korea,' Reuters, July 21, 2017. Lankov, Andrei, 'Sanctions working? Not yet …,' Korea Times, May 29, 2016. Pearson, James and Park, Ju-Min, 'Despite sanctions, North Korea prices steady as Kim leaves markets alone,' Reuters, August 8, 2016. Maresca, Thomas, 'Report: North Korea economy developing dramatically despite sanctions,' UPI, December 4, 2019.

30. 'North Korea's Stable Exchange Rates Confound Economists,' Associated Press, November 16, 2018.

31. Kim, Christine and Chung, Jane, 'North Korea 2016 economic growth at 17-year high despite sanctions: South Korea,' Reuters, July 21, 2017.

32. Dorell, Oren, 'North Korean Economy Keeps Humming Despite Ever-Tighter Sanctions,' USA Today, November 24, 2017.

33. Pearson, James and Park, Ju-Min, 'Despite sanctions, North Korea prices steady as Kim leaves markets alone,' Reuters, August 8, 2016.

34. Ibid.

35. Lankov, Andrei, 'Sanctions working? Not yet …,' Korea Times, May 29, 2016.

36. Kim, Christine and Chung, Jane, 'North Korea 2016 economic growth at 17-year high despite sanctions: South Korea,' Reuters, July 21, 2017.

37. Dorell, Oren, 'North Korean Economy Keeps Humming Despite Ever-Tighter Sanctions,' USA Today, November 24, 2017.

38. 'North Korea's Stable Exchange Rates Confound Economists,' Associated Press, November 16, 2018.

39. 'Former unification minister criticizes Bank of Korea statistics on North Korean growth rate.' Hankyoreh, January 1, 2019.

40. Maresca, Thomas, 'Report: North Korea economy developing dramatically despite sanctions,' UPI, December 4, 2019. Choi, Eun-joo, '21st Colloquium of 2019: Changes in the North Korean Economy Observed at Field Investigation of 2019 to China-North Korea Borders,' Sejong Institute, November 12, 2019. Féron, Henri, 'Pyongyang's Construction Boom: Is North Korea Beating Sanctions?,' 38 North, July 18, 2017.

41. 'North Korea's Stable Exchange Rates Confound Economists,' Associated Press, November 16, 2018.

42. Baron, Jeff, 'What if Sanctions Brought North Korea to the Brink? "Well, in 1941…,"' 38 North,

September 7, 2017.

43 Kim, Il Sung, 'On Abolishing the Tax System,' Fifth Supreme People's Assembly of the Democratic People's Republic of Korea at its Third Session, March 21, 1974.

44 Mullen, Mike and Nunn, Sam and Mount, Adam, A Sharper Choice on North Korea: Engaging China for a Stable Northeast Asia, Council on Foreign Relations, Independent Task Force Report No. 74, September 2016 (p. 14).

45 Fassihi, Farnaz and Lee Myers, Steven, 'Defying U.S., China and Iran Near Trade and Military Partnership,' New York Times, July 11, 2020. Esfandiary, Dina and Tabatabai, Arinae M., 'Will China Undermine Trump's Iran Strategy?,' Foreign Affairs, July 20, 2018. Downs, Erica S. and Maloney, Suzanne, 'Getting China to Sanction Iran,' Brookings Institute, February 23, 2011. Richter, Paul, 'West worries China may undermine Iran sanctions efforts,' Los Angeles Times, June 28, 2010.

46 'Venezuela: China's Support is Essential Against the US Blockade,' Orinoco Tribune, June 29, 2020. Zerpa, Fabiola and Recht, Hannah, 'Venezuela's Choking Points: Here's Where Maduro Gets His Revenue,' Bloomberg, January 29, 2019. Salama, Vivian, 'U.S. Expands Sanctions Against Venezuela Into an Embargo,' Wall Street Journal, August 5, 2019.

47 Lee, Yen Nee, 'Trump says there is "AWESOME" economic potential for North Korea—f Kim abandons nukes,' CNBC, February 26, 2019.

48 Lee, Sung-Yoon and Stanton, Joshua, 'How to Get Serious with North Korea,' CNN, January 15, 2016.

49 Mullen, Mike and Nunn, Sam and Mount, Adam, A Sharper Choice on North Korea: Engaging China for a Stable Northeast Asia, Council on Foreign Relations, Independent Task Force Report No. 74, September 2016.

50 Murphy, Francois and Emmott, Robin, 'Iran is complying with nuclear deal restrictions: IAEA report,' Reuters, August 30, 2018.

51 Murphy, Francois and Emmott, Robin, 'Iran is complying with nuclear deal restrictions: IAEA report,' Reuters, August 30, 2018.

52 Ha-young, Choi, 'North Korea to decrease national defense proportion this year,' NK News, March 31, 2016.

53 Murphy, Francois and Emmott, Robin, 'Iran is complying with nuclear deal restrictions: IAEA report,' Reuters, August 30, 2018.

54 Conversation with retired Korean People's Army serviceman (anonymous), September 10, 2019. Conversation with conscription age male university graduate in Pyongyang (anonymous), September 8, 2019. Conversation with overseas diplomat from DPRK (anonymous), November 7, 2019.

55 Moore, Malcolm, 'North Korea now "fully fledged nuclear power,"' The Telegraph, April 24, 2009.

56 Calvocoressi, Peter. World Politics Since 1945, Abingdon, Routledge, 2008 (p. 18).

57 Mathers, Jennifer G., The Russian Nuclear Shield from Stalin to Yeltsin: The Cold War and Beyond, London, Palgrave Macmillan, 2000 (pp. 220–224).

58 United States of America Department of State, Office of the Historian, Foreign Relations of the United States, 1955–1957, Korea, Volume XXIII, Part 2, 162. Progress Report Prepared by the Operations Coordinating Board, July 18, 1956.

59 Beinin, Joel, 'Challenge from Israel's Military,' MERIP Reports, no. 92, November–December 1980 (p. 7).

60 Ha-young, Choi, 'North Korea to decrease national defense proportion this year,' NK News, March 31, 2016.

61 Cordesman, Anthony H. and Colley, Steven, Chinese Strategy and Military Modernization in 2015: A Comparative Analysis, Washington D.C., Centre for Strategic and International Studies, 2016 (p. 377). 'Less than one aircraft carrier? The cost of North Korea's nukes,' CNBC, July 20, 2017.

62 Pearson, James and Park, Ju-min, 'North Korea overcomes poverty, sanctions with cut-price nukes,' Reuters, January 11, 2016

63 Crail, Peter, 'Iran Lauds Development of Solid Fuel Missile,' Arms Control Today, vol. 38, no. 1, January/ February 2008. 'Iran-Bound Rocket Fuel Component Seized in Singapore,' Iran Watch, 1 September 2010.

64 Crail, Peter, 'Iran Lauds Development of Solid Fuel Missile,' Arms Control Today, vol. 38, no. 1, January/ February 2008. 'Iran-Bound Rocket Fuel Component Seized in Singapore,' Iran Watch, 1 September 2010.

65 Gunjal, Kisan and Goodbody, Swithun and Hollema, Siemon and Ghoos, Katrien and Wanmali, Samir and Krishnamurthy, Krishna and Turano, Emily, Special Report, FAO/WFP Crop and Food Security Assessment Mission to the Democratic People's Republic of Korea, November 28, 2013.

66 Writer's Conversations with Industrialists when Visiting the Hungnam Fertiliser Factory in Wonsan, July 2017. 'Supreme Leader Kim Jong Un Cuts Tape for Completion of Sunchon Phosphatic Fertilizer Factory,' Rodong Sinmun, May 2, 2020. Katzeff Silbersttein, Benjamin, 'North Korea's Chemical and Coal Liquefaction Industries: The Difficult Path Ahead to Self-Reliance,' 38 North, July 9, 2020. 'Political Bureau of C.C., WPK Meets under Guidance of Supreme Leader Kim Jong Un,' KNCA, June 8, 2020. 'Kim Jae Ryong Inspects Chemical Industrial Units in South Hamgyong Province,' KCNA, June 23, 2020.

67 Gordon, Joy, Invisible War: The United States and the Iraq Sanctions, Cambridge, MS, Harvard University Press, 2010 (p. 87). 'Sanctions Blamed for Deaths of Children,' Lewiston Morning Tribune, December 2, 1995. Stahl, Lesley, 'Interview with Madeline Albright,' 60 Minutes, May 12, 1996.

68 Kim, Joengyon and Park, Kee B., 'How Sanctions Hurt North Korea's Children,' Global Health Now, August 5, 2019.

69 Lee, Christy, 'Humanitarian Groups Say Sanctions Impede Aid to North Koreans,' VOA, March 26, 2019.

70 Lee, Jeong-ho, 'North Korea UN sanctions are hurting the vulnerable, aid workers say,' South China Morning Post, June 26, 2018.

71 Ibid.

72 'DPR Korea: Needs and Priorities,' United Nations Development Program, March 2019.

73 Letter dated 21 February 2019 from the Panel of Experts established pursuant to resolution 1874 (2009) addressed to the President of the Security Council, United Nations Security Council (pp. 66–67).

74 Park, Kee and Kim, Miles, 'Underfunded: the urgent need for emergency reproductive health kits in N. Korea,' NK News, July 3, 2019,

75 'Israeli Nobel laureate calls for easing North Korea sanctions,' Times of Israel, August 17, 2019. 'North Korea sanctions should be eased, say Nobel laureates,' BBC News, May 7, 2016.

76 Nebehay, Stephanie, 'North Korea says sanctions hurting women, children,' Reuters, November 8, 2017.

77 Mullen, Mike and Nunn, Sam and Mount, Adam, A Sharper Choice on North Korea: Engaging China for a Stable Northeast Asia, Council on Foreign Relations, Independent Task Force Report No. 74, September 2016 (p. 23).

78. Lee, Jeong-ho, 'North Korea UN sanctions are hurting the vulnerable, aid workers say,' South China Morning Post, June 26, 2018.

79. Lankov, Andrei, 'The Real Story of North Korean Labor Camps in Russia,' Carnegie Moscow Center, July 10, 2017.

80. Abt, Felix, 'Sanctions and the Targeting of a Population: The Continuation of the Korean War By Other Means And Its Impact On Ordinary North Koreans,' Military Watch Magazine, January 27, 2018.

81. 'Syria war: Russia and China veto sanctions,' BBC, February 28, 2017.

82. Charbonneau, Louis, 'China, Russia resist West's sanctions push for Sudan, South Sudan,' Reuters, May 1, 2012.

83. Lauria, Joe, 'Yugoslavia: China, Russia Threaten To Block UN Kosovo Resolution,' Radio Free Europe, June 9, 1999.

84. 'Russia Hints at U.N. Veto On Iraq,' CBS, February 28, 2003.

85. 'China, Russia block UN statement on Myanmar,' South China Morning Post, March 18, 2017.

86. Nasaw, Daniel, 'China and Russia veto Zimbabwe sanctions,' The Guardian, July 11, 2008.

87. Sheeran, Scott, 'The U.N. Security Council veto is literally killing people,' Washington Post, August 11, 2014. 'The Security Council's sine qua non: The Veto Power,' Rutgers Global Policy Roundtable, Occasional Paper Eight, 2018. Akin, David, 'In bid for UN Security Council seat, Canada's position on reform could be a barrier: analyst,' Global News, January 3, 2020.

88. Mu, Ren, 'China's Non-intervention Policy in UNSC Sanctions in the 21st Century: The Cases of Libya, North Korea, and Zimbabwe,' Ritsumeikan International Affairs, vol. 12, 2014 (p.101–134).

89. Savaranskaya, Svetlana, 'Cuba Almost Became a Nuclear Power in 1962,' Foreign Policy, October 10, 2012.

90. Kim, Byung-Kook and Vogel, Ezra, The Park Chung Hee Era, The Transformation of South Korea, Cambridge, MA, Harvard University Press, 2011 (pp. 483–510). Burr, William, 'Stopping Korea from Going Nuclear, Part I,' National Security Archive, March 22, 2017.

91. Ide, William, 'How the US stopped Taiwan's bomb,' Taipei Times, October 14, 1999. Weiner, Tim, 'How a Spy Left Taiwan in the Cold,' New York Times, Dec. 20, 1997.

92. Rubin, Michael, 'Why Taiwan needs nuclear weapons,' The National Interest, May 31, 2020. Lyon, Rod, 'The Next Nuclear Weapons State: Australia?,' National Interest, October 27, 2019. 'Australia debates developing nuclear weapons,' Bangkok Post, July 8, 2019. Stangarone, Troy, 'Is Trump Right to Suggest that South Korea and Japan Should Go Nuclear?,' Korea Economic Institute of America.

93. "China to Never Allow War or Chaos on Korean Peninsula: Xi," China Radio International Online, April 28, 2016.

94. 'Donald Trump Warns China the US Is Ready to Tackle North Korea,' Financial Times, April 3, 2017.

95. 'U.S. appeals court upholds ruling against Chinese banks in North Korea sanctions probe,' Reuters, July 31, 2019.

96. Wroughton, Lesley and Zengerle, Patricia, 'U.S. sanctions China for buying Russian fighter jets, missiles,' Reuters, September 20, 2018.

97. Talley, Ian and McBride, Courtney, 'U.S. Sanctions Chinese Firms for Allegedly Shipping Iranian Oil,' Wall Street Journal, September 25, 2019.

98. Alexander, Harriet and Boyle, Danny and Henderson, Barney, 'US Launches Strike on Syria—ow it Unfolded,' The Telegraph, April 7, 2017.

99 Baker, Gerard and Lee, Carol and Bender, Michael, 'Trump Says He Offered China Better Trade Terms in Exchange for Help on North Korea,' Wall Street Journal, April 22, 2017.

100 'Western spy agencies being outgunned by "bad actors," ex-CIA operative James Olson warns,' ABC News, July 29, 2019. 'Killing CIA Informants, China Crippled US Spying Operations,' New York Times, May 20, 2017. Mai, Jun, 'CIA spy-killing claims "show China's strength in counter-espionage,"' South China Morning Post, May 22, 2017. Murphy, Margi, 'Dozens of US spies killed after Iran and China uncovered CIA messaging service using Google,' Telegraph, November 3, 2018.

101 Yi, Yang, 'Commentary: U.S. should stop blaming China for trade deficit, Korean nuclear issue,' Xinhua, July 31, 2017.

102 'Treasury Targets Chinese and Russian Entities and Individuals Supporting the North Korean Regime,' US Department of Treasury, Press Center, Washington D.C., August 22, 2017.

103 Donald J. Trump on Twitter, North Korea is a rogue nation which has become a great threat and embarrassment to China, which is trying to help but with little success, September 3, 2017.

104 'World Faces "Last Best Chance" to. Avoid War with North Korea, US General Warns.' Sky News, December 13, 2017.

105 'India conducts fourth test launch of Agni-V missile,' BBC News, December 26, 2016.

106 Panda, Ankit, 'Pakistan Tests New Sub-Launched Nuclear-Capable Cruise Missile. What Now?,' The Diplomat, January 10, 2017.

107 Chang, Gordon C., 'Did North Korea Just Launch a Chinese Missile?,' National Interest, February 15, 2017. Goncharenko, Roman, 'Where did North Korea get its missile technology?,' Deutsche Welle, August 15, 2017.

108 Fisher, Max, 'Remote Textile Plant May Secretly Fuel North Korea's Weapons,' New York Times, September 27, 2017. Panda, Ankit, 'No, North Korea Isn't Dependent on Russia and China For Its Rocket Fuel,' The Diplomat, September 28, 2017.

109 Lee, Jeong-ho, 'China, Russia, North Korea call for adjusted sanctions ahead of denuclearisation,' South China Morning Post, October 10, 2018. Nichols, Michelle, 'Russia, China to hold more U.N. talks on lifting North Korea sanctions: diplomats,' Reuters, December 30, 2019.

부록

2010년대 주요 사건들

부록 1
김정남 암살

2017년 2월 13일, 김정은 국무위원장의 이복형인 김정남이 말레이시아 쿠알라룸푸르 국제공항에서 암살당했다. 인도네시아와 베트남 출신의 두 여성이 VX 신경작용제를 사용했다고 알려졌고, 몇 시간 후 남한 집권당은 – 그것을 "김정은 공포정치의 적나라한 본보기"[1]라고 칭하며 – 평양에 책임이 있다고 단언했다. 아무런 조사가 이루어지지 않았음에도 불구하고 서방 소식통들이 그 사건을 재빠르게 따라잡아 북한에 대한 추가 경제 제재를 신속히 적용하는 구실로 활용했다. 서방의 추정은 도를 넘어섰고, 거대 언론 매체들은 그들의 지론을 확정된 사실로 바꿔놓을 만한 충분한 영향력이 있었다. 그것은 말레이시아 수사관들이 어떤 결론에 도달하게 되는가와는 전혀 상관이 없었다. 서방 매체에 실린 보도들과 이어진 서방 전문가들과 관리들의 강도 높은 비난은 서방과 남한 소식통들의 발언에 압도적으로 초점이 맞추어졌다. 비교적 중립적인 당사국으로 서방 세계와 북한 양쪽과 모두 우호적인 관계를 유지하고 있는 말레이시아가 수사를 통해 내리는 결론은 거의 주목받지 못했다.

공식적인 말레이시아 소식통들은 북한이 배후에서 암살을 지휘했다는 혐의를 전혀 제기하지 않았다. 서방의 언론 보도와는 극명한 차이를 보였다. 말레이시아가 수사를 통해 유일하게 발표한 내용의 취지는 남한과 미국이 자체 수사나 증거 제시 없이 그 공격의 배후를 북한이라고 비난했다는 것과 북한은 이를 부인했다는 것이었다. 남한 언론들은 재빨리 말레이시아에 거주하는 북한인 리정철을 암살의 배후 인물로 보도했다. 그 후 말레이시아 경찰이 심문을 위해 리 씨를 체포했으나 이내 증거 부족으로 풀려났다. 말레이시아 주재 북한 대사관 직원들도 모든 혐의를 벗었고, 말레이시아 경찰의 심문을 받은 후 수사에서 더는 언급되지 않았다. 그 사건은 2019년 4월에 두 여성 모두 가벼운 형량을 선고받으면서 사실상 종결되었다. 텔레비전으로 송출되는 장난 방송이 진행 중이라고 생각한 두 여성 중 누구도 자신들이 무엇을 하고 있는지 알지 못했다는 것이 근거로 제시되었다. 공식 수사 결과는 DPRK를 가해자로 명시하지 않았다.2) 그 후 북한이 저지른 범행이라는 주장은 기각되었고, 순전히 말레이시아 수상의 추측일 뿐이었던 것으로 확인되었다.3)

북한의 책임 가능성을 배제할 의도로 북한의 범행이라는 증거가 없다고 강조하는 것은 아니다. 북한의 적들이 그 사건을 방편 삼아 자신들의 이익에 부합되게 범죄 사실을 창작하고 그렇게 함으로써 세계 여론을 조작할 수 있다는 점을 강조하려는 것이다. 그 암살을 준비하고 계획할 만한 동기는 북한뿐 아니라 대한민국과 서방 세계 내 강경한 반북 종파들을 포함한 여러 단체들도 충분히 갖고 있었다. 당시 새로 취임한 도널드 트럼프 행정부에서는 대북 정책과 관련해 면밀한 검토가 진행되고 있었다. 미국이나 유럽, 남한의 외교정책 담당 부서나 정보기관들 내부의 강경한 분파들에 불만이 컸던 신임 대통령은 보다 회유적인 접근법을 채택하기로 했던 것 같다. 그리하여, 김정남의 암살이 발생하기 전에는 북한을 향한 적대적 성명이 발표된 적이 없었다. 그러나 환경은 빠르게 변했다. 그 암살이 트럼프 행정부를 북한과 충돌이 예상되는 상황으로 돌려세우는 데서 핵심적 역할을 했다는 것이 수많은 유명 분석가들의 결론이었다.4)

김정남이 말레이시아 대사관에 자주 머물렀는데도 북한이 왜 그처럼 공개적으로 사건을 저질렀으며, 또 신임 행정부 아래서 미국과의 데탕트가 가능한 시점에 왜 그런 사건을 벌였을지 여전히 불분명했지만, 북한도 그 살해와 관련한 동기가 있었다. 김정남이 CIA 정보원으로 활동하기 시작했다는 사실을 폭로하는 보도들이 2019년부터 나오기 시작했고, 일부 소식통들은 북한 정부를 전복하려는 서방의 계획에 김정남이 쓸모가 있었음을 시사했다. 과거에도 그런 목적으로 김정남과 같은 자산들이 – 북한이 아니라 미국을 포함한 다른 나라들에 의해 – 해외에서 화학물질이나 생물 물질을 이용한 암살의 표적이 된 전례가 있었다.5) 공공장소에서 암살 사건을 벌인 점이나 암살에 사용한 수단을 통해, 화학 작용제를 사용할 수 있는 북한 첩보원들의 전문성과 기술을 과시하는 것이 북한의 또다른 동기였을 수도 있다. 미사일과 핵실험을 보완하려는 의도로 이런 힘을 보여주었을 수 있다. 다시 말해, 만약 미국이 자신들을 상대로 전쟁에 착수한다면, 북한 특수 요원들이 해외에서 미국의 자산을 타격하는 훨씬 대규모의 화학적 공격을 수행할 수 있다는 능력을 보여주는 용도였을 수도 있다는 것이다. 결국, 그 공격의 가해자와 배후의 동기는 현재로서는 오로지 추측만 할 수 있을 뿐이다.

1. Choe, Sang-hun, 'Kim Jong-un's Half Brother Is Reported Assassinated in Malaysia,' The New York Times, February 14, 2017.

2. Asmolov, Konstantin, 'Kim Jong-nam Murder Case is Closed, or More Precisely Falls Apart,' New Eastern Outlook, April 16, 2019.

3. Bernama, 'Dr M hails Seoul's "Look South" policy; affirms rapprochement with Pyongyang,' New Straits Times, November 26, 2019.

4. Jackson, Van, On the Brink, Cambridge, Cambridge University Press, 2018 (pp. 100–102).

5. 'The C.I.A. and Lumumba,' New York Times, August 2, 1981. Norton, Roy, 'The CIA's Worldwide Kill Squads,' CIA-DRP84-00409R001000080001-7, Approved For Release on March 6, 2001.

부록 2
한 미국인 학생의 죽음

2016년 1월 2일, 미국인 학생 오토 웜비어가 관광객으로 입국한 후 평양에서 체포되었다. 그는 양각도 호텔의 출입금지구역에서 포스터를 훔치려 했다가 "국가에 대한 적대행위"를 한 혐의로 기소되었고, 두 달 후 북한 형법 60조에 따라 유죄 판결을 받았다. 이 소송에서 그의 자백, CCTV 영상, 법의학적 증거, 목격자 증언을 인용해 15년의 강제 노동형이 선고됐다. 그것은 실제로 미국에서 유사한 행동으로 받을 수 있었던 것 혹은 서방의 몇몇 동맹국들에서 받을 수 있었던 것보다 더 가혹한 것이 아니었는데도, 서방 소식통들은 이구동성으로 비판을 쏟아냈다. 주목할 만한 사례가 히스패닉계 미국인 남성 아돌포 마르티네즈의 경우로, 그는 2019년 12월에 교회 밖에 내건 LGBT 깃발(성소수자 상징깃발_역자)을 손상해 못쓰게 만든 혐의로 오하이오주 교도소에서 16년 형이 선고되었다. 웜비어와 달리, 그는 외국인이 아니었고 그 깃발에 접근하고자 제한구역에 들어간 것도 아니었다.[1] 태국에서는, 외국인들을 포함해서 그들의 군주제 상징물에 무례한 태도를 보이는 사람들을 대상으로 한층 더 가혹한 선고가 반복적으로 내려졌다. 하지만 서방 언론의 보도는 웜비어 재판에 대한 보도와 비교하면 그 또한 마르티네즈의 재판과 마찬가지로 훨씬 더 애매했다.[2]

선고 15개월 후인 2017년 6월 13일, 미 국무장관 렉스 틸러슨은 북한이 웜비어를 석방해 미국이 보호할 수 있게 되었다고 발표했다. 미국 언론은 웜비어가 혼수상태에 빠졌고 중태이며 그가 미국에 돌아오자마자 입원했다고 국무부가 전한 내용을 보도했다.3) 6일 후 웜비어는 사망했고, 병의 원인은 불분명했다. 질식으로 인한 뇌 조직 손상, 저산소증, 신체 나머지 부분에 외상이나 부상이 전혀 없다는 보고는 액사(suicide by hanging)와 일치했고, 분석가들 다수가 이것이 원인일 가능성이 크다고 추측했다.4) 혈전, 폐렴, 패혈증, 신부전, 수면제도 웜비어 부상의 잠재적 원인으로 인용되었고, 혹시라도 그에게 보툴리누스 중독이 있었고 그로 인해 마비가 왔을 경우 호흡이 멈추었을 수도 있었다.5) 신시내티 대학 메디컬센터의 신경중환자 치료 프로그램국장 다니엘 캔터 박사는 웜비어의 상태와 관련해 이렇게 말했다.

> 그의 신경학적 손상의 원인이나 상황에 대한 확실하거나 검증 가능한 지식을 갖고 있지 않다… 하지만 이러한 형태의 손상은 통상 심폐 정지의 결과로 보이고, 이는 뇌에 혈액 공급이 일정 기간 불충분한 경우 그 결과로 뇌 조직의 사망을 낳는다.

그리고 그는 머리나 두개골에 외상이 전혀 없었다고 덧붙였다.6) 미국 소식통들에 따르면, 웜비어는 "15개월 정도" 신경학적 손상이 있었던 것으로 알려졌으며, 이것은 그가 북한 유치장에 들어가기 전에 건강이 좋지 않았을 수도 있음을 시사한다.7) CNN 수석 의료 기자 산제이 굽타 박사는 미국 도착 직후 웜비어에게 투여된 약제가 상태를 즉각 악화시키는 원인이었을 수 있으며, 그것이 결국 궁극적인 죽음으로 이끌

었을 수 있다고 추측했다.[8]

그의 죽음 직후, 웜비어의 부모들은 아들의 죽음이 북한에 있을 당시 고문의 결과라고 주장했고, 이는 북한과의 긴장이 고조된 시점에 서방 매체에서 널리 확산되었다. 이 설명은 의학적 검사 결과는 물론이고, 북한에서 구금된 이전의 미국인 수감자들의 경험과도 크게 모순된다. 예컨대, 미국 시민 매튜 토드 밀러는 2014년 4월에 그 나라에 적대적 행동을 했다는 이유로 6년의 노동형이 선고되었다. 구금되어 있는 동안, 그는 자신을 억류한 사람들에게 좋은 대우를 받았다고 반복적으로 언급했다. 그로 인해 서방 소식통들은 그가 그런 주장을 하도록 강요받았다고 추정했다. 밀러는 212일간 구금되었다가 조기 석방되었고, 뜻밖의 좋은 대우에 자신도 놀랐다고 확증했다. 그는 감옥에서 자신의 아이패드와 아이폰으로 음악을 듣도록 허용했다고 말했다. 또한, 미국에 돌아오자마자, 북한에 대한 자신의 변화된 인식을 묘사하면서 감옥에 있었던 시간과 관련해 이렇게 말했다. "이것은 희한하게 들릴 수도 있겠지만, 나는 '고문'에 대비하고 있었다. 그런데 그 대신, 지나친 친절이 오히려 놀라웠고, 그로 인해 내 마음이 바뀌었다."[9] 밀러는 또한 북한에서 저지른 범죄에 대한 자신의 공개 사과가 강요된 것이었다는 서방의 보도들에 나타나는 광범위한 추정을 부인하고 자신은 전적으로 진실했다고 말했다.[10]

해밀턴 카운티 검시소는 웜비어의 시신에 대한 외부 검사를 수행했다. CNN을 비롯한 여타 언론 보도들에 따르면, 그 결과는 그의 부모들의 설명을 반박하는 내용이었다. 예컨대, 웜비어의 아버지는 감정에 치우쳐 이렇게 말했다. "웜비어의 아랫니들을 펜치로 뽑아서 재배치한 것 같다." 검시소의 보고서는 이를 똑바로 반박하면서, 이렇게 명시했다. "치아들은 자연스럽고 잘 보존되어 있다." 웜비어 부모의 발언은 수많은 언론 매체들에 의해 광범위하게 재보도되어 대북 적대 정책의 정당화와 추가 경제 제재의 근거로 활용되었다. 검시관 락시미 코드 사마르코 박사는 오토의 치아가 강제 재배치되었다는 주장에 대해 이렇게 말했다. "아무런 외상의 증거가 없다는 사실에 마음이 편안했다. 우리는 [부모의] 발언에 정말 놀랐다." 그녀는 법의학 치의사가 포함된 자신의 팀이 웜비어의 시신을 철저히 검시했고 그의 시신에 대한 다양한 스캔들을 평가했다고 말했다.[11]

웜비어의 부모는 검시관의 보고서와 관련해 견해를 밝히기를 거부했고, 특히 아들의 죽음의 원인을 판단할 수 있는 부검을 거부했다. 대신에 그들은 고문과 관련해 북한 정부를 비난하는 서사를 계속 주창하고, 이후 미국 연방 법원을 통해 보상으로 5억 달러를 북한에서 받아내려고 했다.[12] 부검을 하지 않겠다는 부모의 예외적이고 드문 결정에 법의학자들은 매우 비판적이었지만 웜비어의 부모는 이유를 설명하지 않았고, 그렇게 함으로써 그 학생의 죽음의 원인은 아직도 밝혀지지 않은 채 남게 되었다.[13] 웜비어의 부모가 북한 정부에 책임을 돌리는 자신들의 서사를 지키기 위해 그런 결정을 내렸다는 추측을 낳았다. 부모들의 서사는 북한을 적대하고 한층 더 악마화하는 미국 정부 내 강경한 태도를 보이는 다수를 지지할 뿐 아니라, 부모들에게 상당한 재정적 보상을 안겨줄 가능성도 있었다. 그 후 2018년에 미 해군이 북한 화물선을 나포해서 경매물로 내놓을 계획으로 미국 영토로 호송했고, 이어 미 연방보안관실이 웜비어의 부모에게 그 북한 선박의 전액을 제공하려고 고려 중이라는 보도들이 나왔다.14) 나중에 그들에게 선박에서 나온 일부 금액이 제공되었고, 이는 북한 상선 선단에는 큰 손실에 해당했다.15) 나포의 적법성은 여전히 뜨거운 논란으로 남아 있다.

1. Knox, Patrick, 'Bigot Caged: Homophobe jailed for 16 YEARS for tearing down LGBTQ flag and setting fire to it in Iowa,' The Sun, December 20, 2019.
2. 'Man jailed for 35 years in Thailand for insulting monarchy on Facebook,' The Guardian, June 9, 2017.
3. Shesgree, Deirdre and Dorell, Oren, 'U.S. college student released by North Korea arrives back in Ohio,' USA Today, June 14, 2017.
4. Lockett, Jon, 'Tragic student Otto Warmbier 'may have attempted suicide' in North Korean prison after being sentenced to 15 years for stealing poster,' The Sun, July 28, 2018. Basu, Zachary, 'What we're reading: What happened to Otto Warmbier in North Korea,' Axios, July 25, 2018. Tingle, Rory, 'Otto Warmbier's brain damage that led to his death was caused by a SUICIDE ATTEMPT rather than torture by North Korean prison guards, report claims,' Daily Mail, July 25, 2018.
5. Fox, Maggie, 'What killed Otto Warmbier?' NBC News, June 20, 2017.
6. Tinker, Ben, 'What an autopsy may (or may not) have revealed about Otto Warmbier's death,' CNN, June 22, 2017.
7. Ibid.
8. Nedelman, Michael, 'Coroner found no obvious signs of torture on Otto Warmbier,' CNN, September 29, 2017.
9. 'Freed American Matthew Miller: "I wanted to stay in North Korea,"' The Guardian, November 20, 2014.
10. Nate Thayer, 'Matthew Miller's excellent adventure in North Korea,' NK News, November 14, 2014.
11. Nedelman, Michael, 'Coroner found no obvious signs of torture on Otto Warmbier,' CNN, September 29, 2017.
12. 'US court orders North Korea to pay $500 million for Otto Warmbier's death,' Deutsche Welle, December 24, 2018.
13. Tinker, Ben, 'What an autopsy may (or may not) have revealed about Otto Warmbier's death,' CNN, June 22, 2017. Nedelman, Michael, 'Coroner found no obvious signs of torture on Otto Warmbier,' CNN, September 29, 2017.
14. Lee, Christy, 'U.S. Marshals to Sell Seized North Korean Cargo Ship,' VOA, July 27, 2019.
15. 'Seized North Korean cargo ship sold to compensate parents of Otto Warmbier, others,' Navy Times, October 9, 2019.

부록 3
스페인 주재 북한 대사관 습격 사건

2019년 2월 27일로 예정된 도널드 트럼프 대통령과 김정은 위원장의 2차 정상회담 닷새 전에, 마드리드의 북한 대사관이 공격을 받았다. 무장괴한들이 대사관에 침입해 외교관들과 그들의 가족을 구타하고 묶은 다음 민감한 정보가 담긴 컴퓨터들을 강탈해갔다. 보도에 따르면, 포로들의 머리에 봉지를 씌웠고 북한 상무관은 화장실로 끌려가 철봉과 모조 권총으로 망명하라고 위협받았다.[1] 스페인 경찰청과 CNI(국가정보원)의 해외정보부대는 여러 가지 가능성을 검토하고 대사관이 공격받은 방식이 미국 정보국의 "작업 방식" – "완벽하게 편성된" 작전의 군사적 정밀함을 들어 –과 유사하다고 결론지었다. 공격자들은 "전문가들로, 전원을 내려 대사관 앞 도로의 가로등 불빛을 어둡게 하고 경보가 울리지 않도록 대사관 주변의 다른 보안 시스템들을 무력화시켰다."[2] 미 정보기관의 개입이 널리 의심되었지만, 스페인 정부 소식통들은 법정에서 이것을 입증하기는 극히 힘들 것이라고 시인했다.[3]

보도에 따르면, 공격자들이 가져간 컴퓨터들과 암호화 장치 및 여타 시스템들은 서방의 정보계에 정보의 "보물 창고"를 제공했으며, 정보기관들이 "간절히 얻고자" 했던 것이었다.[4] 대사관들이 비전자 통신 방식과 암호화된 통신을 사용했다는 것은 그런 방식을 통해 고의로 물리적 접근을 할 때만 그처럼 특별히 민감한 정보를 얻을 수 있음을 의미했다. 게다가 서방 정보기관들은 암호 해독 장치를 통해 북한과 세계 곳곳의 북한 대사관들 간의 소통을 감시할 수 있게 되었다.[5] 전직 스페인 주재 북한 대사 김혁철이 당시 진행 중이던 미국과의 협상에서 중심적 역할을 담당하고 있었다는 비밀 정보에 근거해 볼 때, 그 대사관이 당시 공격의 표적으로 선정된 이유를 추정해볼 수 있다. 그런 정보는 북한의 장기적인 협상 전략을 이해하는 데서 미국에 도움이 될 수 있었고, 닷새 후 하노이에서 진행될 회담에서 상당히 중요한 역할을 할 수도 있었다.

CIA와 긴밀한 관계를 갖고 북한을 전복시키는 일에 전념하는 단체인 '천리마 민방위'('자유조선'의 전신-역자)가 그 공격을 실행한 것으로 밝혀졌고 훗날 범행을 시인했다. 가해자들에는 조선연구소의 소장이자 반북 단체인 '북한 해방'과 '페가수스 전략'의 설립자인 아드리안 홍이 포함되었다. 이 단체들은 북한을 상대로 하는 정보 전쟁 활동에 깊이 관여되었다. 이라크에서 홍이 속했던 부대의 정보부 차장으로 복무했던 전직 미 해병 크리스토퍼 안도 그 습격에 함께 참여했다. 그 후 스페인 당국의 수사는 최소한 두 명의 가해자가 CIA와 직접 연루되었다는 사실을 밝혀냈다. 〈파이낸셜타임스〉는 보도를 통해 CIA가 그런 안티-평양 비정부단체들과 긴밀한 관계를 유지하고 있다고 언급한 소식통 가운데 하나였다.[6] 스페인 언론들은 그런 작전이 서방의 다른 정보기관들과 공조하여 실행되었을 가능성이 크다고 지적했다.[7]

과거 북한의 강제적 레짐체인지를 강력하게 주창한 유명한 북한 전문가 안드레이 란코프[8]는 "정확히 이런 유형의 활동에 대한 감시가 주업무인 정부 기관들의 사전 지식 없이는 그 같은 계획과 실행이 절대 성공할 수 없다"9)는 의견을 내놓았다. 홍 씨가 스페인에서 CIA 관리들을 만났다는 사진 및 통신 기록을 포함한 "확실한 증거" – 비록 이것이 공표되지는 않겠지만10) –를 스페인 관리들이 갖고 있다는 보도가 나왔다. 대한민국 정보기관들과 긴밀한 관계로 잘 알려진 남한의 보수 신문 〈조선일보〉는 홍 씨의 CIA와의 긴밀한 관계를 확증했다.11) 보도에 따르면, 홍 씨는 2018년 워싱턴의 국가정보국장실에서 최소한 한 차례 회동을 가졌다.12)

그 공격을 실행에 옮길 만한 동기와 관련해, 미군 지도부와 정보기관들이 트럼프 대통령의 평화 구상에 특히 회의적이었고,13) 북한 지도부와의 만남을 통한 비핵화 달성 가능성을 두고 대통령과 거듭 충돌한 점이 주목할 만하다. 대사관 습격 사건이 있기 불과 열흘 전인 2월 12일에, 미 인도-태평양 사령관 필립 데이비드슨 제독은 북한이 "가장 직접적인 도전 과제로 남아 있다… 우리는 북한이 핵무기와 핵무기 생산 능력을 포기하지 않을 것이고, 미국과 국제사회의 양보를 대가로 부분적 비핵화를 협상하려 할 것으로 본다"14)고 강조했다. 국가정보국장 다니엘 코츠는 같은 날, 북한이 "그들의 핵무기와 생산 능력을 완전히 포기할 것 같지 않다"15)고 말했다. 이런 것들은 현 대통령의 정책이 앞선 '최대 압박' 정책과 충돌하고, 북한을 다루는 데서 앞선 두 행정부의 정책들과도 충돌하는 것에 대해 광범위하게 나타나는 부동의의 여러 징후 가운데 일부였다. 민감한 시기였음을 고려할 때, 트럼프 행정부의 다가오는 정상회담을 훼손하려는 목적으로 그처럼 공공연하게 습격 사건을 벌였을 가능성은 여전히 남아 있다. 〈워싱턴포스트〉는 같은 취지로 이렇게 논평했다. "외교 공관에 대한 공격에 미국이 개입했다는 아주 작은 기미만 보여도 정상회담을 탈선시킬 수 있었다. 미국 정보기관이 이를 염두에 두었을 가능성이 있다."16)

회담이 방해받는 것을 보고 싶지 않았을 북한은 하노이 정상회담이 끝나고 한 달 동안 기다렸다가 대사관 공격 사건에 대해 언급하면서 미국 정보기관의 배후 개입을 시사했다. 그 습격에서 훔쳐 간 장비들을 홍 씨와 그의 동료들이 미 정보기관에 넘겼다는 사실이 훗날 범인들에 의해 확인되면서 이 평가가 더 힘을 얻었다.17) 그 작전은 정상회담 전에 평양에 신호를 보내려는 의도였을 수도 있다. 다시 말해, 2017년부터는 북한에 직접적인 군사 행동이 취해질 위험성이 사라졌다고 생각할 수 있겠지만, 여전히 해외의 관계자들을 겨냥한 공격을 통해 표적이 될 수 있다는 것을 알리려 했을 수 있다는 것이다. 습격 사건의 참여자들과 그들이 속한 단체의 성격, 미국 지도부 내 대북정책의 분열, 공격의 시기와 목적으로 판단할 때, 스페인 주재 북한 대사관 습격 사건의 성격과 범행 주체에 대해 현재로서는 약간의 암시만 줄 뿐이지만 미국의 공식 개입 정도는 가까운 미래에 확인될 가능성이 크다.

1   Shorrock, Tim, 'Did the CIA Orchestrate an Attack on the North Korean Embassy in Spain?,' Foreign Policy, May 2, 2019.

2   Ryall, Julian and Badcock, James, 'Was North Korea's vital "transformation computer" taken in raid on Madrid embassy?,' The Telegraph, March 26, 2019. Dolz, Patricia Ortega, 'Spain investigates alleged attack on North Korean embassy in Madrid,' El Pais, February 27, 2019.

3   González, Miguel and Dolz, Patricia Ortega, 'CIA implicated in attack on North Korean embassy in Madrid,' El País, March 13, 2019.

4   Hudson, John, 'A shadowy group trying to overthrow Kim Jong Un allegedly raided a North Korean embassy in broad daylight,' Washington Post, March 15, 2019.

5   Dilanian, Ken and De Luce, Dan and Lederman, Josh, 'FBI has data stolen from North Korea embassy by anti-regime group,' NBC News, March 29, 2019.

6   'A tale of daring, violence and intrigue from a North Korea embassy,' Financial Times, March 29, 2019.

7   Fernandez, David and Ballesteros, Roberto B., 'Asalto a la embajada de Corea: Policí y CNI sospechan del servicio secreto de EEUU,' ['Assault on the Korean embassy: Police and CNI suspect US secret service'], El Confidencial, March 10, 2019.

8   Lankov, Andrei, 'Changing North Korea: An Information Campaign Can Beat the Regime,' Foreign Affairs, vol. 88, no. 6, November/December 2009 (pp. 95–105).

9   Lankov, Andrei, 'What to make of a mysterious break-in at the North Korean embassy in Madrid,' NK News, March 20, 2019.

10 Shorrock, Tim, 'Did the CIA Orchestrate an Attack on the North Korean Embassy in Spain?,' Foreign Policy, May 2, 2019.

11 Cho, Yi Jun, 'Who Is Anti-N.Korean Guerrilla Leader?,' Chosun Ilbo, April 4, 2019.

12 Taylor, Adam and Kim, Min Joo, 'The covert group that carried out a brazen raid on a North Korean embassy now fears exposure,' Washington Post, March 28, 2019.

13 Krawchenko, Katiana, 'Former CIA analyst: U.S. must remain "very, very sceptical" of North Korea,' CBS, June 1, 2018. Bechtol, Bruce and Maxwell, David, 'North Korean Military Proliferation in the Middle East and Africa: A Book Launch' Presentation at the Korea Economic Institute of America, September 25, 2018.

14 Brunnstrom, David, 'U.S. commander says North Korea unlikely to give up all nuclear weapons,' Reuters, February 12, 2019.

15 O'Brien, Connor, 'North Korea remains a top threat despite diplomatic thaw, U.S. commanders say,' Politico, February 12, 2019.

16 Hudson, John, 'A shadowy group trying to overthrow Kim Jong Un allegedly raided a North Korean embassy in broad daylight,' Washington Post, March 15, 2019.

17 'North Korea says Madrid embassy raid was "grave terror attack,"' BBC News, March 31, 2019. Dilanian, Ken and De Luce, Dan and Lederman, Josh, 'FBI has data stolen from North Korea embassy by anti-regime group,' NBC News, March 29, 2019.

약어

AEC	(미국) 원자력위원회 Atomic Energy Commission
ANC	아프리카민족회의 African National Congress
A2AD	반접근/지역거부 Anti-Access Area Denial
CFR	외교협회 Council on Foreign Relations
CIA	중앙정보국 Central Intelligence Agency
CIC	방첩부대 Counter Intelligence Corps
CIVD	완전하고 비가역적이며 검증 가능한 비핵화 Complete Irreversible Verifiable Denuclearisation
COMCON	동유럽경제상호원조회의 Council for Mutual Economic Assistance
CSIS	전략 및 국제문제연구소 Center For Strategic and International Studies
DIU	타도제국주의동맹 Down with Imperialism Union
DPRK	조선민주주의인민공화국 Democratic People's Republic of Korea
ECOSOC	유엔 경제사회이사회 United Nations Economic and Social Council
FAO	(유엔의) 식량농업기구 Food and Agricultural Organization
GDP	국내 총생산 Gross Domestic Product
GNP	국민 총생산 Gross National Product
HQ	사령부 Headquarters
IAEA	국제원자력기구 International Atomic Energy Agency
ICBM	대륙간탄도미사일 Intercontinental Range Ballistic Missile
IDF	이스라엘 방위군 Israeli Defence Force
ISR	정보, 감시 및 정찰 Intelligence, Surveillance and Reconnaissance
INF Treaty	중거리 핵미사일 협정 Intermediate Range Nuclear Forces Treaty
JCPOA	이란 핵 합의, 포괄적 공동행동계획 (이란과 미국, 중국, 러시아, 영국, 프

		랑스, 독일이 2015년 체결한 이란의 핵 문제 해결방안)
		Joint Comprehensive Plan of Action
JCS		(미국) 합동참모본부
JSA		공동경비구역 Joint Security Area
KCIA		(남한) 중앙정보부 Korean Central Intelligence Agency
KMAG		주한미군 군사고문단 Korean Military Advisory Group
KMDTC		조선광업개발무역공사 Korea Mining Development Trading Corporation
KPA		조선인민군 Korean People's Army
MAD		상호확증파괴 Mutually Assured Destruction
MaRV		조정가능 재돌입 운반체 Manoeuvring Re-Entry Vehicle
MENA		중동 및 북아프리카 Middle East and North Africa
MPLA		앙골라 인민해방운동 People's Movement for the Liberation of Angola
NATO		북대서양조약기구 North Atlantic Treaty Organisation
NPT		핵무기비확산조약 Treaty on the Non-Proliferation of Nuclear Weapons
NSA		국가안보국 National Security Agency
NWYMA		서북청년단 North West Young Men's Association
OSS		전략 사무국 (1941년 창설, CIA 전신) Office for Strategic Services
PATRIOT Act		애국법 Providing Appropriate Tools Required to Intercept and Obstruct Terrorism Act
PLA		인민해방군 People's Liberation Army
POW		전쟁포로 Prisoner of War
PPC		임시 인민위원회 Provisional People's Committee
PRC		중화인민공화국 People's Republic of China

PSB	심리전략위원회	Psychological Strategy Board
PVA	인민지원군	People's Volunteer Army
ROK	대한민국	Republic of Korea
ROKAF	대한민국 국군	Republic of Korea Armed Forces
SWAPO	남서아프리카인민기구	South West African People's Organization
UMDH	비대칭 디메틸히드라진 : 비점이 높고 응고점이 낮은 액체 로켓 연료로 사용 Unsymmetrical Dimethylhydrazine	
UN	유엔	United Nations
UNCOK	유엔 한국위원회	United Nations Commission on Korea
UNESCO	유네스코	United Nations Educational, Scientific and Cultural Organization
UNICEF	유엔 아동기금	United Nations Children's Fund
UNITA	앙골라 완전독립을 위한 전국연합 National Union for the Total Independence of Angola	
UNSC	유엔 안전보장이사회	United Nations Security Council
US	미국	United States
USAMGIK	주한미군정청	United States Army Military Government in Korea
USFJ	주일미군	United States Forces Japan
USFK	주한미군	United States Forces Korea
USSR	소비에트사회주의공화국연합, 소련	Union of Soviet Socialist Republics
WHO	세계보건기구	World Health Organisation
WIDF	국제여성민주연맹	Women's International Democratic Federation
WMD	대량파괴무기	Weapons of Mass Destruction
ZANLA	짐바브웨 아프리카 국가해방군	Zimbabwean African National Liberation Army

용어

아시아-태평양 지역
Asia-Pacific

동아시아와 동남아시아를 총칭함.

중국
China

별도로 기술하지 않는 경우, 정치적 맥락에서 1949년부터는, 중화민국(Taipei-based Republic of China)이 아니라 중화인민공화국(Beijing-based People's Republic of China)을 지칭한다. 중화민국은 1949년부터는 대만으로 지칭할 것이다.

동아시아
East Asia

대만, 두 한국, 일본을 포함해 중국을 포괄하는 지역. 지리적으로 말하면, 러시아의 극동지역을 포함하기도 한다.

코리아
Korea

이 저작은 기본적으로 조선민주주의인민공화국(Democratic People's Republic of Korea)과 미국 간의 분쟁을 다루기 때문에, 별도로 기술하지 않는 한 1945년 분단 이후의 "코리아Korea"를 지칭하므로 대한민국(Republic of Korea)이 아니라 DPRK를 지칭한다.

동남아시아
Southeast Asia

브루나이, 캄보디아, 동티모르, 인도네시아, 라오스, 말레이시아, 미얀마, 파푸아뉴기니, 필리핀, 싱가포르, 태국, 베트남을 포함하는 동남아시아국가연합(ASEAN)의 회원국 및 옵서버 국가.

소비에트 진영
Soviet Bloc

소련 자체와 몽골인민공화국은 물론이고 바르샤바조약기구 회원국 불가리아, 체코슬로바키아, 동독, 헝가리, 폴란드, 루마니아를 포함한 사회주의 국가들로 이루어진 소련 주도의 동맹.

서방 진영
Western Bloc

냉전 초기에 자리 잡았으며, 미국이 주도한 주요 서방 세력들의 연합체. 벨기에, 영국, 캐나다, 덴마크, 프랑스, 독일, 이탈리아, 노르웨이, 네덜란드, 룩셈부르크, 포르투갈, 미국을 포함한 대서양조약기구의 초기 회원국들이다. 캐나다, 룩셈부르크, 노르웨이 외에 모두가 중심적인 식민지 세력들이었다. 이들 세 나라는 오랫동안 더 큰 유럽 제국들의 일부로 포함되어 있었다.

448 끝나지 않은 전쟁